Altvater
Das Ende des Kapitalismus

Elmar Altvater, Dr. oec. publ., geb. 1938, Professor für Politikwissenschaft an der FU-Berlin und Redaktionsmitglied PROKLA; zahlreiche Veröffentlichungen zur Frage der kapitalistischen Entwicklung, zur Staatstheorie, zur Entwicklungspolitik, Schuldenkrise und zum Zusammenhang von Ökonomie und Ökologie; u.a. *Der Preis des Wohlstands* 1992, zusammen mit Birgit Mahnkopf: *Gewerkschaften vor der europäischen Herausforderung* 1993 und *Grenzen der Globalisierung* 1996, 4. völlig überarb. und erweiterte Auflage 1999, 6. Auflage 2004; sowie *Globalisierung der Unsicherheit. Arbeit im Schatten, Schwarzes Geld und informelle Politik*, 2002.

Elmar Altvater

Das Ende des Kapitalismus, wie wir ihn kennen

Eine radikale Kapitalismuskritik

WESTFÄLISCHES DAMPFBOOT

Bibliografische Information der Deutschen Bibliothek
Die Deutsche Bibliothek verzeichnet diese Publikation in der Deutschen Nationalbibliografie; detaillierte bibliografische Daten sind im Internet über http://dnb.ddb.de abrufbar.

3. Auflage Münster 2006

Umschlag: Lütke Fahle Seifert AGD, Münster
Druck: Fuldaer Verlagsanstalt
Gedruckt auf säurefreiem, alterungsbeständigem Papier.
ISBN 3-89691-627-0

Inhalt

Vorwort

Die Kritik des Vorsitzenden der Sozialdemokratischen Partei Deutschlands am Kapitalismus und der Vergleich von Hedge- oder Private Equity-Fonds mit Heuschreckenschwärmen, die abgefressenes Land hinterlassen, waren genauso überraschend wie die positive Resonanz, die die harsche Schelte Franz Münteferings in der Öffentlichkeit fand. Kapitalismuskritik durch einen Repräsentanten der modernen Sozialdemokratie ist nämlich eher unglaubwürdig, und man wischt sich erstaunt die Augen. Die Koalition, mit der die Sozialdemokratie das Land regierte, hat ja den international operierenden spekulativen Fonds, den „Heuschrecken", erst kurz zuvor das Terrain, das sie abfressen können, rechtlich geebnet: durch Senkung der Unternehmenssteuern, die formelle Zulassung von Hedge-Fonds oder die Steuerfreiheit von Veräußerungsgewinnen. Nachdem seine Partei in einer Koalition mit den Grünen, assistiert von Christdemokratie und Liberalen, den radikalsten Kahlschlag von Sozialleistungen in der Geschichte der Bundesrepublik Deutschland vorgenommen hatte und der grollende Unmut darüber nicht mehr zu ignorieren war, zumal er sich parteipolitisch zu artikulieren begann, rief der SPD-Vorsitzende „haltet den Dieb". Das war ein durchsichtiges wahltaktisches Manöver.

Doch auf einmal redet in Deutschland alle Welt von „Kapitalismus" und bei Umfragen äußern sich sogar an die 70% der Befragten kritisch zum Kapitalismus, wie wir ihn kennen. Die Kritik des Kapitalismus ist aus vielen Gründen notwendig, und einige davon werden in der vorliegenden Schrift diskutiert. Die wichtigsten sind die Zukunftslosigkeit des modernen Kapitalismus angesichts der natürlichen Grenzen und ein grandioser Selbstbetrug, als ob die Rückkehr auf einen Wachstumspfad wie in den „goldenen Jahren" der Kapitalakkumulation mit den Mitteln der Lohnsenkung (die wird als Senkung der Arbeits- oder Lohnnebenkosten schön geredet) und der Einsparungen bei den Ausgaben des Staates für Bildung, Gesundheit, Infrastrukturen möglich sei.

Was passieren kann, wenn den entwickelten kapitalistischen Gesellschaften das Öl ausgeht, hat die Fluchtbewegung von Millionen Menschen aus den von den Hurrikanes Katrina und Rita bedrohten Regionen in den USA im September 2005 erahnen lassen: Ein Chaos bricht aus, wenn die Selbstverständlichkeit, an jeder Tankstelle zu jeder Zeit, zu niedrigem Preis Benzin zu bekommen, nicht mehr gilt. Welche Ausmaße wird dieses annehmen, wenn nicht nur Hurrikanes die lokale Versorgung zeitweise unterbrechen, sondern die fossilen Energieträger generell knapp werden? Die Kapitalismuskritik darf sich also nicht auf die Denunziation von „Heuschrecken" einlassen; sie muss die Analyse des gesellschaftlichen Naturverhältnisses einbeziehen.

Die vorliegende Schrift knüpft, wie sollte es anders sein, an Überlegungen an, die ich in den letzten Jahren bei vielen Gelegenheiten zur Diskussion gestellt und in den Debatten weiter entwickelt habe. Die Niederschrift wurde ausgelöst, als

Pablo Gonzalez Casanova von der Universidad Nacional Autonoma de Mexico, ein führender Intellektueller Lateinamerikas, im Herbst 2004 vorschlug, für einen von ihm herausgegebenen Sammelband einen Artikel über das „Ende des Kapitalismus“ zu schreiben. Zunächst hatte ich beträchtliche Zweifel und Schwierigkeiten, einen Zugang zu dem Thema zu finden. Ich hätte mich im Labyrinth der Zusammenbruchstheorien verirren können oder wäre im Wolkenkuckucksheim idealistischer Weltverbesserer oder bei den berufenen Optimisten gegen die *„global pessimists“* gelandet, die das Ende des Kapitalismus in seiner Wiedergeburt als „post-moderne“ Wissensgesellschaft erblicken. Dann aber faszinierte mich die Frage und ich verfasste den Aufsatz. Denn ist der Kapitalismus nicht historisch, hat er daher nicht nur einen Anfang, sondern auch ein Ende, und müssen wir dies nicht in unsere theoretischen und politischen Reflexionen einbeziehen? Was ist mit den antikapitalistischen Bewegungen in aller Welt, die schon in ihrer Praxis viele kapitalistische Selbstverständlichkeiten in Frage stellen? Und ist es nicht notwendig, über den Kapitalismus hinaus zu denken, wenn man die neoliberale Weltinterpretation vom „Ende der Geschichte“ und von der Alternativlosigkeit der herrschenden Verhältnisse kritisiert und eine andere Welt für möglich und wünschenswert hält? Diskussionen im Wissenschaftlichen Beirat von Attac-Deutschland über Strategiefragen der Linken und dann die Kapitalismus-Schelte des SPD-Vorsitzenden veranlassten mich dazu, den Aufsatz über das „Ende des Kapitalismus“ auszuarbeiten und zugleich den Versuch zu unternehmen, die Kapitalismuskritik zu radikalisieren.

Das Buch wäre nicht ohne viele öffentliche Diskussionen, Seminare und Vorträge an verschiedenen Universitäten, in Gewerkschaftsveranstaltungen, bei Attac und anderswo, ohne die vielen Gespräche im kleinen Kreise und die kritischen Reaktionen auf Veröffentlichungen zustande gekommen. Ich müsste eine lange Liste von Personen angeben, deren Ideen mich in der einen oder anderen Weise, in die eine oder andere Richtung beeinflusst haben: Studentinnen und Studenten, Kolleginnen und Kollegen, politische Akteure aus den sozialen Bewegungen aus verschiedenen Ländern. Ich müsste mich auch bei Institutionen bedanken, in erster Linie beim Otto-Suhr-Institut der Freien Universität Berlin, aber auch beim Center for the Study of Globalisation and Regionalisation der University of Warwick oder beim Goethe-Institut in Buenos Aires, wo ich die Gelegenheit hatte, an einem ausgezeichneten Seminar über soziale Bewegungen und die solidarische Ökonomie in Lateinamerika teilzunehmen. In den sozialen Kontext des Lernens gestellt ist jedes Buch eine Kompilation, ein Abschnitt in einem Prozess, den der italienische Sozialist Lelio Basso als *„ricerca colletiva“*, als kollektive Forschung bezeichnet hat. Das ist Forschung in einem sehr praktischen Sinn: Theoriearbeit, um praktisch-politische Probleme zu lösen, und Praxis, um einem Ziel, der Überwindung selbst verschuldeter Unmündigkeit, wie Kant es bezeichnen würde, näher zu kommen.

Erste Fassungen des Manuskripts haben Birgit Mahnkopf, Kai-Uwe Kleffel, Dagmar Vinz, Achim Brunnengräber, Uli Brand und Günter Thien gelesen und mir wertvolle Hinweise gegeben. Dafür bin ich ihnen dankbar. Für die Qualität des Buches aber bleibt der Verfasser letztlich verantwortlich, nicht das Kollektiv. Und so ist es auch in diesem Fall.

Berlin, im Juli 2005

Elmar Altvater

Einleitung
Innere Widersprüche, externe Schocks und glaubwürdige Alternativen

Warum sollte man sich Gedanken über Alternativen zum herrschenden Kapitalismus machen? Der Kapitalismus des 21. Jahrhunderts ist doch in den Gedanken der Herrschenden, die auch die herrschenden Gedanken sind, „ein erfolgreiches System", das eine „große Sogwirkung" entfaltet. „Der Prozeß der Globalisierung ist in seinem Kern der Prozeß der weltweiten Imitation des westlichen kapitalistischen Modells. Dieses aber ist im Prinzip von der großen Mehrheit der Weltbevölkerung angestrebt, also gewollt." So formulierte der Ökonom Carl Christian von Weizsäcker (2003: 811) im Sonderheft der Zeitschrift „Merkur", das den provokanten Titel „Kapitalismus oder Barbarei" trägt. Wer sich nicht auf die Regeln des Spiels einer kapitalistischen Weltmarktwirtschaft einlasse, drohe in eine prämoderne Barbarei zurückzufallen. Bei dieser Apodiktik werden die Krisen der kapitalistischen Globalisierung, die wachsende Ungleichheit der Einkommen und Vermögen in der Welt, die Umweltzerstörungen oder die Tatsache, dass die fossilen Energieträger zur Neige gehen, ausgeblendet.

Wegen einer närrischen Haltung wie dieser bezeichnet der britische Historiker Eric Hobsbawm die Ökonomen spöttisch als Hohepriester der Moderne. Alles was ihrem Dogma widerspricht, erscheine ihnen als Häresie, ja als Blasphemie, und Hobsbawm fügt hinzu: „Denjenigen von uns, die die Jahre der Weltwirtschaftskrise miterlebt haben, fällt es noch ungeheuer schwer zu verstehen, wieso die Orthodoxien der reinen freien Marktwirtschaft, die doch damals so offenkundig in Misskredit geraten waren, in den späten achtziger und frühen neunziger Jahren wieder einmal über eine weltweite Periode der Depression herrschen konnten, obwohl sie auch diesmal nicht in der Lage waren, eine solche Depression zu verstehen oder in den Griff zu kriegen. Dieses merkwürdige Phänomen sollte uns an einen der wichtigsten Charakterzüge der Geschichte gemahnen ...: an das unglaublich kurze Gedächtnis der Wirtschaftstheoretiker und -praktiker" (1995: 136 f.).

Fragen danach, ob es überhaupt möglich ist, dass alle Welt dem Entwicklungsweg des Westens folge, werden von Ökonomen erst gar nicht gestellt. Für sie ist die Welt ein offener Markt aller Möglichkeiten, und wenn eine Gesellschaft scheitert, dann liegt das an mangelnder Wettbewerbsfähigkeit. Die Anstrengungen waren unzureichend oder die Öffnung von Märkten war nicht umfassend und die Privatisierungen nicht weitreichend genug. Die neoklassische Ökonomie hat sich in ein hermetisches System verwandelt, das verbietet, den Blick über einen engen Horizont hinaus schweifen zu lassen.

Der ökonomischen Apologetik, deren theoretische Fundierung und empirische Basis mehr als fragwürdig sind, assistieren Politikwissenschaftler, die vom

„kapitalistischen Frieden" schwärmen (Weede 2005): Freier Handel schaffe Frieden, und kapitalistische Demokratien sind, wie bereits Immanuel Kant 1795 ausführte, im Prinzip friedlich gestimmt. Sankt Kapitalismus ein Weltsegen. Doch das ist nicht nur naiv oder närrisch, sondern ein politikwissenschaftliches Trauerspiel. Denn da wird einiges übersehen: die Kriege, die die kapitalistische Großmacht USA in ihrem lateinamerikanischen Hinterhof geführt hat, die Kriege gegen Vietnam, gegen Jugoslawien und den Irak, von den Verwicklungen in die „neuen Kriege" in Afrika oder in Lateinamerika ganz abgesehen. Die Liste ließe sich - leider mit Leichtigkeit - fortsetzen. Daher ist eine Charakterisierung der „neuen Weltordnung" als ein „Imperium der Barbarei" (Foster/Clark 2005) sehr viel genauer.

Ich ziehe es daher vor, einer Linie argumentativ zu folgen, die sich einer Bemerkung des französischen Historikers Fernand Braudel verdankt. Er schreibt, gegen die Theorie eines Zusammenbruchs des Kapitalismus gerichtet: „Der Kapitalismus, davon bin ich ... überzeugt, kann nicht durch einen 'endogenen' Verfall zugrunde gehen; nur ein äußerer Stoß von extremer Heftigkeit im Verein mit einer glaubwürdigen Alternative könnte seinen Zusammenbruch bewirken ..." (Braudel 1986b: 702). Man wird sich also auf die intellektuelle und zugleich ganz praktische Suche nach den äußeren Erschütterungen, nach dem Schock von außen, und nach den im Innern der Gesellschaft heranreifenden überzeugenden Alternativen machen müssen - und selbst an deren Zustandekommen mitwirken; das ist der Sinn des im Vorwort erwähnten Projekts der „kollektiven Forschung", das einen permanenten Zyklus von praktischer Erfahrung und theoretischer Reflexion umschreibt. Allerdings erweitern wir das von Braudel uns aufgegebene Programm um die Suche nach den im Innern der Gesellschaften heranreifenden und sich zuspitzenden Widersprüchen, die genauso wirksam die Grundlagen der Stabilität der Entwicklung bedrohen können wie die äußeren Anstöße. Doch Fernand Braudel hat Recht; für sich allein können innere Krisen kaum den Zusammenbruch des Systems zur Folge haben.

Die Grenzen des Kapitalismus zeigen sich überall. Trotz immens steigenden Reichtums der Reichen in der Welt wächst das Heer der Armen - entgegen den „Millenniumszielen", die sich die internationalen Organisationen und die Staaten zur Jahrhundertwende 2000 gesetzt haben (Wade 2005; Söderberg 2004).[1] Die fossilen Energieträger werden knapp, und auch andere Ressourcen, deren Verfügbarkeit für das kapitalistische Wachstum und die Steigerung der Produktivität notwendig ist, sind endlich. Das ist ein Thema, das bereits vor mehr als dreißig Jahren vom „Club of Rome" aufgeworfen wurde. Die damaligen Prognosen waren übertrieben, und daher wurde der Club of Rome von vielen Autoren lächer-

1 Auch Jeremy Rifkin verweist auf die wachsende und nicht zurückgehende Ungleichheit in einem ansonsten höchst widersprüchlichen Artikel in Die Zeit, 09.06.2005, S. 49 f.

lich gemacht. Die Überlastung der Senken für die Emissionen von Produktion und Konsumtion (klimaschädliche Gase, Abwässer, Abfall) auf der Output-Seite des Stoffwechsels mit der Natur ist noch dramatischer als die Endlichkeit der Inputs einer fossil angetriebenen kapitalistischen Produktionsweise. Diese Grenzen der Natur stehen im Gegensatz zur unbegrenzten (selbst-referentiellen) Akkumulationsdynamik des globalen Kapitalismus, zu seiner sozialen Form. Die neoliberale Missachtung der Eigengesetzlichkeit der Natur und des Eigensinns der Gesellschaft legt die Lösung einer durch die Kräfte des freien Marktes gewaltsam exekutierten und zugleich legitimierten Enteignung (durch Privatisierung öffentlichen Eigentums, Vernichtung von Arbeitsplätzen, Abbau sozialer Standards und Ansprüche, die Verlängerung von Arbeitszeiten, Missachtung von Gefahren für die Gesundheit, Entrechtung der Menschen etc.) nahe. Dies ist eine strategische Unterminierung von menschlicher und sozioökonomischer Sicherheit. Möglichkeiten demokratischer Partizipation werden eingeschränkt.

Die Frage nach Alternativen ist daher auf der Tagesordnung. Doch inwieweit kann eine andere Welt kapitalistisch sein, und wenn ja, wie wird dieser Kapitalismus aussehen? Gibt es einen anderen Kapitalismus als den, den wir kennen? Ist nach dem Scheitern des realen Sozialismus im 20. Jahrhundert ein anderer Sozialismus des 21. Jahrhunderts, vielleicht ein ökologischer Sozialismus in Sicht? Welchen Charakter haben soziale Bewegungen heute und welches sind ihre politischen Projekte? Welche Rolle spielen in Zukunft Parteien und wie ist das Verhältnis von parlamentarischer Politik und außerparlamentarischer Bewegung? Welche Potentiale von Nachhaltigkeit und Solidarität gibt es in einer genossenschaftlichen Ökonomie, in einer „solaren", d.h. sich auf die Nutzung der Flussenergien der Sonne beschränkenden Gesellschaft?

Wer genau hinschaut, sieht die Zeichen der „anderen Welt". Überall, auch in Europa, wird mit erneuerbaren Energien experimentiert; und überall entdeckt man, dass erneuerbare Energien ökonomische Anpassungen erfordern, die Machtverteilung des politischen Systems verändern, die alltägliche Lebensweise der Menschen umwälzen. Aber auch die Gegenbewegung kommt in den Blick. Denn gleichzeitig rüsten die fossilen Energieversorger gegen die alternativen Energien, und sie finden Verbündete in Politik und Gesellschaft. Das Eintreten für den Übergang zur verbreiteten Nutzung erneuerbarer Energien, das Projekt der Umsteuerung in Richtung einer solaren und solidarischen Gesellschaft ist Klassenkampf gegen die konservativen Kräfte, die am fossilen Energieregime festhalten wollen, weil es ihre Macht- und Profitbasis ist. Die Auseinandersetzung ist zum Scheitern verurteilt, wenn die gesellschaftliche Transformation ausbleibt, wenn gesellschaftliche Bewegungen nicht darauf hinwirken. Die Welt kann man nicht verändern, ohne die Macht zu ergreifen – oder man liefert sich den heute Mächtigen und ihren Interessen aus. Doch wäre umgekehrt die Auffassung eine Illusion, dass zunächst die „Macht" ergriffen werden muss, um dann die notwendigen Veränderungen in und an der Gesellschaft vorzunehmen. Nein, die andere Welt wächst mit der Praxis sozialer Bewegungen im Innern des Kapitalismus gegen die Mächte des *status quo* heran.

In vielen Ländern, die von Finanzkrisen geschüttelt wurden, sind neue Bewegungen entstanden, die sich gegen die Folgen, vor allem gegen Arbeitslosigkeit und Armut genossenschaftlich organisieren und den Aufbau einer „solidarischen Ökonomie" versuchen. Das sind einerseits Überlebensinseln im Getöse der kapitalistischen Krise, zum anderen aber auch neue, über den Kapitalismus, wie wir ihn kennen, hinausgehende Formen der Vergesellschaftung. Ein Ziel ist die Wiederaneignung dessen, was Menschen genommen wurde, von ökonomisch mächtigen Konzernen, auch von politisch mächtigen Personen und Institutionen. Eine Fabrikbesetzung ist die Wiederaneignung von Arbeitsplätzen, die in der Finanzkrise, manchmal als Folge offensichtlicher Spekulation, abgebaut worden sind. Die sozialen Kämpfe in Bolivien gegen die Privatisierung der Wasserversorgung und der Öl- und Gasressourcen werden so erbittert geführt, weil die Menschen die neoliberal begründeten und von IWF und Weltbank durchgesetzten Privatisierungen zu Gunsten transnationaler Konzerne rückgängig machen wollen, weil sie sich die ihnen gehörenden Ressourcen wieder aneignen wollen, weil sie sich weigern, die ihnen abverlangten hohen Gebühren zu zahlen. Die Landbesetzungen in Brasilien sind die Aneignung von nicht produktiv genutztem Land durch diejenigen, die die Absicht und die Fähigkeit haben, das Land zu bebauen. Die indischen Bauern, die sich gegen genetisch modifiziertes Saatgut wehren, weil es sie zu Abhängigen der großen transnationalen Saatgutfirmen macht, kämpfen um ihr Recht, als Bauern den gesamten Zyklus von der Saat bis zur Ernte und wieder zur nächsten Aussaat zu beherrschen. Die argentinischen Piqueteros errichten Straßensperren, um mit der Unterbrechung der Zirkulation des Kapitals ihr Recht auf Gestaltung ihres urbanen Umfeldes hervorzuheben.[2] Die Zapatistas im Süden Mexikos besetzen das Territorium, um ihre indigenen Rechte zu verteidigen und um die Regierung zu Zugeständnissen zu veranlassen. Sie bauen dort eigene Strukturen eines „Buen Gobierno" gegen die „schlechte Regierung" des Staates auf. Es entstehen so Doppelstrukturen, Formen einer „Doppelherrschaft". Diese ist immer gefährdet, und zwar sowohl von außen durch die Versuche von Regierungen und mächtigen Eliten, die verlorenen Räume zurückzuerobern, oder von innen durch Anpassungen an die normativen Kräfte des Faktischen. Viele weitere Beispiele aus allen Kontinenten könnten genannt werden. Diese sozialen Bewegungen der Aneignung von Rechten, von Land und Ressourcen sind im jeweiligen Territorium verankert, das sie entsprechend ihren Vorstellungen gestalten und gegen konkurrierende Mächte verteidigen. Sie können daher als sozioterritoriale Bewegun-

2 Das ist deshalb nicht unproblematisch, weil von den Blockaden der Straßen viele Bewohner betroffen sind, die daher auf die Piqueteros nicht immer gut zu sprechen sind.

gen bezeichnet werden. Alle diese Bewegungen zeigen, dass die Krisen der Kapitalakkumulation auch Chancen eröffnen, neuen Bewegungen Raum bieten. Mit Hölderlin ließe sich also sagen, dass in der Krise das Rettende heranwächst.

Die Enteignungstendenzen sind keineswegs auf Länder der so genannten Dritten Welt beschränkt. Die Jahrzehnte der Deregulierung, Liberalisierung und Privatisierung haben nämlich nicht nur viel Armut in der Welt erzeugt, sondern auch enormen Reichtum. Nach Angaben des „World Wealth Report", der jährlich von der Investment-Bank Merryl Lynch und der Beratungsfirma Capgemini zusammengestellt wird, um für die eigenen Geschäftsstrategien der Anlageberatung der Reichen und der Superreichen eine Datengrundlage zu besitzen, ist das Millionärsvermögen (nur Geldvermögen) im Jahre 2004 um 8,2% auf 30.800 Mrd. US$ gestiegen. Am höchsten war der Zuwachs mit 13,7% interessanterweise auf dem ärmsten Kontinent, in Afrika, gefolgt vom reichsten Kontinent, nämlich Nordamerika, mit 9,7%.[3] Die sehr großen Geldvermögen werden nun von Private Equity-Fonds, Hedge-Fonds, so genannten „funds of funds" etc. verwaltet, die den schon reichen Geldvermögensbesitzern extrem hohe Renditen versprechen, durch die sie noch reicher werden, zumal ihre Steuerlast infolge des internationalen „Steuerwettbewerbs" verringert wurde. Die Fonds werden daher immer mächtiger, und sie können ihr Ziel der maximalen Rendite in kürzestmöglicher Frist machtvoll verfolgen. Sie attackieren inzwischen nicht nur Regierungen in Ländern der Dritten Welt, sondern auch große Unternehmen und Institutionen der Industrieländer. Das ist der Hintergrund der sozialdemokratischen Kapitalismusschelte und des Vergleichs der spekulativen Fonds mit Heuschreckenschwärmen. Die Grünen räusperten sich indigniert ob der ungehörigen Worte Münteferings. Unternehmer, wie der Arbeitgeberpräsident Dieter Hundt, finden Kapitalismuskritik „zum Kotzen".[4]

---

3 In Deutschland hat sich zum Missfallen der Privatbanken und sonstigen Anlageberater die Zahl der Millionäre unter den Privatanlegern nur um 0,6% auf 760.300 erhöht (FTD, 10.06.2005, S. 19). Die lukrativen Geschäfte lohnen sich erst ab 30 Mio. €, also muss noch mehr Ungleichheit her, um den großen Fonds die gehörige Rendite zu verschaffen. Daher ist verständlich, warum in den Augen der Unternehmerlobby und ihrer Medien Hartz IV nur der Anfang ist.

4 Der Vergleich mit den Heuschrecken trug Müntefering den Antisemitismus-Vorwurf ein. Das passiert in Deutschland immer, wenn der Kapitalismus kritisiert wird. Manche eher nach rechts ausgelegten Historiker können sich rationale und von Personen unabhängige Kapitalismuskritik so wenig vorstellen, dass sie sie sogleich in eine Kapitalistenkritik übersetzen. Wer Kapitalisten kritisiert, hat, so ihre Unterstellung, „den Juden" vor Augen. Attac hat diesen Unfug auch über sich ergehen lassen müssen (vgl. dazu Attac-Reader Nr. 3 des Wissenschaftlichen Beirats von Attac, 2004, in dem sich eine Reihe von Autoren mit dem Antisemitismus-Vorwurf auseinandersetzen). Kapitalismuskritik unter den Generalverdacht des Antisemitismus zu stellen, inkriminiert die Kritik des Kapitalismus und entwertet zugleich die Kritik des Antisemitismus (vgl. auch Werner Rügemer

Als ob sie Müntefering einen Beleg liefern wollten, warfen Hedge-Fonds unter Führung des Londoner TCI, die sich in die Mehrheit der Aktien eingekauft hatten, im Mai 2005 das Management der Deutschen Börse hinaus (allerdings nicht ohne eine feine Abfindung, deren Höhe nach Recherchen der Financial Times Deutschland, 12.05.2005, 10 Mio. € betragen soll). Sie dokumentierten so die Macht, die diese Fonds als Shareholder auszuüben vermögen. Die Interessen von „Stakeholder" sind ihnen ziemlich egal.[5] Die hochspekulativen Fonds sind ein extremer und ganz praktischer Ausdruck dessen, was von Karl Polanyi als „Entbettung" des Marktes aus der Gesellschaft bezeichnet worden ist. Geld regiert in einem so extremen Ausmaß die Welt wie niemals zuvor in der Geschichte. Die großen Investmentfonds versuchen tatsächlich, kurzfristig so hohe Renditen herauszuschlagen wie möglich. Sie haben keine sozialen, lokalen oder nationalen Bindungen. Herrschaft und Mechanismen der Legitimation sind völlig aus dem Territorium „entbettet" und daher in besonderem Maße rücksichtslos gegenüber den im Territorium lebenden Menschen, die nicht so mobil sein können wie die Fonds. Diese operieren zum Teil von Offshore-Plätzen aus, unter Einschaltung von Briefkastenfirmen. Diese extreme Entterritorialisierung des modernen finanzgetriebenen Kapitalismus ist der Grund dafür, dass soziale Gegenbewegungen sozioterritorial agieren, also sich das Territorium zu eigen machen. Der Kapitalismus ist im Prinzip asozial. Doch sind ihm durch soziale Bewegungen, in erster Linie von den Gewerkschaften, soziale Reformen abgerungen worden. Dies ist „am Ende der Geschichte" nach dem „Sieg im Kalten Krieg" vorbei. Manager von Hedge-Fonds verwahren sich dagegen, andere Interessen berücksichtigen zu müssen als die ihrer Klientel, der reichen Geldvermögensbesitzer (vgl. beispielsweise Ian Morley, „Why attacks on hedge funds are misguided", in FT 11.05.2005).

Die legitimatorische Basis des asozialen Shareholderkapitalismus ist gering und sie schwindet. Die „normalen" Unsicherheiten des Lebens in der Marktwirtschaft sind in vielen Familien zu Ängsten geworden. Diese sind sehr gefährlich, weil autoritäre und populistische Lösungsangebote attraktiv werden könnten. So wird die demokratische Basis unterminiert. Folglich sind Kapitalismuskritik und Überlegungen in Richtung Alternativen jenseits des Kapitalismus keine abstrakten Übungen. Sie sind notwendig, wissenschaftlich ebenso wie politisch, um die Ängste rational auf Ursachen zurückzuführen, die abgestellt werden können: durch Aufklärung und politische Praxis.

2005). Ein besonders trübes Beispiel für den konstruierten Generalverdacht des Antisemitismus von Globalisierungskritik liefert Claus Leggewie (2005). Obwohl er Kapitalismuskritik berechtigt findet, konstruiert er unannehmbare Barrieren, die, wenn sie eingehalten würden, jeder Kritik den Stachel nehmen würden.

5 Im FTmagazine vom 11. Juni 2005 beschäftigen sich Michael Akapinger und Marco Cibola (2005) mit dem Wandel der „Management-Kultur" im Shareholder-Kapitalismus.

Hier setzt diese Schrift an. Der Kapitalismuskritik muss ein Fundament gegeben werden, und sie braucht eine Perspektive. Es ist keineswegs so, wie Margareth Thatcher mit ihrem berühmt geworden TINA-Wort meinte, dass keine Alternativen mehr im Angebot der Geschichte seien. Aber umgekehrt holt man sich Alternativen nicht aus einer Art Shoppingcenter, wo sie, nach Radikalität geordnet, in den Regalen zu finden sind. Die einen wollen den Kapitalismus mit menschlichem Antlitz, die anderen wollen Strukturreformen, die dritten wollen alles, und zwar jenseits des Kapitalismus, die vierten wollen einen globalen Marshall-Plan. Doch diese Wahl hat keiner. Alternativen wachsen in der wirklichen Geschichte heran und aus den Eierschalen der bestehenden kapitalistischen Gesellschaft heraus. Daher benutzt Marx den Begriff des „Gebärens". Die neue Gesellschaft wächst in der alten heran. Sie wird geboren, und die Geburt kann schmerzhaft sein. Marx meint, und wir können nur hoffen, dass er Unrecht hat, dass die „Geburtshelferin der neuen Gesellschaft" die Gewalt sei. Denn Gewalt in Zeiten der Globalisierung ist ein globaler Krieg. Ein Vorgeschmack ist der Krieg gegen den Terrorismus, der schon zigtausende Menschenleben gefordert hat.

Viel radikaler als die These vom Ende des Kapitalismus, wie wir ihn kennen, ist der nach dem Ende des real existierenden Sozialismus 1989 in die Welt gesetzte Diskurs vom „Ende der Geschichte". Wenn die Geschichte ans Ende gekommen ist, haben Alternativen zum historisch für erfolgreich erklärten System keine Perspektive. Sie machen keinen Sinn. Eine andere Welt wäre unmöglich und wohl auch nicht nötig in der „besten aller möglichen Welten". Kapitalismuskritik würde sich ganz und gar erübrigen, wenn die Geschichte mit privatem Eigentum, Verwertung, Marktwirtschaft und formal demokratischer Ordnung sozusagen gesättigt wäre. Die neoliberale *Intelligenzia* hätte auf schreckliche Weise Recht. Denn jenseits des Kapitalismus lauert die Barbarei. Doch müssen wir so destruktiv, unmenschlich und pessimistisch nicht sein. Die Geschichte geht weiter, die Zukunft ist prinzipiell offen, Kritik macht Sinn, Alternativen können entwickelt werden. Denn die Zukunftsoffenheit bedeutet auch, dass die Zukunft einer nichtkapitalistischen Welt gehören kann. Die Alternative ist nicht die von „Kapitalismus oder Barbarei", sondern die von „Solidarität oder Barbarei". So schreibt es Manuel Vásquez Montalbán (2000: 21) in einem Brief an den Subcomandante Insurgente Marcos von der zapatistischen Bewegung in Chiapas. Und er fügt hinzu: „Ihr habt einen unangreifbaren ethischen Bezugspunkt geschaffen, daher eure Gefährlichkeit auf diesem ethisch völlig abgewerteten politischen und kulturellen Markt ...". Mit der Frage nach dem Ende der Geschichte oder dem Ende des Kapitalismus beschäftige ich mich im ersten Kapitel.

Danach ist zu klären, was unter Kapitalismus und seiner Dynamik eigentlich zu verstehen ist. Welche Eigenschaften charakterisieren den Kapitalismus? Zur Beantwortung dieser Frage soll keine ausführliche Kapitalismus-Analyse vorgelegt werden. Auch die vielen Verzweigungen der Debatten um die Globalisierung oder einen neuen Imperialismus werden nicht verfolgt. Es geht um die Hauptsache, um Formen der Aneignung und Enteignung, im ökonomischen wie im sozialen, kulturellen, ökologischen Sinn. Die Frage des Eigentums erweist sich dabei - wie in den Schriften des frühen Bürgertums aus dem 18. Jahrhundert - als zentral, weil aus dem Eigentum die Möglichkeiten der Aneignung legitimiert werden. Daraus bildet sich Macht - und deren Verteilung im globalen System bedarf der Analyse.

Nach der Diskussion von Eigentum und Aneignung werden die Konsequenzen der Nutzung der fossilen Energieträger diskutiert. Dies ist ein zentraler Aspekt, denn erst die Kongruenz von Kapitalismus, europäischer Rationalität und Fossilismus (vgl. viertes Kapitel) hat die neue Dynamik seit der „industriellen Revolution" möglich gemacht. Die wirtschaftlichen Wachstumsraten konnten gegenüber den vorindustriellen Jahrhunderten verzehnfacht werden. Das ist menschheitsgeschichtlich einmalig. Es ist daher notwendig, wirtschaftliches Wachstum und den Diskurs darüber zu erörtern. Das Wachstumskonzept usurpiert das des Fortschritts. Wachstum und technische Innovation erhalten eine fast religiöse Weihe, sind nicht hinterfragte Götzen, die von den Hohepriestern der Moderne - den Ökonomen - dem Publikum zur Anbetung angedient werden. Die Politik verschreibt sich voll und ganz der verführerischen Idee des Wachstums. Davon wird die Lösung aller Probleme erwartet: von der Arbeitslosigkeit in Europa und den Etatnöten der kommunalen Haushaltspolitiker bis zur Armut in der Dritten Welt und der Erfüllung der „Milleniumsziele", die im Jahr 2000 beschlossen worden sind.

Nach der Analyse der Dynamik kapitalistischer Entwicklung werden die inneren Widersprüche und ihre Zuspitzung thematisiert. Keine Frage, die monetäre Dimension kapitalistischer Akkumulation, die globalen Finanz- und Währungsmärkte, haben eine desaströse Wirkung auf die gesellschaftlichen Verhältnisse. Die Wirkungsweise der globalen Finanzmärkte führt durch die Konkurrenz der „Finanzplätze" zu steigenden Renditen und hohen Zinsen (gemessen an den realen Zuwachsraten des BIP), mit denen sie ihre jeweilige Attraktivität zu verbessern versuchen. Die Währungskonkurrenz unterstützt diese Wirkung. Um eine Abwertung zu vermeiden, um Inflationstendenzen zu unterbinden, werden die Zinsen nach oben getrieben. Die großen Investmentfonds, Hedge-Fonds und Private Equity-Fonds in Offshore-Finanzzentren sind inzwischen so liquide und mächtig, dass sie in traditionelle Industrien einsteigen können und aus diesen durch Umstrukturierungen, die immer auf Kosten von Arbeitsplätzen, zu Lasten der Arbeitsbedingungen und Löhne und gegen die Interessen der Mehrheit lokaler „stakeholder" gehen, hohe Renditen herauspressen. Die Finanzmärkte üben finanzielle Repression gegen die Gesellschaft und die reale Ökonomie aus. Sie bewirken eine in den Ausmaßen noch nie da gewesene skandalöse Umverteilung zu Lasten der Armen und zu Gunsten der Reichen. Informalisierung der Arbeit und das Abdriften in die dunklen Bereiche der sozialen Exklusion sind die Folge.

Die spekulativen Fonds zerstören so die reale Basis ihrer hohen Gewinne. Das wurde bereits in der Asienkrise 1997 deutlich. Das spekulative Fluchtkapital wurde aus den asiatischen Krisenländern abgezogen, nachdem die Profite gemacht und keine neuen zu erwarten waren. Es wurde in US-Aktien investiert, wodurch der New Economy-Boom ausgelöst wurde. Nachdem die Blase im Jahr 2000 geplatzt war, gerieten neben Immobilien auch traditionelle Unternehmen ins Visier, die durch Reorganisation dazu gebracht werden sollen, in allererster Linie die kurzfristigen Interessen der Shareholder, d.h. der Fonds und ihrer Klientel zu bedienen. Hier stellt sich die Frage, ob nicht die Finanzkrisen die innere Zuspitzung von Widersprüchen sind, die den Kapitalismus von innen ökonomisch und sozial in einem Ausmaß destabilisieren, dass Braudels Bedingungen für ein Ende des Kapitalismus erfüllt sein könnten, zumal nun auch fantasievolle und überzeugende Gegenbewegungen entstehen und sich politisch artikulieren.

Hohe Realzinsen auf Finanzmärkten verlangen hohe reale Wachstumsraten in der produzierenden Industrie, in der Landwirtschaft, im Dienstleistungssektor, kurz: in der realen Ökonomie. Doch die fossilen Energieträger, die das Wachstum „ölen“, werden knapp. Daher spitzen sich politische und militärische Auseinandersetzungen um die Energiesicherheit, um eine kontinuierliche Versorgung mit Erdöl zu. Der von den USA und ihrer Koalition der „Willigen“ vom Zaum gebrochene Krieg gegen den Irak im Jahre 2003 und die gewaltsamen Versuche, die Beute zu halten, indem das Land mit militärischen Mitteln „befriedet“ wird, ist auch ein Krieg um die „Energiesicherheit“, ein Krieg um Öl.

Die „alte“ Geopolitik, deren Ruf wegen ihrer Affinität zum Nationalsozialismus unwiederbringlich zerstört schien, kehrt in akademische und politische Kreise zurück. Niemand wird die Formel vom „Volk ohne Raum“ übernehmen, aber ein „Volk ohne Öl“ kann sich auch niemand vorstellen. Denn Energiearmut heißt unter Bedingungen des industriellen Wachstums Unterentwicklung und ökonomische Armut; es wird aber noch gezeigt werden, dass hohe Energiereserven durchaus nicht immer Wohlstand im Ölland zur Folge haben. Auch die Emissionen bei der Verbrennung fossiler Energieträger sind nicht nur für Klima und Biodiversität, sondern auch für den Frieden in der Welt gefährlich. Auf Konflikte im Treibhaus bereiten sich die militärischen Supermächte vor. Ihnen geht es vor allem um die Abwehr unerwünschter Migration. Die Festung Europa, die einen Krieg gegen unerwünschte MigrantInnen mit jährlich vielen Hunderten Toten im Mittelmeer und an den Ostgrenzen führt, und Kalifornien, wo die Grenzen wasserdicht gegen Latinos gemacht werden sollen, spiegeln das Bild einer möglichen nahen Zukunft in unsere Gegenwart. Diese Zukunft hätte tatsächlich sehr viele Züge einer Barbarei, und diese Barbarei wäre kapitalistisch.

Gegen die Zumutungen des Kapitalismus, wie wir ihn kennen, wachsen, dies ist das Thema des achten Kapitels dieses Buches, genossenschaftliche Initiativen von unten, die inzwischen als „solidarische Ökonomie“ bezeichnet werden. Das sind bereits die ersten Anzeichen von überzeugenden Alternativen im Innern der Gesellschaft. Makroökonomische Alternativkonzepte und Entwürfe für eine „solidarische Weltwirtschaft“ werden propagiert und stoßen auf Resonanz. Gewerkschaften begreifen mehr und mehr, dass Lohnkämpfe schon verloren sind, wenn nicht zugleich Machtpositionen in Betrieben und in der Gesellschaft erobert werden. Eine solare Gesellschaft und eine solidarische Ökonomie bedürfen auf jeden Fall der Unterstützung durch Nationalstaaten, und sie müssen durch globale Regulation gegen den Wildwuchs der liberalisierten Märkte abgesichert werden. Hier geht es also nicht um lokale Nischen. Solidarität ist ja nicht auf die Nachbarschaft und die kleine Kooperative zu begrenzen, sondern sie muss in Zeiten der Globalisierung den globalen Kontext, d.h. die räumliche und zeitliche Reichweite reflexiv einbeziehen. Gegen den „neuen Imperialismus“ bilden sich also aus dem Innern der Gesellschaften Gegenbewegungen der alternativen sozialen Organisation und politischen Partizipation. Möglicherweise entsteht daraus ein neuer Kosmopolitismus, der nicht intellektuelles Modell ist sondern von unten wächst.

Dies ist ein starker Grund dafür, dass Solidarität in der Ökonomie nur in einer ökologisch nachhaltigen, also im Prinzip nicht-fossilen Gesellschaft realisiert werden kann. Jenseits des Öls gibt es Energiesysteme, die auf erneuerbarer Energie basieren: auf der Verwertung von Biomasse, der Photovoltaik, der Nutzung von Wind- und Wasserkraft, der Geothermik. Hinzu kommt ein sparsamerer und effizienter Umgang mit Energie. Nicht immer sind sich die Verfechter erneuerbarer Energiesysteme darüber im Klaren, dass diese nur funktionieren können, wenn die Produktionsweise, die Konsummuster, die Verteilungssysteme der Energien geändert werden. Das geht nur langfristig, und wenn der Übergang denn gelingt, ist dies der Übergang zu einem Ufer, an dem nicht mehr „Kapitalismus“ steht, sondern irgendetwas anderes. Wir haben keinen einfachen Namen dafür, nachdem der Sozialismus des 20. Jahrhunderts gescheitert ist. Sozialismus des 21. Jahrhunderts? Vielleicht ist es sinnvoller, das Projekt als solare (weil nachhaltige) und solidarische (weil auf die gesellschaftlichen Ressourcen bauende) Gesellschaft zu bezeichnen.

Überzeugende Alternativen gibt es also. Die Fortsetzung des Kapitalismus, wie wir ihn kennen, endet im Desaster. Ein „Imperium der Barbarei“ droht, wenn es nicht bereits entstanden ist. Ein Regime erneuerbarer Ressourcen mit den dazu passenden sozialen Formen und einer solidarisch gestalteten Ökonomie ist das Ende des Kapitalismus, wie wir ihn kennen. Neue soziale Formen können entwickelt werden. Die Geschichte ist nicht am Ende, sie ist offen und geht weiter.

Erstes Kapitel
Ende der Geschichte gleich Kapitalismus ohne Ende?

1.1 Raum und Zeit, Krisen und Transformationen

Alle Entwicklung auf Erden findet in Raum und Zeit statt. Auch der Kapitalismus hat eine räumliche Ausdehnung, die im Zuge der kolonialen Eroberungen und später im Zeitalter des Imperialismus und der Globalisierung immer größer geworden ist. Die Märkte weiten sich mittels des „stummen Zwangs der ökonomischen Verhältnisse" (Marx) zum Weltmarkt. Die räumliche Expansion erfolgt aber auch gewaltförmig unter Einsatz „heroischer Mittel", mit der „Axt der politischen Gewalt" (Rosa Luxemburg 1966; Narr 2003: 579). Europa wurde um die neoeuropäischen territorialen Eroberungen in Amerika, Afrika, Asien Australien erweitert. Fast alle territorialen Räume des Planeten Erde und die dort lebenden Menschen befinden sich zu Beginn des 21. Jahrhunderts unter der Herrschaft des Kapitals, und diese Herrschaft hat in Europa ihren Ursprung.

Der Kapitalismus dehnt sich auch in die inneren Funktionsräume der Gesellschaften aus (in der Ökonomie, in Kultur und Politik, in Bildung, Sport und Spiel etc.). Es handelt sich um eine „kapitalistische 'Welteinnahme'" (Narr 2003: 583). Die Mikro- und Nanostrukturen des Lebens werden in Wert gesetzt und dabei so manipuliert, dass die Verwandlung in Ware und ihre Verwertung in Geldform herauskommen. Private Rückzugsräume sind vor Sachzwängen von Geld und Kapital nicht sicher. Formen des sozialen Zusammenlebens werden mehr und mehr vertragsförmig gestaltet und dadurch der Logik von monetärer Marktäquivalenz unterworfen. Kapitalistische Inwertsetzung ist ein allumfassendes und dennoch im Binnenraum des Planeten Erde begrenztes und begrenzendes Prinzip, dessen Regeln zu befolgen sind, als ob es sich um Gebote Gottes handelte. Ökonomische Sachzwänge erhalten eine quasi-religiöse Weihe. Dies hat Walter Benjamin veranlasst, Kapitalismus als Religion zu deuten (Benjamin 1985). Dies wirft auch ein neues Licht auf Max Webers Interpretation der Entstehung des „Geistes" des Kapitalismus aus der im Protestantismus verkörperten okzidentalen Rationalität der Weltbeherrschung.

Auch in der Zeit gibt es einen Anfang und ein Ende. Über den Anfang – besser die Anfänge, denn der Kapitalismus wird aus vielen losen Enden in Klassenkämpfen und Kriegen zu einem festen Strang geknüpft – streiten die Historiker, auch wenn niemand in Abrede stellt, dass der Kapitalismus vor einigen hundert Jahren in Europa entstanden ist. Man kann davon ausgehen, dass die ursprüngliche Akkumulation in England im 15. und 16. Jahrhundert einsetzt. Zuvor bilden sich ab dem 13. Jahrhundert kapitalistische soziale Formen in den italienischen Stadtrepubliken, später auf der iberischen Halbinsel und in den Niederlanden. Kapitalistische Formen hat es in anderen Weltregionen auch vor dem europäischen „langen 16. Jahrhundert“ von 1492 („Entdeckung“ Amerikas) bis 1648 (Westfälischer Frieden) gegeben, in Asien beispielsweise (Frank/Gills 1993; Frank 1998a und 1998b). Sie haben sich aber nicht wirklich entfalten können, weil bestimmte systemische Eigenschaften nicht genügend ausgebildet waren: z.B. ökonomische Institutionen und Mechanismen, technisch-organisatorische Grundlagen, die Verfügbarkeit und Nutzbarkeit fossiler Energieträger, politische Verhältnisse oder kulturelle Voraussetzungen und möglicherweise auch klimatische Bedingungen.

Daher könnte es eine triviale Aussage sein, dass der Kapitalismus historisch ist; denn wenn der Anfang sicher ist, ist es das Ende auch. Dies ist nicht nur die Auffassung von Marx und der in der marxistischen Tradition stehenden Weltsystemtheoretiker (z.B. Immanuel Wallerstein 1979). Auch Werner Sombart (1969), Max Weber (1921/1976) und Joseph A. Schumpeter (1950), die großen „bürgerlichen“ Sozialwissenschaftler, würden dem, zumindest im Prinzip, zustimmen. Fernand Braudel hingegen ist, wie in der Einleitung bereits vermerkt, vorsichtig in seiner Einschätzung eines möglichen Endes des Kapitalismus. Denn der Kapitalismus „nährt sich vom Wandel, paßt sich, nach Bedarf ausbaufähig oder zu Einschränkungen imstande, den wirtschaftlichen Möglichkeiten jeder Epoche und jeder Weltgegend an“ (Braudel 1986b: 695, 702). Diese Auffassung trifft sich mit der von Antonio Gramsci, der sich auch nach den Bedingungen der politischen Stabilität eines ökonomisch und sozial instabilen Systems fragte und ebenfalls die Fähigkeit des Kapitalismus oder besser: der politischen und ökonomischen Eliten im Kapitalismus zur Veranlassung und Durchsetzung gesellschaftlicher Transformationen hervorhob (Gramsci 1967: 282 ff.; Gramsci 1993, 1994; Kebir 1991: 17 ff.). Die kapitalistische Produktionsweise ist ein sehr flexibles, dynamisches, aber von Anbeginn an instabiles System, das Konjunkturen ebenso aufweist wie es immer wieder ökonomische und politische Krisen provoziert.

Daran knüpft sich die Frage nach der Art und Weise an, wie die Krisen überwunden werden. Vier Positionen können unterschieden werden. Manche sehen das Auf und Ab der sozioökonomischen Entwicklung als einen Zyklus, so mechanisch wie der Umlauf der Planeten um die Sonne. Im Verlauf dieser Zyklen bleibt sich das gesellschaftliche System immer gleich. Einmal in die Bahn geworfen ist die Bewegung nichts als zyklische Wiederholung. Eine zweite Position, die auf Rosa Luxemburg (1966) oder Henryk Grossmann (1967) zurückgeführt werden kann, hält einen Zusammenbruch des Systems für unvermeidlich, wenn im Verlauf des Krisenzyklus die ökonomischen Proportionen aus dem Ruder laufen, wenn die Realisierung des produzierten Mehrwerts nicht mehr möglich sein sollte. Rosa Luxemburg, die in ihrer ökonomischen Analyse diese Position vertrat, war aber auch davon überzeugt, dass die Arbeiterklasse auf den Zusammenbruch des Kapitalismus so lange warten könne wie auf den Zeitpunkt, an dem „die Erde in die Sonne fällt". Der Kapitalismus müsse durch politische Tat beseitigt werden, auf die planetare Katastrophe kann man lange warten.

Eine dritte Position, der Fernand Braudel und Antonio Gramsci, die gerade zitiert worden sind, zuneigen würden, beschreibt die Entwicklung der kapitalistischen Produktionsweise als einen Transformationsprozess. In den großen Krisen werden immer wieder die historischen Bedingungen der kapitalistischen Entwicklung, die technisch-organisatorische Betriebsweise, der kulturelle Überbau, die Machtverteilung auf den globalen Märkten, das Verhältnis von Ökonomie und Politik und nicht zuletzt das gesellschaftliche Naturverhältnis so umgewälzt, dass die Krise überwunden und ein neuer Aufschwung eingeleitet werden können. Marx hat eindringlich kapitalistische Entwicklung als Aufeinanderfolge von Transformationen beschrieben, nämlich die von der Manufaktur zur „großen Industrie". Danach ist die Geschichte weiter gegangen, zunächst zum „Fordismus" und möglicherweise in unseren Tagen zu einem „Postfordismus". Krisen sind Zeiten des Umbruchs, und darin liegt die Chance des Neuen.

Wichtiger aber ist noch ein anderer Aspekt dieser gesellschaftlichen Transformationen. Sie sind so etwas wie eine von Antonio Gramsci so genannte „passive Revolution" (z.B. Gramsci 1994: 1242 ff.). Das ist die Anpassung von ökonomischen und politischen Verhältnissen (im traditionellen Sinne: von „Basis und Überbau") an die neuen, in der „organischen" Krise zum Ausdruck gekommenen historischen Herausforderungen. In der passiven Revolution gelingt es den herrschenden Eliten immer, ihr hegemoniales System ideologisch, politisch, institutionell gegenüber den sozialen und politischen Herausforderern, gegenüber den „subalternen Klassen" zu stärken, auch indem diese zumindest partiell integriert werden, indem der soziale Konsens den neuen historischen Bedingungen angepasst wird. Die Evolution des Kapitalismus vollzieht sich also als ein Prozess der Anpassung an historische Herausforderungen in Ökonomie, Politik, Gesellschaft, Kultur und Natur. So betrachtet hat Fernand Braudel ganz Recht, ein Ende des Kapitalismus nur dann als Möglichkeit zu denken, wenn das System heftige Stöße von außen nicht mehr zu verarbeiten vermag und wenn zugleich im Innern glaubwürdige Alternativen heranwachsen. Denn die Menschen wollen wissen, woran sie sind.

1.2 Das Ende der Geschichte?

Es gibt aber noch eine vierte Position. Der Kapitalismus scheint im Selbstverständnis der Zeitgenossen des 21. Jahrhunderts zur inneren Natur der Menschen zu gehören, so wie Essen, Trinken, Schlafen, Fortpflanzung, d.h. der Stoffwechsel mit der äußeren Natur (Nährstoffzyklen, Behausung, aber auch Natur- und Kunstästhetik), die Kommunikation der Menschen untereinander und die Funktionsweise der inneren Natur des Menschen. Kapitalismus wäre, wenn diese Auffassung zuträfe, eine von Generation zu Generation weiter gegebene „*condition humaine*“ (André Malraux). Dann ist es nur konsequent der Ansicht zuzuneigen, die Geschichte sei am Ende, wenn der Kapitalismus mit seinem ökonomischen, sozialen und politischen Institutionensystem und der dazu gehörenden Kultur zur Blüte entwickelt und Alternativen nach dem grandiosen „Sieg im kalten Krieg“ im Orkus des historischen Vergessens verschwunden seien.

Nur bleibt ein Ungenügen, am „Ende der Geschichte“ kommt Hoffnungslosigkeit auf. Denn erstens bleibt, wenn am Ende der Geschichte alles so bleibt wie gehabt, der Anfang im Dunkel - obwohl wir über die präkapitalistischen Gesellschaften und die Entwicklung der Menschen seit dem Paläolithikum einiges wissen (Crosby 1991; Ponting 1991; Cameron 1997). Zu dem sicheren Wissen gehört, dass die Menschheit zu mehr als 99% ihrer Geschichte unter nicht-kapitalistischen Verhältnissen gearbeitet und gelebt hat (vgl. zu den geologischen Zeiträumen Deffeyes 2005: 167ff). Der Kapitalismus ist aus anderen Produktionsweisen (in Europa aus der feudalen Ordnung) hervorgegangen und ihm werden andere folgen. Die Gewissheit ergibt sich aus der Analyse der Dynamik kapitalistischer Gesellschaften, die immer wieder an Entwicklungsgrenzen führt. Doch die Vorstellungskraft reicht in aller Regel nicht, sich auf eine Geschichte jenseits der kapitalistischen Gesellschaftsformation mit ihren kulturellen Mustern, politischen Institutionen, ökonomischen Funktionsmechanismen und sozialen Arten und Weisen der Kommunikation vorbereiten und einstellen zu können. Es geht alle Hoffnung verloren, und daher wird das Ende des Kapitalismus als apokalyptische Endzeit gedacht. Dem gegenüber erscheint das Denkmuster vom „ewigen Kapitalismus“ am Ende der Geschichte wie eine Erlösung.

Es ist Ausgangspunkt eines nach 1989 verbreiteten Diskurses und wird seitdem mitgeschleppt, immer wieder bestärkt durch neokonservative oder neoliberale Ideologen und postlinke Renegaten, wobei letztere auch zu Wortführern der ersteren befördert worden sind (Lind 2004, insbes. 430 ff.; auch Lieven 2004). Den Anfang des Diskurses vom „Ende der Geschichte“, der auf seiner Kehrseite die „Ewigkeit des Kapitalismus“ verkündet, machte Francis Fukuyama (1992; kritisch dazu Anderson 1992). Das Ende der Geschichte sei erreicht, weil paradoxerweise die moderne kapitalistische Gesellschaft mit ihren sozialen und politischen Institutionen, ihren Prozeduren (formale Demokratie, Markt, Pluralismus etc.), Theorien und Ideologien den Höhepunkt der sozialen Entwicklung markiere. Nicht allein das Ende des „Kalten Krieges“ und damit das Ende einer spezifischen Nachkriegsperiode seien erreicht, sondern „the end of history as such: that is, the end point of mankind's ideological evolution and the universalization of Western liberal democracy as the final form of human government“. Die Dramatik dieser Aussage ist schwer zu übertreffen. Fukuyama knüpfte mit ihr explizit an Hegels Geschichtsphilosophie an: „And yet what I suggested had come to an end was not the occurrence of events, even large and grave events, but History: that is, history understood as a single, coherent, evolutionary process, when taking into account the experience of all peoples in all times. This understanding of History was most closely associated with the great German philosopher G.W.F. Hegel. It was made part of our daily intellectual atmosphere by Karl Marx, who borrowed this concept of History from Hegel, and is implicit in our use of words like 'primitive' or 'advanced', 'traditional' or 'modern', when referring to different types of human societies. ... Both Hegel and Marx believed that the evolution of human societies was not open-ended, but would end when mankind had achieved a form of society that satisfied its deepest and most fundamental longings. Both thinkers thus posited an 'end of history': for Hegel this was the liberal state, while for Marx it was a communist society. This did not mean that the natural cycle of birth, life and death would end, that important events would no longer happen, or that newspapers reporting them would cease to be published. It meant, rather, that there would be no further progress in the development of underlying principles and institutions, because all of the really big questions had been settled" (Fukuyama 1992).

Fukuyama maß dem Jahr 1989 nicht so große Bedeutung bei wie dem Jahr 1806. In der Schlacht von Jena nämlich wurden von der napoleonischen „Avantgarde der Geschichte" die Prinzipien der französischen Revolution durchgesetzt. Die Demokratie hat sich seitdem als überlegene Form der Regulation politischer und gesellschaftlicher Prozesse herausgestellt. Nach dem „Sieg im Kalten Krieg" habe sich dies bestätigt. Obendrein sei ein neues „american century" angebrochen (z.B. Krauthammer 1991). Der gerade gescheiterte real existierende Sozialismus habe ja demonstriert, dass jenseits der kapitalistischen Ordnung Ödnis und Verwilderung herrschen. Die Geschichte der kapitalistischen Gesellschaftsformation hingegen kann am Ende der Geschichte ein neues Kapitel aufschlagen. Der Kapitalismus ist mit seinen politischen, sozialen und ökonomischen Institutionen lebendig wie nie zuvor. Daher ist das „Ende der Geschichte" nur eine Umschreibung für die End- und Grenzenlosigkeit der kapitalistischen Produktionsweise. Für immer Kapitalismus, weil gesellschaftliche Alternativen keinen historischen Sinn machen, historisch desavouiert sind. Jede Kritik prallt an der Faktizität und an der normativen Überlegenheit der gesellschaftlichen Sachzwänge ab.[1] Kein Wunder, dass sich Neokonservative im Recht und vom historischen Geist beatmet fühlen, auch wenn sie so manches Desaster für ihre Weltinterpretation haben erleben müssen, insbesondere im Irak.

---

1 Allerdings mischt sich in die frohe Botschaft vom Ende der Geschichte und von kräftigen, ja protzigen geschichtsmächtigen Bestätigungen des Kapitalismus pessimistischer Zeitgeist von einem heraufziehenden „religiösen Zeitalter", von der Auseinandersetzung der durch die USA repräsentierten westlichen Wertegemeinschaft mit einem militanten Islam (Huntington 2004).

Wer aber an das Ende der Geschichte nicht glauben will und die Ewigkeit des Kapitalismus für eine Horrorvorstellung hält, ist laut Bohrer und Scheel (2003) nicht nur „irrender Ideologe", sondern „Reaktionär". Als Kronzeugen zitieren sie die Kritik von Marx und Engels im „Kommunistischen Manifest" an den vorkapitalistischen „Reaktionären" mit deren „altehrwürdigen Vorstellungen und Anschauungen" aus dem Jahre 1848, um im Jahre 2003 dieses Verdikt des Reaktionären auf die Kritiker des inzwischen globalen Kapitalismus zu münzen. In der neoliberalen Vorstellungswelt ist der einzige wahrnehmbare Fortschritt der Stillstand. Im Übrigen hätten die Merkur-Herausgeber gut daran getan, im zitierten „Kommunistischen Manifest" von Marx und Engels weiter zu lesen. Denn nach der Begeisterung über die Fortschritte der Bourgeoisie folgt eine nüchterne Analyse der kapitalistischen Krisentendenzen, eine Auseinandersetzung mit den Strömungen des Sozialismus in der Mitte des 19. Jahrhunderts und ein Übergangsprogramm zur Überwindung der Herrschaft der Bourgeoisie, um mit dem Aufruf zu enden: „Mögen die herrschenden Klassen vor einer kommunistischen Revolution zittern. Die Proletarier haben nichts in ihr zu verlieren als ihre Ketten. Sie haben eine Welt zu gewinnen. Proletarier aller Länder, vereinigt Euch!" (Marx/ Engels MEW 4). Alternativen zum bestehenden Kapitalismus waren also immer Thema sozialer Bewegungen, und sie sind es auch heute.

Der von Karl Marx analysierte Fetischcharakter der kapitalistischen Formen ist für den Anschein verantwortlich, als ob Wachstum in der Zeit und Expansion im Raum unendlich fortgesetzt werden könnten, als ob der Kapitalismus „in alle Ewigkeit" existieren würde. Es scheint so, als ob etwas Lebensnotwendiges wie der Metabolismus der Menschen und der Natur aufhören würde, wenn der Kapitalismus an seine Grenzen gerät. Das Ende des Kapitalismus wäre dann folglich das Ende der Menschheit, eine apokalyptische „Menschheitsdämmerung". Wir befinden uns also an einer historischen Wegscheide. Der eine Weg weist in die Richtung eines Kapitalismus ohne Ende, weil die Geschichte an ein Ende gekommen ist. Ökologische Zerstörung, Konflikte um Ressourcen, harte Verteilungskämpfe, desaströse soziale und finanzielle Krisen sind Begleiter auf diesem Wege. Da ist es durchaus möglich, an einem Ende der Geschichte anzulangen, anders als es sich die Neokonservativen vorstellen. In der anderen Richtung ist offenes Gelände. Soziale Alternativen jenseits des vorherrschenden Typs kapitalistischer Akkumulation sind möglich. Die Geschichte ist offen für Produktionsweisen, Lebensbedingungen, Naturverhältnisse jenseits des Kapitalismus.

1.3 Kapitalismus als Religion

Doch Kapitalismus umschreibt mehr als Produktionsweise und Gesellschaftsformation, deren Entwicklung durch die Akkumulationsdynamik gekennzeichnet ist. Nicht nur der Konservatismus der US-amerikanischen Rechten greift ein Denkmuster auf, das dem Kapitalismus religiöse Werte zuschreibt und ihn so mit der Qualität des Ewigen ausstattet. In seinem Fragment „Kapitalismus als Religion" hat Walter Benjamin dargelegt, wie „im Kapitalismus ... eine Religion zu erblicken (sei), d.h. der Kapitalismus dient essentiell der Befriedigung derselben Sorgen, Qualen, Unruhen, auf die ehemals die so genannten Religionen Antwort gaben" (Benjamin 1985: 100), und der Kapitalismus muss sich mithin genauso ewig versprechen wie die „ewige Stadt". Dabei ist das kapitalistische System widersprüchlich. Kapitalismus beansprucht das „ewige Leben", das jenen verheißen wird, die die kapitalistischen Regeln des Produzierens und Konsumierens geflissentlich befolgen.[2] Aber Kapitalismus bedeutet auch „ein ungeheures Schuldbewusstsein, das sich nicht zu entsühnen weiß." Es wird universell und muss schließlich den Gott selbst in diese Schuld einbeziehen, „um endlich ihn selbst an der Entsühnung zu interessieren ... Es liegt im Wesen dieser religiösen Bewegung, welche der Kapitalismus ist, das Aushalten bis ans Ende, bis an die endliche völlige Verschuldung Gottes, den erreichten Weltzustand der Verzweiflung, auf die gerade noch gehofft wird. Darin liegt das historisch Unerhörte des Kapitalismus, dass Religion nicht mehr Reform des Seins, sondern dessen Zertrümmerung ist" (Benjamin 1985: 100 f.). Die Schuld ist durchaus materiell zu interpretieren und nicht nur als Schuldbewusstsein: als Verschuldung, weil Kapitalismus auf Kapital und Geld basiert und die Vermögen und die aus ihnen abgeleiteten Forderungen notwendigerweise (Schuld)Verpflichtungen generieren. Diese wachsen mit den Zinseszinsen, in der von Max Weber hervorgehobenen „Kapitalrechnung" ordentlich bilanziert, die ihrerseits Emanation des „kapitalistischen Geistes" ist, der aus der protestantischen Religion abgeleitet wird. Die Entschuldung und Entsühnung können aber über ein bestimmtes Maß hinaus nur noch als Crash, als eine Zertrümmerung sozialer Beziehungen eintreten. Die Ausmaße der Finanzkrisen der Gegenwart reichen an die von Walter Benjamin formulierte Dramatik heran.

2 „Du sollst keine anderen Jeans haben neben mir" forderte der Werbespruch der Firma Jesus-Jeans in den 70er Jahren. Dies veranlasste Dorothee Sölle dazu, vom „Gott der Werbung" zu sprechen (vgl. Palaver 2002, http://theol.uibk.ac.at/itl/283.html#h4).

1.4 Der Kapitalismus, wie wir ihn kennen – die beste aller möglichen Welten?

Wer angesichts des weltweit vorherrschenden Diskurses über die Alternativlosigkeit des Kapitalismus und die Überlegenheit der westlichen Werte, so wie sie beispielsweise die Bush-Regierung definiert hat, das Ende des Kapitalismus dennoch für möglich hält oder gar auf dessen Überwindung politisch hinarbeitet, gilt als weltfremder Narr. Ihm wird unterstellt, das Rad der Geschichte drehen zu wollen, obwohl es zum Stillstand gekommen und seine Bewegung blockiert ist. Die Geschichte ist am Ende, die „beste aller möglichen Welten" ist Wirklichkeit geworden. Die Utopie hat ein Zuhause.

Diese Denkfigur ist uns nicht unbekannt. Am „Ende der Geschichte" sind wir auf die Theodizee verwiesen, die die Theologen und Philosophen seit Jahrhunderten umtreibt. Da die Welt insgesamt von Gott geschaffen ist und die göttliche Weisheit nicht in Frage gestellt werden kann, ist die Welt, in der wir leben, trotz der chaotischen Verhältnisse, trotz Krieg und Elend, ökologischer Zerstörung und sozialer Ungleichheit, trotz Autoritarismus und Unterdrückung die „beste aller möglichen Welten". Die *Theodizee* hat eine lange Geschichte. Auch Leibniz (Leibniz Nachdruck 1948) hat sie zum Ausgangspunkt seiner Welterklärung genommen. Nichts in der Welt ist, so das rationalistische Apriori, ohne einen zureichenden Grund. Die wirkliche Welt, in der wir leben, ist nur eine aus der unendlichen Vielfalt möglicher Welten. Denn da „die Ideen Gottes unendlich viele mögliche Welten enthalten und doch nur eine einzige davon existieren kann, so muß es wohl einen zureichenden Grund für die Wahl Gottes geben, der ihn zu der einen Welt mehr als zu der anderen bestimmt" (Leibniz § 53).

In dieser bestmöglichen Welt fungieren die denkenden Menschen (aber auch andere Lebewesen und sogar die unbelebte Natur) als Monaden. Sie haben nichts miteinander zu tun, sie wirken nicht aufeinander, sie sind „fensterlose" Substanzen, bestenfalls, wenn „vom Gedächtnis begleitet", „vernünftige Seelen". Wenn trotz der „ordnungspolitischen" Passivität der Monaden die „beste aller möglichen Welten", aus einem Chaos also eine *„prästabilierte Harmonie"* (Leibniz § 78, 80, 87) erwächst, dann durch einen idealen Einfluss, durch „Vermittlung Gottes". Gott wirkt als *„deus ex machina"*, als „Baumeister der Weltmaschine" (Leibniz §87). Die Monaden dieser Welt tragen in gänzlicher Unabhängigkeit, ja Ahnungslosigkeit voneinander, das Universum konzentriert in sich; in ihrem jeweils gegenwärtigen Zustand sind Vergangenheit und Zukunft der Welt vollständig enthalten. Es gibt keine Ungewissheiten über die Zukunft, keine Unsicherheiten und daher auch keine Enttäuschungen, die zu einer Änderung von Plänen und Entscheidungen Anlass geben könnten. Ein moderner Begriff von gerichteter Zeit, von thermodynamischer Irreversibilität ist dieser durch und durch optimistischen Vorstellung ebenso fremd wie die moderne Skepsis gegenüber der Annahme, dass die reale Welt auch die bestmögliche sei. Produktions- und Konsumtionstätigkeiten sind alles andere als Kommunikation zwischen den Monaden. Die Tätigkeit der Monaden ist Perzeption (Vorstellungen einfacher Seelen oder Substanzen) und Apperzeption (bewusste Vorstellungen vernünftiger Seelen); sie „haben keine Fenster, durch die etwas hinein- oder heraustreten kann" (Leibniz §7).[3]

Walter Benjamin vermerkt überdies, dass Leibniz auch die Infinitesimalrechnung entwickelt. Dies sei nicht verwunderlich, denn „die Idee ist Monade - das heißt in Kürze: jede Idee enthält das Bild der Welt" (Benjamin 1978: 228). Infinitesimalrechnung und Marginalprinzip sind das rationalistische Handwerkszeug bei der Entscheidungsfindung über knappe Ressourcen, da knüpft die neoklassischneoliberale Ökonomie bruchlos an. Leibniz rationalistische Konstruktion hat Gesellschaft zum Ergebnis, aber nur eine von kommunikationslosen und geschlechtslosen Monaden, nicht eine von tätigen und daher interessierten und geschlechtlichen Individuen. Der Fortschritt der Leibniz'schen Konstruktion gegenüber vorangegangenen Weltentwürfen ist vor allem darin zu erblicken, dass er nicht nur eine Weltgestaltung für möglich hält; es gäbe im Prinzip auch andere. Daher die Suche nach dem zureichenden Grund für die Existenz der wirklichen Welt aus der Vielzahl der möglichen Welten. Voltaire hat diesen konstruierten Fatalismus schon im 18. Jahrhundert, im vorrevolutionären Frankreich persifliert. In seiner bösen Parodie des Leibniz'schen „*Compossibilitismus*", d.h. der Philosophie des Möglichen, in „Candide oder der Optimismus" von 1759 lässt er seinen Philosophen Pangloss über die beste aller möglichen Welten räsonnieren, oder wie der Name Pangloss nahelegt: schwadronieren. Dieser meint zwar nach furchtbaren Erfahrungen auf einer Reise durch die Erbärmlichkeiten und Schrecken der „besten aller möglichen Welten", dass „es keine Wirkung ohne Ursache gäbe und daß in der bestmöglichen aller Welten ... die Dinge nicht anders sein

3 David Harvey schreibt zu der fensterlosen Nicht-Kommunikation einen hübschen Kommentar: „Leibniz's besondere Lösung in der 'Monadologie' war auf Mängeln der politischen Praxis begründet. Diese hatten zur Folge, dass eine intellektuelle Monade sich in die fensterlose Welt (das Studierzimmer) zurückzog, um sich extensiv der Korrespondenz mit der äußeren Welt zu widmen. Das war eine besonders attraktive Reaktionsweise. Es ist kaum überraschend, dass die politischen Fehler der Linken während der letzten zwei Jahrzehnte einen ähnlichen Rückzug in eine fensterlose Leibniz-Welt internalisierter Beziehungen attraktiv erscheinen lassen ... Dieser Rückzug ist durch die Perfektion der Computer-Technik in vieler Hinsicht erleichtert worden (eine andere Innovation von Leibniz war ja die Entwicklung der ersten Rechenmaschine und der binären Arithmetik, eines universellen Kalküls, das alle menschliche Kultur und alle Sprachen zu einer einzigen Datenbank zusammenfassen sollte). Das Bild des monadischen Individuums vor dem Computer-Bildschirm, über Modem mit der weiten Welt des Cyberspace verbunden, ist in vieler Hinsicht die Erfüllung (und Wiederholung) des Leibniz'schen Traums. 'Monaden haben zwar keine Fenster, aber sie haben Computer-Terminals' ..." (Harvey 1996: 75 - Übers. EA).

können, als sie sind, denn da alles um eines Zwecks willen geschaffen ist, dient alles notwendigerweise dem besten Zweck ...".[4] Dies gilt auch für das Paradies, „denn als der Mensch in den Garten Eden gesetzt wurde, geschah dies ... auf daß er ihn bebaue, was beweist, daß der Mensch nicht zum Ausruhen geschaffen wurde." - „Arbeiten wir also, ohne zu philosophieren, ... denn das ist das einzige Mittel, das Leben erträglich zu machen." (Voltaire 1759/1990: 148). Die Monaden in der harmonisch prästabilierten Welt müssen also tätig werden, arbeiten und dabei die Welt - und sich - verändern.[5] Arbeit aber ist Auseinandersetzung der Menschen mit sich und der Natur. Sie verändern daher sowohl die Natur als auch sich selbst und ihre Gesellschaft. Sie machen Geschichte und lassen sich nicht von deren unterstelltem Ende hypnotisieren.

Ein moderner Voltaire des 21. Jahrhunderts hätte viel mehr Anlass als Candide und Pangloss, sich über die Verhältnisse im globalisierten Kapitalismus aufzuregen, zu dem es keine Alternative geben soll, weil es sich ja um die beste aller möglichen Welten handele. Die Ressourcenbasis der kapitalistischen Akkumulation schrumpft, insbesondere geraten die Ölvorräte an den Rand der baldigen Erschöpfung. Die Vermüllung des Planeten schreitet ungehindert und unvermindert voran. Die Treibhausgase verändern mit dem Klima die Lebensbedingungen auf Erden in möglicherweise katastrophaler Weise. Dem Kapitalismus gehen die Ressourcen aus und die Reproduktionsfähigkeit der Natur des Planeten Erde ist dabei, zerstört zu werden: „The Party's Over" schreibt Heinberg (2004) mit gehörigem Sarkasmus. Die liberalisierten Finanzmärkte haben zerstörerische Krisen ausgelöst, und es ist sicher, dass dies auch in Zukunft so bleibt, wenn nicht Kontrollen der globalen Kapitalflüsse, also Beschränkungen des „freien Unternehmertums" und der „freien Märkte" eingeführt werden. Um der „Freiheit" willen sind mörderische Kriege geführt worden mit Hunderttausenden von Opfern. In den Kriegen und wegen der Folgen sind Gesellschaften wie im Kosovo, in Bosnien-Herzegowina, im Irak oder Afghanistan aus den Fugen geraten; sie werden Jahrzehnte brauchen, um sich von den Traumata der Befreiungsschläge „am Ende der Geschichte" zu erholen.

Die Alternative ist klar. Wenn die Geschichte tatsächlich (und nicht nur in den Ideologien US-amerikanischer Neoliberaler und Konservativer) an ein Ende gekommen sein sollte, gibt es kein Ende des Kapitalismus; er kann ewig dauern.

---

4 Zuvor hatte er schon dargelegt: „Bemerken Sie bitte, daß die Nasen geschaffen wurden, um Brillen zu tragen, so haben wir denn auch Brillen ..." usw. (Voltaire 1759/1990: 5 f.).

5 Heinrich Heine, der wie Goethe und Schiller Leibniz hoch schätzte, geht noch einen Schritt weiter: „Der Philosoph Pangloß hat Recht", schreibt er 1824 in der „Harzreise"; „es ist die beste Welt! Aber man muß Geld in dieser besten Welt haben, Geld in der Tasche und nicht Manuskripte im Pult ..." (205). Also bringt Arbeit nur dann etwas, wenn sich das Arbeitsprodukt in Ware und in Geld verwandeln lässt.

Wenn aber die Geschichte weitergehen und aus den vielen möglichen Welten eine andere als die derzeit realisierte politisch gestaltet und so zur „besten der möglichen Welten" erhoben werden soll, muss auch über das Ende des Kapitalismus nachgedacht und müssen durch soziale Bewegungen Alternativen jenseits des Kapitalismus entwickelt und erprobt werden.

„Eine andere Welt ist möglich", heißt es bei Attac und auf dem Weltsozialforum. Doch ist die „andere" Welt ein anderer, ein besserer, ein „deglobalisierter" und reformierter Kapitalismus oder müssen wir das „Andere" jenseits des Kapitalismus suchen? Keine leichte Frage, denn es kann ja sein, dass der Kapitalismus - wie in der Vergangenheit - enorme Flexibilitätsreserven, große Potenziale der Anpassung, der Fähigkeit zu Transformationen (im Sinn von Fernand Braudel oder Antonio Gramsci) aufweist. Dann wäre die oben erwähnte dritte Position zur Krisenhaftigkeit des kapitalistischen Systems zutreffend. Wenn es so sein sollte, muss sich die gegenwärtige Generation nicht mit dem Ende des Kapitalismus und den Alternativen jenseits des Kapitalismus beschäftigen. Das bliebe künftigen Generationen vorbehalten. Doch es kann sein, dass die Belastbarkeit der Natur an systemische Grenzen gerät, dass sich die Finanzkrisen fortsetzen, dass der „Krieg gegen den Terrorismus" weite Weltregionen in Aufruhr versetzt. Die Bedingungen Fernand Braudels für ein Ende des Kapitalismus, die äußeren Stöße und inneren Krisen, können eintreten. Daher ist es auch innerhalb des gegenwärtigen Kapitalismus notwendig, an den „glaubwürdigen Alternativen" zu arbeiten. Dies geschieht sicherlich nicht geordnet in Reih und Glied hinter einer „revolutionären Avantgarde", auch nicht mit vielfältigem Aufschrei (die Faszination der Metapher vom „Schrei" bei Holloway 2002 ist daher nicht nachvollziehbar) einer „multitude" (Hardt/Negri 2004) im globalen Raum. Doch Holloway hat auch Recht: „Im Kapitalismus werden... tatsächlich die Grundlagen für eine andere Art der gesellschaftlichen Organisation gelegt, aber sie stecken nicht in den Maschinen und Dingen, die wir produzieren, sondern im gesellschaftlichen Tun, oder der Kooperation, das sich in ständiger Spannung mit seiner kapitalistischen Form entwickelt ..." (Holloway 2002: 222). Die Fortsetzung des Kapitalismus am Ende der Geschichte wird nicht nur, wie gedankenlose Euphorie nahe legt, Demokratie, Freiheit, Marktwirtschaft und Wohlstand bringen, sondern vielleicht die „Zertrümmerung des Seins". Wer will, dass alles auf Erden so bleibt wie es ist, und daher die Geschichte an ihrem Ende wähnt, will nicht, dass die Erde (das Leben auf Erden) bleibt. Das Ende des Kapitalismus bleibt also Thema, insbesondere für jene, die die Vision einer anderen Welt für realisierbare Utopie halten und sich dabei und dafür politisch-praktisch engagieren.

Zweites Kapitel
Streit um den Kapitalismus-Begriff

Was sollen und wollen wir unter „Kapitalismus" verstehen? Begriffsklärungen sind notwendig. Wie soll man gesellschaftliche Verhältnisse, wie soll man sich in der Gesellschaft begreifen, wenn einem die Begriffe fehlen, wenn sie einem entwendet werden? Begriffe sind wie das „Sesam öffne Dich!" zum Schatz des Wissens und die Wegweiser zum Baum der Erkenntnis. Sie eröffnen Einsichten und Weltsichten. Sie fundieren Selbstbewusstsein, schaffen Sicherheit bei der Verständigung der Zeitgenossen über alles, was sie angeht. Begreifen ist obendrein etwas höchst Praktisches. „Einer, der sich selbst begreift, wie sollte der aufzuhalten sein?", fragt Bertolt Brecht. Das sind die Gründe, warum Begriffe strittig sind, warum Begriffe wie feindliches Terrain besetzt und unterworfen werden müssen, wie Heiner Geißler in seiner einstmaligen Eigenschaft als Generalsekretär der CDU zugespitzt formulierte. Dieser klugen (manche würden sagen: infamen) Maxime haben sich gut ausgestattete Forschungsinstitute, Medienimperien, think tanks, Regierungskommissionen, Universitätsseminare verschrieben.

Begriffe werden besetzt, vor allem die zentralen, die für die Orientierung in „unübersichtlicher" Gesellschaft wichtig sind: Freiheit und Demokratie, Marktwirtschaft im Allgemeinen und globaler Freihandel im Besonderen, Kampf gegen den Terrorismus, freies Unternehmertum und freie Gewerkschaften, die sich an den Notwendigkeiten des „Standorts" orientieren. Und so weiter. Diese und andere Begriffe werden positiv aufgeladen und dann für die eigenen Zwecke monopolisiert, andere – zumal die Gegenbegriffe – werden negativ besetzt und den Gegnern zugeschrieben. Begriffe markieren also auch die Grenzen zwischen Freund und Feind. Sie schließen die Dazugehörigen ein, die in gemeinsamer Begriffswelt keine Verständigungsprobleme haben, und die Nichtdazugehörigen aus. Begriffe verleihen Definitionsgewalt über reale Entwicklungen, da sie die Diskurse strukturieren.

Es gibt auch Begriffe, die aus dem Vokabular gestrichen und daher in Unbegriffe verwandelt werden. Im Nebel der modernen, unübersichtlichen Welt werden also Nebelhörner zum Verstummen gebracht, und andere Markierungen wurden ebenfalls mehr oder weniger diskret beseitigt. So hat das alte Venedig in der nebligen Lagune Eindringlinge in die Irre rudern und segeln lassen. Begriffliche Klarheit wird verunmöglicht, Alternativen im Gefolge kritischer Begriffe und der sie begründenden Theorien verbaut. Dem Kapitalismus-Begriff ist dieses Schicksal zuteil geworden. In sozialwissenschaftlichen Diskursen ist er im Gedächtnisloch verschwunden oder so verfälscht, dass kaum etwas damit anzufangen ist. Die Auseinandersetzung um Begriffe muss also mit der Wiederaneignung des Kapitalismus-Begriffs beginnen. Es handelt sich um einen „politisch-sozialen Kampfbegriff" (Hilger 1982: 442 ff.). Wenn „das Ende des Kapitalismus" Thema dieses Essays ist, muss geklärt werden, worum es begrifflich eigentlich geht, wenn wir das Wort „Kapitalismus" verwenden.

Bevor wir uns daher mit den Entwicklungstendenzen und Widersprüchen des real existierenden Kapitalismus beschäftigen können, ist eine Diskussion des Kapitalismus-Begriffs angebracht, zumal dessen Sinn und Brauchbarkeit nicht nur von vielen auf der liberalen und neoliberalen Seite in Abrede gestellt wird, sondern auch in der kritischen Debatte die Begriffe der Globalisierung und neuerdings wieder der des Imperialismus vorherrschen. Doch wer vom Kapitalismus nicht reden möchte, wird weder die Entwicklung zur Globalisierung noch die Dynamik des „alten" und des „neuen" Imperialismus verstehen können.

2.1 Kapital und Kapitalismus

Wer sich mit der Geschichte des Begriffs des Kapitalismus beschäftigen will, sollte Fernand Braudel lesen. Er oder sie wird lernen, dass der Begriff Kapitalismus nicht so alt ist wie die real existierende Gesellschaftsformation, die heute als „kapitalistisch" bezeichnet wird. Die Zeitgenossen haben das „kapitalistische Weltsystem", dessen Entstehung zumindest im europäischen und neoeuropäischen Raum (also in Europa und seinen weltweit verstreuten Siedlungskolonien) mit den großen Entdeckungen des „langen 16. Jahrhunderts" angesetzt werden kann, nicht als solches wahrgenommen und als Kapitalismus benannt. Anders als beim Kapitalismus-Begriff ist dies beim Begriff des Kapitals. Er wird bereits im Mittelalter verwendet (Braudel 1986a: 248ff.) und zieht ab dem frühen 16. Jahrhundert in die Sprache der Kaufleute ein. Allerdings erlangt er erst nach und nach seine ihm später zukommende differenzierende Bedeutung: als Bezeichnung für Geldkapital, Handelskapital, als industrielles Kapital. Adam Smith unterscheidet zwischen „useful machines and instruments of trade", „profitable buildings", „improvements of land", „acquired and useful abilities" (Smith gemäß Hilger 1982: 419). Erst Marx versteht unter dem Kapital ein spezifisches soziales Verhältnis zwischen Kapitalisten und denjenigen, die für sie arbeiten und dabei ausgebeutet werden, um einen Überschuss, einen Mehrwert, einen Profit zu erzeugen. Den Überschuss können sich die Kapitalisten aneignen, weil sie „Vorschüsse" („avances", wie die Physiokraten in Frankreich sagen) geleistet, weil sie als Investoren Kapital investiert haben. Dafür sorgt das mit der Entwicklung des Kapitalismus entstehende Eigentumsrecht, das sich zu einem Recht der privaten Aneignung entwickelt. Das ist uns heute so selbstverständlich, dass sich niemand einen Eigentümer vorstellen kann, der mit dem Eigentum wohltätige Zwecke verfolgt.

Die Bezeichnung der Personifikation des Kapitals, des Kapitalisten hat in der Regel, so Fernand Braudel, einen „pejorativen Beigeschmack. Gleiches gilt für alle

Besitzer pekuniärer Vermögen" (Braudel 1986a: 252). „Monetary fortunes", so der Physiokrat Quesnay, für den nur landwirtschaftliche Arbeit produktiv war, „are a clandestine form of wealth which knows neither king nor country. As a result, merchants are 'foreigners' to their nation" (McNally 1988: 117). Quesnay (1759) bezeichnet, ebenso wie der Physiokrat Le Trosne, Kaufleute als eine „classe cosmopolite", deren Vermögen „ni patrie ni frontière" respektiere (Rosanvallon 1989: 94). Gegen die heute so bezeichneten „footloose" Industrien, gegen das Übergewicht der abstrakten kapitalistischen Logik der Verwertung über die konkret scheinende „territoriale Logik" von Herrschaft, aber auch von Kultur und Geschichte (Harvey 2003: 33ff.) herrscht tiefes Misstrauen. Hier kommt die Abneigung gegen den Prozess zum Ausdruck, den Karl Polanyi (1978) als Entbettung der Marktwirtschaft aus der Gesellschaft bezeichnet. Ein Gefühl von Entfremdung im Zuge der Subsumption von Natur, Arbeit und Leben unter die Prinzipien der Kapitalverwertung entsteht. Die physiokratische Charakterisierung klingt ganz modern, als eine frühe Umschreibung der sich aus der territorialen Bindung lösenden Globalisierung. Dies ist denn auch der Hintergrund für das explizite Anknüpfen der Freigeld-, Freiland-, Freiwirtschaftstheoretiker im Gefolge von Silvio Gesell an physiokratischen Ideen (vgl. dazu Altvater 2004b).

In Diderots Enzyklopädie und seinem „System der menschlichen Kenntnis" (begonnen 1750) ist zwar das Stichwort „Ökonomie" vertreten (verfasst von Jean Jaques Rousseau); von „Kapitalismus" oder „kapitalistischer Ökonomie" jedoch ist keine Rede. Rousseau verhandelt auch eher die Rolle des Staates bei der Gestaltung einer Ökonomie, die dem allgemeinen Volkswillen entsprechen solle und klammert eine Diskussion der „privaten Wirtschaft" explizit aus; sie erschien ihm weniger wichtig als das öffentliche Regelsystem der ökonomischen Gestaltung der Gesellschaft (Rousseau 1977). Heute ist innerhalb neoliberaler Diskurse das umgekehrte Verständnis von Ökonomie vorherrschend: als einer vor allem privaten Veranstaltung, aus der sich der Staat so weit wie möglich heraushalten solle. Im enzyklopädischen System Diderots ist die Ökonomie innerhalb der „sciences de l'homme" der Moral zugeordnet, und zwar wie die Politik der „morale particulière". Die Ökonomie der Moral unterzuordnen - und nicht etwa der Mathematik - wäre für die modernen Neoliberalen völlig inakzeptabel. F.A. von Hayek versteht Ökonomie in allererster Linie als „Katallaxie", als reine Tauschbeziehung und die Lehre davon, in die nichts hineinpasst als die Logik des Äquivalententausches, keine Moral, keine politischen Gerechtigkeitsvorstellungen, nichts.

Der Begriff des Kapitalismus taucht nach Angaben Fernand Braudels erstmals im 18. Jahrhundert auf, setzt sich allerdings erst sehr viel später durch. Adam Smith und David Ricardo verwenden den Begriff in ihren politisch-ökonomischen Analysen nicht; offenbar hatten die Klassiker der Politischen Ökonomie keinen Anlass dazu. Proudhon benutzt den Begriff um die Mitte des 19. Jahrhunderts in Frankreich und Rodbertus führt ihn etwa zur gleichen Zeit in Deutschland ein.

Louis Blanc definiert 1850 in polemischer Absicht Kapitalismus als „die Aneignung des Kapitals durch die einen unter Ausschluss der anderen“ (nach Braudel 1986a: 254; vgl. auch Hilger 1982: 443). Hier wird bereits die Eigenschaft des Kapitalismus als Zusammenhang von Ausbeutung und Enteignung hervorgehoben. Es bleibt Marx vorbehalten, dessen historische Spezifik für die sozialen Formen der kapitalistischen Produktionsweise herauszuarbeiten. Jedoch auch im „Kapital“ von Marx findet man den Begriff Kapitalismus nur ein einziges Mal. Im zweiten Band heißt es dort: „... der Kapitalismus ist schon in der Grundlage aufgehoben durch die Voraussetzung, daß der Genuß als treibendes Motiv wirkt, nicht die Bereicherung selbst ...“ (MEW Bd. 24: 123). Bereicherung ist also kapitalistisches Motiv und Movens, nicht Genuss. Der Tauschwert herrscht über den Gebrauchswert. Für Marx ist „kapitalistisch“ das Attribut der Produktionsweise bzw. des Ensembles sozialer Formen, die er als „Gesellschaftsformation“ bezeichnet und die sich durch Bereicherung, heute würde man auch sagen: durch Habgier, Gier und Geiz auszeichnen und nicht durch das hedonistische Motiv, das Leben zu genießen. „Die Geldgier oder Bereicherungssucht ist notwendig der Untergang der alten Gemeinwesen“ (Marx 1953: 134). In Zeiten mit deflationären Tendenzen verschiebt sich der Wertekanon in bezeichnender Weise. „Geiz ist geil“, die gierige Bereicherung wird zum hedonistisch-guten Leben umgedeutet.

Bereits im ersten Satz des ersten Bandes des „Kapital“ entwirft Marx sein Programm: „Der Reichtum der Nationen, in welchen kapitalistische Produktionsweise herrscht, erscheint als eine ‘ungeheure Warensammlung’“ (MEW 23: 49), und daher muss die Analyse des Kapitalismus mit der Analyse der Ware beginnen. Von hier aus ist es möglich, zur Kategorie des Geldes zu gelangen und von da aus die Kategorie des Kapitals zu entfalten. Das ist eine logische Konstruktion, die gedankliche Reproduktion eines historischen Prozesses, in dessen Verlauf sich die Formen der kapitalistischen Produktionsweise gegenüber allen anderen sozialen Formen durchgesetzt haben, also geschichtsmächtig geworden sind. Damit wird aber auch angedeutet, dass es auch andere Gesellschaftsformationen als die kapitalistische gegeben hat, gibt und geben wird; dass die kapitalistische Produktionsweise, wie die Theorie der Dependenz (vor allem Lateinamerikas) noch in den 1980er Jahren hervorgehoben hat, mit anderen nicht-kapitalistischen Produktionsweisen (dem Latifundium, der kleinbäuerlichen Produktion, dem informellen Sektor, den transnationalen Konzernen, dem Staatssektor) verwoben, „artikuliert“ ist und daher abhängige Gesellschaften durch „strukturelle Heterogenität“ gekennzeichnet seien (klassisch: Cardoso/Faletto 1977). Der Kapitalismus ist historisch, er ist aus anderen Produktionsweisen (im westlichen Europa aus dem Feudalsystem) hervorgegangen und ihm werden andere folgen. Einen „reinen Kapitalismus“ gibt es nicht.

Marx schreibt über den Kapitalismus in seinen Briefen an die russische Volkstümlerin Vera Sassulitsch aus den 70er Jahren des 19. Jahrhunderts. Darin ging es um die Frage, ob im zurückgebliebenen, nicht durchkapitalisierten und von der Dorfgemeinde geprägten Russland die „kapitalistische Phase" auch revolutionär übersprungen bzw. abgekürzt werden könne, indem auf den vergemeinschaftenden Potenzen der Dorfgemeinde aufgebaut wird, „Der beste Beweis dafür, daß diese Entwicklung der 'Dorfgemeinde' dem historischen Verlauf unserer Epoche entspricht, ist die verhängnisvolle Krise, die die kapitalistische Produktion in den europäischen und amerikanischen Ländern durchläuft, in denen sie den größten Aufschwung genommen hatte, eine Krise, die mit der Abschaffung des Kapitalismus und mit der Rückkehr der modernen Gesellschaft zu einer höheren Form des archaischsten Typus - der kollektiven Produktion und Aneignung - enden wird" (MEW Bd. 19: 392). Engels interpretiert dies so, dass Marx „den Russen rät, es weniger eilig zu haben mit dem Sprung in den Kapitalismus" (Engels, in: MEW Bd. 18: 671).

Interessanterweise verwendet Marx den Kapitalismus-Begriff nicht dann, wenn er die kapitalistische Gesellschaft und ihre Dynamik analysiert, sondern wenn er sich mit möglichen Alternativen jenseits des Kapitalismus, mit dem Genuss des Lebens (und nicht mit der Bereicherung) oder mit den Potenzen der Dorfgemeinde auseinander setzt. Anders Friedrich Engels. Er schreibt im Jahre 1893 im Vorwort zur italienischen Ausgabe des Manifests der Kommunistischen Partei: „Das 'Manifest' läßt der revolutionären Rolle, die der Kapitalismus in der Vergangenheit gespielt hat, volle Gerechtigkeit widerfahren. Die erste kapitalistische Nation war Italien" (vgl. MEW Bd. 22: 366). Für ihn ist Kapitalismus geschichtlicher Fortschritt, auch in dem Sinne, dass nun das Proletariat die Bühne der Geschichte betreten kann. Marx hatte gegen die im Begriff „Kapitalismus" möglicherweise angelegten Tendenzen einer Verdinglichung von Sprache und Bewußtsein Vorbehalte, wie sie gegen alle „ismen", das sind Namen, nicht Begriffe, angebracht sind. Dass Marx sein Hauptwerk „Das Kapital" nennt, verweist auf die Bedeutung, die dem Kapital in der wirklichen modernen Gesellschaft zukommt. Marx hütet sich aber davor, der „Charaktermaske" des Kapitals, dem Kapitalisten, die Übel der Produktionsweise anzulasten, wie vor ihm die Physiokraten und andere. Vielmehr ist das Kapital eine Art „automatisches Subjekt" (MEW Bd. 23: 169) der historischen Bewegung.

Von der Entfaltung des Kapital-Begriffs zur Bezeichnung „Kapitalismus" ist es also ein gehöriger Schritt, der erst mehr als hundert Jahre nach der industriellen Revolution gegen Ende des 19. Jahrhunderts getan wird. Werner Sombart (1927/1969) führt den Kapitalismus-Begriff in seine umfassende Analyse der historischen Entwicklung vom Vorkapitalismus über den „Frühkapitalismus" zum „Hochkapitalismus" ein. Kapitalismus wird zu einem historischen Epochenbegriff. In diesem Kontext setzt sich Sombart auch mit der Frage des Endes des Kapitalismus auseinander. Im „Hochkapitalismus" habe sich die kapitalistische Gesellschaftsformation als System gegenüber anderen „Wirtschaftsstilen" und „Wirtschaftsgesinnungen" durchgesetzt, ohne sie gänzlich zu beseitigen. Im Wirtschaftsleben der Zukunft, so Sombart, bestehen nebeneinander Kapitalismus, Genossenschaftswirtschaft, Gemeinwirtschaft, Eigenwirtschaft, Handwerk, Bauernwirtschaft (ebd.: III/2, 1009). Das ist ein Verweis auf strukturelle Heterogenität im historischen Kapitalismus. Doch gibt es dominante Strukturen. Sie erfassen alle Fasern und Adern der Gesellschaft; erst jetzt wird diese mit ihren makrosozialen Klassenformationen und den kapillaren Mikrostrukturen tatsächlich als kapitalistische Gesellschaftsformation erkennbar. Die gesellschaftliche Formation hat sich nun erst bis zur Kenntlichkeit hervorgetan - und daher lassen sich die Unterschiede des Wirtschaftens in einer strukturell dominierenden kapitalistischen Gesellschaft erst erfassen.

Nach Auffassung von Max Weber entsteht der „Geist des Kapitalismus" aus der „protestantischen Ethik", und diese ist Ausdruck einer spezifischen „okzidentalen Rationalität", die vor allem in das Denken von Calvin und Luther und weniger in die katholisch geprägte Geisteswelt Eingang gefunden hat. Danach hilft Gott denen, die sich selbst helfen, die also auch ökonomisch erfolgreich sind. Die okzidentale Rationalität in Gestalt der protestantischen Ethik bringt mit dem „Geist des Kapitalismus" auch das Streben nach Rentabilität hervor. Die ökonomisch umgesetzte Rationalität wird zur „Kapitalrechnung". Max Weber schreibt in seinem definitorischen Stil: „Dem rationalen wirtschaftlichen Erwerben ist zugehörig eine besondere Form der Geldrechnung: die Kapitalrechnung. Kapitalrechnung ist die Schätzung und Kontrolle von Erwerbschancen und -erfolgen durch Vergleichung des Geldschätzungsbetrages einerseits, der sämtlichen Erwerbsgüter (in Natur oder Geld) bei Beginn und andererseits der (noch vorhandenen und neu beschafften) Erwerbsgüter bei Abschluß des einzelnen Erwerbsunternehmens oder, im Fall eines kontinuierlichen Erwerbsbetriebes: einer Rechnungsperiode, durch Anfangs- bzw. Abschlußbilanz. Kapital heißt die zum Zweck der Bilanzierung bei Kapitalrechnung festgestellte Geldschätzungssumme der für die Zwecke des Unternehmens verfügbaren Erwerbsmittel, Gewinn bzw. Verlust der durch die Abschlußbilanz ermittelte Mehr- bzw. Minderbetrag der Schätzungssumme gegenüber derjenigen der Anfangsbilanz, Kapitalrisiko die geschätzte Chance bilanzmäßigen Verlustes, wirtschaftliches Unternehmen ein an Kapitalrechnung autonom orientierbares Handeln. Diese Orientierung erfolgt durch Kalkulation." (Weber 1921/1976: 48). Rational in Betrieben organisierter Erwerb steigert die Überschussproduktion. „Zeit ist Geld", zitiert Max Weber Benjamin Franklin, und nennt die Ausrichtung des Strebens auf den Erwerb eine „Philosophie des Geizes", die, wie bei Marx zu lesen war, Bereicherung statt Genuss lehrt.

Weber hatte auch verstanden, dass die Rationalität der Überschussproduktion nicht nur eine Manifestation des kapitalistischen Geistes und der ihn prägenden Rationalität ist, sondern dass die Zeit im Zuge der Überschussproduktion nur komprimiert werden kann, wenn fossile Energieträger eingesetzt werden. Daher kann Sombart über ein Gespräch mit Max Weber berichten: „Als ich einmal mit Max Weber über die Zukunftsaussichten sprach und wir die Frage aufwarfen: wann wohl der Hexensabbat ein Ende nehmen würde, den die Menschheit in den kapitalistischen Ländern seit dem Beginn des 19. Jahrhunderts aufführt, antwortete er: 'Wenn die letzte Tonne Erz mit der letzten Tonne Kohle verhüttet sein wird'." (Sombart 1927/1969: III/2, 1010) Sombart selbst war optimistisch und verwies auf neue Stoffe und alternative Energien (von der Gezeitenenergie bis zu solaren Kraftwerken, schon in den 1920er Jahren), die dafür sorgen dürften, „dass das kapitalistische Wirtschaftssystem noch auf lange hinaus wichtige Zweige des Wirtschaftslebens ... beherrschen wird" (ebd.: 1012).

In seinem Hauptwerk über den „modernen Kapitalismus" beschreibt Sombart die Entwicklung des Kapitalismus wie die eines organischen Wesens, von der Geburt bis zur Reife, „wie eine Pflanze oder ein Tier wächst" (ebd.: 1022). Dabei wird er sich „umbilden", „er wird ruhiger, gesetzter, vernünftiger werden, wie es seinem zunehmenden Alter entspricht ..." (ebd.: 1013). Auch wird der Kapitalismus nicht mehr „Angelegenheit der weißen Rasse" bleiben. Der „Kapitalismus der Chinesen, Malaien und Neger ist kein 'moderner Kapitalismus' mehr" (ebd.: 1014). Der moderne Kapitalismus hingegen, so Sombart, wird mit planwirtschaftlichen Elementen durchsetzt sein, so dass es „für das Schicksal der Menschen und ihrer Kultur ziemlich gleichgültig ist, ob die Wirtschaft sich kapitalistisch oder sozialistisch gestalten wird. Worauf es ankommt: die Arbeitsweise ist in beiden Fällen dieselbe; in beiden Fällen ruht die gesamte Wirtschaft auf dem Boden der Vergeistung" (ebd.: 1016). Dabei muss man wissen, dass Sombart unter „Vergeistung" – anders als Max Weber – die Durchrationalisierung der Betriebe im Sinne der wissenschaftlichen Betriebsführung von Taylor und der Fließbandorganisation von Henry Ford versteht. Es handele sich dabei um die „Ausschließung der Seele aus dem Betrieb" (ebd.: 897 ff.). Jedoch tut das dem organischen Wachstum des Kapitalismus keinen Abbruch. „Katastrophen", „jähe Unterbrechungen", „dramatischer Schwung" sind auch im Verlauf der hochkapitalistischen Entwicklung nicht zu erwarten. Der von Braudel zur Bedingung für ein Ende des Kapitalismus gemachte „heftige Stoß von außen" ist nicht zu fühlen. Der Kapitalismus „altert" in Sombarts Verständnis zwar, aber er stirbt nicht.

In sozialdemokratischen Kapitalismusanalysen wird nicht nur eine prinzipielle politische Reformierbarkeit des Systems unterstellt, wenn nur die Arbeiterklasse und ihre Organisation (die sozialdemokratische Partei) im demokratischen Staat die Macht erringen (so Hilferding in seiner berühmten Rede auf dem Breslauer Parteitag der Sozialdemokratie 1927 über den „politischen Lohn"). Der Kapitalismus organisiere sich und so werde das Objekt der Regulierung erzeugt, das der sozialdemokratische Staat als Subjekt der Regulierung gestalten könne. Ein Zusammenbruch des Systems, von dem Rosa Luxemburg oder Henryk Grossmann ausgingen, sei nicht zu erwarten (vgl. zu dieser Kontroverse: Rosdolsky 1968). In der Zusammenbruchstheorie von Henryk Grossmann aus den 1920er Jahren wurde mechanisch das Ende des Kapitalismus prognostiziert, wenn aus dem Mehrwert nicht mehr genügend Arbeitskräfte eingestellt (also variables Kapital akkumuliert) werden könnten, um eine positive Profitrate angesichts steigenden Einsatzes von Produktionsmitteln (von konstantem Kapital) zu erzielen (Grossmann 1967). Politische Akteure konnten bestenfalls den historischen Zusammenbruch passiv begleiten, nicht aber mit subjektiven Wünschen und Utopien anstreben, weil sie Alternativen vor Augen hatten und diese bereits praktizierten. Auch Rosa Luxemburg (1966) identifizierte Grenzen des Kapitalismus, wenn die letzten nicht-kapitalistischen Klassen und Regionen in das kapitalistische Weltsystem integriert worden sind. Der produzierte Mehrwert ließe sich nicht mehr realisieren und eine Realisierungskrise sei unvermeidlich.

Der Kapitalismus wird auf seinem Höhepunkt Imperialismus, so Lenin. Er greift einen methodischen Ansatz auf, den zuvor der Austromarxist Rudolf Hilferding im „Finanzkapital“ entwickelt hatte (Hilferding 1910/1968): Marx habe im „Kapital“ die kapitalistische Produktionsweise zu Zeiten der Konkurrenz analysiert und dabei aufgezeigt, wie im Zuge von Konzentration und Zentralisation des Kapitals und mit der Entstehung großer Aktiengesellschaften die Konkurrenz aufgehoben würde und zum Monopol, zur Herausbildung einer Verflechtungsstruktur zwischen industriellem Kapital und Finanzkapital, zur „Kartellierung“ der Wirtschaft führe. Die Logik der Verwertung von Kapital respektiert territoriale Grenzen nicht; der Raum wird durch Expansion unterworfen. Kolonien, so Lenin, dienten als Anlagesphären von überschüssigem Kapital, als auszubeutende Lagerstätten von Rohstoffen und als Absatzmärkte für die in den Metropolen überproduzierten Waren. Die ökonomische Konkurrenz transformiere sich in politische Konkurrenz, die auch mit militärischen Mitteln ausgetragen würde. Der Krieg ist die Fortsetzung der ökonomischen Konkurrenz mit politischen Mitteln (vgl. die Kritik von Lenins Theorie bei Neusüss 1972). Der Erste Weltkrieg wurde von Lenin auf der Folie der Imperialismustheorie als ein imperialistischer Krieg interpretiert. Das war plausibel. Der moderne monopolistische Kapitalismus sei besonders aggressiv und obendrein würde er den Fortschritt blockieren. Dieser Auffassung widersprach später Schumpeter; denn monopolistische Großunternehmen würden den technischen Fortschritt gerade „institutionalisieren“ (Schumpeter 1950: 143-175) und so dem Sachverhalt Rechnung tragen, dass „der Kapitalismus ... von Natur aus eine Form oder Methode der ökonomischen Veränderung“ ist und „daß die Großunternehmung zum kräftigsten Motor dieses Fortschritts und insbesondere der langfristigen Ausdehnung der Gesamtproduktion geworden ist“ (ebd.: 136; 174 f.). Wenn dem so ist, kann der Kapitalismus nicht untergehen, er kann nur an seinen Erfolgen scheitern: daran, dass ihm eine kapitalismus-feindliche Kultur erwächst, in der gewissermaßen die von Fernand Braudel als Bedingung des Untergangs erwähnten überzeugenden Alternativen zur kapitalistischen Produktion, Konsumtion und Kultur heranreifen, wenn auch nur im bürgerlich-intellektuellen Milieu. Lenin ging davon aus, dass die revolutionären Massen den Kapitalismus beseitigen würden, in dem bereits - Dialektik der Geschichte - alle Bedingungen für eine sozialistische Gesellschaft herangereift seien. Es ist dann nur eine taktische Frage, wo das „Feuer der Revolution" entzündet wird, um dann, wie Leo Trotzkij meinte, über Berlin und London nach New York getragen zu werden.[1] Mit dieser These setzte sich Antonio Gramsci sehr kritisch auseinander, indem er auf die jeweiligen sozialen und ökonomischen Bedingungen von Stellungskrieg und Bewegungskrieg verwies. Der „Bewegungskrieg", den Trotzkij im Auge hatte, war den Verhältnissen der entwickelten kapitalistischen Staaten gar nicht mehr angemessen. Die permanente Revolution verfing sich in den Kasematten der kapitalistischen Konsensproduktion.

Eugen Varga nahm Lenins Begriff des „staatsmonopolistischen Kapitalismus" auf und entwickelte ihn weiter. Der Kapitalismus des 20. Jahrhunderts wird als ein ökonomisches System analysiert, das - anders als im 19. Jahrhundert - auf die staatliche Regulation angewiesen ist. Die regulierende Konkurrenz des Marktes ist durch das Monopol der großen Unternehmen ja außer Kraft gesetzt; das Regulierungsdefizit kann nur der moderne Interventionsstaat ausfüllen. Es kommt zur Verschmelzung ökonomischer Interessen und der Staatsklasse.[2] Die Notwendigkeit der Interventionen hat auch Keynes hervorgehoben. Diese Erkenntnis war also nicht auf die Theoretiker der III. Internationale beschränkt. Auch Sombart

---

1 Das sind theoretische Ansätze, die entstanden sind, als ein großer Teil der Welt noch gar nicht vollständig in das kapitalistische System integriert war. Doch seitdem das kapitalistische Weltsystem existiert, wird es von Hegemoniezyklen charakterisiert. Daher sieht Immanuel Wallerstein zwar nicht den Kapitalismus am Ende, wohl aber die US-amerikanische Hegemonie in den nächsten Jahrzehnten - trotz oder gar wegen der ungeheuren Macht, die heute die Bush-Regierung (re)präsentiert (Wallerstein 1979; 2003; 2004). Kann sich der globale Kapitalismus reproduzieren, wenn die politische Hegemonialmacht, die ihn stärkt, erodieren sollte?

2 Eugen Varga ist der wichtigste Theoretiker dieser Richtung. Er hat seit Beginn der 1920er Jahre bis in die 1960er Jahre mit unzähligen Schriften den Kapitalismus des 20. Jahrhunderts analysiert und als staatsmonopolistischen Kapitalismus gedeutet. Seine zentrale Frage war die nach der Stabilität und Krisenhaftigkeit des Systems und nach Ansatzpunkten für die Kämpfe der Arbeiterbewegung (z.B. Varga 1969). Er ist mit seinen Analysen nicht selten in Konflikt mit der Parteilinie geraten. Einen knappen Überblick über die Literatur zum staatsmonopolistischen Kapitalismus gibt Heinrich (1999: 196ff.; vgl. auch die Analysen des US-Kapitalismus von Chandler 1977). Auf eine interessante Nähe zu neueren Analysen der Verflechtungs- und Netzwerkstruktur von Unternehmen und Unternehmenskonglomeraten (etwa Windolf 1997) sei hingewiesen. Der theoretische Kontext der Verflechtungsanalysen aus den 60er und 90er Jahren ist höchst verschieden, doch die Sachverhalte sind sehr ähnlich und daher auch der begriffliche Aufwand. Nur werden die offenbaren theoretischen Bezüge nicht hergestellt.

war der bereits zitierten Auffassung, dass der „moderne“ Kapitalismus eine gemischte Wirtschaft mit markt- und planwirtschaftlichen Elementen und daher vom Sozialismus gar nicht so verschieden sei. Keynes gelangte bekanntlich zu dieser Erkenntnis aus den Erfahrungen der großen Weltwirtschaftskrise nach 1929, als sich die liberale Theorie mit ihrem Vertrauen in die Herausbildung von Marktgleichgewichten blamierte. Keynes konnte ja zeigen, dass es auch ein „Gleichgewicht bei Unterbeschäftigung“ geben kann (Keynes 1936/1964).

Nun spätestens wird es unausweichlich, in die Kapitalismusanalyse die politischen Formen der Reproduktion, in erster Linie den Staat, aber auch die Parteien und sozialen Bewegungen einzubeziehen. Imperialismus ist „Weltpolitik“ (Groh 1982: 194 ff.). Daher erklärt sich das Aufkommen von Geopolitik, auch als eine neue wissenschaftliche Disziplin. Danach „wachsen“ Staaten im territorialen Sinne, und wenn sie nicht wachsen, gehen sie unter. Der Imperialismus wird quasi naturalisiert, zu einem geographischen Naturgesetz stilisiert. Über Ratzel, Haushofer oder Kjellén, der den Begriff der Geopolitik prägte, wird heute eher gelächelt.

Es ist aber auch eine andere Interpretation möglich. Im Verlauf der Krisen werden technische und organisatorische Innovationen durch „dynamische Unternehmer“ realisiert (diesen Sachverhalt bemüht Joseph A. Schumpeter für die Grundlegung seiner Theorie eines „langen Zyklus“ der kapitalistischen Entwicklung); Krisen bieten auch die Gelegenheit für „Bereinigungen“ der Proportionen des kapitalistischen Akkumulationsprozesses: zu Lasten von Löhnen und Arbeitsbedingungen und zu Gunsten der Profite. Krisen sind Phasen der „schöpferischen Zerstörung“ (Schumpeter 1950: 134 ff.). Im 20. Jahrhundert hat es sich mehrfach gezeigt, dass dieser Effekt nur mit harten politischen Maßnahmen der Disziplinierung und Unterdrückung der Arbeitenden erreicht werden konnte: während der faschistischen und nationalsozialistischen Ära und in vielen Ländern der Dritten Welt. Der entscheidende Effekt der „Bereinigungskrise“ ist die Steigerung der Profitrate. Die Akkumulationsdynamik des Systems wird angeregt. Die Profitrate ist also Steuerungsgröße des ökonomischen Systems - gleichgültig wie sie berechnet und dargestellt wird: als Grenzleistungsfähigkeit des Kapitals im Sinne Keynes, als Profitrate wie von Marx analysiert oder als Rendite und Shareholdervalue wie von der modernen Management-Lehre postuliert.

2.2 Marktwirtschaft und Tauschwirtschaft

Die Rose hatte ihren Namen, und es dauerte nicht lange, bis diejenigen kamen, die ihr den Namen wieder nehmen und einen anderen geben wollten. Um Begriffe werden Auseinandersetzungen geführt, im Falle des Kapitalismus-Begriffs sind die Auseinandersetzungen besonders hart. Nach dem Ersten Weltkrieg und der Russischen Revolution bekommt Kapitalismus als Gegenbegriff zum Sozialismus eine neue Bedeutung und eine neue Verve. Der Kapitalismus, so Lenin und alle, die seinem Ansatz folgen, sei eine dem Untergang geweihte Gesellschaftsformation, deren Zeit abgelaufen sei. Die Zukunft gehöre dem Sozialismus. Dagegen argumentieren liberale und neoliberale Autoren wie von Mises (1922), von Hayek (1944) und später Walter Eucken (1959), die den Begriff des „Kapitalismus" als eine Hypostasierung ablehnen und die Begriffe der „Marktwirtschaft" oder der „freien Verkehrswirtschaft" als eine Art natürlichen Gegensatz zur „Zentralverwaltungswirtschaft" vorziehen. Die Geschichte, so Walter Eucken, bewege sich zwischen diesen Extremen und bringe lediglich Mischformen hervor. In ihren Augen ist ökonomische Rationalität nur in einem auf Privateigentum beruhenden marktwirtschaftlichen System möglich; der Sozialismus sei ineffizient und auf Dauer unfähig, hohe Wachstumsraten zu erzielen. Daher sei nicht der Kapitalismus, wohl aber der Sozialismus zum Scheitern verurteilt. Eine sozialistische Planwirtschaft, die als Alternative zum krisengeschüttelten staatsmonopolistischen Kapitalismus gedacht (und nach der russischen Revolution, etwa beginnend Mitte der 20er Jahre in der Sowjetunion umgesetzt) wurde, sei prinzipiell durch mangelnde Rationalität und Ineffizienz charakterisiert. Gegen diese Apodiktik haben sich Autoren wie Enrico Barone und später vor allem Oscar Lange oder Ota Šik gewandt. Sie konnten zeigen, dass auch unter sozialistischen Eigentumsverhältnissen Konkurrenz und daher rationale Marktsteuerung möglich seien.

Die erwähnten gesellschaftskritischen Implikationen des Kapitalismus-Begriffs und die Betonung seiner historischen Ablösung durch einen wie auch immer gearteten Sozialismus haben indes dazu beigetragen, dass im deutschen Sprachraum der Begriff „Kapitalismus" wie im Rumpelstilzchen-Märchen gemieden wird und stattdessen eher verschämt von „Marktwirtschaft" die Rede ist, mit dem Attribut „sozial", manchmal auch „ökologisch" oder auch nicht. Mit dem Namen ändern sich ja auch die Anrufungen; wer „Marktwirtschaft" aufruft, findet eine andere Agenda vor als jemand, der „Kapitalismus" sagt. Für Braudel ist der „Unterschied zwischen Kapitalismus und Marktwirtschaft ... die entscheidende Einsicht meiner langen Untersuchung" (Braudel 1986b: 695). Allerdings begreift Braudel unter „Marktwirtschaft" etwas anderes als die deutschen Neoliberalen der Freiburger Schule oder die US-amerikanischen Neokonservativen. Für die deutschen Neoliberalen ist „Kapitalismus", wie Walter Eucken schreibt, eine „Hypostasierung" und Marktwirtschaft ist als „freie Verkehrswirtschaft" ein Prinzip, das sich durch die gesamte Geschichte zieht und daher geschichtslos ist. Dies ist der Grund, warum F.A. von Hayek sogar den Begriff der Wirtschaft oder des Marktes meidet. Darin sind zu viele institutionelle Relikte enthalten. Er zieht den reinen Tausch, die Katallaxie vor, dessen Resultat die „kosmische Ordnung" sei. Ökonomische Theorie versteht er folglich zu allererst als *Katallaktik*, als Lehre vom reinen Tausch. Markt und Tausch stehen dem anderen Prinzip der Zentralverwaltungswirtschaft, der „taxis" im Hayek'schen Begriffskanon, entgegen. Historisch sind Mischformen die Regel, die ordnungspolitisch den „wirtschaftsverfassungsrechtlichen Grundprinzipien“ (Dazu gehören als wichtigste: Geldwertstabilität, privates Eigentum, Haftungsrecht, private Vertragsfreiheit, Unternehmerautonomie, freie Marktpreisbildung) gemäß gestaltet werden sollen. Der Begriff der Marktwirtschaft in diesen Diskursen hat mit dem Begriff der Marktwirtschaft bei Braudel so gut wie gar nichts zu tun.

2.3 Humankapital und anderes Kapital

Auch Neoliberale, die den aseptischen Begriff der Katallaxie nutzen, verzichten nicht auf den Kapitalbegriff. Das „Unwort“ des „Humankapitals“, wie deutsche Sprachwissenschaftler es im Jahre 2004 nannten, geistert seit Jahrhunderten durch die ökonomische Theorie. Zuerst ist es wohl von William Petty im 17. Jahrhundert eingeführt worden. Dann hielt es Einzug in die mit dem erblühenden Kapitalismus entstehende Versicherungsbranche. Man musste den „Wert der Menschen“ kennen, um die Prämien der Lebensversicherung berechnen zu können. Auch die Militärs nutzten das Konzept des Humankapitals, um rational zu entscheiden, ob es günstiger ist, Kanonen oder Kanonenfutter, Sachkapital oder Humankapital zu verheizen. Der Landwirt und Ökonom Johann Heinrich von Thünen stand mit seiner mathematischen Expertise in der ersten Hälfte des 19. Jahrhunderts den Militärs hilfreich zur Seite. Später, um die Jahrhundertwende, setzte sich die ökonomische Rationalisierung als „Menschenökonomie“ fort. Verzweigungen zur Eugenik, Rassenlehre und zu einer Politik zur Hebung der „Bevölkerungsqualität“ tun sich auf, die nicht wenige bis 1945 betrieben und mit ihrer Wissenschaft schreckliche Untaten nicht nur gerechtfertigt, sondern erst ermöglicht haben.

Zuerst im Zusammenhang der Wirtschaftsplanung in der frühen Sowjetunion und dann angetrieben durch den Systemwettbewerb erblühte auch in den westlich-kapitalistischen Ländern die Theorie des wirtschaftlichen Wachstums. Es dauerte nicht lange und die Kategorie des Humankapitals - oder in seiner romantischen Verklärung als „Capital von National-Weisheit“ (Adam Heinrich Müller nach Hilger 1982: 423) - kam zu neuen Ehren, nun in neoklassisch-neoliberales Gewand gekleidet. Denn wenn alles als Kapital kalkuliert wird - Realkapital, Immobilienkapital, Naturkapital, Sozialkapital, Humankapital -, kann der rationale „Investor“ zwischen Kapitalanlagen Renditevergleiche anstellen. Die kapitalistische Rationalität der Kapitalrechnung im Sinne Max Webers ist nun total; im Prinzip ist *alles* Kapital und daher der ökonomischen Rationalität der Neoklassik unterworfen. Für diese Auffassung stehen in erster Linie die damals in den 50er und 60er Jahren noch nicht so genannten „Chicago boys“ Gary Becker, Theodore Shultz, Milton Friedman. Sie schaffen es, den neoliberalen Wachstumsdiskurs in den folgenden Jahrzehnten zu bestimmen und das Konzept des „Humankapital“

über die Wirtschaftswissenschaften hinaus publik zu machen. „Humankapital" wird etablierter Begriff in der Wachstumstheorie, auch wenn es hin und wieder Ökonomen gibt, die über die Unfähigkeit jammern, den Beitrag der Bildung zum Wirtschaftswachstum exakt messen oder die Größe des Humankapitals berechnen zu können. Es bleibt eine nicht erklärte „Restgröße" in der Wachstumsrate der Wirtschaft, und diese ist nichts anderes als das „Maß unserer Unwissenheit".

Hat dies systematische Gründe? Ganz gewiss. Dass Bildung, Qualifikation, das Können der Menschen für die Produktion von Gütern und Diensten in der Wissensgesellschaft unverzichtbar sind, kann nicht bestritten werden. Dass Bildung eine Art Investition in Humankapital sei, aber sehr wohl. Zunächst ist individuelle Bildung („mein Humankapital") nichts ohne die Bildung aller anderen in einer arbeitsteiligen Gesellschaft. Was jemand weiß, weiß sie oder er von anderen. Alle sind Lehrer und Lernende zugleich. Bildung und Wissen sind daher öffentliche Güter par excellence und nicht individuelles Kapital, das seinem Eigner Zinseinkünfte einbringt. Obendrein kann das Einkommen eines Menschen kaum dem Humankapital zugerechnet werden. Sonst gäbe es keine hochqualifizierten Menschen mit vergleichsweise niedrigem und Dummdäubel mit sehr hohem Einkommen. Schließlich ist es dem Humankapitalisten verwehrt, sein Humankapital zu liquidieren und alternativ, beispielsweise in Immobilienfonds zu investieren. Er kann allenfalls „Kapitalflucht" begehen und auswandern. Aber ist dies eine Kapitalbewegung auf dem Finanzmarkt, geregelt durch Zentralbanken und Internationalen Währungsfonds, oder nicht eher eine Bewegung auf dem internationalen Arbeitsmarkt, geregelt durch die Internationale Arbeitsorganisation (ILO) und das (demnächst in Kraft tretende) Dienstleistungsabkommen GATS der Welthandelsorganisation? Mit Karl Marx („Grundrisse der Kritik der politischen Ökonomie" aus dem Jahre 1857) könnte man ironisch schließen, dass der Begriff des Humankapitals genauso viel Sinn macht, wie wenn man „die Substanz des Auges (als) das Kapital des Sehens etc." bezeichnen würde (Marx 1953: 200). Das würden eigentlich nur Verrückte so sehen – oder Wirtschaftswissenschaftler, wie der Ökonom Kenneth Boulding im Zusammenhang mit der Wachstumsmanie vermerkt. Marx selbst ist gnädiger, er bezeichnet die Auffassung als „belletristische Phrase" (ebd.).

Die Begriffswahl von Liberalen, Neoliberalen und Neokonservativen ist die Folge eines im Vergleich zu den bisher skizzierten Ansätzen fundamental unterschiedlichen Herangehens an die Analyse der modernen kapitalistischen Gesellschaft. Ökonomie wird als eine Rationalveranstaltung gedeutet, in der ökonomische Entscheidungen von Produzenten und Konsumenten der Regel der Nutzenmaximierung gehorchen. Die Bereicherungsregel wird mathematisch gefasst. Das Portfolio, das aus verschiedenen Kapitalen (Geldkapital, Investivkapital, Humankapital, Realkapital etc.) bestehen kann, soll optimiert werden. Alle „Kapitalsorten" sind vergleichbar und austauschbar. Der Fetischismus ist total, zumal die Subsumtion unter den Kapitalbegriff nicht dazu führt, dass nun auch von einer kapitalistischen Gesellschaft gesprochen würde. Die Gesellschaft verschwindet in den Optimierungskalkülen von Portfolios im privaten Bereich. Der Raum gesellschaftlicher Diskurse wird auf die Rationalität der Kapitalrechnung verengt, indem Kapitalismuskritik verdrängt wird. Erst auf dem Markt treffen private wirtschaftliche Interessen aufeinander und werden dort ausbalanciert. Ausgangspunkt der Analyse ist nicht die Gesellschaft, sondern das rational entscheidende und interessengeleitet seinen Nutzen maximierende Individuum, ausgestattet mit dem von Leibniz entdeckten Infinitesimalkalkül. Es nimmt seine Umwelt über die Signale des Marktes (Preise) wahr und reagiert darauf so, dass letztlich in Verfolgung der „private vices" doch „public benefits", eine pervertierte Abart der *volonté générale* Rousseaus, herauskommen.

Diese Utopie hat Bernard de Mandeville um 1700 in der „Bienenfabel" in Reimen verewigt: „... der Allerschlechteste sogar/Fürs Gemeinwohl tätig war/... So nährte das Laster die Findigkeit,/Und diese, im Bund mit Fleiß und Zeit,/ Hatte das Leben so angenehm,/So wahrhaft lustvoll und bequem/Gemacht, dass jetzt der Arme sogar/Noch besser dran als einst der Reiche war/..." (de Mandeville 1957: 31 f.). Die kapitalistische Marktwirtschaft ist ein ingeniöser Mechanismus, durch den nicht nur ein Optimum der Wohlfahrt hergestellt wird, sondern individuelle Asozialität die Voraussetzung für ein wohlständiges und soziales Gemeinwesen ist. Unter dem von Schumpeter (1908) so bezeichneten „methodologischen Individualismus" wird die Entscheidung der individuellen Nutzenmaximierung streng (mathematisch) formalisiert und zur Gewissheit gehärtet, dass nur die „Informationsverarbeitungsmaschine Markt" (von Hayek 1968) in der Ökonomie jene Rationalität gewährleiste, die zur Mehrung des Wohlstands der Nationen benötigt wird.

Wenn Ausgangspunkt und Zentrum der Analyse das Individuum und dessen Rationalität sein sollen, kann die Marginalanalyse ohne Einschränkungen angewendet werden. In der Gesellschaftstheorie von Marx freilich geht es um „gesellschaftlichen Durchschnitt". Denn dieser ist in der „auf dem Wert beruhenden Produktionsweise" für Wertbildung, Verwertung und erweiterte Reproduktion relevanter als die individuelle Entscheidung ohne sozialen Bezug unter Bedingungen der Unsicherheit. Der Durchschnitt kommt ja – wohlgemerkt als Tendenz – nur durch gesellschaftliche und vergesellschaftende Aktion der vielen Akteure zustande. Die moderne Ökonomie hingegen folgt der Idee vom Individuum, das mit beschränktem Budget über alternative Wahlhandlungen rational über die Verwendung knapper Güter zu entscheiden hat. Die kapitalistische Logik, die in der Ware, dem Geld und dem Kapital steckt und dessen Dynamik ermöglicht, hat von den Individuen Besitz genommen. Dies ist es, was nun in einem hilflos moralisierenden Aufschrei als „Ökonomisierung" beklagt wird, wie in Münteferings Kapitalismuskritik. Selten aber führt das Leiden unter den Sachzwängen zur Suche nach der Erkenntnis der Ursachen. Dann würde nämlich gezeigt, dass viele Sachzwänge von denen gemacht worden sind, die darüber klagen.

Die These vom Ende der Geschichte und von der Unendlichkeit des Kapitalismus ist nun gar nicht mehr so absurd wie sie zu Beginn (vgl. erstes Kapitel) schien. Sie hat ein breites historisches Fundament und ist eine mächtige Ideologie der Alternativlosigkeit in der „besten aller möglichen Welten". In einer Umgebung knapper Güter ist ökonomische Rationalität quasi natürlich und daher unaufhebbar. Wirtschaftstheoretiker halten daher die kapitalistische Produktionsweise „als solche als dem Menschen inhärent", sie unterscheide den Menschen von der Tierwelt (Ernst Heuss nach: Hilger 1982: 446). Auch wenn der Kapitalismus nicht in den Genen stecken und mit ihnen vererbt werden sollte, sitzt seine Rationalität tief verankert im Alltagsleben und Alltagsbewusstsein. Daher wird die Idee der Marktwirtschaft erstens über das Ökonomische hinaus ausgeweitet und zweitens interkulturell verbreitet.

Erstens: Die individuelle Rationalität marktwirtschaftlichen Handelns wird auf menschliches Handeln schlechthin ausgedehnt, auf Bildungsentscheidungen ebenso wie auf militärische Alternativen, auf die Opportunitätserwägungen bei der Eheschließung ebenso wie auf Entscheidungen über das Kinderkriegen. Der „Imperialismus der Ökonomie", dieses Wort stammt wohl von Kenneth Boulding, besteht darin, dass die Regeln der ökonomischen Knappheitslogik in allen Lebenssphären angewendet werden. Im ersten Schritt entbettet sich die Ökonomie (der Markt) aus der Gesellschaft, um sich ihr dann wie ein Alp aufzudrücken (zu diesem Vorgang ausführlicher Altvater/Mahnkopf 2004). Die Gesellschaften werden durchökonomisiert und von betriebswirtschaftlicher Logik beherrscht, von den Schulen und Universitäten, den Krankenhäusern und Behörden bis hin zu den Familien.

Zweitens: Für die Verbreitung dieser Denkmuster sorgen seit der Zuspitzung der Systemauseinandersetzung nach dem Zweiten Weltkrieg neoliberale think tanks, vor allem in den USA und Westeuropa. Der Propaganda dient auch das Weltwirtschaftsforum, das seit Mitte der 1970er Jahre jährlich in Davos tagt. Der Begriff des Kapitalismus spielt in den Machtdiskursen des WEF oder in den Ideologien der neoliberalen, konservativen und neokonservativen Stiftungen und Institutionen keine Rolle mehr, wohl aber die Basisinstitutionen, auf denen kapitalistische Akkumulation gründet. Das sind Eigentum und Aneignung, Freiheit und ein sicheres Umfeld für die „Investoren", Freihandel auf globalen Märkten, die kontinuierliche Versorgung der Wirtschaft mit fossilen Energien und eine Politik, die diesen zentralen „westlichen Werten" Geltung verschafft. Diese Prinzipien bilden auch das Rückgrat der Stabilitätspolitik, die den nationalstaatlichen Regierungen, den Parteien und Gewerkschaften von den neoliberalen think tanks und internationalen Organisationen abverlangt wird. Stabilitätspolitik ist der Kern des so genannten „Konsens von Washington" (dazu Williamson 1990; Enquete-Kommission 2002: 73 ff.), eines Pakets wirtschaftspolitischer Empfehlungen, das vor allem jenen Regierungen auferlegt wird, die Umschuldungen unter Beteiligung von IWF und Weltbank vornehmen müssen. Stabilität des Geldes ist auch das Ziel, das mit den 1992 vereinbarten Maastricht-Kriterien in der Europäischen Union erreicht werden soll und das inzwischen die Politik der Europäischen Zentralbank und daher auch der europäischen Regierungen leitet und das im Entwurf des europäischen Verfassungsvertrags von 2004 vor allen anderen wirtschafts- und sozialpolitischen Prinzipien Vorrang genießt (Artikel I-3; I-30; III-177).

Die neoliberalen Ideen und die stabilitätspolitischen Empfehlungen haben Eingang in die universitäre Ausbildung gefunden. Sie sind die grundlegenden Glaubenssätze in Business Schools und MBA-Studiengängen, die den zu lernenden Management-Techniken Sinn in einem sinnentleerten kapitalistischen Umfeld geben sollen. Aber weder die trostlos formalisierten Management-Techniken noch die Ideologie der freien Marktwirtschaft vermitteln Handlungskompetenz in sozialen Konfliktlagen. Sie sind nur deshalb en vogue, weil politische Zielsetzungen wie Vollbeschäftigung oder ökologische Nachhaltigkeit nicht eigenständig formuliert, sondern als selbstverständlicher Nebeneffekt der Stabilitätspolitik erwartet werden. Die Entbettung der Ökonomie aus der Gesellschaft (Polanyi 1978) und deren theoretischer Reflex einer mathematisierten und formalisierten, leblosen Ökonomie ohne gesellschaftstheoretische Fundierung haben zur Folge, dass die reale kapitalistische Ökonomie als eine gesellschaftliche Veranstaltung nicht mehr begriffen werden kann. Mit ihrer Begriffslosigkeit verliert diese Art von ökonomischer Wissenschaft aber einen beträchtlichen Teil ihres Nutzens auch für die Ideologen, die sie verbreiten. Es entsteht also ein nicht auflösbares Dilemma, wenn vom Kapitalismus als gesellschaftlicher Formation abstrahiert und stattdessen die Herrschaft einer reinen Marktlogik unterstellt wird. Letztere gibt es nicht oder allenfalls in platonischer Modellwelt, wird aber auf Erden gelehrt und unter dem Publikum verbreitet. Ersterer existiert zwar realiter und angeblich alternativlos als globaler Kapitalismus, ist aber aus der Begriffswelt der „modernen" Menschen entsorgt worden.

Drittes Kapitel
Vier Formen privater Aneignung im real existierenden Kapitalismus

Es geht nicht nur um den Kapitalismusbegriff, sondern um den real existierenden Kapitalismus in seiner Epoche. Der Kapitalismus als soziales System entsteht im Verlauf der ursprünglichen Akkumulation von Kapital. Produzenten werden gewaltsam von ihren traditionellen Produktionsbedingungen getrennt, von ihnen sozusagen „befreit". Diejenigen, die über die Produktionsbedingungen verfügen, konzentrieren sich als Kapital auf der einen Seite der Gesellschaft, während sich auf der anderen Seite diejenigen befinden, die über kein Eigentum verfügen, aus dem sie ein Recht auf Aneignung ableiten könnten. Dieses Recht wird von John Locke aus dem Eigentum eines jeden an seinem Körper und den körperlichen Kräften und aus der Fähigkeit, durch Arbeit Natur anzueignen, abgeleitet. Das durch Arbeit von der Natur Angeeignete wird in privates Eigentum verwandelt. Diese Begründung mag für den ersten Akt der Aneignung von Naturelementen ausreichen. Sie ist völlig unzureichend für eine Lage, in der freie, eigentumslose Natur gar nicht mehr existiert, und in der bereits großes Privateigentum die Regel ist. Nicht jeder kann zum Eigentümer aufsteigen, da die territoriale Ausdehnung des Planeten begrenzt ist und Eigentumstitel bereits vergeben sind, also „freies Land" gar nicht mehr vorhanden ist. Die Begrenztheit des Territoriums ist mithin ein Faktor, der der Vergabe von privaten Eigentumsrechten Schranken setzt.

Dies anzuerkennen, fällt Neoliberalen schwer, erwarten sie doch von der Etablierung privater Eigentumsrechte die Freisetzung des in jedem Menschen schlummernden Unternehmerinstinkts und daher eine schnelle Überwindung von Unterentwicklung. Ein treffliches Beispiel bietet die Schrift von Hernando de Soto („The mysteries of capital") mit dem deutschen Titel „Freiheit für das Kapital!" (2002). Dort beschäftigt sich de Soto mit den „vernachlässigten Lehren aus der Geschichte der Vereinigten Staaten". Gerichte und Verwaltungen haben besetztes und vereinnahmtes Land den Landbesetzern zugeteilt, die es bearbeiteten - den sog. „Squatters". Dass diese Landnahme mit der blutigen Vertreibung der indianischen Ureinwohner verbunden war, ist dem Autor weniger als einen Halbsatz wert. Grund und Boden und andere Objekte sind in aller Regel keine freien Güter, alles ist schon in Besitz genommen und es konkurrieren Eigentumsansprüche gegeneinander. Wer hat das ältere und besser dokumentierte Recht? Oder gilt das Gesetz des Stärkeren bei der Vergabe von Eigentumstiteln, d.h. bei der Aneignung des Territoriums und der gleichzeitigen Enteignung derjenigen, die bei der Vergabe von Eigentumstiteln leer ausgehen?[1]

[1] Squatters unserer Tage sind die Landlosen in Brasilien, die Latifundien besetzt haben. Ihnen Land zuzuteilen, wie de Soto im historischen Rückblick auf die USA lehrt, erfor-

Die Konflikte, die mit dem privaten Eigentum entstehen, waren den frühbürgerlichen Theoretikern privaten Eigentums wohl bekannt. Sie wussten auch, dass das Eigentumsrecht immer und notgedrungen ein Ausschlussrecht ist. Eigentum macht ja nur Sinn, wenn es der Aneignung dienen kann und wenn Nichteigentümer vom Eigentum mit Hilfe der öffentlichen Gewalt ausgeschlossen werden können. Die „Freiheit für das Kapital!" besteht ja wesentlich darin, eigentumslose Arbeiter zu beschäftigen und das Produkt der Mehrarbeit anzueignen. Privates Eigentum wäre nichts als eine „juristische Illusion" (Marx), sofern daraus keine Aneignung, sprich Mehrung des Eigentums folgt. Wenn also Eigentumsrechte etabliert und der Zugang zu Eigentum erleichtert werden, müssen auch soziale Rechte zum Schutz der Eigentumslosen geschaffen werden. Dies hat Karl Polanyi (1978) sehr deutlich herausgearbeitet. Die Marktwirtschaft, vor allem der Arbeitsmarkt entbettet sich aus der Gesellschaft. Dieser ist eine entscheidende Institution, die im Zuge der von Karl Polanyi analysierten „Great Transformation" entsteht. Er nennt den Arbeitsmarkt eine „Satansmühle". Denn mit der Abhängigkeit vom Marktgeschehen wird soziale Unsicherheit zum Begleiter des Lebens der Klasse der Lohnabhängigen. Eine gewisse Sicherheit ist nur durch Geld- und Kapitalvermögen, nicht durch das Arbeitsvermögen zu erreichen, es sei denn durch sozialstaatlichen Schutz. So ist die Entwicklung in allen kapitalistischen Ländern gelaufen, wenn auch ungleich und ungleichzeitig und immer als Ergebnis heftiger sozialer Auseinandersetzungen und politischer Konflikte.

Eigentum und Aneignung - und daher auch Ausbeutung und Enteignung - sind verschiedene Aspekte der kapitalistischen Dynamik. Umgekehrt folgt daraus, dass dann, wenn die Aneignung misslingt, Eigentum gemindert wird, also eine Art Enteignung stattfindet.[2] Allerdings ist nun zu differenzieren. Es gibt nicht

---

dert eine Landreform. Dagegen haben sich die Großgrundbesitzer mit ihrer legalen Macht, aber auch mit extralegaler, von der Justiz sehr häufig gebilligten Gewalt zur Wehr gesetzt. Auf die Landlosen haben sie ihre Revolvermänner gehetzt. Auch so werden bis in unsere Tage Eigentumsrechte gewaltsam durchgesetzt und legitime territoriale Ansprüche auf Ackerböden zunichte gemacht.

2 Dies ist keine juristische Spitzfindigkeit, sondern Gegenstand von Freihandelsabkommen (z.B. der NAFTA) und von bilateralen Investitionsabkommen (BIT): Wenn durch Umweltauflagen Profite gemindert werden, kann ein betroffenes Unternehmen wegen der Minderung des Börsenwertes dagegen Klage erheben und Entschädigung vom Staat verlangen (Chapter 11 der NAFTA und vergleichbare Klauseln). Die nicht gelungene Aneignung aus dem privaten Eigentum wird also als Enteignung gewertet, die Entschädigungsleistungen auslöst. Es wird also nicht nur das Eigentum als eine statische Größe, sondern auch der Profit als ökonomischer Ausdruck der Aneignung aus dem Eigentum rechtlich geschützt. Bedeutsam ist auch, dass verschiedene Kategorien von privatem Eigentum juristisch konstruiert werden. Eine Entscheidung des obersten Gerichtshofes der USA ermöglicht die Enteignung privaten Eigentums zu Gunsten privater „developers", also von Firmen, die für

nur eine, sondern zumindest *vier Formen der Aneignung*, deren historische Bedeutung zu verschiedenen Zeiten unterschiedlich ausfällt.

3.1 Erste Form der Aneignung: Inwertsetzung

Noch bis ins 15. Jahrhundert basiert die europäische Landwirtschaft im Allgemeinen auf Techniken und sozialer Organisation, die von jenen des 13. Jahrhunderts nicht sehr verschieden waren. In den nördlichen Regionen Europas (Skandinavien, Irland Schottland) herrschte Subsistenzlandwirtschaft vor, in den östlichen Gebieten war die Gutsherrschaft mit Leibeigenschaft verbreitet. Doch dies ändert sich ab dem 16. Jahrhundert. „One of the most obvious differences between preindustrial and modern industrial societies is the greatly diminished relative role of agriculture in the latter. The counterpart of its diminished importance, however, its the greatly increased productivity of modern agriculture, which enables it to feed a large non-agricultural population." (Cameron 1989/1997: 164) So werden auch die heute so genannten öffentlichen und Gemeinschaftsgüter der gemeinschaftlichen Nutzung entzogen und privat angeeignet. Die systemisch notwendige Enteignung wird noch dadurch unterstützt, dass Gemeinschaftseigentum privatisiert wird, z.B. durch die Einhegung von Gemeindeland (enclosures) im England des 16. bis 19. Jahrhunderts. Die enclosures sind eine Begleiterscheinung der Agrarrevolution, die der industriellen Revolution nicht nur in England vorausgeht: Auf den enteigneten und privatisierten neuen Flächen kann zusätzliches Getreide angebaut werden. Die Steigerung der landwirtschaftlichen Erträge erfolgt aber auch mit neuer Technik, mit künstlicher Düngung, veränderter Fruchtfolge auf den Feldern (viel später auch mit Herbi-, Fungi- und Pestiziden sowie mit neuen Zuchtmethoden). Die Erhöhung der Produktivität in der Landwirtschaft ist ja die Bedingung dafür, dass die in die Manufakturen und Industrien gezwungene Landbevölkerung, dass die „freien" Arbeiter aus dem agrarischen Überschuss, der „zu Markte getragen" wird, ernährt werden können. Ausbeutung und Enteignung können also niemals so weit gehen, dass die Existenz der Arbeitenden aufs Spiel gesetzt wird.

Diese Veränderungen können als Inwertsetzung der Natur verstanden werden, die als ein Ensemble von Ressourcen wahrgenommen und behandelt wird. Dies ist bereits „kalkulatorische" und präventive Inwertsetzung. Denn die Natur wird darauf hin exploriert, welche Ressourcen sich lohnen, in Wert gesetzt zu werden, und welche als wertlos zu behandeln sind. Die Natur wird zu einem Objekt der kapitalistischen Rationalkalkulation. Dies schließt unbedingt die Zerlegung der

---

Großinvestoren Land bereitstellen (FT 24.06.2005). Das kleine Eigentum gilt also als weniger schutzwürdig als das große Eigentum.

Natur in Einzelteile (mit Eigentumsrechten ausgestattet) ein. Die Zerstörung der Natur findet also antizipativ und mental bereits statt, bevor sie in der realen Entwicklung praktisch umgesetzt wird. Die Natur, die Flächen, die sozialen Verhältnisse, das Zeitregime werden in die Welt der Werte integriert (und diese umgekehrt dadurch erzeugt). Die Logik der Kapitalverwertung beherrscht Zeit und Raum durch Beschleunigung und territoriale Expansion, durch Aneignung und Enteignung von Konkurrenten im Territorium.

David Harvey (2003: 17) zählt die Methoden der Inwertsetzung in enger Anlehnung an Marx' Darstellung der „ursprünglichen Akkumulation des Kapitals" (MEW 23: 24. Kapitel) auf. Diese sind (1) die Kommodifizierung und Privatisierung des Bodens und die gewaltsame Vertreibung der Bauern und deren Verwandlung in Lohnabhängige, (2) die Verwandlung von Gemeineigentum, öffentlichen Gütern und Allmende-Gütern in ausschließlich privates Eigentum, (3) die Verwandlung der Arbeitskraft in Ware und die Unterdrückung alternativer (subsistenzökonomischer) Formen der Aneignung von Natur, (4) koloniale und imperialistische Ausplünderung, (5) die Monetarisierung des Tausches und die Besteuerung, (6) der Sklavenhandel und (7) der Wucher. Diese Methoden kennzeichnen nicht nur die Frühgeschichte des Kapitalismus, sondern durchziehen seine gesamte Entwicklung. Verschiedene Formen der Aneignung bilden also keine historische Stufenfolge, sondern unterschiedliche historische Artikulationsmuster (vgl. auch de Angelis 2004). Harvey fasst daher zusammen: „All the features of primitive accumulation that Marx mentions have remained powerfully present within capitalism's historical geography up until now ..." (Harvey 2003: 145). Allerdings verschiebt sich die relative Bedeutung der Aneignungsformen in der historischen Entwicklung des Kapitalismus.

Mit der Anwendung der Methoden zur Beschleunigung aller ökonomischen Prozesse können Räume okkupiert und erschlossen werden. Das Territorium wird der kapitalistischen Inwertsetzung überantwortet. Im Verlauf des 19. Jahrhunderts werden die letzten „weißen Flecken" kolonisiert und in die europäisch dominierten Imperien eingeordnet. Doch die Expansion in den Raum ist nicht beendet, als die kontinentalen Flächen in Besitz genommen und in Wert gesetzt worden sind. Die Meeresböden, die Arktis und Antarktis, die Gletscherwelt der Hochgebirge, die tropischen Regenwälder, das erdnahe Weltall, die molekularen Nanoräume der Gene werden erschlossen, in Wert gesetzt und in Handelsware und Geld verwandelt. Inwertsetzung ist ein Prozess der Verwandlung von (zumeist öffentlichen, also allgemein zugänglichen) Gütern in private Waren, ein doppelter Prozess von Enteignung und (privater) Aneignung. Daher ist es auch möglich, jene Räume der Allmende (der Gesundheitsversorgung oder der Bildung) zu privatisieren, die traditionell öffentliche oder Gemeinschaftsgüter gewesen sind. Der Imperialismus ist zugleich extrovertiert und introvertiert (Narr 2003). Rosa Luxemburg interpretierend schreibt David Harvey (2003: 141): „The idea that some sort of 'outside' is necessary for the stabilization of capitalism therefore has relevance. But capitalism can either make use of some pre-existing outside (non-capitalist social formations or some sector within capitalism - such as education - that has not yet been proletarianized) or it can actively manufacture it ..." Dies ist ein Hinweis auf die Bedeutung der Territorialität im Prozess von Inwertsetzung und dann auch von Verwertung. Denn trotz der wirksamen Entbettungstendenzen können letztlich nur produzierte Werte angeeignet werden, produziert in den verschiedenen Räumen, von denen die Rede war. Der virtuelle Internetkapitalismus, der von manchen als ein „neuer" Kapitalismus nach dem Untergang des „alten" Kapitalismus interpretiert wird (Leadbeater 2003) ist nur ein irrelevantes Fantasiegebilde.

Doch nicht alles lässt sich in Wert setzen. Viele Elemente der äußeren Natur sind für ökonomische Interessen wertlos. Was wertlos ist, kann auch vernichtet werden. Daher meinen manche Ökologen, dass ein bewirtschafteter Wald besser geschützt sei als ein „wertloser" Wald. Jedoch ist dies eine Illusion. Denn es wird nicht der Wald, sondern dessen Inwertsetzung durch Vergabe von Eigentumsrechten geschützt. Diese wird von Entscheidungen bestimmt, die sich an den erzielbaren Renditen auf globalisierten Märkten orientieren und nicht an den Naturgegebenheiten des Biotops. Auch die Interessen von Menschen, die in dem Territorium leben, spielen dabei keine Rolle. Man kann den Regenwald nicht retten, indem er bewirtschaftet wird und wenn dabei die Lebensbedingungen der indigenen Völker unberücksichtigt bleiben. Der Regenwald ist ein Territorium, das durch mehrere „funktionale Räume" strukturiert wird: a) durch den ökonomischen Funktionsraum, beherrscht vom Profitprinzip und unter den Restriktionen der Zinsen, die erwirtschaftet werden müssen, b) der soziale Funktionsraum, in dem Konflikte ausgetragen werden und immer wieder ein Konsens gefunden werden muss und c) der politische Funktionsraum der Reproduktion von Macht und Hegemonie. Dann gibt es noch den natürlichen Funktionsraum, für den die Naturgesetze gültig sind, die in den anderen Funktionsräumen negiert werden. Angesichts dieser komplexen Beziehungen im Territorium ist es tatsächlich heroisch anzunehmen, dass sich die Natur retten ließe, indem man dem ökonomischen Funktionsraum eine Vorrangstellung einräumt (vgl. Altvater 1987).

Auch wenn sich nicht alles in Wert setzen lässt, so doch manches, von dem man es auf den ersten Blick nicht vermutet. Das gilt z.B. für die Emissionen von Treibhausgasen, die auch im Sinne von John Locke negative Auswirkungen der Nutzung privaten Eigentums auf andere, also in der Sprache der modernen Ökonomie negative externe Effekte darstellen. Um diese zu reduzieren, werden Zertifikate ausgegeben, die einen bestimmten Ausstoß von CO_2-Emissionen erlauben. Die Zertifikate gehen in das Eigentum der Emittenden über und können auf „Verschmutzungsbörsen", gehandelt werden. Die CO_2-Produzenten sollen so einen Anreiz erhalten, die Emissionen zu senken, weil sie ja dann Zertifikate gegen

Geld verkaufen können. Hier zeigt sich, dass Inwertsetzung durch eine *juristische Konstruktion* von Eigentumsrechten ermöglicht wird, die die Verschmutzung der Atmosphäre in ein Recht verwandelt, das dann, wenn es nicht in Anspruch genommen wird, zu Geld gemacht werden kann. Der Raum der Inwertsetzung wird also durch Rechtsakte konstruiert. Dies unterscheidet sich fundamental von der Interpretation der klassischen politischen Theorie, der zufolge Eigentumsrechte durch Arbeit erworben werden.

Die ursprüngliche Inwertsetzung des noch nicht in Wert gesetzten kann als eine *erste Form* der Enteignung und privaten Aneignung bezeichnet werden. Es handelt sich dabei um die „Verwandlung der Welt in eine Ware", also um die Ausdehnung der funktionalen Räume und der Territorien kapitalistischer Akkumulation. Auch wenn die „weißen Flecken auf der Landkarte" inzwischen beseitigt sind, gibt es Räume, die noch nicht kapitalistisch durchdrungen und beherrscht sind. Doch die Tendenz, diese durch „Kolonialisierung der Lebenswelten" in Wert zu setzen, ist dominant, auch wenn die Resistenz dagegen größer wird.

3.2 Zweite Form der Aneignung: Absolute Mehrwertproduktion

Die Verwertung von Kapital ist nach dem „ersten Akt" der Inwertsetzung auf Dauer nur möglich, wenn Arbeitskräfte einen Überschuss produzieren, der von anderen, also von Kapitalisten, angeeignet werden kann. Die Ausbeutung von Arbeitskräften setzt eine Mindesthöhe der Produktivität der Arbeit voraus. Das Arbeitsprodukt muss größer sein als das, was zur Reproduktion der Arbeitskräfte einschließlich der nicht produktiv tätigen Familienangehörigen (vor allem Kinder und Alte) verbraucht wird. „Ohne einen gewissen Produktivitätsgrad der Arbeit keine ... disponible Zeit für den Arbeiter, ohne solche überschüssige Zeit keine Mehrarbeit und daher keine Kapitalisten, aber auch keine Sklavenhalter, keine Feudalbarone, in einem Wort keine Großbesitzerklasse" (MEW 23: 534). In diesem Sinne kann von einer „Naturbasis des Mehrwerts" gesprochen werden. Der Mehrwert kommt zustande, indem der „Arbeitstag über den Punkt hinaus, wo der Arbeiter nur ein Äquivalent für den Wert seiner Arbeitskraft produziert hätte" (ebd.: 532), verlängert wird. Dies ist eine historische Bedingung, die nicht nur für die kapitalistische Produktionsweise gilt (darauf verweist mit vielen historischen Beispielen Ernest Mandel 1970).

Solange nichts weiter geschieht als die Produktion des Überschusses in der Form des von Marx so genannten absoluten Mehrwerts, sind die Arbeiter eher *formell* unter das Kapital subsumiert, da die Produktionsweise weder technisch noch sozial *reell* umgewälzt, d.h. in die für den Kapitalismus typische Form gebracht wird. Die Steigerung der Ausbeutung erfolgt durch Verlängerung der Arbeitszeit, durch Intensivierung der Arbeit, durch Lohnsenkung oder wenn der Überschuss der Heimarbeit, der vorkapitalistischen Manufakturen oder von Fron- und Sklavenarbeit durch Kapitalisten angeeignet wird, ohne die Produktionsbedingungen grundlegend zu verändern. Die Produktion des absoluten Mehrwerts ist die *zweite Form* der Aneignung von Surplusarbeit. Es handelt sich auch dabei um eine Enteignung: von arbeitsfreier Zeit, von körperlichen und geistigen Energien. Im Unterschied zur ersten Form jedoch ist diese Aneignung von absoluter Surplusarbeit bereits Element des Verwertungsprozesses und nicht das unmittelbare Resultat der Inwertsetzung.

In diesem Zusammenhang kann es nützlich sein, mit Richard Heinberg (2004: 49 ff.) verschiedene Strategien zu unterscheiden, mit denen Energien ökonomisch nutzbar gemacht werden: *Erstens* erfolgt die Aneignung von Energie, indem „Konkurrenten" von den Energiequellen, die sie ebenso wie die Menschen benötigen, abgeschnitten und auf diese Weise energetisch enteignet werden. *Zweitens* werden Werkzeuge zur Steigerung der Produktivität bei der Nutzung der Energien entwickelt.[3] *Drittens* zielt eine Strategie auf Extraktion von zusätzlicher Energie aus den fossilen Speichern der Erde. Die erstgenannte Strategie läuft darauf hinaus, dass beispielsweise „konkurrierenden" Lebewesen die von ihnen benötigten Energien entzogen und diese dadurch im schlimmsten Fall ausgerottet werden. Die Verwandlung von naturwüchsiger Landschaft in Monokulturen bedeutet für viele Tier- und Pflanzenarten den Tod. Sie bedeutet aber auch das Ende einer organischen Landwirtschaft. Die Überausbeutung von menschlicher Energie hat gesundheitliche Schäden und möglicherweise auch den Tod zur Folge.

3.3 Dritte Form der Aneignung: Relative Mehrwertproduktion

Die Aneignung von Energien durch Enteignung der Konkurrenten ist nichts anderes als die soeben kurz beschriebene absolute Mehrwertproduktion. Sie stößt an Grenzen der physischen Ausbeutbarkeit. Die Arbeitszeit kann innerhalb des 24stündigen Tages nicht über ein bestimmtes Maß hinaus verlängert werden, ohne die Ausgebeuteten krank zu machen. Die zweite von Heinberg genannte Strategie hingegen erfordert den Übergang zur von Marx so genannten relativen Mehrwertproduktion. Das ist die dem Kapitalismus angemessene Methode. Der Wirkungsgrad der Naturaneignung wird durch neue und effizientere Technik und rationale Organisation verbessert. Mit der Produktivkraftsteigerung ist es, wie Adam Smith

---

3 Die beiden anderen von Heinberg erwähnten Strategien, nämlich Spezialisierung und Erweiterung des Wirkungsbereichs, sind eher Konsequenzen des Gebrauchs von Werkzeugen und haben keine eigenständige Bedeutung.

ausführt, möglich, den Wohlstand der Nationen zu erhöhen. Infolge der höheren Produktivität produzieren die Arbeiter in kürzerer Zeit das Güterbündel, das sie für ihre Reproduktion auf gegebenem historischem und kulturellem Niveau benötigen. Es bleibt folglich mehr Zeit eines Arbeitstags für die Produktion von Werten, die von den Kapitalisten angeeignet werden können. Die Vergrößerung des Teils des Produkts der Arbeit, das den Produzenten enteignet werden kann, (ohne dass es ihnen deshalb materiell schlechter gehen müsste) ist eine *dritte Form von Enteignung und Aneignung*. Doch geht der größere Wirkungsgrad der Arbeit auch zu Lasten der Natur: durch Ausbeutung der Ressourcen und eine für die Tragfähigkeit zu hohe Schadstoffbelastung der Senken (vgl. zusammenfassend McNeill 2003; Kovel 2002; Enquete-Kommission 2002).

3.3.1 Reelle Subsumtion der Arbeit unter das Kapital: Industriesystem und Fordismus

Die gesellschaftlichen Veränderungen zur Realisierung dieser Form der Aneignung sind nicht graduell, sondern umwälzend. „Die Produktion des absoluten Mehrwerts dreht sich nur um die Länge des Arbeitstags. Die Produktion des relativen Mehrwerts revolutioniert durch und durch die technischen Prozesse der Arbeit und die gesellschaftlichen Gruppierungen" (MEW 23: 532 f.). Die in langer Geschichte („in Tausenden von Jahrhunderten" schreibt Marx) und unter spezifischen Naturbedingungen erreichte Produktivkraft der Arbeit erlaubt die Produktion des absoluten Mehrwerts. Wenn der Mehrwert aber weiter gesteigert werden soll, dann nur mit den Methoden der Produktion des relativen Mehrwerts, d.h. durch die so genannte *reelle Subsumtion der Arbeit unter das Kapital*, durch technische, soziale und andere Innovationen, durch Revolutionierung des Produktionsprozesses. Das Kapital kann sich mit dem jeweils erreichten historischen Stand der Produktivkräfte nicht bescheiden. Daher ist die kapitalistische Produktionsweise ein Vehikel der Modernisierung, des Fortschritts, der von Marx und Engels im „Kommunistischen Manifest" von 1848 gepriesen wird.[4] Der z.T. unter nichtkapitalistischen oder protokapitalistischen Bedingungen produzierte Überschuss wird nun nicht mehr bloß abgeschöpft und in der Form des Mehrwerts angeeignet, sondern mit den neuen Produktionsmethoden in steigendem Maße reell

[4] In den Vorworten zur polnischen und italienischen Ausgabe des Manifests aus den Jahren 1892 und 1893 sieht Engels gar in der Verbreitung des „Manifests" einen Indikator für die Entwicklung des Kapitalismus im Lande: „Zuerst ist bemerkenswert, daß das 'Manifest' neuerdings gewissermaßen zu einem Gradmesser geworden ist für die Entwicklung der großen Industrie auf dem europäischen Kontinent. In dem Maß, wie in einem Lande die große Industrie sich ausdehnt, in dem Maß wächst auch unter den Arbeitern desselben Landes das Verlangen nach Aufklärung über ihre Stellung als Arbeiterklasse gegenüber den besitzenden Klassen, breitet sich unter ihnen die sozialistische Bewegung aus

produziert. Daraus erklärt sich das große Gewicht des industriellen Kapitals gegenüber anderen Kapitalformen (Handels- oder Geldkapital) im Reproduktionsprozess. Kraftvolle Antriebsmaschinen (zunächst die Dampfmaschine) und Transmissionssysteme der Kräfte auf die Werkzeuge potenzieren den Wirkungsgrad der Produktion von Gebrauchswerten. Der Kapitalismus bringt das Industriesystem hervor. Dies ist die materiell-technische, soziale und ökonomische Basis der relativen Mehrwertproduktion. Wie Fernand Braudel (1986a) bemerkt, kann erst im Zuge der Entwicklung von Werkzeugen und eines Maschinensystems wirklich „fixes Kapital" gebildet werden, weil die Produktionsmittel nicht mehr aus schnell vergänglichem Holz, sondern aus dauerhaftem Eisen hergestellt werden. Damit ist ein Machtzuwachs des Kapitals gegenüber den Konkurrenten verbunden. Zum Beispiel sind Holzbrücken noch im 19. Jahrhundert von selbständigen Schiffern abgebrannt worden, die so der Konkurrenz der Eisenbahn Schaden zuzufügen versuchten. Auch die steinernen Gebäude waren dauerhafter als die Holzkonstruktionen. In den metallenen und steinernen Produktionsmitteln bekam das Kapital eine machtvolle und sichtbare Gestalt. Der Kapitalismus erzeugt also die ihm entsprechenden Produktionsbedingungen und gleichzeitig die Symbole der Macht über die lebendige Arbeit und die Natur und der Überlegenheit über andere „primitive" Produktionsweisen.

Es ist hier nicht möglich, alle Aspekte der reellen Subsumtion von Arbeit und Natur unter das Kapital zu analysieren. Es sollen einige wesentliche Charakteristika eher kursorisch dargestellt werden. Erst auf industrieller Grundlage entfaltet sich der moderne Kapitalismus als System, gesteuert von der Profitrate, die die Akkumulation von Kapital bestimmt, und angetrieben von fossilen Energieträgern, die die anderen Energien (biotische Energie, Holz, Wasserkraft und Wind) nach und nach verdrängen und dem Kapitalismus seine in der Weltgeschichte einzigartige Dynamik verleihen. Der gesamte Produktionsprozess wird reorganisiert, die Arbeitskraft und die Natur *„reell"* unter das Kapital subsumiert (Marx, MEW 23, 17. Kapitel); die subjektiven und objektiven Produktionsbedingungen werden kapitalistisch-rational umgestaltet.

Die Lohnarbeiter werden der Disziplin der Fabrik (der hierarchischen Organisation, dem Zeitregime, einer scheinbar neutralen Technostruktur, also dem von Marx so bezeichneten „stummen Zwang der ökonomischen Verhältnisse") unterworfen. Freilich bleibt die Herstellung der Fabrikdisziplin äußerlich und ist daher unzureichend für eine dynamische kapitalistische Entwicklung. Die Unterwerfung unter die Fabrikdisziplin fordert obendrein Widerstand heraus, von der Arbeit nach Vorschrift über Arbeitsniederlegungen bis zur Sabotage der anfälligen

---

und steigt die Nachfrage nach dem 'Manifest'. So daß nicht nur der Stand der Arbeiterbewegung, sondern auch der Entwicklungsgrad der großen Industrie in jedem Land mit ziemlicher Genauigkeit abgemessen werden kann an der Zahl der in der Landessprache verbreiteten Exemplare des 'Manifests'". (MEW 22: 282)

Maschinensysteme. Folglich werden auch Arbeit, Arbeitsprozess und Systeme der Lohnfindung nach der gleichen Logik rationalisiert, die die Gestaltung der objektiven Produktionsbedingungen bestimmt (Sohn-Rethel 1970). Die wissenschaftliche Betriebsführung („Taylorismus") wird zur Grundlage einer durchgreifenden Rationalisierung von Produktion und Reproduktion. Für die Transformationen des Kapitalismus in Richtung Massenproduktion und Massenkonsum steht seit Mitte der 1920er Jahre der Name Ford (und daher „Fordismus").[5] Schon im Begriff kommt die Zentralität des Automobils für diese Entwicklungsphase des modernen Kapitalismus zum Ausdruck.

Die Arbeit wird im Zuge der Rationalisierungen von Betrieb und Gesellschaft auf die Logik der industriellen Wandlungssysteme von Energien und Stoffen gebracht. Die Rationalisierung ist systematisch (also wissenschaftlich fundiert, wodurch der Wissenschaft im Kapitalismus eine ganz neue Funktion zukommt, die sie vorher nie gehabt hatte)[6] und systemisch, d.h. sie erfasst die gesamte Ökonomie und zieht auch Gesellschaft, Politik und Kultur in ihren Bann.[7] Der systemische Charakter zeigt sich deutlich nach dem Schock der großen Krise von 1929. Die Antwort auf die Herausforderungen von Arbeitslosigkeit und Gewinneinbußen ist ein ökonomisch begründetes politisches Projekt, der „Keynesianismus": Der Staat interveniert in die Ökonomie, um die Massennachfrage zu erhöhen, die

---

5 Der Fordismus ist mehr als die durchrationalisierte, vom Fließband gekennzeichnete Fabrik. Es handelt sich dabei um ein soziales, ökonomisches und auch politisches Projekt mit weitreichenden ökologischen Auswirkungen. Die ökologischen Implikationen werden zumeist in der Literatur vernachlässigt (vgl. dazu Altvater 1992). In Romanform ist der Zusammenhang von sozialer Organisation, kapitalistischer Rationalisierung, wissenschaftlicher Beratung, indigenem Eigensinn und ökologischer Vereinseitigung am Beispiel des Versuchs der monokulturellen Kautschukproduktion in Fordlândia am Rio Tapajós in Amazonien von Sguiglia (2002) sehr schön aufgezeichnet worden.

6 Nur deshalb kann von der Herausbildung einer „Wissensgesellschaft" gesprochen werden. Ansonsten muss gegen den modischen Gebrauch des Begriffs festgehalten werden, dass alle Gesellschaften „Wissensgesellschaften" sind (vgl. Enquete-Kommission 2002: 259ff; auch Leadbeater 2003).

7 Dies hat Antonio Gramsci zum Gegenstand seiner Analyse der Bedingungen für die Stabilität von bürgerlicher Hegemonie in modernen kapitalistischen Klassengesellschaften gemacht (Gramsci 1967; 1999). Später hat die „Regulationstheorie" (z.B. Aglietta 1979; Lipietz 1986) diesen Gedanken weiterentwickelt und den Kapitalismus als ein historisches System charakterisiert, das seine jeweils spezifischen „regulierenden" Institutionen hervorbringt („Regulationsweise"), um die Akkumulationsdynamik („Akkumulationsregime") aufrecht zu erhalten. Ob es Sinn macht, diese institutionelle Verankerung und psychologische Verinnerlichung als Übergang von einer Disziplinar- zu einer „globalen Kontrollgesellschaft" (Hardt/Negri 2002: 341) zu interpretieren, wäre eine semantische Frage, wenn nicht damit eine Entscheidung gegen die marxistisch-regulationstheoretische und für die Foucault'sche Interpretation von Macht getroffen würde.

benötigt wird, um die Massenproduktion der fordistischen Fließbandsysteme abnehmen zu können. Das Projekt des keynesianischen Staatsinterventionismus wird nach dem Zweiten Weltkrieg unter den Bedingungen der „Systemkonkurrenz“ mit dem „sozialistischen Lager“ in den Industrieländern zur Grundlage des Ausbaus eines wohlfahrtsstaatlichen Kapitalismus, der sich nun auch, anders als in der Geschichte zuvor, auf eine breite Akzeptanz in der Bevölkerung verlassen kann. Der Produktivitätsfortschritt ist in dieser Phase hoch, und er wird zu einem Teil an die Arbeitenden weiter gegeben bzw. von ihnen und ihren Organisationen in Lohn- und Arbeitsauseinandersetzungen abgetrotzt. Die Logik der Kämpfe ist z.T. monetär, nämlich dann, wenn es in erster Linie um Lohnerhöhungen geht. Monetäre Steigerungen der Lohneinkommen sind das Vehikel, um an den Gratifikationen der Gesellschaft teilhaben zu können und sie sind zugleich die Bedingung dafür, dass die mit der Steigerung der Produktivität ebenfalls steigende Gütermenge die kaufkräftige Nachfrage vorfindet, um abgesetzt werden zu können. Diese Logik wird aber ergänzt mit nicht-monetären Forderungen nach Verbesserung der Arbeitsbedingungen, nach einer Verkürzung der Arbeitszeit, nach mehr Partizipationsmöglichkeiten bei Entscheidungen auf betrieblicher und überbetrieblicher Ebene (Mitbestimmung). Die Basis dieser Kämpfe ist volle Beschäftigung, also die Nicht-Existenz der „Reservearmee“ der Arbeitslosen, die zum Drücken der Löhne und sozialen Leistungen instrumentalisiert werden kann.

Die sozioterritoriale Logik wird in den Kämpfen dominant, in denen das „Normalarbeitsverhältnis“ weitgehend verschwunden ist und der informelle Sektor und prekäre Arbeit zunehmen[8]. Denn wenn es sowieso viel zu wenige formelle Arbeitsplätze gibt, sind Lohnerhöhungen und Verbesserungen von Arbeitsbedingungen nicht durchzusetzen oder sie sind nur für einen Teil der Lohnabhängigen von Relevanz. Wenn Lohnabhängige aus den formellen Regelungsmechanismen ausgeschlossen ist, kann Teilhabe nur erreicht werden, indem die Ausgeschlossenen soziale Räume besetzen und dabei im physischen Sinne Territorien aneignen: durch Fabrikbesetzungen, Landbesetzungen, also die Bildung alternativer Betriebe, um so an den sozialen Gratifikationen, am „Wohlstand der Nationen“ zu partizipieren.

3.3.2 Geoökonomie und Globalisierung

Den Weltmarkt herzustellen, ist im Begriff des Kapitals angelegt, so drückt es Marx Mitte der 1850er Jahre aus (Marx 1953: 311). Die Globalisierung gehört also von Anbeginn der kapitalistischen Produktionsweise zur gesellschaftlichen Natur des Kapitals, obgleich von Globalisierung erst seit den 1970er Jahren und

---

[8] Die wachsende Bedeutung der prekären Arbeit hat sogar die Deutsche Bundesbank erkannt. Vgl. Monatsbericht Juli 2005: Rascher Wandel der Erwerbsarbeit: 15-27

dann verstärkt nach dem Zusammenbruch des real-sozialistischen Lagers nach 1989 gesprochen wird (als es schien, als ob die Geschichte an ihr Ende gekommen sei - vgl. erstes Kapitel). Die kapitalistische Ökonomie ist im Prinzip Geoökonomie und ihre Akteure streben über alle Grenzen. Dabei handelt es sich keineswegs nur um geographische Grenzen im territorialen Raum, sondern auch um die der Zeit. Alles wird getan, um die Zeit durch Beschleunigung dem Grenzwert Null anzunähern. Denn nur durch Beschleunigung aller Prozesse lässt sich die Produktivität steigern: Mehr Produkte in der gleichen Zeiteinheit oder die gleiche Menge von Produkten in geringerer, komprimierter (Arbeits)zeit. Das ist das Geheimnis der Steigerung des Wohlstands der Nationen. Das ist eine Konsequenz der Rationalität der europäischen Weltbeherrschung und mithin auch die sozialgeschichtliche Voraussetzung für deren „Verwissenschaftlichung", also für eine historisch neue und höchst schlagkräftige Verbindung von Kapitalismus und Wissenschaft. „Zeit ist Geld" und je weniger Zeit ein Akt der Produktion oder Zirkulation „kostet", desto günstiger für die Kapitalisten. Durch Beschleunigung aller Prozesse in Produktion und Reproduktion, in Kommunikation und Transport, in der Arbeitswelt ebenso wie in Freizeit und Erholung wird das Raum- und Zeitregime umgewälzt. Auch politische Grenzen werden durch Deregulierung beiseite geschoben: durch den Abbau von Zöllen, die Vereinheitlichung von Industrienormen, durch gemeinsame Kriterien der governance, durch global gültige Standards beim Rating von Schuldnern, durch Etablierung global gültiger Rechtsnormen und eine globale „lingua franca".

Die Grenzen des Lebendigen werden „lebenswissenschaftlich" durch Nano- und Biotechnologien überschritten. Globalisierung kann somit am besten als Kompression von Raum und Zeit zum Zwecke der global umfassenden Inwertsetzung umschrieben werden. Das ist das Prinzip hinter der „Entbettung des Marktes aus der Gesellschaft": Entbettung der Ökonomie aus den raum-zeitlichen Koordinaten der Natur und der Gesellschaft und damit verbunden auch eine Befreiung von den politischen Regeln und aus den Bindungen, die sie darstellen (dazu: Altvater/Mahnkopf 2004: 90ff.). Erst solcherart entbettet aus allen soziokulturellen und territorialen Ligaturen macht die ökonomische Rationalität Sinn: als eine anti-natürliche, anti-gesellschaftliche und daher durch und durch autistische Veranstaltung. Dies ist denn auch das entscheidende Charakteristikum des Neoliberalismus, ganz unabhängig davon, wie er durch seine Vertreter präsentiert wird.[9]

Das Charakteristikum der Globalisierung ist daher nicht die Expansion von Räumen durch das Hinausschieben von Grenzen und Eroberung von Territorien (von „weißen Flecken auf der Landkarte") wie zu Zeiten von Kolonialismus oder „altem" Imperialismus, nicht das „Wachsen des Staates", wie die Geopolitik un-

[9] Als Gegenbewegung hat sich innerhalb der Ökonomie als Wissenschaft die Postautistische Ökonomie formiert, die sich auf der website www.paecon.net präsentiert.

terstellt, sondern die Negation aller äußeren Grenzen der kapitalistischen Expansion. Globalisierung ist somit vor allem ein Prozess der ökonomischen Integration durch Deregulierung der Finanzmärkte, Liberalisierung des Welthandels und Privatisierung von öffentlichen Gütern. Die private Inwertsetzung von öffentlichen Gütern begleitet die gesamte Geschichte des Kapitalismus. Sie ist möglicherweise ein wichtiger Grund, warum der Kapitalismus noch existiert. Insbesondere seit der Dominanz des Neoliberalismus ist die Privatisierung öffentlicher Unternehmen und Güter zu einem von den international regulierenden Institutionen unterstützten globalisierten politischen Projekt erhoben worden (vgl. Altvater 2003b; Huffschmid 2004). So wurden neue Felder der Kapitalanlage für Unternehmen geöffnet.

Dabei verändert sich das Verhältnis von Ökonomie und Politik, von Souveränität, Macht und Sicherheit. Die Deregulierung und Liberalisierung von Märkten wird von den internationalen Organisationen ebenso wie von den meisten Regierungen, vom wissenschaftlichen Sachverstand der think tanks und von den Medien zum Prinzip erhoben und durchgesetzt: auf den Gütermärkten durch die Welthandelsorganisation, auf den Kapitalmärkten durch den Internationalen Währungsfonds oder die Bank für internationalen Zahlungsausgleich, auf den Arbeitsmärkten durch nationalstaatliche Regierungen, die internationalen Empfehlungen oder Regeln der „Flexibilisierung des Arbeitsmarktes" folgen. Öffnung nationalstaatlich regulierter Märkte gegenüber dem globalen Wettbewerb gehört zu den Regeln der „good (global) governance", zu denen sich die Regierungen verpflichten (vgl. kritisch zur global governance: Brand/Brunnengräber et al. 2000).

Es wird also ein globaler Raum des Wettbewerbs geschaffen. Davon versprechen sich die neoliberalen Befürworter der globalen Marktgesellschaft höhere Effizienz der Wirtschaft und mit ihr eine weitere Steigerung des Wohlstands der Nationen. Sie knüpfen mit diesem Versprechen an den Theorien der klassischen Politischen Ökonomie an, vor allem an David Ricardos „Theorem der komparativen Kostenvorteile". Dieses begründet, warum Handel zwischen Nationen auch dann für alle Beteiligten günstig ist, wenn die eine Nation auf allen Märkten mit allen Produkten unterlegen und die andere überlegen sein sollte. Denn die zur Produktion der komparativ teureren Ware aufgewendete Arbeitszeit kann zur Produktion der komparativ günstiger herzustellenden Ware verwendet werden. Im Austausch lassen sich damit mehr Waren des komparativ ungünstiger zu produzierenden Gutes zurücktauschen. Der Wohlfahrtsgewinn ist offenbar, solange man die Prämissen nicht in Frage stellt.

Doch dass es so paradiesisch nicht ist und dass der Welthandel durchaus kein Positivsummenspiel in allen Zeiten und Situationen sein muss, ist häufig gezeigt worden (unter anderen bereits von Friedrich List 1841/1982; Chan 2002). Die Spezialisierung gemäß dem Theorem Ricardos kann sich auch als eine Entwicklungsfalle herausstellen, wenn nicht Industrie-, sondern Agrar- und Bergbauprodukte komparativ günstiger hergestellt werden können. Daher gilt in der entwicklungspolitischen Debatte die gute Ausstattung eines Landes mit Ressourcen als ein Fluch und nicht als Segen. Über den Erdölreichtum sagt einer der Mitbegründer der OPEC, Juan Pablo Perez Alfonzo (Venezuela), es handele sich um „the excrement of the devil" (nach Karl 2003). Die liberalisierten Kapitalmärkte können durch ihre Funktionsweise die gemäß dem Theorem der komparativen Kostenvorteile vom Freihandel erwarteten positiven Wohlstandseffekte zunichte machen. Auch hat die Spezialisierung durch globalen Freihandel das Transportaufkommen enorm gesteigert. Man kann sogar sagen, dass ohne fossile Energieträger und die Revolution der Transport- und Kommunikationstechnik sowie ohne die wegen ihrer sozialen und menschlichen Folgen beschämende Deregulierung der Arbeitsbeziehungen in der globalen Transportindustrie die Globalisierung des Freihandels gar nicht möglich gewesen wäre. Allein die sozialen und ökologischen Kosten, die nicht nur monetär zu messen sind, weil sie irreparable Schäden an Natur und Gesellschaften einschließen, korrigieren bereits die neoliberal triumphierende Botschaft vom Freihandel, der den Wohlstand steigert.

Märkte reagieren auf Preissignale, also auf monetäre Kaufkraft, und die ist in der Welt des Kapitalismus immer schon ungleich verteilt. Wenn denn durch Globalisierung alle gewinnen sollten, so doch in ungleichem Maße. Die Funktionsweise des Marktes begünstigt die „Haves" und benachteiligt die „Haves not". Ein Ausgleich findet nicht statt, es sei denn durch politische Korrektur. Dies war der Anlass, weshalb - als Gegenbewegung gegen die Entbettung des Marktes aus der Gesellschaft - seit dem 19. Jahrhundert der Sozialstaat von den Benachteiligten der kapitalistischen Entwicklung, von der Arbeiterbewegung erstritten wurde. Der moderne Sozialstaat war und ist mit dem Nationalstaat verbunden, dessen Souveränität freilich mit der Globalisierung erodiert - und mit ihr die Sozialstaatlichkeit. Eine Ausdrucksform ist die Deregulierung der Arbeitsbeziehungen, die Prekarisierung und Informalisierung der Arbeit in allen Weltregionen, die Beseitigung des Schutzes derjenigen, die über kein Geldvermögen verfügen, das es ihnen erlauben würde, soziale Leistungen (z.B. Gesundheits- oder Bildungsdienstleistungen) auf dem Markt von privaten Anbietern zu kaufen.

Doch die Informalisierung der Arbeit und des Geldes (vgl. dazu Altvater/ Mahnkopf 2002) schafft keinen stabilen Zustand der Gesellschaften im globalen Raum, weder im ökonomischen Sinne eines Marktgleichgewichts noch im Sinne gesellschaftlichen Konsenses oder politischer Stabilität eines hegemonialen Systems. Dies ist ein Grund für die Entwicklung von Systemen der global governance, d.h. von in der Form weicher und in der Sache harter politischer Regulation globaler Märkte und der Gestaltung gesellschaftlicher Beziehungen (daher das Wort von Thomas Friedman von der „New York Times" von der „goldenen Zwangsjacke"). Die Ökonomie kommt also auch in Zeiten der Globalisierung nicht ohne die Politik aus. Aber die Politik der Globalisierung ist im Wesentlichen politische

Absicherung der Deregulierung und Prekarisierung. Auch die Aufhebung von Konkurrenzgrenzen, die Herstellung eines globalen Raumes des Wettbewerbs und der Druck, überall die Wettbewerbsfähigkeit zu steigern, haben nicht die kapitalistische Natur des Prozesses verschwinden lassen, allenfalls haben sie sie modifizieren können.[10]

Eine wichtige Modifikation betrifft die Maßzahl der Max Weber'schen Kapitalrechnung. Die Profitrate der klassischen (einschließlich der Marx'schen) politischen Ökonomie war ebenso wie die Keynes'sche Grenzleistungsfähigkeit des Kapitals noch ganz auf den Nationalstaat als Raum der Kapitalverwertung bezogen. In diesem Rahmen fand der Vergleich der Kapitalanlagen statt, die nationalstaatlichen Grenzen waren ein Datum,[11] das den Rahmen für die Bildung eines Durchschnitts bestimmte. Dies hat sich mit der Globalisierung grundlegend geändert. Der Raum der kapitalistischen Verwertung ist global und der Vergleich der Verwertungsmöglichkeiten von Kapital ebenfalls. Daher wird eine neue, den Bedingungen der globalen Kapitalanlage angemessene Maßzahl kapitalistischer Verwertung konstruiert, der Shareholdervalue. Diese globale Maßzahl ist von vornherein darauf ausgelegt, auf globaler Ebene Kapitalrenditen oder Profitraten zu vergleichen und zwar über Branchen, Länder und Kapitalformen (vom Geldkapital bis zum Humankapital) hinweg. Beim Shareholdervalue handelt es sich um den zu einem unterstellten Zinssatz kapitalisierten Unternehmenswert. Gebäude, Fließbänder, der immaterielle Unternehmenswert (Know-how und Qualifikation von Belegschaften, Kundenbeziehungen und andere Vernetzungen „vor Ort“), Lagerbestände und die liquide Kassenhaltung werden auf eine Dimension mit hoch mobilen Finanzanlagen gebracht (vgl. zum Shareholdervalue-Konzept Enquete Kommission 2002: 86-88). Die Shareholder sind „gierig“ („greedy“). Das liegt nicht in ihrer Menschennatur, sondern an dem, was heute als „corporate

---

[10] Daher ist es nicht nachvollziehbar, wenn Joachim Hirsch in einem Aufsatz über den „Imperialismus heute“ es als „zweifelsohne eine(n) Fortschritt“ bezeichnet, dass „Ausbeutung, Ungleichheit, Gewalt und Krieg, die zuvor tendenziell ausgeblendet wurden, ...wieder in den Focus der wissenschaftlichen Aufmerksamkeit (geraten)“ (Hirsch 2004: 670). Er hat offensichtlich die kritische Globalisierungsliteratur, die sich sehr wohl mit Ausbeutung und Gewalt beschäftigt, nicht zur Kenntnis genommen. Auch seine Unterscheidung zwischen „formeller“ und „informeller“ Expansion ist unklar. Hirsch äußert sich nämlich nicht zum Begriff der Formalität, so dass die Unterscheidung eher wie eine verunglückte Metapher wirkt, mit der zum Verständnis der kapitalistischen bzw. imperialistischen Expansion nicht wesentlich beigetragen werden kann.

[11] Die Begründung findet sich auch bei Marx. Er geht davon aus, dass die Rahmenbedingungen der Mehrwertproduktion nationalstaatlich gesetzt werden und dass vor allem die Mehrwertraten, d.h. die Ausbeutungsbedingungen national verschieden sind. Dazu äußert er sich im 21. Kapitel des Ersten Bandes des „Kapital“ über die „nationale Verschiedenheit der Arbeitslöhne“, ein höchst aktuelles Kapitel.

greed" oder die „Gier des Marktes" (Koch 1995), im 19. Jahrhundert als „Bereicherungstrieb" bezeichnet wird.

Die Wirkungsweise der globalen Finanzmärkte eröffnet die Möglichkeit, dass die industriellen Produzenten des Mehrwerts ihn sich auch dauerhaft aneignen. Das gilt nicht nur für die unmittelbaren Produzenten allen Werts, die Arbeiterklasse, sondern auch für die industriellen Kapitalisten, denen die nach hohen Renditen „gierenden" Finanzkapitalisten große Teile des Mehrwerts nachgerade abjagen. Heute geschieht dies auf globalen Märkten, auf denen sich bestimmte Akteure (Investment- und Hedge-Fonds) darauf spezialisiert haben, wie die Fregattvögel den Konkurrenten die Beute im Fluge abzunehmen.

Zur Erleichterung dieses Geschäfts dienen sich Analysten oder Ratingagenturen an, die als Gegenleistung für ihren Rat an den Profiten der Kapitalanleger teilhaben (zu den Ratingagenturen vgl. Sinclair 2005). Für Kapitalanleger ist Globalisierung daher keine Ideologie. Das Wort bezeichnet den Raum, in dem sich Kapitalisten und Geldvermögensbesitzer auch dann bewegen, wenn sie im Schlafzimmer mit Hilfe ihres Laptop liquides Geldvermögen von einem Ort zum anderen, von einer Branche in eine andere, aus einer Währung in die andere bewegen. In diesem globalen Raum mit einem globalisierten Zeitregime gibt es die nationale Verschiedenheit der Arbeitslöhne nicht mehr. Es findet vielmehr eine brutale Angleichung nach unten statt. Dies ist freilich nur eine Tendenz, denn der Widerstand dagegen ist überall in der Welt sehr groß. Auch wenn die Auseinandersetzungen und Kämpfe lokal oder national sind, haben sie unvermeidlich eine globale Dimension.

Die globale Geoökonomie, so wird auch räsonniert, sei friedlich und – anders als eine geopolitische Ordnung, die auf der binären Logik von Freund und Feind basiert –, nicht aggressiv. Denn im geoökonomischen, also globalen Wettbewerb gäbe es keine Feinde, sondern nur Konkurrenten. Polypolistische Konkurrenten schießen nicht aufeinander, denn sie betreiben ja miteinander Handel und Wandel. Doch ist es mit der Friedlichkeit der globalisierten Welt nicht weit her. Zwar wurde der „Kalte Krieg" Ende der 1980er Jahre mit einem „Sieg der freien Welt" beendet. In den 1990er Jahren aber wurden mehr neue Kriege geführt als in den Jahrzehnten des Kalten Kriegs nach dem Zweiten Weltkrieg. In Zeiten der Globalisierung sind mit der Deregulierung auch private Mächte entstanden, transnationale Konzerne, aber auch Netzwerke der organisierten Kriminalität, die in den entstaatlichten Räumen die Macht an sich gerissen haben, um Reichtümer, insbesondere mineralische und energetische Rohstoffe zu stehlen. In vielen Ländern ist dies nur gelungen, indem die residente Bevölkerung vertrieben oder indem Kriegsherren „vor Ort" gestützt und mit entsprechender Waffengewalt ausgestattet wurden, um die Integration der dort vorhandenen Bodenschätze in den internationalen Kreislauf des Kapitals zu gewährleisten. Es geht also um die Herrschaft in dem und über das Territorium, und diese Herrschaft ist in vielen Weltregionen in hohem Maße gewaltförmig.

Erst recht ist die Friedfertigkeit durch den „Krieg gegen den Terrorismus", der alle Eigenschaften eines Kreuzzuges aufweist, in Frage gestellt, zumal dieser Krieg immer mehr die Rechtfertigung für den erzwungenen Regimewechsel in Ländern abgibt, die für die Versorgungsinteressen der westlichen Welt von zentraler Bedeutung sind. Mit militärischen Mitteln wird also die Versorgung der modernen Industriesysteme mit Rohstoffen und Energieträgern gesichert. Die politischen und ökonomischen Eliten verlassen sich nicht mehr auf die geoökonomische Logik des Weltmarktes und der globalen Konkurrenz. Die geopolitische binäre Logik von Freund und Feind ergänzt sie oder tritt an ihre Stelle. Reiche und mächtige Nationalstaaten rekurrieren auf imperialistische Methoden von Herrschaft, Ausbeutung und Aneignung.

3.4 Vierte Form der Aneignung: Geopolitik und neuer Imperialismus

Der Sieg im Kalten Krieg Ende der 1980er Jahre und die Schwäche der Arbeiterbewegung angesichts des Drucks der globalen Konkurrenz haben die Herrschenden in den kapitalistischen Gesellschaften dazu verleitet, die wohlfahrtsstaatliche Integration der Massen auf ihrer politischen Agenda hintanzusetzen, um die sozialen Kosten der Produktion zu senken. Der Wohlfahrtsstaat ist den neoliberalen Eliten bei ihrer Jagd nach hohen Renditen eher ein Hindernis, Zeichen einer vergangenen Epoche der „Verkrustungen". Ihnen geht es zwar auch um den sozialen Frieden, den sie für die Aneignung des weltweit produzierten Mehrprodukts brauchen, doch dafür sind sie immer weniger bereit, wohlfahrtsstaatliche Leistungen aufzubringen. Mit deren Abbau ist nach dem Ende des realen Sozialismus und unter dem Druck der globalen Konkurrenz nicht nur ökonomische, sondern auch politische Bindungskraft verloren gegangen. Das Diktum des Imperialisten Cecil Rhodes aus dem 19. Jahrhundert scheint nach 1989 wieder Leitlinie zu werden: „Meine große Idee ist die Lösung des sozialen Problems ... Wenn sie den Bürgerkrieg nicht wollen, müssen sie Imperialisten werden" (nach Groh 1982: 188). Man könnte heute das Wort ergänzen: Wenn Sie den Wohlfahrtsstaat einreißen wollen, müssen Sie Imperialisten werden. Imperialismus ist so verstanden immer auch Sozialimperialismus. Anders als im 19. Jahrhundert kann diese Strategie freilich im 21. Jahrhundert auch für die imperialistischen Zentren gefährlich werden, weil Terroranschläge wie die von New York, Madrid, Bali oder London nicht auszuschließen sind. Sie können nicht verhindert werden. Die vereinfachten Transport- und Kommunikationsbeziehungen in Zeiten der Globalisierung sind der Grund dafür, dass sich der imperialistische Krieg nicht mehr territorial eingrenzen lässt. Die Kolonialkriege des 19. und frühen 20. Jahrhunderts konnten noch mit größter Brutalität in Afrika oder Asien geführt werden, ohne dass in Berlin im Zusammenhang mit den Massakern an den Hereros oder in London wegen der Opiumkriege in China oder in Paris wegen der Untaten in Indochina Bomben hochgingen.

Die Unterminierung des Wohlfahrtsstaates ist eine Begleiterscheinung der Erosion nationalstaatlicher Souveränität in Zeiten der Globalisierung. Die fordistischen Verhältnisse, die für viele Jahrzehnte der kapitalistischen Entwicklung im 20. Jahrhundert charakteristisch waren, sind daher Vergangenheit und neue Formen der Aneignung werden entwickelt. Der Produktivitätsfortschritt unter Bedingungen des Fordismus ließ die Erhöhung der Verteilungsmasse zu, aus der Profite, Lohnsteigerungen und der Sozialstaat finanziert werden konnten. Genau dies machte die hohe ökonomisch-soziale Stabilität des Fordismus aus. Die politische Stabilität war durch die Systemkonkurrenz während der Zeit der Blockkonfrontation trotz (vielleicht auch wegen) der sozialen Konflikte gewährleistet. Die Produktion eines (relativen) Mehrwerts mit Hilfe der Steigerung der Arbeitsproduktivität im durch den Nationalstaat regulierten Raum der Kapitalverwertung war also ein Positivsummenspiel.

Jedoch werden die Regeln des Spiels verändert, als sich die fordistisch-wohlfahrtsstaatlichen Verhältnisse aufzulösen beginnen und zugleich die Konkurrenz auf globalen Warenmärkten schärfer wird. Auch die Liberalisierung der globalen Finanzmärkte hat radikale Folgen für das „Spiel" der Verteilung. Die Realzinsen und die zu erzielenden Renditen der Kapitalanlagen werden nach oben geschraubt (mehr dazu im sechsten Kapitel). Die relative Mehrwertproduktion in der fordistischen Industrie reicht nicht aus, um die auf den globalen Finanzmärkten verlangten Renditen zu realisieren. Die dritte Form der Aneignung wird nun durch Enteignung der ökonomischen Substanz anderer, durch „accumulation by dispossession" (Harvey 2003) ergänzt. Die Fortsetzung kapitalistischer Akkumulation verlangt Aneignung und zwar nicht nur aus dem laufenden Produktionsprozess als Abschöpfung des produzierten (relativen) Mehrwerts, sondern Aneignung durch Enteignung, Ausweitung der Produktion des absoluten Mehrwerts und dessen Transfer in die globalen Zentren der kapitalistischen Weltwirtschaft. Das ist der Kern einer *vierten Form* von Enteignung und Aneignung. Diese ist aber im Prinzip ein Nullsummenspiel, bei dem die einen gewinnen und die anderen verlieren.

Im nationalstaatlich regulierten Raum der Verwertung konnte man davon ausgehen, dass der einzelkapitalistisch produzierte (relative) Surplus auf die einzelnen Kapitale entsprechend ihrer Größe umverteilt wird und so (natürlich nur in der Tendenz) eine Durchschnittsprofitrate makroökonomisch gebildet und mikroökonomisch erzielt werden kann. Für das im Inland gebundene Kapital ist daher die in der Konkurrenz erzielbare Profitrate ein Standard, an dem sich Akteure orientieren können und zugleich eine Grenze. Immer schon strebte liquides und mobiles Kapital über diese Grenze hinaus, wenn im Ausland höhere Profitraten zu erzielen waren: „Während für den Warenaustausch mit den Kolonien die Gesetze des Marktes gelten, steht es anders mit dem nach profitabler Anlage suchenden Geldkapital, das tatsächlich die wirklich treibende Kraft der imperialistischen Expansionsbestrebungen ist. Für das Kapital, das in überquellendem Betätigungsdrang in auswärtigen Unternehmungen höhere Profite sucht, als die einheimische Anlage bietet, ist es keineswegs gleichgültig, wem dieses oder jenes Gebiet gehört, denn für die Möglichkeit und Sicherheit der Anlage ist die politische Herrschaft von ausschlaggebender Bedeutung." (Heinrich Cunow zitiert nach: Groh 1982: 215). Dies wurde um die Jahrhundertwende 1899/1900 in der Zeitschrift der Sozialdemokratie „Neue Zeit" veröffentlicht. Die Aneignung des weltweit produzierten Surplus wird umso mehr zur ökonomischen und politischen Strategie der Aneignung, je weiter liberalisiert die Märkte, vor allem die Finanzmärkte sind. Denn dort ist die Mobilität des Kapitals und daher dessen Schlagkraft am höchsten.

Die Methoden der Aneignung des Mehrprodukts erinnern an die absolute Mehrwertproduktion, an die zweite Form der Aneignung. Es werden wieder Überschüsse angeeignet, ohne die Produktionsmethoden hinreichend an die Realität des modernen Kapitalismus anzupassen. Dies blieb vor allem der Strategie der dritten Form der Aneignung, der relativen Mehrwertproduktion vorbehalten. Doch ist die vierte Form der Aneignung kein Rückfall in frühkapitalistische Zeiten, sondern eine höchst moderne Methode. Die absolute Mehrwertproduktion kann mit sophistifizierten technischen Methoden, sozialen und ökonomischen Mechanismen und politischen Interventionen gesteigert werden. Vor allem dient die Gesamtheit der Finanzinnovationen diesem Zweck der Aneignung durch Enteignung. Diese sind nicht zuletzt deshalb entwickelt worden, um auf den gesellschaftlichen Surplus überall in der Welt zugreifen zu können. Kapitalanleger in den Industriestaaten beispielsweise haben nur die Rendite, die sie erzielen können, vor Augen und nicht den Produktionsprozess dieser Rendite. Dabei handelt es sich um die „begriffslose Form der wirklichen Kapitalbewegung" (Marx, MEW 25: 361), um den auf die Spitze getriebenen Fetischismus, weil der vermittelnde Produktionsprozess zwischen Kapitalanlage und Rückkehr des angelegten Kapitals (vermehrt um die Rendite) keine Beachtung findet. Dafür rücken die Tricks der Ausplünderung umso mehr ins Blickfeld der Finanzberater und -anleger. Wie diese genutzt werden und welche verheerenden Folgen sich daraus für die betroffenen Länder ergeben, haben Partnoy (1998) oder Perkins (2005) beschrieben. „Ich habe ganze Länder ruiniert", bekennt Perkins in einem Interview der Frankfurter Rundschau (2. Juli 2005).

Wenn die hohen Zuwachsraten der Produktivität wie im „goldenen Zeitalter" nicht aufrechterhalten oder wiederholt werden können, andererseits die Deregulierung und Liberalisierung der Märkte zur Verschärfung der Konkurrenz und zu einer Steigerung von realen Renditen führen und die Shareholdervalue-Erwartungen nach oben gedrückt werden, müsste der Überschuss (der relative Mehrwert) eigentlich steigen, obwohl die Zuwachsraten der Produktivität tendenziell sinken.

Dieser Widerspruch wird durch die Kräfte der Globalisierung zugespitzt, und gleichzeitig stellen sie die Lösungen zur Verfügung. Die Methoden der absoluten Mehrwertproduktion gewinnen erneut historische Bedeutung. Mit den modernen Methoden der Abschöpfung von Überschüssen, die durch die Globalisierung entstanden sind, wird nicht wie in vor- und protokapitalistischen Zeiten der Überschuss nicht-kapitalistischer Produzenten angeeignet, sondern das in allen Weltregionen kapitalistisch erzeugte Wertprodukt. Dieses wird vor allem auf die Finanzmärkte dirigiert, wo hohe Renditen verlangt und auch erzielt werden. Mittel zur Aneignung des Überschusses sind Kreditvergabe und daher Verschuldung. Dies ist in globalem Umfang während der Schuldenkrise der 1980er Jahre geschehen. Anleihen müssen bei hohen Zinsen aus der Vermögenssubstanz einer Gesellschaft bis zum ökonomischen Ruin (wie im Falle Mexikos, Brasiliens, Argentiniens und vieler anderer Länder) bedient werden. Die internationalen Institutionen wie der IWF schalten sich ein und erzwingen Lohnsenkungen, Ausgabenkürzungen des Sozialstaats, Einschränkungen von Investitionen und Privatisierungen von öffentlichen Gütern (das ist die berüchtigte Konditionalität entsprechend des „Konsenses von Washington" - vgl. dazu Enquete-Kommission 2002; Altvater/Mahnkopf 2004). Ökonomische Druckmittel werden angesetzt, um politische Zugeständnisse zu erreichen, die bis zur teilweisen Aufgabe der politischen Souveränität reichen.[12] Doch neben den Märkten ist es auch die politische und militärische Macht, mit der Territorien beherrscht und deren Ressourcen angeeignet werden. Enclosures der Zeiten der ursprünglichen Akkumulation und andere Formen der privaten Aneignung öffentlicher Güter sind nicht auf die Frühphase des Kapitalismus beschränkt. Die von Marx im 24. Kapitel des ersten Bandes des „Kapital" geschilderten Wege der Enteignung, also der Überführung von nicht-kapitalistischem Eigentum in die „Welt der Werte" und die Ausdehnung der Herrschaft des Kapitals werden auch in der „Hochphase" des Kapitalismus genutzt (De Angelis 2004).

Bei dynamischer Betrachtung zeigt es sich, dass die finanziellen Forderungen nicht nur im Hinblick auf die reale Leistungsfähigkeit Überforderungen sein können, sondern dass die Profitrate als Indikator realer Leistungsfähigkeit zu fallen tendiert. Der real produzierte Mehrwert bestimmt zusammen mit dem vorgeschossenen Kapital die Höhe der Profitrate. Im kapitalistischen Akkumulationsprozess steigt aber der notwendige Kapitalvorschuss (das Mittel) im Verhältnis zum Mehrwert (der Zweck) an, so dass die Profitabilität insgesamt sinkt.[13] Über-

---

[12] Dass dabei nicht nur „der stumme Zwang der ökonomischen Verhältnisse" (Marx) im Spiel war, sondern politisch und militärisch mit extralegalen, wenn nicht kriminellen Methoden nachgeholfen wurde, ist in dem Enthüllungsbuch von John Perkins (2005) bestätigt worden.

[13] Es ist nicht möglich, auf die umfangreiche und kontroverse Literatur zum Fall der Profitrate hier einzugehen. Daher sei lediglich der Hinweis auf Heinrich (1999) gegeben.

akkumulation ist ein anderer Ausdruck für den Fall der Profitrate.[14] Gegen diese doppelte Tendenz - Fall der Profitrate und Steigerung der finanziellen Renditeansprüche auf globalen Finanzmärkten - wird die Strategie der Enteignung in globalem Maßstab entwickelt, die als vierte Form der Aneignung bezeichnet werden kann, da sie sich von den anderen drei beschriebenen Strategien deutlich unterscheidet. Der Kapitalismus „internalizes cannibalistic as well as predatory and fraudulent practices", spitzt David Harvey zu (2003; 2004).

Im Imperialismus unserer Tage reicht also die „normale" Ausbeutung der Arbeitskräfte nicht aus, um die Renditeansprüche der global operierenden Investoren zu befriedigen. Das Positivsummenspiel der fordistischen relativen Mehrwertproduktion lässt zu wenig Gewinn, um die hohen Renditeansprüche der Finanzwelt zu befriedigen. Die Aneignung durch neue Formen bzw. Methoden der Enteignung kommt dann hinzu: in der Form absurd hoher Schuldverpflichtungen im Gefolge der Finanzkrisen. Wie diese auch politisch generiert werden, beschreibt Perkins (2005) anhand vieler Beispiele von Ecuador bis Saudi Arabien. Dabei spielen die Privatisierung öffentlicher Güter und Dienstleistungen, korrupte und kriminelle Machenschaften, der politische und militärische Zugriff auf natürliche Ressourcen, insbesondere auf Öl, der Raub von Kunstschätzen und deren Verwandlung in spekulativ gehandelte Antiquitäten, die Wegnahme von sozialen und demokratischen Mitbestimmungsrechten zusammen. Die imperialistischen Kernländer sind also alles andere als der „charming circle", für den sie sich in der Zeit des „alten" Imperialismus gehalten haben (Rigaux 1999).

Allerdings kann sich das Vertrauen in den selbstverständlichen Rückfluss von Kapitalanlagen als ausgesprochen naiv herausstellen. Jedenfalls haben die Zeichner argentinischer Staatsanleihen erfahren müssen, dass die versprochenen hohen Renditen angesichts der realwirtschaftlichen Leistungsfähigkeit des Landes nicht gezahlt werden konnten und daher ein großer Teil der Finanzanlagen abgeschrieben werden musste. Es scheint also tatsächlich nur so, als ob die vermittelnde Bewegung der Produktion von Mehrwert unerheblich wäre und die juristische Verpflichtung der Tilgung und Verzinsung von Anleihen ausreichende Garantie sei, dass dies auch wirklich geschieht. Kreditbeziehungen sind häufig illusionär,

14 Harvey setzt sich zwar mit Überakkumulation und Unterkonsumtion knapp auseinander, vermeidet es aber, dabei auf den Zusammenhang von Profitrate und Akkumulation einzugehen (vgl. dazu Altvater/Hoffmann/Semmler 1980). Dies wäre aber notwendig, um einen nahe liegenden Fehler (den in ziemlich kruder Weise Zeller 2004 begeht) nicht zu machen: die Unterstellung, dass der Kapitalismus die erweiterte Reproduktion auf Enteignung gründen könne, ohne Mehrwert zu produzieren. Wäre es so, gäbe es in absehbarer Zukunft nichts mehr, was angeeignet werden könnte. Das entscheidende Problem, das der moderne „Enteignungskapitalismus" zu lösen hat, ist also die Steigerung der (relativen und absoluten) Mehrwertproduktion und die Etablierung eines Systems, das Teile der real produzierten Werte zu den kapitalistischen Zentren umzulenken vermag.

wenn der realwirtschaftlichen Leistungsfähigkeit von Schuldnern nicht Rechnung getragen wird. Die Insolvenz und der Bankrott ist die Rückkehr der ernüchternden Wirklichkeit in die Welt der Fetische. Investoren verlangen Rückflüsse auf ihr investierbares Kapital, die mit den höchsten Renditen, die irgendwo in der Welt gezahlt werden, mithalten. Die globale Konkurrenz zwingt sie dazu. Die Finanzsphäre bzw. die monetäre Akkumulation wird von der realen Ökonomie entkoppelt. Letztlich müssen die finanziellen Ansprüche doch aus der realen Produktion befriedigt werden, und dies führt periodisch zu so hoher Überforderung, dass Finanzkrisen unvermeidlich sind, die auch der brutalste politische Druck nicht wird vermeiden können.

Aneignung nicht durch Produktion, sondern durch Enteignung ist eine Tendenz in der Weltwirtschaft des 21. Jahrhunderts - und zugleich ist in den Schriften der internationalen Entwicklungszusammenarbeit viel von „empowerment" und „ownership" die Rede. Ist dies nur Ideologie, mit der Sand in die Augen gestreut wird? Sicherlich nicht, denn der moderne Imperialismus zeichnet sich im Vergleich zum „alten" Imperialismus des späten 19. und frühen 20. Jahrhunderts gerade dadurch aus, dass alle Welt in den „charming circle" integriert wird, indem allen Regierungen und ökonomischen Akteuren die Befolgung gemeinsamer Regeln abverlangt wird. Sie müssen sich einer good governance befleißigen. Dazu gehören der Respekt des privaten Eigentums und seiner Aneignungsgesetze, Offenheit der Märkte und vor allem liberalisierte Finanzmärkte, Rechtssicherheit, um Investoren den Transfer der Profite zu ermöglichen, ein geregeltes Verhältnis von Ökonomie und Politik, das Korruption ausschließt (vgl. dazu Söderberg 2004). Anders als von Cunow für seine Epoche beschrieben, ist es nicht mehr die Beherrschung des fremden (kolonialen) Territoriums durch den imperialistischen Staat, die für die Kapitalanleger Sicherheit schafft, sondern die Unterwerfung aller Räume unter ein gemeinsames Regelwerk von globaler Gültigkeit, das für die Freiheit der globalen Aneignung auf freien Märkten sorgt. Dort setzen sich die Stärksten und Schnellsten durch. Das sind die transnational operierenden Konzerne und die institutionellen Anleger, die mit ihren Fonds hohe Renditen einstreichen, weil sie ganze Völker nachgerade ausplündern. Mit welcher Brutalität dies geschieht, ist von Perkins (2005) beschrieben worden.

Das alles findet vor allem in der Welt des Marktes statt. Doch tauchen Elemente der alten geopolitischen Orientierung in der Politik der großen Staaten auch heute wieder auf. Die ökonomische Logik (der Erzielung eines Maximalprofits) wird durch eine territoriale Logik (der Macht und der Aneignung) ergänzt. Die territoriale Präsenz der USA mit Militärstützpunkten in den Kernregionen der Welt ist eindeutig geostrategisch ausgerichtet (Johnston 2004). Enteignung und Aneignung werden also auch mit militärischen Mitteln, als Raub und ungleicher Tausch organisiert. Ressourcen, insbesondere Erdöl, befinden sich zwar als Waren im Raum der kapitalistischen Verwertung. Ein Barrel Öl wechselt auf dem Weg vom Golf zum Terminal in Rotterdam mehrfach den Besitzer. Öl wird am Spotmarkt und auf Zukunftsmärkten gehandelt. Die Preisentwicklung ist also Gegenstand und Folge der Spekulation auf globalen Finanzmärkten. Ressourcenmärkte und Finanzmärkte sind demzufolge in hohem Grade interdependent. Doch dies betrifft in erster Linie die „Tauschwertseite" der Ressource Öl. Ihre Gebrauchswertseite, die stoffliche Gestalt ist Natur, ist in langen Zeiträumen (in Jahrmillionen) entstanden und heute in privilegierten territorialen Räumen konzentriert. Ressourcen sind demnach nicht nur Gegenstand der kapitalistischen Tauschwert- und Verwertungslogik, sondern auch der territorialen Logik (Harvey 2003: 33 ff.). Herrschaft über das Territorium ist geradezu ein Definitionsmerkmal von nationalstaatlicher Souveränität und folglich ist es unausweichlich, dass bei der vierten Form von Aneignung und Enteignung nicht nur ökonomische Funktionsmechanismen, sondern politische Macht und mithin militärische Gewalt Bedeutung erlangen. Dieses Ensemble von Ökonomie, Politik, Kultur, von Geoökonomie und Geopolitik macht den „neuen Imperialismus" aus.

Die Gewährleistung von Sicherheit gegen terroristische Bedrohungen, gegen Migrationsströme, organisierte Kriminalität und von Energie- und Rohstoffversorgung steht dabei im Vordergrund. Die Nationalstaaten „wachsen" also nicht mit ihrem Territorium durch Eroberung (wie die Geopolitiker des 19. und frühen 20. Jahrhunderts unterstellten), aber sie dehnen ihren Einfluss auf die interessanten Territorien der Welt aus. Sie sorgen gemeinsam mit internationalen Organisationen heute dafür, dass das Regelwerk der good governance respektiert wird. Die globalisierte Welt wird politisch, ökonomisch, sozial, auch kulturell und linguistisch mit Hilfe der verschiedenen Strategien der Aneignung des Mehrprodukts zu einem Feld der Verwertung vereinheitlicht. Die Welt, so kann man nun schlussfolgern, wird nicht nur zu einer Ware, sondern zu einer kapitalistischen Ware, und die Verwandlung der Welt in eine Ware kann daher nur rückgängig gemacht werden, wenn ihr kapitalistischer Charakter in Frage gestellt wird.

Viertes Kapitel
Trinitarische Kongruenz von kapitalistischen Formen, fossilen Energieträgern und europäischer Rationalität

Warum diese Überschrift? Sie verweist auf die historisch einmalige „Dreifaltigkeit" von europäischer Rationalität, die in der modernen Industrie materielle Gestalt annimmt, den fossilen Energieträgern, die ihr Treibstoff sind, und der kapitalistischen Gesellschaftsformation mit ihrer durch Profit und Konkurrenz stimulierten Dynamik. Die industrielle Revolution zieht, wie wir im vorangegangenen Kapitel gesehen haben, alle Lebensverhältnisse, die gesamte Gesellschaft in ihren Bann. Sie ist total. „... The Industrial Revolution", so schreibt Eric Hobsbawm (1968:12) Marx und Engels paraphrasierend, „is not merely an acceleration of economic growth, but an acceleration of growth because of, and through, economic and social transformation ..." Die Entwicklung der Produktivkräfte ist die Mission des Kapitalismus, betonen Marx und Engels im „Kommunistischen Manifest": „Die Bourgeoisie kann nicht existieren, ohne die Produktionsinstrumente, also die Produktionsverhältnisse, also sämtliche gesellschaftlichen Verhältnisse fortwährend zu revolutionieren" (MEW Bd. 4: 465).

Arbeitskräfte werden von Werkzeugmaschinen ersetzt, Qualifikationen des „subjektiven" Produktionsfaktors werden entwertet und in die „objektiven" Produktionsbedingungen, in die Maschinen inkorporiert. Arbeiter gelten nur noch als „hands", als Hände. Die Dequalifizierung der Arbeit erlaubt es, vermehrt Frauen und Kinder in den industriellen Produktionsprozess zu ziehen. Was dies für die Betroffenen bedeutet, ist aus der europäischen Sozialgeschichte und aus der Geschichte der Arbeiterbewegung bekannt. Der Fortschritt von Technik und sozialer Organisation, die Steigerung des Überschusses infolge des Produktivitätsanstiegs führen keineswegs wie selbstverständlich zu einem besseren Leben für alle, im Gegenteil. Die Ungleichheit der Lebensbedingungen nimmt gegenüber der vorkapitalistischen Welt zu. Diese Tendenz hat sich bis in unsere Tage fortgesetzt. Der „Reichtum der Nationen" ist größer als je zuvor. Aber der Reichtum ist extrem ungleich verteilt, so sehr, dass daraus moralische Probleme entstehen. Denn wie kann es gerechtfertigt oder auch nur stillschweigend akzeptiert werden, dass trotz des großen Reichtums in der Welt heute mehrere Milliarden Menschen in Armut leben, die mit weniger als 2 US$ täglich auskommen müssen (Pogge 2005)? Das ist die von der Weltbank indizierte Armutsschwelle für Lateinamerika; in anderen Weltregionen wird sie mit 1 US$ pro Tag angesetzt.

Die Werkzeugmaschinen werden von Kraft- oder Bewegungsmaschinen angetrieben, vor allem von der Dampfmaschine, die die Umrüstung der Energieversorgung auf die Verwendung fossiler Energieträger forciert. Zunächst, in ihrer Frühgeschichte nämlich, wird die Dampfmaschine mit dem im Prinzip erneuerbaren Energieträger Holz befeuert. Doch diese Methode ist begrenzt und wenig flexibel. Die Orte, wo die Dampfmaschinen die Manufakturen und späteren Industriebetriebe mit Arbeitsenergien versorgen, müssen nahe an den Wäldern liegen, die aber mit dem zunehmenden Holzeinschlag verschwinden. Daher verlängern sich die Transportwege. Der Energieaufwand für den Transport der Energieträger zum Ort ihrer Transformation in nützliche Arbeit erreicht einen Punkt, an dem das System irrational wird. Das ist dann der Fall, wenn die für den Transport zur Produktionsstätte benötigte Energiemenge größer ist als die aus dem Energieträger heraus zu holende Arbeitsenergie. Das wiederholt sich später beim Bau und Betrieb der Eisenbahnen. Das Holz für die Lokomotiven und Bahnschwellen der Eisenbahn wird sehr bald knapp; in den USA droht das „eiserne Ross" gegen Ende des 19. Jahrhunderts die Wälder zu verschlingen (McNeill 2002: 327). Die Fütterung der Dampfmaschine mit Kohle bietet sich als ein Ausweg an, der im Zuge der Industrialisierung beschritten wird, vor allem in den Regionen, in denen Kohle gefunden werden konnte: in England, im Ruhrgebiet, in Oberschlesien usw. Der Kapitalismus ist nicht von Anfang an, aber er wird unweigerlich fossilistisch.

Die Umstellung auf das fossile Energiesystem darf man sich nicht als einfache Maßnahme vorstellen, die in kurzen Zeiträumen zu erledigen gewesen wäre. Die Industrialisierung beginnt auch nicht mit der Dampfmaschine, sondern mit der Werkzeugmaschine, „... wovon die industrielle Revolution im 18. Jahrhundert ausgeht ..." (Marx MEW 23: 393). Nicht die neuen mit Dampf getriebenen Bewegungsmaschinen, die nicht mehr die vorgefundenen biotischen Energiequellen oder Wind und Wasser nutzen, sind es, die das System der Werkzeugmaschinen hervorbringen, sondern „es war viel mehr umgekehrt die Schöpfung der Werkzeugmaschinen, welche die revolutionierte Dampfmaschine notwendig machte" (Marx MEW 23: 396). Die Maschine, „wovon die industrielle Revolution ausgeht, ersetzt den Arbeiter, der ein einzelnes Werkzeug handhabt, durch einen Mechanismus, der mit einer Masse derselben oder gleichartiger Werkzeuge auf einmal operiert und von einer einzigen Triebkraft, welches immer ihre Form, bewegt wird" (ebd.: 396). Die Dampfmaschine wird vor der entscheidenden Verbesserung durch James Watt vor allem im Bergbau eingesetzt, zum Abpumpen des Grundwassers und zum Fördern der Kohle. Den Ausgang nimmt die Industrialisierung jedoch vor allem in der Erzeugung von Textilien. Dies war in England der Fall, und dies wiederholt sich in vielen anderen Ländern. Erst das „System der Maschinerie", das Marx als einen „großen Automaten" interpretiert (ebd.: 401), macht die Anwendung von leistungsfähigen Bewegungsmaschinen und den Einsatz der Transmissionsmechanismen, die die Kraft der Antriebsmaschine auf die Arbeitsmaschinen übertragen, möglich und letztlich auch notwendig.

Mit der Dampfmaschine gelingt eine enorme Erhöhung des Maximums der mobilisierbaren Arbeitsenergie, sozusagen der Sprung vom Maulwurfshügel auf den Mount Everest. Die Dampfmaschine macht es möglich, die in der Erde gespeicherten fossilen Energieträger in Arbeit zu transformieren und so die Potenzen der lebendigen Arbeit bei der Produktion zu vervielfältigen. Jede Arbeitskraft bekommt Hunderte „Energiesklaven" (Hans-Peter Dürr) zur Verstärkung der eigenen körperlichen (und später auch geistigen) Kräfte. Die unterschiedlichen, weil kulturell bedingten Zeitrhythmen werden nun durch industrielle Rhythmen überlagert und verdrängt. *„Time is money"* heißt es bei Benjamin Franklin (1706-1790), und wenn die qualitativen Unterschiede lokaler Zeitregime verschwinden, kann sich schließlich ein globales Zeitregime der Beschleunigung mit nicht nur positiven, sondern auch negativen Effekten ausbreiten. Die negative Seite der Beschleunigung wird von Hans-Peter Dürr formuliert: „Eine höhere Beschleunigung begünstigt im Wettlauf der insgesamt möglichen Prozesse immer die ungehindert schnell ablaufenden Abbauprozesse gegenüber den zeitfordernden Aufbauprozessen und bei diesen wieder die Reproduktionsprozesse gegenüber der Neuproduktion, der Innovation, dem eigentlich Kreativen" (Dürr 1998: 64f). Mit anderen Worten: Der Kapitalismus entwickelt sich mehr und mehr zu einem „Feind der Natur" (Kovel 2002). Die „beste aller möglichen Welten" zerstört „am Ende der Geschichte" ihre eigenen Lebensgrundlagen. Warum das so ist, muss genauer analysiert werden.

Die Ökonomie der Zeit ist nicht nur global, sondern auch total. Denn die Uhr erfasst die Zeiten der Produktion, die Stechuhr kontrolliert den Arbeiter in der Welt der Arbeit und die Zirkulationsgeschwindigkeit von Kapital wird mit der Stopuhr gemessen. Der Wecker regelt die Ruhezeiten. Der Fahrplan wird erfunden, nicht zufällig im Zusammenhang der Eröffnung transkontinentaler Eisenbahnverbindungen in den USA. Methoden der Zeitmessung im Produktionsprozess dienen der Rationalisierung und Intensivierung der Arbeit. Die Küchen werden entsprechend dem neuen rationalistischen Zeitregime gestaltet und verlangen nun vor allem von den Frauen ganz neue Anpassungen, die die Geschlechterverhältnisse gründlich verändern (dazu ausführlich: Vinz 2005). Die Akteure auf den globalen Finanzmärkten können heute die technisch möglichen Tempi in Echtzeit zu vernichtenden finanziellen Spekulationsangriffen ausnutzen

Hier muss aber beachtet werden, dass das Wort Benjamin Franklins auch umgekehrt gilt: *Geld ist Zeit*. Mit anderen Worten: Nur diejenigen, die über monetäre Kaufkraft verfügen, können ihre Lebenswelt aktiv globalisieren, die mit der Industrialisierung aufkommenden Bedürfnisse auch befriedigen, z.B. Fernweh durch (Fern)tourismus oder veränderte Konsumgewohnheiten, weil Waren alltäglich zur Verfügung stehen, die noch vor wenigen Jahrzehnten als „Kolonialwaren" exotischen Seltenheitswert hatten. Denn die Kompression der Zeit und des Raums kosten Geld; touristische Fernreisen und exotische Produkte gibt es nur dort, wo die entsprechende Kaufkraft in harter Währung vorhanden ist.

Mit anderen Worten: Die Trinitas von Kapitalismus, fossilen Energieträgern, industrieller Zweck-Mittel-Rationalität bewirkt eine menschheitsgeschichtlich einmalige Beschleunigung aller ökonomischen und sozialen Prozesse und damit eine beträchtliche Steigerung des „Wohlstands der Nationen". Aber infolge der Beschleunigung werden Selektionen von Entwicklungspfaden getroffen, die in Sackgassen der Naturzerstörung führen. Dies festzustellen ist eine Sache, die Ursachen herauszufinden, um eine politisch angemessene Strategie zu entwickeln, eine andere. Dies gilt im Prinzip auch für die andere Konsequenz der neuen kapitalistischen Dynamik: dass die Ungleichheit in der Welt enorm zunimmt.

4.1 Beschleunigung und Raumverdichtung

Die neuen Techniken, die in der beginnenden (europäischen) Neuzeit entwickelt und in die Wirklichkeit umgesetzt, also auch im Produktionsprozess eingesetzt werden, verdanken sich wissenschaftlichen Erkenntnissen aus dem Zeitalter des Rationalismus, das im manchmal „finster" genannten „Mittelalter" (und damals vor allem in den Klöstern) vorbereitet wird und das viele intellektuelle Anleihen aus dem islamischen Orient aufnimmt[1]. Es handelt sich um die Mathematik, die Buchdruckerei, das Schießpulver, die Nautik mit Kompass und Sextanten, die Entwicklung der schnellen und wendigen Karavelle und die genaueren Seekarten, das Geschirr der Pferde und die Postkutsche beim Transport zu Lande, Wechsel und Scheck im transnationalen Geldverkehr schon während der Kreuzzüge (vgl. dazu Crosby 1986). Diese Neuerungen und viele andere mehr sind die Medien der frühen Expansion und Beschleunigung. Auch im weiteren Verlauf der Entwicklung werden die Transport- und Kommunikationsmittel ständig verbessert. Kurz: Raum und Zeit werden komprimiert. Marx bemerkte bereits: „Gleichzeitig mit der Entwicklung der Transportmittel wird ... die Geschwindigkeit der Raumbewegung beschleunigt und damit die räumliche Entfernung zeitlich verkürzt" (MEW 24: 253). Der Raum wird durch die Zeit vernichtet und das Mittel dafür sind alle technischen und organisatorischen Methoden der Beschleunigung.

Die Beschleunigung wäre wegen unzureichender Energie in den tradierten Strukturen von Wirtschaft und Gesellschaft stecken geblieben, wenn nicht gegen Ende

---

[1] Daher schreibt Hobsbawm (1968/1999: 16): „The main preconditions for industrialization were already present in eighteenth-century Britain, or could easily brought into being ..." Dies gilt nicht nur für Britannien, sondern generell. Besonders faszinierend sind die Skizzenbücher von Leonardo da Vinci. Darin findet man bereits Pläne für einen Brückenschlag von Europa nach Asien über den Bosporus, Skizzen des Fahrrads, vieler Kriegsmaschinen und sogar eines Helikopters. Keines dieser Projekte wäre mit den „langsamen" biotischen Energien und dem verwendeten Material (zumeist Holz) umsetzbar gewesen. Die Idee war da, die Bedingungen ihrer Umsetzung in die Realität noch nicht.

des 18. Jahrhunderts der Wandel des Energiesystems von den biotischen zu den fossilen Energieträgern stattgefunden hätte. Die Möglichkeiten der Beschleunigung erlauben die Okkupation aller Räume; sie werden der kapitalistischen Inwertsetzung überantwortet. Auch dies wird im „Kommunistischen Manifest" geradezu emphatisch von Marx und Engels hervorgehoben: „... Aber immer wuchsen die Märkte, immer stieg der Bedarf. Auch die Manufaktur reichte nicht mehr aus. Da revolutionierte der Dampf und die Maschinerie die industrielle Produktion. An die Stelle der Manufaktur trat die moderne große Industrie, an die Stelle des industriellen Mittelstandes traten die industriellen Millionäre, die Chefs ganzer industrieller Armeen, die modernen Bourgeois. – Die große Industrie hat den Weltmarkt hergestellt, den die Entdeckung Amerikas vorbereitete. Der Weltmarkt hat dem Handel, der Schiffahrt, den Landkommunikationen eine unermeßliche Entwicklung gegeben. Diese hat wieder auf die Ausdehnung der Industrie zurückgewirkt, und in demselben Maße, worin Industrie, Handel, Schiffahrt, Eisenbahnen sich ausdehnten, in demselben Maße entwickelte sich die Bourgeoisie, vermehrte sie ihre Kapitalien, drängte sie alle vom Mittelalter her überlieferten Klassen in den Hintergrund. Wir sehen also, wie die moderne Bourgeoisie selbst das Produkt eines langen Entwicklungsganges, einer Reihe von Umwälzungen in der Produktions- und Verkehrsweise ist." (MEW Bd. 4: 463-464). Die Logik der Globalisierung ist also älter als die historische Globalisierung, die erst aus den Prozessen der Deregulierung und Liberalisierung seit Mitte der 1970er Jahre und dann nach dem Ende des real existierenden Sozialismus hervorgegangen ist. Mit der industriellen Revolution wachsen die Möglichkeiten, den Weltmarkt herzustellen. Damit werden die Produktions- und Konsumweise des industriellen Kapitalismus in allen Weltregionen durchgesetzt, auch gegen lokale Widerstände. Letzten Endes siegen die „stummen Zwänge" der ökonomischen Verhältnisse, oft im Verein mit politischer Ausübung von Macht in Gestalt des im vorangegangenen Kapitel erörterten Kolonialismus und Imperialismus.

Das Verhältnis der Menschen zur Natur wird grundlegend verändert, weil Masse und Geschwindigkeit und nicht Muße und Langsamkeit bestimmend sind. Die zumeist langsamen und nur in Katastrophen „blitzschnellen" Rhythmen der Natur werden durch das von Paul Virilio „dromologisch" gedeutete Beschleunigungssyndrom ausgehebelt, Beschleunigung bis zum crash[2]. Die Missachtung von Natur, Gesellschaft und Geschichte kommt heute auch darin zum Ausdruck, dass die Ölländer weniger als geographische Räume oder politische Einheiten mit ei-

[2] Die Geschwindigkeiten der Entwicklung neuer Produkte und der Produktionsprozesse wird so sehr gesteigert, dass unbrauchbarer Ausschuss produziert wird, der in teuren Rückrufaktionen ersetzt werden muss. Beispiele gibt es genug: vom Straßenbahnsystem „Combino" von Siemens, das aus Gründen der Kostenersparnis nicht ausgetestet wurde, bis zu den nicht funktionierenden Dieselpumpen in Mercedes-Limousinen, weil die Zulieferer unter enormen Zeit- und Kostendruck gesetzt werden.

ner eigenen Kultur, Geschichte und Lebensweise, sondern ganz selbstverständlich als Tankstellen behandelt werden, aus denen der Stoff bezogen wird, mit dem die Industrieländer das Wachstum speisen und zu beschleunigen versuchen. Die Beschleunigung als eine Art „Lebensäther“ verändert auch die Wahrnehmung der Welt. Entfernungen schrumpfen, Nähe entsteht, die aber nur scheinbar ist, da kulturelle Unterschiede nicht dromologisch aufgehoben werden können. Wachstum erzeugt und verhärtet Ungleichheiten. Dies zeigen historische Untersuchungen über die Entwicklung des Kapitalismus in den vergangenen Jahrhunderten (Maddison 2001: Kenwood/Loughheed 2004); wir werden darauf zurückkommen.

Die Nutzung der fossilen Energieträger löste die europäische Energiekrise, die durch die Verbrennung der Wälder (Sieferle 1982) und deren unzureichende Kompensation durch Wasserräder und Windmühlen im ausgehenden Mittelalter ausgebrochen war. Jedes Energiesystem hat sein Maximum an mobilisierbarer Arbeitsenergie, und dieses Maximum lässt sich nur kurze Zeiträume durchhalten. Das Lauftempo eines Menschen kann über einen bestimmten Wert hinaus nicht oder nur marginal gesteigert werden, und auch der Dauerläufer kann nicht dauernd laufen[3]. Die Weltrekorde im Laufen, Werfen, Heben etc. zeigen dies deutlich. Das gleiche gilt für Nutztiere und deren maximale Belastbarkeit mit Traglasten. Die Ausbeutung der Sklavenarbeit gerät an physische Grenzen, die auch die schrecklichsten Schinder nicht ignorieren können. Auch die räumliche Reichweite ist begrenzt. Ein Mensch schafft am Tag etwa 25 km, manche Tiere (Pferde, Esel, Maultiere) können mit Traglast fast die doppelte Entfernung zurücklegen (Lehmann 2004: 13). Die mit fossilen Energieträgern befeuerten Transportmittel, vor allem die Eisenbahn zu Lande und das Dampfschiff auf dem Wasser erhöhen das Tempo der Fortbewegung und die Masse der transportierten Waren um ein Vielfaches und daher den möglichen Radius der ökonomischen Aktivitäten beträchtlich. Dies gilt für die geographische Reichweite, aber auch für die Masse des bei diesen ausgeweiteten Geschäften zu machenden Profits.

Der *Reichtum* an fossilen Energiereserven wird in eine Steigerung des *Wohlstands* der Nationen umgesetzt. So lautet das Versprechen von Adam Smith (1776/1976), obwohl dieser den fossilistischen Hintergrund der Erzeugung des Wohlstands nicht voll verstanden hatte. Für ihn ist die Kohle nicht als Energieträger zur Leistung von Arbeitsenergie, sondern als Heizmittel zur Erwärmung von Räumen interessant; darauf weisen Ilya Prigogine und Isabelle Stenger (1986) hin. Der Abstand des Zeitgenossen zu den komplexen Umwälzungen der industriellen Revolution war offenbar zu gering, um den revolutionären Übergang der Produktionsweise zu mit fossiler Energie angetriebenen Systemen industrieller

[3] Der Athener, der die Nachricht vom Sieg in der Schlacht von Marathon im Jahre 490 vor unserer Zeitrechnung über die Distanz von etwa 40 km nach Athen gebracht hat, soll nach der Ankunft tot zusammengebrochen sein.

Arbeitsmaschinen erkennen zu können. Ohne die Verbindung von Kapitalismus und Fossilismus jedoch wäre die Steigerung der Produktivkräfte durch Beschleunigung ein vergebliches Unterfangen geworden. Die Vertiefung der Arbeitsteilung, die Adam Smith und David Ricardo als Grund der Produktivitäts- und daher Wohlstandssteigerung identifizieren, wäre ohne neue Maschinerie und Transmissionsmechanismen, Energiewandlungssysteme (vor allem die Dampfmaschine) und daher ohne die fossilen Energieträger flach ausgefallen.

Die industrielle Revolution ist also auch eine fossile Revolution (Cameron 1997). Nicolas Georgescu-Roegen (1971) spricht in diesem Zusammenhang von einer „prometheischen Revolution", weltgeschichtlich ähnlich bedeutsam wie die neolithische Revolution vor etwa 10.000 Jahren, als die Menschen lernten, solare Flussenergie systematisch zu „ernten," indem sie Landwirtschaft betrieben, Nutzpflanzen züchteten und Tiere domestizierten und so die Ressourcenflüsse aktiv zu kontrollieren lernten (Ponting 1991; Debeir/Deléage/Hémery 1989). Das neue neolithische und im Prinzip solare Energieregime war ein Quantensprung im Vergleich zu den Kulturen der Jäger und Sammler und steigerte die Überschussproduktion so sehr, dass vom Land die entstehenden Städte, die sich dort konzentrierenden unproduktiven Klassen - einschließlich der Herrscher, der Künstler und Wissenschaftler oder des Klerus - ernährt werden konnten. Ohne Agrikultur keine Kultur, so Georgescu-Roegen in entschiedener Weise. Kein Ur, kein Babylon, später kein Athen, Rom, Tenochtitlan oder Samarkand und Kyoto wären möglich gewesen ohne die agrokulturelle, die neolithische Revolution.

4.2 Eine energetische Brandmauer zwischen solaren Fluss- und fossilen Bestandsenergien

Die Agrikultur ist flächenabhängig und flächenextensiv. Die Flussenergie der Sonne kann nur dezentral eingefangen werden. Daraus folgt auch eine dezentrale Struktur der Produktion und Reproduktion, auch wenn die Gesellschaften und ihre politischen Systeme in vielen alten Kulturen hierarchisch organisiert sind. Erst im Verlauf der industriellen Revolution erfolgt der Übergang von der Nutzung der Flussenergie, die der Erde von der Sonne zustrahlt und dezentral eingefangen und in nützliche Energie umgewandelt werden kann, zur Ausbeutung der in der Erdkruste gespeicherten Bestände mineralisierter Biomasse. Die Unabhängigkeit vom Strahlenfluss der Sonne erlaubt eine räumliche Zentralisierung von Produktion und Reproduktion, also ökonomische Konzentration und urbane Agglomeration. Seit dieser Zeit kann erst von „Standort" und daher „Standortkonkurrenz" gesprochen werden. Im Vergleich zu den Zeiten zuvor ergibt sich eine völlig neue Strukturierung der Gesellschaft. Sie kann kapitalistisch werden, und sie wird es. Die kapitalistische Gesellschaftsformation absorbiert unter den Bedingungen von

Industrie und Fossilismus auch jene Gesellschaften, die einen anderen, nicht-kapitalistischen Weg einzuschlagen versucht haben.

Kohleflöze entstanden vor allem im Karbon vor 280 bis 345 Millionen Jahren durch Absterben von Biomasse, die nicht aerob zersetzt wurde, sondern unter hohem Druck und hoher Temperatur unter den Erdschichten zu Torf, Braunkohle, Steinkohle und Anthrazit wurde. Auch Erdöl ist über viele Millionen Jahre aus der Biomasse, also organisch entstanden. Unter hohem Druck und bei hohen Temperaturen haben sich aus Sedimenten Kohlenwasserstoffe gebildet, die (leichter als Wasser) durch primäre und sekundäre „Migration" an bestimmten Punkten („Erdölfallen") unter undurchlässigen Erdschichten als Öllagerstätten konzentriert worden sind (dazu: Brockhaus 1981: 488ff.). Kohlenwasserstoffe können sehr unterschiedliche molekulare Strukturen bilden und daraus vor allem resultiert die unterschiedliche Qualität des Erdöls. Die Erdölfallen sind inzwischen weitgehend als Ölfelder exploriert und großteils auch erschlossen, auch wenn immer wieder auf den „großen Fund" gehofft wird. Doch der ist in den vergangenen Jahrzehnten ausgeblieben, und dies wird auch als ein Zeichen dafür interpretiert, dass der Höhepunkt der Erdölförderung („Peakoil", dazu mehr im siebenten Kapitel) in der Welt sehr bald erreicht sein könnte.

Bei den fossilen Beständen handelt es sich, sofern sie aus organischer Masse entstanden sind, auch um Sonnenenergie, aber um in der Erdkruste gespeicherte Sonnenenergie[4]. Diese wird nutzbar gemacht, indem sie gefördert und geeigneten Systemen der Energiewandlung zugeführt wird. Das beginnt schon im frühen 18. Jahrhundert mit der Dampfmaschine von Newcomen. Aber erst die Verbesserungen von Watt verwandeln die Dampfmaschine in ein universell einsetzbares Mittel der Wandlung der in Kohle gespeicherten Energie in nützliche Arbeit. Dies geschieht zunächst im Industriebetrieb, dann aber auch beim Transport, der durch Eisenbahnen zu Lande und durch Dampfschiffe zu Wasser revolutioniert wird. Mit der Revolutionierung der Transportmittel erweitert sich der ökonomische Aktionsradius, so dass der, wie Marx sagt, „im Begriff des Kapitals" angelegte Weltmarkt auch in die Wirklichkeit umgesetzt werden kann. Inzwischen hat die Transportintensität der Produktion und Konsumtion absurde Ausmaße angenommen[5].

Später wird das Petroleum zunächst zur Beleuchtung verwendet. So ist es möglich, die Nacht zum Tag zu machen und bei der Verwertung von Kapital unab-

---

4 Anders ist dies beim Uran, das anorganisch entstanden ist. Zur Bildung der Lagerstätten vgl. Brockhaus 1981: 460ff..

5 Dafür steht das Beispiel des Yoghurt-Bechers, dessen Bestandteile und Inhaltsstoffe Tausende von Kilometern bis zum Verbraucher zurückgelegt haben. Walden Bello zitiert das International Forum on Globalization, dass „the average plate of food eaten in western industrial food-importing nations is likely to have travelled 2000 miles from source to

hängig vom Sonnenlicht, von den Tageszeiten zu werden. Ab Ende des 19. Jahrhunderts werden die Potenzen des „Abfallprodukts" Benzin als Antriebsenergie für Automobile entdeckt und angewendet. Benzin- und Dieselmotor eröffnen neue Möglichkeiten der Produktivitätssteigerung des industriellen Systems. Energienetze verknüpfen Erzeugung, Transport und Verteilung an Verbraucher. Diese Infrastruktur bietet riesige Anlagefelder für Kapital. Moderne Großkonzerne wie Siemens oder General Electric sind dabei entstanden. Elektromotor und Glühbirne vervollkommnen seit Ende des 19. Jahrhunderts das moderne Energiesystem, das wesentlich auf fossiler Primärenergie, und dabei seit der ersten Hälfte des 20. Jahrhunderts vor allem auf Erdöl, beruht. In nur einem Jahrhundert vollzieht sich eine epochale revolutionäre Umwandlung, für die die Menschheit während der anderen großen „prometheischen" Revolution im Neolithikum tausende von Jahren benötigt hatte.

Die Gesellschaftsformation, und daher auch das gesellschaftliche Verhältnis zur Natur werden radikal verändert, und mit der Technik und Produktionsweise auch die Kultur, das Denken und der Glauben, die Religion. Um 1950, so schreibt McNeill „war jede Nation, die nicht auf Energieverbrauch in großem Stil setzte, zur Armut verdammt" (McNeill 2003: 315). Das ist in der historischen Rückschau richtig. Doch wird in der Aussage nicht reflektiert, dass nicht alle Nationen oder Regionen über Lagerstätten fossiler Energieträger verfügen oder Zugang zu den fossilen Energieträgern haben. Sie könnten sie auf globalen Energiemärkten kaufen, wenn sie über monetäre Kaufkraft verfügten. Aber nicht alle Gesellschaften und nicht alle Menschen in den Gesellschaften haben diese Möglichkeit. So setzt sich die Ungleichheit der Einkommen und Vermögen beim Zugang zu Energiequellen fort. Fossile Energien unterstützen also nicht nur Beschleunigung und daher kapitalistische Überschussproduktion und Wachstum, sondern auch die soziale Produktion von Ungleichheit.

Die Techniken, die in der beginnenden (europäischen) Neuzeit entwickelt und im Verlauf der industriellen Revolution in die Wirklichkeit umgesetzt werden, wären ohne die fossilen Energien nichts. Mit dem Einsatz der fossilen Energien erhält jeder lebendige Arbeiter hunderte von „Energiesklaven" zugeordnet, „Pferdestärken" genannt. Das Versprechen Adam Smith' von der Steigerung des *Wohlstands* der Nationen, wäre nicht zu halten, die „unsichtbare Hand des Marktes" wäre kraftlos ohne die fossilen Energien. Die industrielle Revolution war also auch eine fossile Revolution. Der „Geist des Kapitalismus", den Max Weber in den Vordergrund stellt, hätte die entstehenden Fabriken zwar organisieren und mit der Rationalität der Kapitalrechnung anleiten, nicht aber zum Produzieren bringen können.

---

plate. Each one of those miles contributes to the environmental and social crises of our times ..." (Bello 2004: 113).

Es findet also ein radikaler Übergang statt, und zwar von der Nutzung der Flussenergie, die der Erde von der Sonne zustrahlt[6], zur Ausbeutung der Bestände, die über hunderte von Millionen Jahren aus der Biomasse gebildet und in der Erdkruste abgelagert worden sind. „Mit der Ausbeutung der großen Sonnenenergie-Speicher Kohle, Erdöl und Erdgas, die sich durch Photosynthese von Kleinorganismen über Zeitperioden von Millionen von Jahrhunderten in der Erdkruste gebildet haben, gelang dem Menschen, sich neben der täglich direkt eingestrahlten Sonnenenergie, eine neue und wesentlich bequemer nutzbare Energiequelle für seine eigenen Bedürfnisse dienstbar zu machen. Erst durch diese wurde die industrielle Revolution möglich" (Dürr 1998: 62).

Dafür ist ein Preis zu zahlen: Die Erde wird im Kapitalismus, vor allem seit der industriellen Revolution, aus einem energetisch offenen in ein energetisch geschlossenes System verwandelt. Die heute in den menschlichen Gesellschaften genutzte Arbeitsenergie stammt fast vollständig (von den erneuerbaren Energieträgern wird hier wegen ihrer noch geringen Bedeutung abgesehen) aus den Kohle-, Öl und Erdgaslagern in der Erdkruste. Doch dies gilt in allererster Linie, ja fast ausschließlich für den ökonomischen Prozess. Denn das Leben auf dem Planeten Erde bleibt abhängig vom Strahlenfluss der Sonne. Licht und Wärme stammen zu mehr als 99% direkt von der Sonne und nicht aus den terrestrischen fossilen Speichern der Sonnenenergie von Millionen Jahren. Die Strahlenenergie der Sonne ist an die 18.000 Mal stärker als die pro Jahr genutzte fossile (und atomare) Energie. Und so wird im Kapitalismus zwischen dem natürlichen Energiesystem, das das Leben auf Erden erhält, und dem ökonomisch genutzten Energiesystem eine Art Berliner Mauer, eine Brandmauer errichtet.

Es ist heute und möglicherweise in aller Zukunft unmöglich, das Tempo der kapitalistischen *Akkumulation* mit solarer Flussenergie zu halten. Wir werden sogleich auf die Gründe genauer eingehen. Ebenso unmöglich aber ist es, das menschliche *Leben* (das Leben auf dem Planeten Erde generell) energetisch auf fossile Bestände zu gründen. Schon das Licht, das alle Elektrizitätswerke der Welt erzeugen, ist nur ein Bruchteil des Lichts, das die Sonne der Erde zukommen lässt und das das Leben auf Erden erhält und angenehm macht. Der Biorhythmus aller Lebewesen ist von der Zyklizität der Sonnenstrahlung zwischen Tag und Nacht und den Jahreszeiten abhängig. Man kann zwar die Nacht zum Tag machen, aber aus gesundheitlichen Gründen ist selbst dieser Versuch der Überwindung der energetischen Mauer nur vorübergehend ratsam.

Was geschieht mit der Mauer zwischen den Energiesystemen? Man kann sie *erstens* durchlässiger machen. Doch ist die energetische Brandmauer nur in eine

---

6 Es sei nur darauf hingewiesen, dass genau so wichtig wie die Strahlenenergie der Sonne die Wärmabstrahlung von der Erde ins Weltall ist. Sonst würde sich die Erde in kurzer Frist aufheizen. Die Erde ist eine Art „Photonenmühle" (Ebeling 1995).

Richtung durchlässig. Denn das fossile Energiesystem hat höchst destruktive Konsequenzen für die Lebensbedingungen auf Erden, die nahezu vollkommen von der solaren Flussenergie versorgt werden. Der Treibhauseffekt, die Zerstörung der Ozonschicht, die lokale Luftverschmutzung, Desertifizierung, das Verschwinden der tropischen Regenwälder, der Verlust an Biodiversität, die Versiegelung von Landschaften durch den Straßenbau etc. sind die sicht- oder fühlbaren Konsequenzen der Nutzung der fossilen Bestandsenergie zum Antrieb des ökonomischen Prozesses für die lebendigen Systeme, die von der solaren Flussenergie abhängig sind. (Vgl. auch die Auflistung der Umweltschäden durch die kapitalistische Akkumulation bei Kovel 2002, Introduction). Dieser Konflikt kann auch als Konflikt zwischen kapitalistischer Ökonomie und Ökologie gedeutet werden. Er ist seit der industriellen Revolution präsent. Heute ist dieser Konflikt Gegenstand internationaler Konferenzen und wird in den Institutionen der „global environmental governance" bearbeitet (vgl. Elliott 2004; Drysek 1997). Die schädlichsten Wirkungen der Emissionen auf die Natur sollen verringert werden. Das ist die Logik, die derzeit die großen Umweltabkommen, insbesondere die Klimapolitik auf der Grundlage des Kyoto-Protokolls bestimmt (kritisch dazu: Scheer 2005). Zumeist läuft die Strategie der Reduktion des Ressourcenverbrauchs und von schädlichen Emissionen darauf hinaus, die Energieeffizienz zu steigern – um einen „Faktor vier" oder gar um einen „Faktor 10" (von Weizsäcker/Lovins/Lovins 1997). Die Effizienzsteigerung ist jedenfalls Leitlinie der europäischen Umweltpolitik (EurEnDel 2004: 67ff). Davon erwarten auch Umweltpolitiker eine Verringerung des Ressourcenverbrauchs und der Belastung der Natur mit Emissionen (Bode 2005). Dies ist allerdings nur so lange scheinbar realistisch wie nicht der kapitalistische Charakter von Wachstum in Rechnung gestellt wird und die Dynamik globaler Finanzmärkte in der Analyse keinerlei Berücksichtigung findet. Doch eine Illusion aufgrund schlechter Analyse hat niemals zu Politikkonzepten befähigt, die dem Ernst der Lage Rechnung tragen. Die Brandmauer zwischen ökonomischem und ökologischem Energieregime bleibt letztlich bestehen, nur wird ihre Durchlässigkeit reguliert.

Zweitens könnte man die energetische Mauer bis zur Unüberwindlichkeit aufstocken. Dies ist die Strategie der großen Energiekonzerne und der Lobby, die am fossilen bzw. nuklearen Energieregime so lange wie möglich festzuhalten versuchen. Da die Grenzen der fossilen Energieträger, insbesondere des Erdöls absehbar sind, wird erneut die nukleare Karte gezogen, nachdem sie in den 1990er Jahren aus dem Spiel genommen wurde. Der Gegensatz zwischen Energieflüssen, die das Leben erhalten, und der Transformation der Nuklearenergie in kontrolliert anwendbare Arbeitsenergie kann größer und auch gefährlicher für das Leben kaum sein. Tschernobyl hat dies vor Augen geführt, und was mit dem strahlenden Atommüll in den tausenden Jahren seiner Radioaktivität passiert, weiß niemand. Doch die Dampfturbinen der Großkraftwerke müssen befeuert werden, es sei denn, die nicht nur technischen, sondern auch ökonomischen Strukturen werden abgeschrieben, entwertet. Um dies zu verhindern, weil dadurch Profite geschmälert würden, wird Druck ausgeübt, um die Kernenergie erneut zu etablieren, und der Druck wird unterstützt von der spontanen Reaktionsweise der Märkte und von Medien[7]. Dazu gesellen sich auch Ökologen wie James Lovelock, der die Gaia-Hypothese entwickelt hat, welche besagt, dass die Erde ein lebendiges sich entwickelndes Wesen ist, und der nun der irrigen Auffassung anhängt, man könne den durch die Verbrennung fossiler Energieträger verursachten Treibhauseffekt mindern, indem statt der fossilen atomare Energien die Dampfturbinen der Großkraftwerke antreiben.

Drittens kann man die Brandmauer einreißen und vom fossilen Energieregime zu einem solaren Regime der nachhaltigen Nutzung erneuerbarer Energien übergehen. Diesen Versuch macht die weltweite Bewegung für erneuerbare Energien. Nicht nur die Bedingungen des Lebens, sondern auch das ökonomische System werden mit erneuerbaren Energien versorgt. Auch der ökonomische Prozess wäre dann von solarer Energie gespeist und er müsste viele Elemente der prä-industriellen Produktionsweise (Dezentralität und Entschleunigung, um nicht zu sagen: Langsamkeit) aufnehmen, aber mit den industriellen und post-industriellen Errungenschaften der Moderne kombinieren[8]. Es ist kaum vorstellbar, dass das Einreißen der „energetischen Brandmauer" ohne Umsteuern der fossil-kapitalistischen Ökonomie in Richtung einer solidarischen Ökonomie durchführbar ist. Nicht nur die energetischen, auch die sozialen und kulturellen Grundlagen des Wirtschaftens und die Politik ändern sich (vgl. dazu achtes Kapitel).

Die energetische Brandmauer ist wie die Berliner Mauer nicht auf Dauer gestellt. Das dem Kapitalismus angemessene fossile System wird sich gegen eine

---

7 Nach der Unterhauswahl vom Mai 2005 in Großbritannien wird von Blair der Rückzug aus dem Ausstieg aus der Kernenergie nicht mehr ausgeschlossen, obwohl zur gleichen Zeit die Wiederaufarbeitung in Sellafield infolge einer Leckage, bei der einige zehn Tonnen radioaktiver Flüssigkeit freigesetzt worden sind, einen herben Rückschlag erlitten hat. Nach der Ankündigung Gerhard Schröders, für den Herbst 2005 Neuwahlen anzustreben, und die Erwartung, dass eine neue konservativ-liberale Regierung den Ausstieg aus der Kernenergie rückgängig machen und die Förderung erneuerbarer Energien einstellen würde, haben am folgenden Tag zu einem Kurssprung der großen Energieversorger und Zulieferer und zu einem Kursverfall bei den Anbietern von Technik zur Erzeugung erneuerbarer Energie geführt.

8 Dass dies nicht ausgeschlossen ist, zeigt Herrmann Scheer (2005). Er erinnert an die auf der Weltausstellung in Paris 1878 präsentierte mit einem Sonnenparabolspiegel betriebene Dampfmaschine von Augustin Mouchot, die aber sehr bald vergessen wurde, weil sie nicht in die Systeme der fossilen Energieversorgung zu integrieren war (Scheer 2005: 84f). Es kommt also sehr viel auf die technologische Entwicklungsbahn von Innovationen an, auf den technischen, aber auch sozialen und politischen Kontext. Einen technisch und kostenkalkulatorisch begründeten Determinismus gibt es nur dort, wo sich die angeblichen „Sachzwänge" in Profit übersetzen lassen.

solare Gesellschaft nicht aufrechterhalten lassen. Hier kommt eine historische Paradoxie zur Geltung: Zu Beginn des fossilen Zeitalters fand der Kapitalismus das ihm entsprechende Energiesystem sozusagen in nuce vor. Es musste nur entwickelt werden. Dies ist in den letzten beiden Jahrhunderten seit der industriellen Revolution mit unerhörtem technischem und finanziellem Aufwand geschehen. Die globale Autogesellschaft ist der Höhepunkt, und gleichzeitig das Memento, dass es auf diesem Wege trotz der immer stärker werdenden Wagen nicht weiter geht. Am Ende des fossilistischen Kapitalismus kann nur ein erneuerbares Energieregime weiterhelfen. Das ist nur möglich, wenn ihm die soziale Formation des Kapitalismus angepasst wird. Das ist eine tiefere und umfassendere Revolution als es die französische oder russische gewesen sind. Sie ist auch schwieriger als die industrielle Revolution des ausgehenden 18. Jahrhunderts.

Der Kapitalismus kommt nicht an ein Ende wie der real existierende Sozialismus: durch eine „samtene" Revolution. Die herrschenden Klassen halten an ihrer Herrschaft fest, und diese basiert wesentlich auf der Verfügung über Öl, Gas und Atom, auch wenn diese auf die Dauer illusionär ist. Das Projekt der herrschenden Eliten ist das der Verstärkung der energetischen Brandmauer. Das Ende des Kapitalismus ist, wenn die Dinge so laufen, nicht Folge einer proletarischen oder Volksrevolution, sondern es stellt sich als ein schreckliches Chaos, als eine „globale Anarchie" (Wallerstein 2003) dar, in das die Herrschenden die Welt stürzen. Chase-Dunn und Podobnik gehen sogar davon aus, dass die Wahrscheinlichkeit von Kriegen zwischen den industriellen Kernländern in den kommenden zwei Jahrzehnten zunehme (Chase-Dunn/Podobnik 1999). Die bequeme Kongruenz von Kapitalismus und Fossilismus wird von denen, die dadurch begünstigt sind, zäh verteidigt. Die energetische Brandmauer wird höher und höher gebaut. Und doch gibt es auf der Straße des fossilen Energieregimes keine Zukunft. Der Übergang zu einer „solaren Gesellschaft" ist unvermeidbar. Weil das so ist, arbeiten viele Menschen in allen Weltregionen daran: an alternativen Energieprojekten, in der Umwelt- und Friedensbewegung oder indem sie Energiesparen praktizieren.

Das anarchische Chaos, wenn die Gesellschaft durch den heftigen äußeren Anstoß der Benzinknappheit erschüttert wird, mussten die betroffenen US-amerikanischen Bürger während der Massenflucht aus den bedrohten Regionen vor den Hurrikanes Katrina und Rita im September 2005 erleben. Die Millionen Zuschauer im TV-Welttheater konnten sich ausmalen, was passiert, wenn die Kongruenz von Kapitalismus, Fossilismus, Lebensweise aufgelöst wird, weil die Ölversorgung unterbrochen wird. In einer Reportage von Michael Streck in der TAZ (vom 24./25.9.2005 „'Rita' kommt von Süden her") heißt es: „Mehr als eine Millionen Menschen nehmen seit zwei Tagen Reißaus ... Hier sucht sie die wohl schwerste Erschütterung des American Way of Life heim: Es gibt kein Benzin. Das Grundrecht 'Benzin ist billig, überall und jederzeit verfügbar' ist plötzlich außer Kraft getreten. Kaum ctwas irritiert die Amerikaner so sehr ..." Schlagartig wurde deutlich, welche Vorteile die fossilen Energieträger für kapitalistische Entwicklung, und dabei auch für die Konsummuster und Lebensweisen der Menschen, haben und welche Konsequenzen im Großen von einem Ende der Ölversorgung zu erwarten sind, wenn schon kurzfristige Versorgungsengpässe an den verstopften Highways zu einem Chaos führen.

4.3 Die Vorteile der fossilen Energieträger für den Kapitalismus

Der Übergang zu einem System erneuerbarer Energien ist also schwieriger als das Einreißen der Berliner Mauer im Jahre 1989. Denn die fossilen Energieträger sind der kapitalistischen Produktionsweise höchst angemessen – und umgekehrt. Energieregime, soziale Formation und europäischer Rationalismus passen als „heilige Dreifaltigkeit" der Kongruenz zusammen. Sie bilden das Ensemble eines in sich stimmigen gesellschaftlichen Naturverhältnisses, das – wie dargestellt – der Beschleunigung und Expansion dient. Kein anderes als das fossile Energiesystem hätte den Kapitalismus zu den Höchstleistungen der vergangenen mehr als zwei Jahrhunderte aufputschen können. Das Problem besteht darin, dass dieses Naturverhältnis allen Kriterien der ökologischen Nachhaltigkeit widerspricht. Die Natur hat unter der kapitalistischen Dynamik gelitten, und einige Ökosysteme haben bereits den Kollaps erlebt oder werden ihn in absehbarer Zeit erleben. Die Frage ist also, warum an dem fossilen Energieregime bis zum letzten Tropfen Öl festgehalten wird, worin seine so überwältigende Attraktivität besteht, dass die guten Argumente für den Übergang zu einem Regime erneuerbarer Energie verdrängt werden.

Die relative Mehrwertproduktion ist nur möglich, wenn die Produktivität der Arbeit gesteigert wird, und diese wiederum ist das Resultat der Umwälzung der Produktionsbedingungen (einschließlich der Arbeitsorganisation, der Technik und Kultur), der damit verbundenen Veränderung der Konsummuster und nicht zuletzt der Nutzung fossiler bzw. atomarer Energien zur Arbeitsleistung. Dabei wird lebendige Arbeit freigesetzt. Ricardo sieht darin den Grund für die Entstehung einer „redundant population". Aber das ist für ihn kein Problem, da die Freigesetzten bei beschleunigter Akkumulation in den Produktionsprozess reintegriert werden können. Dass die Kompensation der Freisetzung von Arbeitskräften durch Wachstum eher die Ausnahme in den Phasen beschleunigter Akkumulation als die Regel ist, wird schon von Marx an der „Kompensationsthese" der politischen Ökonomie seiner Zeit kritisiert. Seit Mitte der 1970er Jahre ist auch empirisch in den modernen kapitalistischen Gesellschaften nachvollziehbar; dass die Freisetzungen im Zusammenhang mit dem Produktivitätsfortschritt nicht durch neue Jobs infolge des Wachstums kompensiert werden. Die Massenarbeitslosigkeit ist strukturell. Marx hat mit seinem scharfen Verstand erkannt, dass die Freisetzung der Arbeitskraft für das Kapital auch eine Befreiung von den physischen und psychischen Eigenheiten der Arbeiter als Personen ist. Das Kapital kann also den Eigensinn des Proletariats unterlaufen, um ungestört die Logik der Kapitalverwertung verfolgen zu können. Einerseits benötigt das Kapital die Arbeitskräfte zur Produktion des Mehrwerts, andererseits sind sie ihm eine Last.

Die Vorteile der fossilen Energieträger für den kapitalistischen Produktionsprozess sind immens und sie liegen auf der Hand, wenn erst einmal die angemessenen Energiewandlungssysteme etabliert sind. Sie ergeben sich aus einer Reihe von Eigenschaften, die andere Energieträger nicht haben, und über die auch die lebendige Arbeitskraft nicht verfügt.

Erstens können fossile Energieträger anders als Wasserkraft oder Windenergie fast ortsunabhängig eingesetzt werden. Sie können von den Lagerstätten relativ leicht zu den Verbrauchsorten verbracht werden, heute mit Hilfe von Pipelines und Tankschiffen. Die „räumliche Trennung von Energieumwandler und Energiequelle" (Débeir/Deléage/Hémery 1989: 165) ist die Voraussetzung für eine ökonomische Geographie, die sich weniger an natürlichen Gegebenheiten als an Rentabilitätsgesichtspunkten orientiert. Standorte sind Ergebnis von Standortpolitik (im Sinne von politischer „Kunstlehre") und nicht das von natürlichen Bedingungen (dazu Altvater 1998c). Die Nicht-Berücksichtigung der Natur und der sozialen Umwelt der Wirtschaft erlaubt also die Anwendung der reinen, d.h. aus gesellschaftlichen und natürlichen Kontexten entbetteten ökonomischen Rationalität. Dies ist auch der Hintergrund für die Entstehung einer „reinen", d.h. mathematisch formulierten „autistischen" Ökonomie (vgl. zur Kritik: post-autistic economics network http://www.paecon.net), die sich ihrer natürlichen und gesellschaftlichen Voraussetzungen und Implikationen nicht mehr bewusst ist, für eine Entterritorialiserung des Denkens und der gesellschaftlichen Reproduktionsverhältnisse.

Bei der Abstraktion vom konkreten Raum ist aber zu berücksichtigen, dass die Transportlogistik auf dem Weg von der Energiequelle zum Energieverbraucher sehr verwundbar ist. Daher werden heutzutage militärische Sicherungsmaßnahmen ausgelöst, insbesondere seit der Kriegserklärung gegen den Terrorismus. In den Sicherheitsstrategien von NATO, USA, EU, Deutschland etc. fehlt niemals der Hinweis auf die Notwendigkeit, die Energieversorgung zu gewährleisten - nicht nur durch Öffnung von Märkten, auf denen die Waren Öl, Gas oder Kohle (und andere Waren) „frei" zu kaufen und zu verkaufen sind, sondern auch durch militärische Sicherung der Territorien, wo Öl gefunden wird und wo die Transportrouten verlaufen. Die Unabhängigkeit der Lokalisierung von Produktionsstandorten von den Orten der Energiegewinnung ist also nicht vollständig und sie hat ihren Preis.

Zweitens sind fossile Energieträger zeitunabhängig, da sie leicht zu speichern sind und 24 Stunden am Tag und dies über das ganze Jahr unabhängig von den Tages- und Jahreszeiten genutzt werden können. Kohle und Erdöl verderben nicht, und anders als Menschen oder Tiere benötigen sie keine Ruhepausen zur Regeneration. Sie sind daher, wie schon ausgeführt wurde, sehr gut für die Beschleunigung der ökonomischen Prozesse zu verwenden, die sich aus dem Prinzip der kapitalistischen Überschussproduktion und dem in der Konkurrenz ausgeübten Zwang zur Steigerung der Produktivität ergibt.

Drittens erlauben die fossilen Energieträger Konzentration und Zentralisierung ökonomischer Prozesse, wenn es das Rentabilitätskalkül sinnvoll erscheinen lässt. Denn anders als die biotischen Energien, die nur dezentral in zumeist kleinen Einheiten in nützliche Arbeit umgesetzt werden können und in aller Regel nur dann, wenn die Sonne scheint, erlauben die fossilen Energieträger jedes Größenwachstum. Das fossile Energieangebot kann mit der Akkumulation des Kapitals mitwachsen. Auch die Wucht politischer Herrschaft kann gesteigert werden, nicht zuletzt weil sich auch das Militär der Potenzen der fossilen (und der nuklearen) Energieträger zur Steigerung der Destruktionskraft bedient. „Die Allierten schwammen auf einer Woge aus Öl zum Sieg". So soll Lord Curzon die Rolle des Öls im Ersten Weltkrieg beschrieben haben (nach: McNeill 2003: 316). Denn Churchill, zu Beginn des Ersten Weltkriegs First Lord of the Admirality hatte die Umrüstung der British Navy von Kohle auf Öl organisiert und so gegenüber der deutschen Kriegsflotte den Vorteil höherer Geschwindigkeit erreicht. Nun ging es auch darum, die Ölversorgung sicherzustellen: Safety and certainty in oil lie in variety, and variety alone" (nach: The Economist, 30.4.–6.5.2005: 12).

Viertens besitzen fossile Sekundärenergien – vor allem die Elektrizität und der Treibstoff von Verbrennungsmotoren – alle Eigenschaften, mit denen Mobilität, Dezentralisierung der Produktion, flexible Einsätze in allen Lebenslagen und Arbeitsbereichen unterstützt werden können. Sie können also nicht nur in Tausende von Megawatt erzeugenden Kraftwerken konzentriert, sondern auch flexibel in Mikrogrößenordnungen eingesetzt werden, z. B. im Kinderspielzeug, in den Geräten der modernen Küche, in Hobby-Werkzeugen, im PC etc. Die Potentiale der Arbeit werden durch variabel einsetzbare Kraftquellen gesteigert. Auch die Lebensformen in den Haushalten ändern sich radikal. Das elektrische Licht kann die Nacht zum Tag machen. So entwickeln sich soziale Rhythmen, die wenig mit Naturgegebenheiten und Biorhythmen zu tun haben.

Diese Möglichkeiten eröffnen auch einige solare Energiewandler: Solarzellen, Windanlagen, hydraulische Kraftwerke, die Biomasse-Verbrennung. Die Energien lassen sich in Elektrizität umwandeln, sie können sogar das Leitungsnetz des fossilen Regimes nutzen, indem aus erneuerbaren Energieträgern gewonnener Strom ins Netz eingespeist wird. Die Möglichkeiten sind durchaus gegeben (vgl. Diekman/Kemfert 2005). Allerdings ist es fraglich, ob auf erneuerbarer Basis Großkraftwerke betrieben werden können. Eher nicht, so dass die Netze bei der vorwiegenden Verwendung erneuerbarer und nicht mehr fossiler oder atomarer Energie anders gestaltet, regionalisiert und dezentralisiert werden müssten. Dies ist aber nicht bloß technischer Unterschied, sondern Affront gegen die großen Kraftwerksbetreiber, die voll auf fossile und nukleare Energieträger setzen und gegen die erneuerbaren Energien auf allen Ebenen angehen. So kommt es, dass 2003 im Europa der 15 nur an die 15% der Stromerzeugung aus erneuerbaren Quellen stammt, ein Anteil, der bis 2010 auf 22% gesteigert werden soll (Diekman/Kemfert 2005: 442).

Doch mit den immensen Vorteilen sind auch große Nachteile der Nutzung fossiler Energieträger verbunden. Dazu gehören die ökologischen Belastungen durch den Transport. Manche Belastungen sind vermeidbar: Die Leckagen von Pipelines, durch die in Sibirien Permafrostböden, in Ecuador tropischer Regenwald schwer geschädigt worden sind, Tankerhavarien, deren Folgen durch doppelwandige Schiffe hätten verringert oder verhindert werden können, oder die Ölverschmutzung durch die Reinigung von Tanks auf hoher See. Dadurch sind immense ökologische Schäden verursacht worden und manche Küstenregionen und Fischgründe sind auf Jahre ruiniert; einige Havarien, etwa die von Exxon Valdez vor der Küste Alaskas und die der Prestige vor der spanischen Atlantikküste hatten das Ausmaß eines Desasters. Auch beim Offshore-Drilling sind Leckagen häufig. Auch indirekte Effekte müssen in der Bilanzierung bedacht werden. Dazu gehören die Vernichtung von Landschaften durch Pipelines oder Straßen und Eisenbahnlinien. Meistens sind damit auch schwerwiegende Eingriffe in die Lebensverhältnisse von residenter Bevölkerung verbunden. Dies ist besonders dramatisch, wenn die Landschaften ökologisch fragil und die betroffenen Menschen wenig resistent sind, beispielsweise bei Pipelines durch tropische Regenwälder mit indigener Bevölkerung (den Fall Ecuador beschreibt Acosta 2004; vgl. auch Perkins 2005: 21ff.)[9].

Von besonderer Bedeutung aber sind die Emissionen der klimaschädlichen Gase, die die durchschnittlichen Erdmitteltemperaturen steigen lassen und die Erde nach und nach in ein Treibhaus verwandeln. Die Unabhängigkeit von der Strahlungsenergie der Sonne und die Energieversorgung aus den fossilen Beständen haben zur Folge, dass die Verbrennungsprodukte auch im geschlossenen System der Erde verbleiben, als Treibhausgase in der Atmosphäre. Die ins Spiel gebrachte „Sequestrierung" des CO_2 und die Verpressung in leere Kohlenstollen oder leer

---

9 Noch gar nicht berücksichtigt sind in der ökologischen Bilanz die Kosten der Entsorgung der Offshore-Ölplattformen überall vor den Küsten – von Südbrasilien bis zur Nordsee. In der Nordsee hat vor Jahren die Entsorgung der Brentspar-Plattform von Shell zu weltweiten Protesten von Ökologen geführt. Heute wird geschätzt, dass allein die Verschrottung der rund 600 Plattformen in der Nordsee im Laufe dieses Jahrzehnts 25,7 Mrd US$ kosten wird (Neues Deutschland 5.4.2004). Trotz dieser Kosten wird von BP weiter in Nordsee-Bohrungen investiert – weil der Ölpreis hoch ist und die Investitionen rentabel erscheinen lässt.

gepumpte Ölblasen wird daran nichts ändern, ganz abgesehen von der technischen und ökonomischen Machbarkeit.

4.4 Informelle Urbanisierung

Die Industrialisierung bringt die Großstadt hervor. Große Städte, zentrale Märkte hat es auch vor der industriell-fossilistischen Revolution gegeben, nicht aber die Großstadt als eine soziale Form des Lebens und Arbeitens. Urbanisierung, d.h. die Verwandlung von immer mehr Menschen in Stadtbewohner, ist eine der sichtbarsten Begleiterscheinungen des industriellen Wachstums (vgl. Tabelle 4.1). Damit verändert sich die Produktions- und Lebensweise radikal. Die Großstadt ist eine Manifestation der kapitalistischen Raum- und Zeitvernichtung durch Konzentration und Agglomeration; sie erfordert eine materielle und immaterielle Infrastruktur, die ganz anders ist als die einer ruralen Gesellschaft. Sie wird zum Knotenpunkt in globalen Netzwerken und artifizieller Standort, dessen territoriale Spezifik fast unbedeutend ist, ohne dass dadurch das Territorium an Relevanz verlieren würde. Ganz im Gegenteil, die Großstadt frisst sich mit ihren Versorgungs- und Entsorgungseinrichtungen in das Territorium hinein und verändert daher auch die landwirtschaftlichen Räume. Die Verdichtung der Klassengegen-

Tabelle 4.1: Anteil der urbanen Bevölkerung an der Gesamtbevölkerung in Prozent

Region	*1950*	*2000*	*2030*
USA	64,2	77,2	84,3
OECD-Europa	63,9	78,5	85,1
Südamerika	42,9	79,8	87,2
Osteuropa	31,2	61,9	74,0
Nordafrika	28,5	54,0	69,3
Westafrika	11,5	38,8	57,3
Ostafrika	5,8	23,9	41.0
Südafrika	17,5	38,3	55,2
Frühere Sowjetunion	41,1	69,3	77,0
Mittlerer Osten	24,7	69,1	79,7
Südasien	15,6	28,2	46,1
Ostasien	13,4	37,0	57,1
Südostasien	14,8	36,9	55,0
Welt	29,7	47,4	61,1

Quelle: UNO-Daten, World Population Prospects http://arch.rivm.nl/env/int/hyde (Download 10. Juli 2005)

sätze in der großen Stadt machen sie sichtbar und sie prallen aufeinander. Die ökologischen Probleme reichen von den Mobilitätserfordernissen der Stadtbewohner bis zur Abfallentsorgung.

Die große Stadt wird Großstadt und die Großstadt von einigen hunderttausend Einwohnern wird Megacity. Die Zahl der Städte mit mehr als 10 Millionen Einwohnern ist seit der zweiten Hälfte des 20. Jahrhunderts stetig gestiegen, und der Trend scheint ungebrochen. Im Jahre 1950 gab es nur eine Megacity mit mehr als 10 Millionen Einwohnern in der Welt (New York), im Jahre 2000 waren es 19 und im Jahre 2015 wird mit 23 Megacities gerechnet, darunter einige wie Tokio, Bombay, Mexico City, Lagos oder São Paulo mit mehr als 20 Millionen Einwohnern. Die Erde verwandelt sich in einen „Planet of slums" (Davis 2004). Denn die Proportionen zwischen der Zahl der Menschen und den Versorgungs- und Entsorgungssystemen brechen aus den Fugen. Die Zahl der formellen Arbeitsplätze reicht nicht für alle, die Arbeit suchen. Die moderne Großstadt wird daher mehr und mehr zur informellen Stadt (Altvater/Mahnkopf 2003). Die Informalität erfasst nicht nur die Arbeit, sondern auch die Strukturen der Sicherheit gegen die Gewalt. In vielen Fällen wird die Grenze zur Kriminalität überschritten, so dass die Großstadt unsicher wird und gegen die verbreitete Unsicherheit kommerzielle Sicherheitsfirmen Sicherheit, die häufig nur Scheinsicherheit ist, verkaufen. In ihrem Warenangebot befinden sich Elemente passiver Sicherheit, von Schutzwesten bis zu gepanzerten Limousinen und „gated communities", d.h. geschützten Condominiums, aber auch die Organisation aktiver Sicherheit durch Bereitstellung von Wachpersonal und Revolvermännern. In die Lücke, die die häufig mangelnde staatliche Präsenz hinterlässt, drängen auch lokale Organisatoren von Sicherheit, die ein nicht-staatliches Gewaltmonopol, zeitlich und räumlich begrenzt ausüben. Manche brasilianische Favelas sind zeitweise und territorial begrenzt sicher, weil die staatliche und städtische Polizei die Ausübung des Gewaltmonopols lokalen gangs überlässt. Drogen werden in jenen Vierteln nicht verkauft, wo die Drogenbosse wohnen und ihre Kinder zur Schule gehen. Die informelle Stadt ist eine zutiefst gespaltene Stadt und sie wird anders regiert als die „formelle Stadt". Auch das Leben in ihr ist anders als in der formellen Stadt. Es ist durch die Permanenz von Unsicherheit und der immer in Frage gestellten Legitimität des Gewaltmonopols charakterisiert.

Über ein bestimmtes Maß hinaus kann kein System die Proportionen wahren, es endet wie der Turmbau zu Babel im Stillstand, der aber nichts in sich behäbig Ruhendes ist. Eine Abwärtsspirale der Verarmung und des Elends, der ökologischen Zerstörung, der Zuspitzung sozialer Gegensätze und der Gewalt wird in Gang gesetzt. Wenn dann noch die Energiezufuhr ins Stocken gerät und die urbane Mobilität in der Stadt und zwischen Stadt und den im Territorium verstreuten Versorgungs- und Entsorgungssystemen schwierig wird und diese nur noch den Bevölkerungsteilen zur Verfügung stehen, die über die gehörige Kaufkraft oder politisch zugeteilte Privilegien verfügen, wird es offenbar, dass mit den Grenzen des fossilen Energiesystems auch die räumlichen Strukturen von Arbeit und Leben, so wie sie mit dem Megatrend der Urbanisierung entstanden sind, brüchig werden.

Inzwischen leben in allen Gesellschaften, auch in den agrarisch strukturierten Ländern mehr als die Hälfte der Menschen in urbanen Zentren. Dies ist die sichtbare Folge der einzigen Revolution des 20. Jahrhunderts, die Eric Hobsbawm anerkennen will: dass zum ersten Mal in der Menschheitsgeschichte weniger als die Hälfte der Menschen Bauern sind und daher in der Tendenz mehr als die Hälfte in Industrie, Transportwesen, Dienstleistungssektor arbeiten und zumeist in Städten wohnen (vgl. Tabelle 4.1). Dies ist auch ein Ausdruck der beschriebenen Tendenz zur Abhängigkeit vom fossilen Energiesystem und des gleichzeitigen Bedeutungsverlustes der solaren Flussenergie. Die Kongruenz von Kapitalismus, Fossilismus, Rationalität manifestiert sich in konkreter Form. Die großen Städte sind in Beton gegossene Strukturen (das von David Harvey so genannte built environment) des fossil-industriellen Zeitalters und sie lassen erahnen, wie tiefgreifend soziale Veränderungen sein müssen, wenn ein alternativer Entwicklungspfad erneuerbarer Energien eingeschlagen wird. Die Infrastruktur, der „spatial fix" des Ölzeitalters, wird noch viel länger da sein als das Öl, das Erdgas, die Kohle, für dessen Förderung und Transport und zu deren Nutzung sie einst errichtet worden ist. Eine industriell-fossilistische Lebensweise ist entstanden, die nicht leicht zu ändern ist. Doch bekommt die Kongruenz der Dreifaltigkeit von Energiesystem, europäischer Rationalität und Kapitalismus Brüche, weil eines ihrer tragenden Elemente vergeht. Das ist die leichte Verfügbarkeit der fossilen Brennstoffe. Die Dreifaltigkeit von Kapitalismus, Fossilismus, Rationalität ist nicht auf Dauer oder auch nur auf lange Zeiträume eingestellt.

Fünftes Kapitel
Geöltes Wachstum

Der „Wohlstand der Nationen“ wird dank der „trinitarischen Kongruenz“ seit der industriellen Revolution in einem Ausmaß gesteigert wie niemals zuvor in der Menschheitsgeschichte. Der jahresdurchschnittliche Anstieg der Pro-Kopf-Einkommen in den vielen Jahrhunderten bis zur industriellen Revolution gegen Ende des 18. Jahrhunderts betrug 0,22%, und das galt als „a good result“ (Crafts 2000: 13). Selbst in dem halben Jahrhundert der „schweren Industrialisierung“ von 1780 bis 1830 erreichte Großbritannien ein reales Wachstum des Pro-Kopf-Einkommens von nicht mehr als 0,4% pro Jahr. In der Zeit von 1820 bis 1998 jedoch verzehnfachte sich das jahresdurchschnittliche Wachstum auf 2,21% (Maddison 2001). Wachstumsraten von mehr als 2% aber bedeuten eine Verdoppelung des Sozialprodukts alle 35 bis 40 Jahre. Im aktuellen wirtschaftspolitischen Diskurs reichen Wachstumsraten dieser Größenordnung für das Urteil „Sklerose“. Die globale Konkurrenz der Standorte verlangt heute etwas, was 2.000 Jahre nicht erreicht worden ist: nicht nur Wachstum schlechthin, sondern beschleunigtes Wachstum.

5.1 Wachstum von Wohlstand und von Ungleichheit

Die Entwicklung ist die meiste Zeit in der zweitausendjährigen Geschichte seit Christi Geburt langsam verlaufen, wie Berechnungen von Angus Maddison (2001) zeigen[1] (in den Jahrtausenden vor unserer Zeitrechnung war dies nicht anders). Mit der Beschleunigung der Entwicklung treten auch die Unterschiede der Tempi hervor. Diese haben zur Folge, dass in der globalisierten Welt eine Ländergruppe (A) vorauseilt, die andere Ländergruppe (B) jedoch den Anschluss verliert. Bemerkenswert an den von Maddison berechneten Daten ist ja, dass zu Beginn der Periode im Geburtsjahr Christi die Niveaus in aller Welt bei etwa 444 US$ pro Kopf liegen und dass diese am Ende der untersuchten Periode im Jahre 1998 weit auseinandergedriftet sind.

Wachstum ist also keineswegs mit mehr Gleichheit in der Welt verbunden. Im Gegenteil, alle Faktoren, die das Wachstum steigern, fördern auch die Ungleichheit. Diese wird zu einer Lebenserfahrung und zu einem Ärgernis zumindest für jene, die zu den Benachteiligten gehören. Denn Wachstum basiert auf Akkumu-

[1] Es ist problematisch einen statistischen Vergleich über eine zweitausendjährige Periode durchzuführen, auch wenn er mit großer Sorgfalt angestellt wird. Die Daten Maddisons jedoch sind, auch wenn Abweichungen möglich sein sollten, plausibel; sie stimmen mit theoretischen Überlegungen überein.

Tabelle 5.1: Niveau und Wachstumsrate des Pro-Kopf-Bruttoinlandsprodukts in verschiedenen Weltregionen vom Jahre 0 bis 1998

Region	*0*	*1000*	*1820*	*1998*	*0-1000*	*1000-1820*	*1820-1998*
	In internationalen Dollar von 1990				Durchschnittliche jährliche Wachstumsraten		
Westeuropa	450	400	1.232	17.921	-0.01	0.14	1.51
Westliche Siedlungskolonien	400	400	1.201	26.146	0.00	0.13	1.75
Japan	400	425	669	20.413	0.01	0.06	1.93
Durchschnitt der Gruppe A	*443*	*405*	*1.130*	*21.470*	*-0.01*	*0.13*	*1.67*
Lateinamerika	400	400	665	5.795	0.00	0.06	1.22
Osteuropa und ehemal. UdSSR	400	400	667	4.354	0.00	0.06	1.06
Asien (ohne Japan)	450	450	575	2.936	0.00	0.03	0.92
Afrika	425	416	418	1.368	-0.00	0.00	0.67
Durchschnitt der Gruppe B	*444*	*440*	*573*	*3.102*	*-0.00*	*0.03*	*0.95*
Welt	*444*	*435*	*667*	*5.709*	*-0.00*	*0.05*	*1.21*

Quelle: Maddison, Angus (2001): The World Economy - A Millennial Perspective, (OECD, Development Center Studies), Paris, Table 1-2, S. 28

lation von Kapital, also auf der Ausbeutung der einen, die mehr produzieren als sie selbst zurückbekommen, und der Aneignung von Überschüssen durch die anderen. Kapitalismus, dies zeigt sich von Anbeginn an, ist ein System der qualitativen Angleichung (alles wird in Geld und Kapital ausgedrückt[2]) und der quantitativen Ungleichheitsproduktion: Die einen haben viel, die anderen wenig, einige verfügen jedoch über gar keine Geldeinkommen und damit auch über keinen Zugang zu den „Reichtümern" der globalisierten Welt. Kapitalistisches Wachstum ist also ungleichmäßig und ungleichzeitig. Die Beschleunigung erfolgt mit unterschiedlichen Tempi. Länder oder Regionen, ja halbe Kontinente bleiben zurück und „nachholende Industrialisierung" ist nicht unter allen historischen Bedingungen möglich. Daher sind auch die monetären Ansprüche an die Res-

[2] Daher hat die neoliberale Theorie keine Probleme mit einem allumfassenden Kapitalbegriff: Sachkapital, Naturkapital, Humankapital, Wissenskapital etc. können von Anlegern entsprechend der erwarteten Rendite verglichen werden (vgl. die Ausführungen im zweiten Kapitel).

sourcen der Erde höchst ungleich. Die Menschen haben einen verschieden großen „ökologischen Fußabdruck". Von den ca. 80 Mio. Barrel Öl, die täglich verbraucht werden, nehmen die USA allein 20,1 Mio. Barrel in Anspruch. China bringt es auf 6 Mio., Deutschland auf 2,7 Mio. Barrel. Im Jahr 2003 verbrauchen die USA pro Kopf 26 Barrel, Deutschland 11,7, China 1,7 Indien 0,8 und Bangladesch 0,2 Barrel. Die Ungleichheit beim Verbrauch fossiler Energieträger wiederholt sich bei den Treibhausgasemissionen. Sie findet ihre Fortsetzung beim Zugriff auf andere mineralische und agrarische Ressourcen, bei Mobilität und Raumbedarf in jedem Land und in der Welt insgesamt.

Wohlgemerkt, die quantitative Ungleichheit im „globalen Dorf" wird erst wahrnehmbar vor dem Hintergrund der qualitativen Gleichheit, die der Welt von der „okzidentalen Rationalität der Weltbeherrschung" aufgedrängt wird. Im Geld konvergieren alle Dimensionen des Verschiedenen in eins, so dass nur noch quantitative Ungleichheit zu konstatieren bleibt. Und diese wird auffällig, da sie ständig wächst. Und dann findet doch ein Umschlag statt. Die eigentlich rein quantitativen Ungleichheiten transformieren sich in qualitativ höchst unterschiedliche Lebensweisen, Konsum- und Produktionsstandards.

Zum ersten Mal seit der neolithischen Revolution verliert die Landwirtschaft an Gewicht. Im beginnenden 21. Jahrhundert ist nur noch eine Minderheit von Menschen mit Ackerbau und Viehzucht beschäftigt. In den Industrieländern, die das Modell der Globalisierung vorexerzieren, sind es weniger als 5%. Dort, wo agrarische Produktion in größerem Umfang betrieben wird, ist diese durchindustrialisiert. Sie ist von den Saatgut- und Düngemittel-Multis, von den Landmaschinen- und großen Nahrungsmittelkonzernen abhängig, die die Agrarprodukte verarbeiten. Oder die Landwirtschaft wird degradiert zu einer Subsistenzökonomie, die billige Arbeitskräfte für die Industrie auf prekäre Weise bereitstellt und eine stetige Quelle der Emigration ist. Die Menschen der Beschleunigung und des Wachstums sind von einem anderen Schlag als die der Ruhe und Behäbigkeit in einer Welt, die noch nicht die Teufelshochzeit von Kapitalismus und Fossilismus (den „Hexensabbat" wie Werner Sombart Max Weber zitiert, vgl. zweites Kapitel) erleben musste. Doch mit der Auflösung der agrarischen Trägheitsmasse, die nur schwer in Schwung zu bringen war, wird Wachstum zum Prinzip, da ohne Wachstum die im globalen Akkumulationsprozess zugespitzten Widersprüche nicht gemildert werden können. Die politische Klasse lechzt geradezu nach Wachstum, da ohne Wachstum, wie ihre Repräsentanten meinen, keines der drängenden Probleme gelöst werden kann, angefangen bei der Arbeitslosigkeit von Millionen Individuen (die nicht mehr wie noch vor Jahrzehnten zu Millionenmassen verschmelzen, die Elias Canetti – 1980 – so faszinierten) und nicht endend bei der Reduzierung des Budgetdefizits des Staates.

Wachstum in der Zeit und Expansion im Raum gehören zusammen, sie sind untrennbar. Die ständige Tendenz der Inwertsetzung hat die vertiefte und erweiterte Integration aller Regionen der Welt zur Folge. Der Weltmarkt wird hergestellt durch Welthandel, den Fluss von Direktinvestitionen, die Migration von Menschen. Die Zunahme des Welthandels lag immer (mit Ausnahme der Zwischenkriegszeit) über den Wachstumsraten des BIP (Kenwood/Lougheed 1999: 24ff.; Maddison 2001: 125ff.). Die Kapitalanlagen im Ausland wurden nach 1870 bis zum Ausbruch des Ersten Weltkriegs nahezu eine *„flood"* (Kenwood/Lougheed 1999: 27) mit nicht immer positiven Effekten für das Importland. Aber auch Kapitalexporteure haben sich in manchen Fällen „die Finger verbrannt" (ebd.), wenn der Schuldendienst nicht gezahlt werden konnte.

Im Unterschied zum Begriff des Wachstums umschreibt der der Akkumulation einen komplexen ökonomischen, gesellschaftlichen und politischen Entwicklungsprozess mit all seinen Widersprüchen und Krisen. Demgegenüber wird ökonomisches Wachstum als eine quantitative Veränderung des Sozialprodukts statistisch gemessen. In einer kapitalistischen Ökonomie ist die Erzielung von Profit die Voraussetzung von Akkumulation und Innovation - und umgekehrt: Profite sind nur realisierbar, sofern die Akkumulation nicht stoppt. Also müssen sich im Verlauf von Akkumulation und Wachstum auch die Märkte für die produzierten Waren ausweiten, sonst können die Profite nicht realisiert werden. Der Massenmarkt nimmt die erzeugten Waren nur in dem Maße auf, wie die Bevölkerung wächst. Aber „it will make more sense to dress princesses in haute couture models than to speculate on the chances of capturing peasant's daughters for artificial silk stockings ..." (Hobsbawm 1968/1999: 19).[3] Weil Wachstum aber nur ein quantitativer Aspekt der qualitativen Akkumulation ist und seine Dynamik von Faktoren herzuleiten scheint, die nichts mit dem Akkumulationsprozess zu tun haben, wird geschlussfolgert, dass vom ökonomischen Wachstum die Lösung von Krisen der Akkumulation, z.B. die Überwindung der Arbeitslosigkeit, erwartet werden kann.

Dass dies eine Illusion war und ist, zeigen die Zahlen über die Migration. Von 1820 bis zum Ersten Weltkrieg verließen zwischen 46 und 51 Mio. Menschen Europa, um in Nord- und Südamerika, in Afrika, Australien, weniger in Asien zu siedeln. Europa war bis ins 20. Jahrhundert ein Emigrationskontinent. So wurde die infolge der Produktivitätssteigerung erzeugte „redundant population" (Ricardo 1817/1959: 385) in die „neoeuropäischen Siedlungskolonien" exportiert (Crosby 1991), und sie brachte ihre Lebens- und Produktionsweise mit, einschließlich der Haustiere und Nutzpflanzen, des Unkrauts und der Parasiten und Mikroben. Der „ökologische Imperialismus" im Zuge der globalen Expansion hat viele Völker Krankheiten ausgesetzt, gegen die sie keine Resistenzen aufgebaut hatten. Einige

[3] Joseph A. Schumpeter wird über die Nachfrage im Kapitalismus des 20. Jahrhunderts schreiben, dass Unternehmen nicht für den Bedarf von Königinnen, sondern für den der Arbeiterinnen produzieren.

sind, wie die Semiolen im südlichen Nordamerika, daran zugrunde gegangen, ausgelöscht von den Viren und Bakterien, die die Migranten mit sich schleppten.

5.2 Wachstum wird Fetisch

Wachstum wird, nachdem es so wirkungsvoll seit der industriell-fossilen Revolution gesteigert werden konnte, nach und nach eine zentrale Kategorie in modernen ökonomischen Diskursen. Noch in der klassischen Politischen Ökonomie von Adam Smith oder David Ricardo spielt Wachstum im Unterschied zur Verteilung keine herausgehobene Rolle. Die Kategorie gab es einfach nicht im Kanon der politischen Ökonomie. Zwar war bewusst, dass der Anstieg der Arbeitsproduktivität nur möglich ist, wenn immer mehr Arbeiter durch Kapital ersetzt und freigesetzt werden. Ricardo war optimistisch und ging davon aus, dass die Freisetzungen - durch Wachstum - kompensiert werden könnten.[4] Doch daraus ergab sich bei ihm keine Wachstumstheorie. Daher ist es kein Bruch, wenn in der Tradition der klassischen Politischen Ökonomie John Stuart Mill eine Ökonomie der kontemplativen Selbstgenügsamkeit, ohne Akkumulation und Wachstum denkt (vgl. Luks 2000). Hier wirkt auch die Verankerung des Lebens in landwirtschaftlich geprägten Milieus mit ihren langsamen Rhythmen und engen Horizonten nach. Das ist im Übrigen der Ausgangspunkt der Romantik in der ökonomischen Theoriebildung. Erst später ist mit der Durchrationalisierung aller Lebenssphären der landwirtschaftliche Anker gelichtet worden bzw. die Landwirtschaft wurde so durchindustrialisiert wie andere Industriezweige auch. Das Leben wird hektisch, und Wachstum wird eine unwiderstehliche Norm. Kontemplation passt nicht in das neue Zeitregime der Atemlosigkeit, weder in der Stadt noch auf dem Lande, weder im privaten Haushalt noch in der Fabrik oder im öffentlichen Leben.

Erst seit den 1920er Jahren interessieren sich Ökonomen für wirtschaftliches Wachstum, und es entstehen die ersten Ansätze einer dezidierten Wachstumstheorie. In der frühen Sowjetunion beginnt ab Mitte der 1920er Jahre die Planung der Wirtschaft. Jetzt kommt es darauf an, dass die Proportionen der Branchen und Abteilungen (der Produktion von Investitionsgütern und von Konsumgütern) im Akkumulationsprozess stimmen. Die Wirkung von Äquivalenzprinzip und Marktmechanismus wird ja durch die redistributive Logik der Planwirtschaft außer Kraft gesetzt. Nicht zufällig stammt eine der ersten explizit ausformulierten Wachstumstheorien von einem Sowjetökonomen, von G.A. Feldman (1965). Er

---

4 Heute wissen wir, das ein Großteil der redundant population nicht wieder in den formellen Arbeitsprozess integriert wird, sondern bestenfalls im informellen Sektor zumeist prekäre Beschäftigung findet (dazu: Altvater/Mahnkopf 2002).

untersucht auf der Basis der Marx'schen Reproduktionsschemata die Proportionen, die im Wachstumsprozess eingehalten werden müssen, damit das Wachstum „gleichgewichtig" ist. Der Vorrang der Produktionsmittel erzeugenden Industrien ließ sich wachstumstheoretisch begründen, nachdem vorher Lenin den Sozialismus als „Sowjetmacht plus Elektrifizierung des ganzen Landes" definiert hatte. Elektrifizierung ist aber nicht nur in der sozialistischen Planwirtschaft die Basis schnellen Wachstums. Perkins berichtet, wie in Indonesien mit der Elektrifizierung Javas Wachstumsraten von bis zu 20% erreicht werden sollten, wie sich diese Zielvorgaben als Illusion herausstellten, wie aber damit große Geschäfte durch US-amerikanische Ausrüster gemacht werden konnten (Perkins 2005: 59ff). Mit der keynesianischen makroökonomischen Wende nach dem großen Schock der Weltwirtschaftskrise, die vor mehr als 75 Jahren am 24. Oktober 1929 ausbrach, kommt die Wachstumsfrage auch in der westlichen ökonomischen Theorie auf die Agenda, zumal inzwischen der „Systemwettbewerb" ausgebrochen ist. Das erklärte Ziel lautet: Steigerung der Wachstumsraten, um den Kapitalismus „einzuholen und zu überholen", bzw. – von westlicher Seite – um den Vorsprung gegenüber der Sowjetunion zu wahren und auszubauen.[5]

Wachstum ist „gut für die Armen", behaupten heutzutage Weltbank-Autoren (Dollar/Kraay 2001) – kontrafaktisch, wenn man die Daten eben der Weltbank für das neue Millennium und die Millenniumsziele interpretiert (vgl. dazu auch die Darstellung von Priewe/Herr 2005; Wade 2005). An der Wachstumsrate werden Regierungspolitiken im internationalen Vergleich gemessen, z.B. seitens der OECD. Der Council of Economic Advisers des US-Präsidenten hat in seinem „Economic Report for the President" im Jahre 2003 das sechste Kapitel ganz der Frage gewidmet, warum Wachstum im Wesentlichen Vorteile bringt. Einige „Pro Growth Principles" sollten daher unbedingt Beachtung finden, nicht nur in den USA. Dazu gehören unter anderen: „economic freedom, competition and entrepreneurship, macroeconomic stability, privatization, openness to international trade, foreign direct investment and financial flow liberalization" (ERP 2003: 213 ff.). Diese Zielsetzungen sind heute in jedem Katalog von Leitlinien für good governance enthalten, und deren Regeln öffnen den transnationalen Konzernen viel Raum für ihre Aktivitäten. In dem Report einer „Commission for Africa" vom März 2005 heißt es: „Africa is poor, ultimately, because its economy has not grown. The public and private sectors need to work together to create a climate which unleashes the entrepreneurship of the peoples of Africa, generates employment and encourages individuals and firms, domestic and foreign, to invest" (Commission for Africa: 17).

---

[5] In den Jahren 1967/68 versuchte die Führung der DDR in einer Kampagne unter dem Slogan „Überholen ohne einzuholen", die Modernisierung der Industriestruktur der DDR zu beschleunigen.

Die Weltökonomie muss wachsen, lautet also das Credo, das unzählige Male wiederholt wird. Mehr noch: Wachstum wird zum Bestandteil der „westlichen Werte", die in der National Security Strategy der USA von 2002 hervorgehoben werden, freilich nicht uneigennützig. Denn Prosperität und Freiheit im „Rest der Welt" sind eine Begleiterscheinung oder Folge von Wachstum und daher gut für die nationale Sicherheit der USA: „A strong world economy enhances our national security by advancing prosperity and freedom in the rest of the world. Economic growth supported by free trade and free markets creates new jobs and higher incomes. It allows people to lift their lives out of poverty, spurs economic and legal reform, and the fight against corruption, and it reinforces the habits of liberty ..." (NSS 2002: 17; http://www.whitehouse.gov/nsc/nss.pdf). Der Wachstumsimperativ ist also fest verankert in den herrschenden ökonomischen und politischen Diskursen. Je höher das Wachstum, desto weniger wirtschaftliche, soziale und politische Probleme, desto sicherer die Herrschaft - und umgekehrt. Wachstum ist Topos in einem herrschaftlichen Diskurs, der aber auch die Beherrschten überzeugt. Kein Wunder, dass auch alternative wirtschaftspolitische Konzepte vom Wachstum nicht lassen.

Das Konzept stetigen Wachstums war der Hintergrund des korporativen keynesianischen Klassenkompromisses der Nachkriegsentwicklung in den Industrieländern, aber auch ein viertel Jahrhundert nach dem Ende des keynesianischen Paradigmas wird Wachstum als Lösung aller Weltprobleme angesehen. Ohne Investitionen gibt es kein Wachstum und ohne Wachstum gibt es keine nachhaltige Wirtschaftspolitik. Ungleichheit wird in Kauf genommen, weil nur so Investitionen rentabel werden. Ungleichheit gilt in den herrschenden Diskursen wegen der positiven Wirkungen auf die Gewinne und daher auf die Investitionen und daher auf das Wachstum und die Arbeitsplätze als gerecht („gerecht ist, was Arbeit schafft"), obwohl keines der Glieder in dieser Argumentationskette sicher ist. Höheres Wachstum erweitert den Raum der Gerechtigkeit, weil auch die Ärmeren daran teilhaben können. Auch die Umwelt, so manche Ökologen, gewinnt durch Wachstum; denn die „dirty pollution" geht zurück, auch wenn die „clean lifestyle pollution" zunehmen mag. Dies scheint besonders dann der Fall zu sein, wenn nicht die reale „schwere" Wirtschaft wächst, sondern die virtuelle, die „leichte" Wirtschaft der Finanzen, der Dienstleistungen und der Bits und Bytes. Doch die virtuelle Wirtschaft, die ohne Transformationen von Energie und Material auskommen müsste, gibt es nur in der Fantasiewelt der gedankenlosen Postmoderne. Auch die Vorstellung, Wachstum müsse „effizient" beim Umweltverbrauch sein, ist auf Illusionen und fehlerhafter Analyse gegründet. Die einfache Formel, Wachstum sei vertretbar, solange der Energie- und Stoffverbrauch weniger zunehme als das Bruttoinlandsprodukt (so Bode 2005), nimmt die thermodynamischen Gesetze nicht zur Kenntnis. Am Outputende der Produktionskette gibt es genau so viel Energie und Material wie am Inputanfang. Nur ist die Qualität eine andere.

Ein Teil der Inputs sind in den menschlichen Bedürfnisse nützliche Gebrauchswerte umgewandelt. Ein anderer Teil ist Abfall, Abluft, Abwasser. Letzterer Teil kann zwar verringert, aber niemals auf Null reduziert werden.

Woher kommt die Wachstumsmanie? Die Antwort ist: aus dem Kern der kapitalistischen Gesellschaften und der ingeniösen Nutzung der fossilen Energieträger. Vor der industriellen Revolution beruhte das Wachstum des Sozialprodukts in allererster Linie auf der Zunahme der Bevölkerung, und diese wiederum hing vom Zuwachs der Güter und Dienste zur Subsistenz und Reproduktion der Menschen ab, hauptsächlich mittels Strategien der Aneignung durch Enteignung, wie oben (drittes Kapitel) dargestellt.[6] Seit der industriellen Revolution jedoch ist das Wachstum nicht mehr hauptsächlich von der Zufuhr von Arbeitskräften und der Fruchtbarkeit der Böden abhängig, sondern vom Anstieg der Produktivität industrieller Arbeit. Dieser Anstieg ist eine Folge der systematischen Nutzung von Wissenschaft und Technik zur Entwicklung der Produktivkräfte (Werkzeuge, Maschinen etc.), der sozialen Organisation der kapitalistischen Mehrwertproduktion und - *last not least* - des massiven Einsatzes fossiler Energieträger zum Antrieb der Werkzeuge und Maschinen des Industriezeitalters.

Wachstum wird zu einem Element der Alltagswelt, des Alltagsverständnisses und zu einer Selbstverständlichkeit. Aber ist daraus auch die Schlussfolgerung zu ziehen, dass in der Zukunft „to which the epoch of modern economic growth is leading is one of never ending economic growth, a world in which ever growing abundance is matched by ever rising aspirations ..." (Easterlin 1998: 135)? Diese Vorstellung folgt den Ideen der Futurologen der optimistischen 1960er Jahren, die ebenfalls ewiges Wachstum und ununterbrochene Modernisierung vorausgesagt hatten. Sie verlängerten die Gegenwart in die Zukunft, betrachteten die Zukunft als eine Art „Gegenwart plus". Mit dem Wachstumsfetischismus kommt also auch ein Zeitverständnis, das um die Gegenwart kreist. Wie die Zukunft Gegenwart plus ist, wird die Gegenwart eine Zukunft minus. Die Zukunft wird „präsentiert", wie Günther Anders (1972) schreibt, d.h. mit einem gegebenen Zinssatz abdiskontiert. Mit dem Wachstumsdiskurs schwindet die Qualität aus der gesellschaftlichen Entwicklung, und die Quantität obsiegt im Denken und Handeln. Der Wachstumsbegriff usurpiert den Fortschrittsbegriff, und er ist heute so selbstverständlich, dass niemand ihn hinterfragt, zu allerletzt die Ökonomen selbst. E.J. Mishan schreibt dazu: „Seit dem Zweiten Weltkrieg ist der spezifisch wirtschaftswissenschaftliche Wachstumsbegriff nicht mehr einfach eines von mehreren sozialpolitischen Zielen. Wie der in eine Schlange verwandelte Stab Arons, so fraß auch der Wachstumsbegriff alle - oder fast alle - seine Rivalen auf ... Die

[6] Dies war im Übrigen der rationale Kern der Theorie von Robert Malthus (1970). In nicht-fossiler, agrarischer Gesellschaft war das Wachstum der Bevölkerung im Wesentlichen begrenzt durch das Wachstum des Angebots an Lebensmitteln.

Wachstumsrate ist der Indikator für den Fortschritt, dem Politiker aller Parteien huldigen. Als ein Kriterium, das es erlaubt, die gesamte wirtschaftliche Leistung verschiedener Länder miteinander zu vergleichen, hat der Wachstums-Indikator internationale Anerkennung gefunden ..." (Mishan 1980: 21)

Wachstum wird zu einem Element der Alltagswelt, insbesondere nach der Transformation der Industriegesellschaft in fordistische Verhältnisse. Fordismus umschreibt eine gesellschaftliche Konstellation der industriellen Massenproduktion, die auch auf Massenkonsumtion angewiesen ist. Wie sonst wäre die Massenproduktion abzusetzen? Es entsteht also die „Konsumgesellschaft". Nach dem zweiten Weltkrieg wird sie in der Zeit der „Wirtschaftswunder" zum gesellschaftspolitischen Paradigma, jedenfalls in den reichen Industriegesellschaften. Anders ist dies in den Entwicklungsländern. Konsummuster werden internalisiert und mit ihnen der Lebensstil einschließlich des Umgangs mit der Natur. Mobilität und Unabhängigkeit von natürlichen Bedingungen sind Elemente der Lebensweise geworden, abgesenkt in den Konsummustern der fordistischen Gesellschaft.

In einer kapitalistischen Gesellschaft geht es nicht um Wachstum schlechthin, sondern um effizientes Wachstum, das zielgerichtet ist. Dieses Ziel lautet (anders als Bode 2005 meint): Profitabilität, Rentabilität, Rendite. Natürlich werden diese Ziele auch mit Strategien der Ressourceneinsparung, mit der von Marx so bezeichneten „Ökonomie des konstanten Kapitals" verfolgt. Doch wenn auf diese Weise die Produktionskosten und die Preise der Produkte sinken, werden möglicherweise mehr nachgefragt und dann auch produziert. Der Ressourcenverbrauch steigt also, weil Ressourcen gespart werden. Dies ist ein Paradox, auf das bereits Jevons im 19. Jahrhundert aufmerksam gemacht hatte. Umgekehrt ist die Profitabilität Motor der Akkumulation von Kapital und daher des Wachstums des Sozialprodukts. Diese Präzisierung wirft freilich schwierige theoretische und methodische Fragen auf, insbesondere in Zeiten der Globalisierung. Kapital ist ein höchst mobiler Produktionsfaktor, und daher werden nicht nur Profitraten, sondern Kapitalerträge auf alle Kapitalarten und nicht nur auf industriell investiertes Kapital verglichen (Zinsen und Renditen). Dies hat zur Folge, dass nicht nur die Profitabilität Investitionsentscheidungen und daher die Rate des Wachstums beeinflusst, sondern die globalen Zinssätze auf Finanzanlagen. Die monetären Renditen, die auf globalen Finanzmärkten erwartet werden, haben mit den real erzielbaren Wachstumsraten wegen des Fetischismus der Kapitalanleger, die ja den „vermittelnden" Produktionsprozess zwischen Anlage und Renditenrückfluss nicht berücksichtigen, nichts zu tun. Renditen von 20% können vorübergehend erzielt werden, indem Schuldner ausgeplündert werden. Doch Wachstumsraten dieser Größenordnung sind extrem und auf Dauer nicht möglich. Sollen die Zinsen aus dem realen ökonomischen Zuwachs finanziert werden, muss das Wachstum einer geometrischen Reihe folgen. Diese widerspricht aber thermodynamischen Gesetzen und ist daher nur gegen die Natur und daher höchstens vorübergehend möglich. Daher müsste die Zinsrate mit den realen ökonomischen Wachstumsraten sinken. Dies geschieht freilich wegen der Renditekonkurrenz auf globalen Finanzmärkten nicht, so dass sich eine immer größere Spannung zwischen realen, ökonomischen Wachstumsraten und Zinsen aufbaut, die sich in den periodischen Schulden- und Finanzkrisen der vergangenen Jahrzehnte entladen hat (vgl. dazu auch das sechste Kapitel). In den Krisen werden die Wachstumsgewinne nachgerade verbrannt. Diese Erfahrung mussten viele Länder in den Finanzkrisen der vergangenen Jahre machen. Die „harte Budgetrestriktion" der Zinsen erzwingt sehr hohes Wachstum, stellt aber zugleich eine so extreme Überforderung dar, dass wachstumswirksame Investitionen in der realen Wirtschaft gar nicht finanzierbar sind. So wird infolge der Abhängigkeit der Investitionen von der Rentabilität und wegen der Beeinflussung der Rentabilitätskalkulation durch Renditen auf globalen Finanzmärkten das Gegenteil dessen erreicht, was mit Investitionen beabsichtigt wird: statt positivem Wachstum dessen Rückgang. Wachstum findet also finanzielle Grenzen vor.

Es gibt aber auch ökologische Grenzen, die schon lange diskutiert werden. Die Annahme, dass der physische Input endlos ausgedehnt werden könnte, um einen ewig wachsenden Output hervorzubringen, ist ökologischer Unsinn, denn nichts in der physischen Welt wird endlos wachsen können. Wachstum stößt an Grenzen. Während der Club of Rome 1973 noch die Grenzen des ökonomischen Wachstums in der Natur identifizierte, sei es auf der Seite der Ressourcen oder der Senken, erkennt der neoliberale Diskurs nur Grenzen in der unzureichenden governance, vor allem von Regierungen, und in unzureichenden Kapitalinvestitionen. Die Regierungen müssten also ihre governance-Institutionen und die dementsprechenden Regeln verbessern und so mit einem höheren Wachstum auch eine verbesserte Kapazität erwirken, die Probleme zu lösen, die durch zu niedriges Wachstum entstanden seien. Außerdem müssen die Renditen so gesteigert werden, dass sich wachstumswirksame Investitionen lohnen. Dies ist verklausulierte Sprache. Denn letztlich geht es darum, dass Wachstum eine Umverteilung zu den Profiten verlangt, in der Hoffnung, dass die Privaten dann investieren würden. Es ist also kein Wunder, dass Wachstum Ungleichheit vergrößert und nicht mindert. Dass Wachstum nur ein quantitativer Aspekt der qualitativen Akkumulation ist, erweist sich nun als ein die Komplexität sozialwissenschaftlicher Zusammenhänge und politischer Konzepte reduzierender Passepartout: Alle Probleme haben die Ursache in zu niedrigen Wachstumsraten. Also ist die Lösung einfach, eindeutig und überzeugend: Höheres Wachstum muss her. Easterlins Wachstumsenthusiasmus ist daher keineswegs eine absurde Marginalie, weder in der Wirtschaftsgeschichte noch in der Wirtschaftstheorie und in der Halbwelt der sich selbst so bezeichnenden Analysten und sonstigen Wirtschaftsberater.

Das Wirtschaftswachstum der vergangenen Jahrzehnte in den Industrieländern ist mit bemerkenswert stabilen absoluten Zuwächsen des Sozialprodukts zustande gekommen. Die höchsten absoluten Zuwächse sind – mit wenigen Ausnahmen – in den 60er Jahren zu verzeichnen. Auf einem höheren Niveau des Sozialprodukts sind die absoluten Zuwächse in den 90er Jahren sogar leicht gesunken (vgl. Müller-Plantenberg 1998: 332 ff.). In Deutschland beispielsweise konnte der höchste absolute Zuwachs von 102 Mrd. DM 1968 verzeichnet werde, dies war eine reale Wachstumsrate von ca. 7,5%. Zwanzig Jahre später, 1988 hätte der gleiche reale Zuwachs ein Wachstum von 4,4% bedeutet, aber der damals erreichte absolute Überschuss betrug nur 83,4Mrd. DM. Trotzdem war die Wachstumsrate mit 3,6% im Vergleich zu den Zuwächsen der 90er Jahre noch sehr hoch. Ähnliche Tendenzen lassen sich auch für andere Industrieländer zeigen (vgl. Altvater 2002). Auch die Zuwachsraten der Arbeitsproduktivität und der Faktorproduktivität insgesamt sind in der zweiten Hälfte des 20. Jahrhunderts negativ und dennoch liegen sie oberhalb der Wachstumsrate des Sozialprodukts. Folglich werden im Verlauf des Akkumulationsprozesses Arbeitskräfte freigesetzt. Wachstum scheint zwar eine Lösung für viele Probleme zu sein. Doch die finanziellen Grenzen, die ökologischen Konsequenzen hoher Wachstumsraten und nicht zuletzt auch die ökonomischen Schranken einer Steigerung absoluter Zuwächse bei schon erreichtem hohen Niveau des BIP verweisen darauf, dass mit Wachstum Probleme erzeugt und nicht gelöst werden.

5.3 Zyklen, Krisen, Katastrophen

Das hohe Wachstum seit Beginn der Industrialisierung stößt also an Grenzen. Niedrige und fallende Profitraten verlangsamen den Akkumulationsprozess. Investitionen bleiben aus und Arbeitskräfte werden entlassen. Kapazitäten werden nicht ausgelastet, physisch abgebaut oder wertmäßig abgeschrieben. Kapital wird vernichtet und in nicht wenigen Fällen auch menschliche Existenzen. Dies ist die Bedingung dafür, dass der Akkumulationsprozess wieder in Gang kommen kann: Lohnsenkungen verringern die Auslagen von (variablem) Kapital zur Bezahlung der Arbeitskräfte. Die Abschreibungen auf fixes Kapital verringern die Last des Kapitalstocks, so dass selbst geringere Profite eine Steigerung der Profitrate möglich machen. Wenn dann noch Kredite zur Finanzierung von Investitionen billiger werden, weil die Zinsen wegen der geringen Investitionsnachfrage sinken, kann es zu einem neuen Aufschwung, zu einer neuen Phase des Positivwachstums kommen. Die Krisen sind von zyklischer Natur und sie gehören quasi zur „Normalität" kapitalistischer Entwicklung.

David Ricardo hatte darauf hingewiesen, dass die Profitrate im Verlauf der Entwicklung tendenziell fällt. Allerdings hat er diesen Fall mit steigenden Lebensmittelpreisen begründet, weil immer ertragsärmere Böden unter den Pflug genommen werden und daher der Subsistenzlohn der Industriearbeiter, die ja die Lebensmittel kaufen, steigen müsse. Die Verteilung verändert sich zu Gunsten der

Löhne und zu Lasten der Profite. Er hat die Produktivitätssteigerungen der industrialisierten Landwirtschaft nicht sehen können; Justus Liebigs Entdeckungen revolutionierten erst später die Landwirtschaft und mit ihr die Ernährungsgrundlage der Menschen. Marx hingegen hat den tendenziellen Fall der Durchschnittsprofitrate systematisch im Kontext des Gesamtreproduktionsprozesses des Kapitals untersucht und auf diese Weise die zyklisch wiederkehrenden Krisen als immanenten Ausdruck der Akkumulationsdynamik einer kapitalistischen Gesellschaft, als Folge der Überakkumulation des Kapitals und der fallenden Profitrate erklären können.[7] Die Akkumulation kommt wieder in Gang, wenn die Proportionen des kapitalistischen Akkumulationsprozesses durch Druck auf Löhne und Arbeitsbedingungen zu Gunsten der Profite verändert werden. Die Profitrate wird auch gesteigert, indem neue Anlagefelder für Kapital erschlossen werden, z.B. durch die Privatisierung öffentlicher Unternehmen und Einrichtungen wie in den vergangenen Jahrzehnten der neoliberalen Hegemonie. Privatisierungen sind in aller Welt zur Plünderung öffentlichen Eigentums genutzt worden, oftmals noch unterstützt durch Subventionen (Steuersenkungen) zu Gunsten der Reichen.

Krisen sind unterschiedlich tief und sie dauern unterschiedlich lange. Daher macht es Sinn, „große“ Krisen *der* gesellschaftlichen Formen und „kleine“ Krisen *in der* Gesellschaftsformation zu unterscheiden (Altvater 1992). Nicht in jeder ökonomischen Krise werden die gesellschaftlichen Strukturen und politischen Verhältnisse in Frage gestellt und die Wirkungen auf die Lebensbedingungen der Menschen sind ebenfalls unterschiedlich. In der marxistischen Tradition wird davon ausgegangen, dass die in „großen“ Krisen erzwungenen Transformationen den Charakter des Kapitalismus modifizieren.[8] Dies ließe sich anhand der historischen Phasen in der Entwicklungsgeschichte des Kapitalismus zeigen. Fernand Braudel umgeht

---

7 Die Ausführungen zum Krisenzyklus finden sich verstreut im gesamten Werk von Marx. Man kann daher mit gutem Grund sagen, die Analyse der Widersprüche der kapitalistischen Produktionsweise als solche ist Krisentheorie (vgl. dazu Heinrich 1999, insbes. 8. Kapitel)

8 Die Anpassungsfähigkeit macht den Kapitalismus zu einem stabileren System als viele Kritiker angenommen haben. Kurz: Ökonomische und soziale Krisen führen nicht zum Zusammenbruch, sondern eher zur Stabilisierung des kapitalistischen Systems. Dieser Sachverhalt mag Hardt und Negri dazu veranlasst haben, sich mit Krisen nur am Rande zu beschäftigen. Im „voll entfalteten Weltmarkt“ mit seinen Netzwerken verlaufe der ökonomische Prozess krisenfrei (Hardt/Negri 2002: 342). Das allerdings ist eine Überinterpretation. Denn dass Krisen eine Bereinigungsfunktion haben, bedeutet nicht, dass Krisen eine „quantité négligeable“ seien. Denn erstens ist die „Bereinigung“ außerordentlich destruktiv, insbesondere für die subalternen Massen. Die Finanzkrisen der vergangenen Jahrzehnte sind dafür Beispiel. Zweitens werden nach jeder überwundenen Krise erneut die Widersprüche der kapitalistischen Produktionsweise zugespitzt, so dass Krisen periodisch in je verschiedener historischer Gestalt wiederkehren.

diese Frage mit der Feststellung, dass sich „der Kapitalismus im Verlauf dieser großen Mutation (gemeint ist die Weltwirtschaftskrise nach 1929 – EA) gleich geblieben ist“ (Braudel 1986b: 695). Das ist nur die halbe Wahrheit. Marx selbst unterscheidet zwischen der prä-industriellen Manufakturperiode des Kapitalismus und der „Großen Industrie“. Das Unterscheidungskriterium ist die Art der „reellen Subsumtion“ der Arbeit unter das Kapital: Folgt die Arbeitsteilung den subjektiven Qualifikationen der Arbeiter (wie in der Manufaktur) oder wird sie in die „objektive“ Struktur der industriellen Produktionsmittel, die von fossiler Energie angetrieben werden, eingeschrieben? Hier kommen die Unterscheidungen der Aneignungsweisen zur Geltung, die im dritten Kapitel erörtert wurden. Die Krisen sind nicht zyklisch, sondern sie sind Transformationskrisen, in denen sich die Gesellschaft verändert, die Herrschaft sich modernisiert und die Aneignungsweisen sich wandeln. Der Kapitalismus bleibt sich zwar gleich, aber nur, indem er die Weisen von Regulation und Akkumulation den je historischen Bedingungen anpasst.

Der Wachstumsimperativ führt noch eine Paradoxie im Gepäck. Denn Wachstum hat als Expansion eine räumliche Dimension und führt folglich zu einer globalen Vereinheitlichung, z.B. des Wohlstandsmodells, der Konsummuster, der Produktionstechnologien und -organisation. Die Liberalisierung der Märkte und die Deregulierung erlauben es Unternehmen, die Standorte zu wechseln und dem Druck, hohe Gewinne erzielen zu müssen, auf diese Weise nachzugeben. Dies geschieht vorwiegend dann, wenn die Lohnkosten (Löhne, Arbeitszeiten, Produktivitäten) an verschiedenen „Standorten“ unterschiedlich sind. Die Auslagerung von Unternehmen in Billiglohnregionen – oder die Drohung damit – üben inzwischen eine disziplinierende Wirkung auf das Lohn- und Gehaltsniveau in den Industrieländern aus. Die Gewerkschaften werden geschwächt. Es könnte sein, dass umgekehrt mit den neuen Arbeitsplätzen in den Niedriglohnregionen das Lohnniveau tendenziell zunimmt, es sei denn die noch vorhandenen Reserven von landwirtschaftlichen und informellen Arbeitskräften in Asien und Osteuropa, in Lateinamerika und Afrika sind unerschöpflich. Der Effekt für die kapitalistische Akkumulation wäre fatal. Sinkende Masseneinkommen in den Industrieländern, nur unzulänglich steigende Löhne in der „Dritten Welt“ und gleichzeitig extrem hohe Renditeansprüche der Finanzinvestoren würden die reale Akkumulation in eine schwere Krise stürzen. Die Staatsnachfrage würde keinen Ausweg bieten, da die Regierungen unter der Herrschaft von Maastricht-Kriterien in der EU oder unter dem Druck von Programmen des IWF zur Strukturanpassung und Disziplinierung der Haushalte nicht kompensierend eingreifen könnten. Die im vorangegangenen Kapitel zitierte schwarze Vision von Chase-Dunn und Podobnik (1998) wäre dann so unrealistisch nicht. Wir müssen also eine dritte Kategorie von Krisen ins Auge fassen. Außer den zyklischen Krisen und der Transformationskrise kann man die Krise als Desaster nicht ausschließen.

5.4 Die Paradoxie des Wachstumsdiskurses an ökologischen Grenzen

Wachstum ist das Resultat eines realen Prozesses von Energie- und Stofftransformation, und dabei steigt, wie die thermodynamische Ökonomie (Georgescu-Roegen 1971) zeigt, die Entropie unweigerlich an. Produktion ist immer Kuppelproduktion; es werden niemals nur die gewünschten Gebrauchswerte erzeugt, sondern immer auch unerwünschte Beiprodukte. Das sind vor allem die soliden, liquiden und gasförmigen Emissionen in die Sphären der Natur. In der ökonomischen Theorie wird dieser Zusammenhang von Ordnung und Unordnung, von Reichtumsproduktion durch höhere Mengen von Gebrauchswerten und der parallelen Steigerung von schädlichen Emissionen in die Sphären der Erde unter der Rubrik „externe Effekte" und „soziale Kosten" verbucht. Dieses „Marktversagen" ist eine der fundamentalen Aporien der klassischen und neoklassischen Theorie. Das kategoriale System kann nur gerettet werden, wenn Zeit und Raum, d.h. die Dimensionen der Natur, aus der Theorie ausgeklammert werden. Die Ökonomie muss als eine Veranstaltung jenseits von historischer Zeit und geographischem Raum verstanden werden. Sonst hätte die Theorie in Rechnung zu stellen, dass ökonomische Transformationen, nämlich der Verbrauch von Energie und Stoff, irreversible Effekte auf die Natur hat, gleichgültig ob Externalitäten internalisiert werden oder nicht. Die Markttheorien gehen selbstverständlich davon aus, dass alle Effekte der Produktion durch den Markt geregelt werden, dass externe Effekte also internalisiert werden können und dass die Preise dann „die Wahrheit sagen".

Es ist ein grundsätzlicher und schwer wiegender Irrtum, ökonomische Prozesse nicht als Prozesse der Werterzeugung und zugleich als Transformationen von Stoffen und Energien zu begreifen. Der Irrtum hat Folgen. Einer stellt sich als Illusion dar, dass sich das Problem der die Natur und die Gesellschaft schädigenden Kuppelproduktion mit den Mitteln einer Marktökonomie und Anreizen zur Effizienzsteigerung (Bode 2005) lösen ließe. Dabei wird nämlich nicht gesehen, dass die „externen Effekte" nicht aus der Ökonomie verschwinden, indem sie externalisiert worden sind. Sie kehren als „allgemeine Produktionsbedingungen" zurück (O'Connor 1988). Die Produktion und Reproduktion der Gegenwart finden bereits in einer durch externe Effekte der Vergangenheit gestalteten Umwelt statt, in menschengemachter Natur. Diese besteht aus einem Ensemble produzierter Umwelt. Das sind Straßen, Brücken, Häfen, Städte, Parks, Müllhalden, landwirtschaftliche Böden oder Nutzwaldflächen, die heute fast 100% der Landoberfläche bedecken. Selbst die Ozeane werden mehr und mehr „humanisiert", d.h. zum Produkt des Menschen. Denn Abwässer verändern die Qualität der Gewässer, die Überfischung dezimiert die maritime Fauna und Flora und der permanente Geräuschteppich unterbricht die Stille der See. Die menschengemachte Natur umfasst also die Gesamtheit so genannter externer Effekte. Die meisten sind schädlich, und zwar für die Natur und für die Menschen, nur selten haben sie positive Auswirkungen. Wenn man die externen Effekte ernst nähme, müsste man zu dem Schluss kommen, dass die Natur tatsächlich keine bloße Ansammlung von mehr oder weniger nützlichen Ressourcen ist, sondern eine außerordentlich komplexe Gesamtheit von Mensch-Natur-Beziehungen, die die Ökonomie strukturieren.

Die negativen Effekte der Luft- und Wasserverschmutzung, der Missachtung der natürlichen Bedingungen der Ernährungssicherheit oder der Übernutzung der Ozeane und der Landerosion sind für die Reproduktionsbedingungen der Arbeitskraft von Bedeutung. Die Kosten der Reduktion von Luftverschmutzung und der Abwasseraufbereitung gehören zu den Kapitalauslagen und erhöhen folglich das konstante fixe Kapital mit dem Effekt einer steigenden organischen Kapitalzusammensetzung und einer sinkenden Profitrate. Nur unter der heroischen Annahme, dass die Natur eine unendliche Absorptionsfähigkeit für negative Effekte und eine entsprechende Rekreationsfähigkeit besitze, könnten diese Effekte ignoriert werden. Doch der kapitalistische Akkumulationsprozess tendiert dahin, die Grenzen der natürlichen Reproduktionsbedingungen zu überschreiten, eben weil natürliche Raum- und Zeitkoordinaten im (mikro)ökonomischen Kalkül keine Berücksichtigung finden. Denn in der Konkurrenz der Kapitale gewinnen die, deren Kosten niedrig sind, auch wenn dieser Effekt durch Externalisierung erreicht wird. Je mehr das Wachstum zeitlich fortgeschritten ist und je weiter die Expansion im Raum ausgedehnt wurde, desto drückender werden die Grenzen der Natur, sowohl auf der Seite der Ressourcen als auch auf der Seite der Senken. Wie bedeutsam dies ist, zeigt sich beispielsweise beim Erdöl, dessen Produktion den Höhepunkt in diesen Jahrzehnten überschreiten dürfte, obwohl doch gleichzeitig immer mehr Nachfrager nach fossilen Brennstoffen auf den Markt drängen – und dies gar nicht vermeiden können, wenn sie denn in einer auf dem fossilen Energieregime basierenden Weltwirtschaft konkurrenzfähig werden und bleiben wollen.

Die menschengemachte Umwelt ist das „built environment ..., fix capital that functions as a physical framework for production (e.g. factories). The latter I call the built environment for production. On the consumption side we have a parallel structure ... Some items are directly enclosed within the consumption process (consumer durables such as stoves, washing machines etc.), while others act as a physical framework for consumption (houses, sidewalks, etc.) – the latter I call the built environment for consumption“ (Harvey 1989: 64). In der Marx'schen Theorie gehört das built environment zu den allgemeinen Bedingungen der Produktion, die in aller Regel durch den Staat bereitgestellt werden müssen, da sie durch privates Engagement nicht mit Gewinn hergestellt werden können. David Harvey betont die Bedeutung des „spatial and temporal fix“ im Verlauf der Kapitalakkumulation: „... this is not a minor sector of the economy and it is capable of absorbing massive amounts of capital and labour, particularly under conditions of rapid geographical expansion and intensification" (Harvey 2003: 63). So ist das built environment ein Kernstück der Akkumulation und infolgedessen auch eine bedeutende Ursache sowohl für die Dynamik als auch für die Krisentendenzen kapitalistischer Entwicklung.

Der Diskurs über allgemeine Produktionsbedingungen, so James O'Connor, ist vom Prinzip her politisiert. Denn immer sind der Staat und die den Staat bewegenden politischen Parteien und sozialen Bewegungen involviert. „Precisely because they are not produced and reproduced capitalistically, yet are bought and sold and utilised as if they were commodities (the conditions of supply, quantity and quality, place and time) must be regulated by the State or capitals acting as if they are the State. Although the capitalisation of nature implies the increased penetration of capital into the conditions of production ... the State places itself between capital and nature or mediates capital and nature with the immediate result that the conditions of capitalist production are politicised" (O'Connor 1988: 23). Die politisierenden Gestalten sind in diesem Diskurs die Parteien, die Verwaltung, Regierungen, soziale Bewegungen, deren Konflikte nicht allein um Klassenstrukturen und deren Gegensätze zentriert sind, sondern auch um die Gestaltung der gesellschaftlichen Naturverhältnisse ausgetragen werden.[9] Auch hier zeigt sich die Bedeutung des Territoriums für die sozialen Auseinandersetzungen. Es geht um dessen Gestaltung im Sinne der Wiederaneignung von verlorenen Rechten.

Wachstum wird also zum Fetisch, dessen Lebenssaft aus fossilen Energieträgern, vor allem aus Öl besteht. Doch darf nicht vergessen werden, dass Wachstum der Ausdruck für Profitabilität ist oder: ohne Wachstum gibt es keinen Überschuss, und der Überschuss muss erzeugt werden. Der Mehrwert ist die Basis der Profite. Damit geht eine paradoxe Verkehrung innerhalb des dominanten Wachstumsdiskurses einher. In der Frühzeit der kapitalistischen Industrialisierung gegen Ende des 18. Jahrhunderts wurde die Wachstumsrate durch die Nutzung fossiler Energieträger für den Antrieb des Systems industrieller Werkzeuge in kurzer historischer Zeit verzehnfacht. Ein gesellschaftlicher Imperativ des Wachstums jedoch existierte in jener Epoche nicht. Denn die Gesellschaften waren nicht vollständig durchkapitalisiert. Es gab nicht-kapitalistische Räume, in denen das Gesetz von

---

[9] James O'Connor nennt die Widersprüche, die aus den Naturverhältnissen resultieren, die „second contradiction of capitalism". Denn im Zuge kapitalistischer Entwicklung werden die allgemeinen Produktionsbedingungen, ohne die Entwicklung nicht möglich ist, degradiert oder gar zerstört. Beispiele dafür gibt es genug: vom Treibhauseffekt über die Versalzung der Böden bis hin zum übermäßigen Pestizideinsatz. O'Connor beschreibt die Degradation der allgemeinen Produktionsbedingungen als eine „Krise der Unterproduktion". So wird im „traditionellen Marxismus" die Krise auf Überproduktion und Überakkumulation von Kapital zurückgeführt, im ökologischen Marxismus dagegen auf eine „Unterproduktion" der allgemeinen Produktionsbedingungen.

Profit, Akkumulation und Zins keine volle Gültigkeit hatte. Die dromologische Hetze gehörte nicht überall zum Arbeits- und Lebensstil. Der Kapitalismus jedenfalls konnte unter Rückgriff auf die fossilen Energieträger die in ihm angelegte Rationalität der Weltbeherrschung und Beschleunigung voll entfalten.

Heute ist Wachstum in die gesellschaftlichen Verhältnisse, in Produktion, Konsum und Lebenswelt gleichermaßen, als nicht nur ideologischer Diskurs, sondern als faktischer Sachzwang eingeschrieben. Doch das Wachstum kann an den dargestellten finanziellen, ökologischen, ökonomischen und sozialen Grenzen nicht mehr gesteigert werden wie zu Beginn des industriell-fossilen Kapitalismus. Und was ist, wenn der Treibstoff des Wachstums, die fossilen Energieträger, in den nächsten Dekaden ausgehen? Dies prognostizieren seriöse Ökologen und Geologen (Deffeyes 2005; Campbell/Laherrère 1998; Heinberg 2004; Global Challenges Network 2003). Dann ist die Macht der Kongruenz von Kapitalismus und Fossilismus vorbei und die Krise infolge des von Braudel so bezeichneten „Anstoßes von äußerster Heftigkeit" unvermeidbar. Sie mag als „Energiekrise" so wie 1973, 1981 oder 2004 beginnen. Sie wird zu einer Krise des Produktions- und Lebensmodells, wenn sie nicht einfach durch Zufuhr von fossilen Brennstoffen zu passablem Preis oder durch nicht-fossile Ersatzenergien überwunden werden kann. Dem Wachstum, das zum Fetisch geworden ist und daher ungehemmt fortgesetzt werden müsste, fehlt der Treibstoff. Wachstum ist eben „geöltes Wachstum" und ohne Öl bleibt das Vehikel stehen.

Sechstes Kapitel
Zuspitzung innerer Widersprüche: finanzielle Repression und Finanzkrisen

In der langen Geschichte des kapitalistischen Weltsystems hat es keine so dynamische Phase wie die zwischen dem Ende des Zweiten Weltkriegs und etwa Mitte der 1970er Jahre gegeben. Doch das „goldene Zeitalter" fand abrupt mit Ölkrise, Massenarbeitslosigkeit und der Entstehung eines informellen Sektors, mit Diskursen über die „Unregierbarkeit" und die „Krise der Demokratie" und vor allem mit dem Zusammenbruch des Weltwährungssystems von Bretton Woods ein Ende. Der nationalstaatliche, keynesianische Interventionismus, der für die Jahrzehnte der Nachkriegszeit zumindest in den Industrieländern bestimmend war, wurde in der „neoliberalen Konterrevolution" (die Milton Friedman schon 1962 verkündete) seit Beginn der 1970er Jahre zerstört. Der Begriff der Zerstörung (um Walter Benjamins Begriff der „Zertrümmerung" nicht zu gebrauchen - vgl. erstes Kapitel) ist keine Übertreibung, und dennoch wurde diese von den Zeitgenossen als solche kaum wahrgenommen. Vielmehr wurden untaugliche Versuche unternommen, den Keynesianismus wiederzubeleben, obwohl seine Geschäftsgrundlage bereits abhanden gekommen war. Das waren die wirtschaftspolitische Souveränität des Nationalstaats, der korporatistische Klassenkompromiss zwischen Lohnarbeit und Kapital und der Vorrang des realwirtschaftlichen Profits vor den monetären Renditen.

Politische Regeln und Vorschriften (für den Warenverkehr, für Direktinvestitionen und den sonstigen Kapitalverkehr) werden seitdem abgebaut, *dereguliert*.[1] Märkte werden durch Abbau von Zöllen und anderen Handelshemmnissen auf den Warenmärkten, durch Beseitigung von Kapitalverkehrskontrollen und Einführung globaler Standards bei der Regulierung des Finanzsektors auf Finanzmärkten radikal *liberalisiert* und *geöffnet*. Öffentliche Güter und staatliche Unternehmen, also die Machtmittel der staatlichen Intervention in die Ökonomie, werden weitgehend *privatisiert* und damit der ökonomischen Logik der Erzielung von Profit unterworfen. Die Privatisierungen erlauben es den neuen privaten Eigentümern, durch Ausbeutung der neuen Möglichkeiten, die die globalisierten Märkte bieten, horrende Profite zu machen. Wie sonst wäre es erklärlich, dass überall in den neoliberalisierten Gesellschaften eine Klasse der *nouveau riches* emporgekommen ist, und zwar selbst in den einstmals real-sozialistischen Gesellschaften, die jahrzehntelang keine private Akkumulation von nennenswerter Ausdehnung kannten und wie aus dem Nichts stinkreiche „Oligarchen" hervorbrachten?

---

1 Dies gilt nicht für die transnationale Migration. Diese ist in manchen Weltregionen und Ländern stärker reglementiert als je zuvor.

Staatsbürger mit gleichen Zugangsrechten zu öffentlichen Gütern werden nach der Privatisierung öffentlicher Güter in Konsumenten verwandelt, die öffentliche Leistungen nur noch gemäß ihrer monetären Kaufkraft auf dem Markt kaufen können. An die Stelle von öffentlichem Recht und erzwingbaren Standards tritt „weiches" Recht in der Form von Verhaltenskodizes, freiwilligen Vereinbarungen und governance-Regeln. Öffentliche Regulierung wird durch private ersetzt. Dabei haben Ratingagenturen seit den 1970er Jahren wachsende Bedeutung erlangt und „states have had to take account of private judgments much more than in the heavily controlled post-war era" (Sinclair 2005: 3). Ihr Beitrag zur globalen Vereinheitlichung ist so bedeutsam wie die Politiken von IWF und Weltbank, von OECD und WTO. Das ist der Ausgangspunkt für die Kritik Walden Bellos (2004) an der „corporate globalization", an der Globalisierung zu Gunsten der Konzerne. Diese wird von Perkins als eine „Korporatokratie" bezeichnet, in der die Konzerne, Banken und Regierungen nach Weltherrschaft streben und diese dabei sind, unter sich aufzuteilen (Perkins 2005: 15).

Innovative Institutionen (Investmentfonds, Private Equity-Fonds, Hedge-Fonds etc.) benutzen innovative Finanzinstrumente zur Ausplünderung ganzer Nationen. Dies lässt sich zwar auch den Analysen von IWF und Weltbank entnehmen, ist aber besonders krass von „Aussteigern" aus der Welt der Finanzen dargestellt worden (z.B. von Partnoy 1998; Perkins 2005). So wie sie heute unreguliert funktionieren, sind die Finanzmärkte dabei, alle Bedingungen von ökonomischer Effizienz, sozialer Kohäsion und politischen Friedens zu untergraben. Ihre Funktionsweise, von der neoliberale Ökonomen behaupten, dass sie die Effizienz der Allokation von investiven Mitteln steigere, läuft auf einen „Crash in Raten", auf eine Folge von Finanzkrisen hinaus mit ausschließlich negativen Effekten für die jeweiligen Gesellschaften, die mit den hohen Profiten, die einige Spekulanten machen, nicht kompensiert und erst recht nicht gerechtfertigt werden können. Im Folgenden steht die Krisenhaftigkeit der liberalisierten Finanzmärkte zur Diskussion.

6.1 Die Entfesselung der Finanzmärkte und die Fesseln der „good governance"

Das Ensemble von Deregulierung, Liberalisierung und Privatisierung ist die Kehrseite der Globalisierung, von der ebenfalls seit Mitte der 1970er Jahre die Rede ist.[2] Der Markt „entbettet" sich aus der Gesellschaft. Das bedeutet nichts anderes,

---

2 Der Begriff der Globalisierung wird allerdings erst nach dem Ende des real existierenden Sozialismus im öffentlichen Diskurs relevant, nachdem es so schien, als ob es keine Alternative zum kapitalistischen System mehr gäbe. Erst in den 1990er Jahren türmt sich daher die Literatur zur Globalisierung (vgl. dazu Enquete-Kommission 2002).

als dass ausschließlich die oben erwähnte Kapitalrechnung (Max Weber) bzw. das Profitprinzip das Handeln der ökonomischen Akteure bestimmen und nicht Moral basierend auf ethischen Grundprinzipien, Solidarität in der globalen Gesellschaft oder Wohlgefälligkeit vor einem „höheren Wesen". Das alles hat es ja in der Geschichte gegeben, und dass der Markt und die Logik des Äquivalententausches dominant geworden sind, ist *erstens* nicht selbstverständlich und weist *zweitens* durchaus religiöse Züge im Gewand eines radikalen säkularen Rationalismus auf. Dies ist ein Grund dafür, dass die Hohepriester der Moderne, die Ökonomen nämlich, äußerst weihevoll, selbstgewiss und von keinen Zweifeln geplagt auftreten, und warum Kapitalismus als Religion, als anbetungswertes Idol, erscheint.

Tabelle 6.1: Entwicklung der Finanzmärkte: Ausgewählte Indikatoren

Jahr		*1970*	*1980*	*1990*	*2000*	*2003*
Auswärtige Direktinvestitionen in Mrd. US$[(1)]	Zuflüsse		59	209		560
	Bestände im Inland		796	1.950		8.245
Auswärtige Direktinvestitionen in Mrd. US$[(1)]	Abflüsse		28	242		612
	Bestände im Ausland		590	1.758		8.197
Cross Border Mergers and Acquisitions in Mrd. US$[(1)]				154		297
Auswärtige Portfolio-Investitionen (in v.H. der Marktkapitalisierung)[(2)]	USA	1,5	2,3	3,5	7,8	7,4
	Japan		2,0	10,7	13,6	16,7
	GB	9,5	11,4	34,0	42,6	48,1
	D	4,9	2,7	10,2	30,0	31,1
	CA	2,0	2,1	6,0	18,7	14,3
Vermögensanlagen im Ausland in Mrd. US$[(3)]	IL		2.282	9.701	26.810	36.039
	SL		114	366	1.479	1.849
Externe Verpflichtungen in Mrd. US$[(3)]	IL		2.485	10.531	28.419	39.039
	SL		552	1.298	3.527	4.208
Nennwert von Derivaten in Mrd. US$[(4)]					127.509[(5)]	169.658

(1) UNCTAD 2004b: 9

(2) IMF 2005:114

(3) IMF 2005: 112

(4) IMF 2005: 165, jeweils Ende Juni

(5) 2002

IL = Industrieländer; SL = Schwellenländer

In der entbetteten kapitalistischen Marktwirtschaft zählt nur die Logik der maximalen Verwertung von Kapital. Die Welt verwandelt sich nicht nur in eine, sondern in viele Waren. Die aus der Gesellschaft am weitesten entbettete Welt ist dort zu finden, wo sich die Hedge-Fonds, die institutionellen Investoren, die Shareholder, die „Analysten", die Ratingagenturen tummeln: auf den globalen Finanzmärkten - und deren Expansion ebenso wie deren wachsender Einfluss weisen weit über die Welt der Finanzen hinaus. Die Wachstumsraten von Finanzprodukten sind seit den 1970er Jahren geradezu Schwindel erregend (vgl. Enquete-Kommission 2002; Huffschmid 1999). Je Handelstag werden durchschnittlich schätzungsweise 1.900 Mrd US$ umgesetzt. Im Vergleich dazu betragen die Warenexporte 9.000 Mrd US$ pro Jahr (Deutsche Bundesbank, Monatsbericht Juli 2005: 29f). Das sind bei unterstellten 250 Handelstagen pro Jahr weniger als 2% der Devisenumsätze. Die restlichen 98% sind reine Finanzumsätze, die nur vermittelt mit der realen Ökonomie zu tun haben. Daten über Finanztransaktionen für die Zeit nach 1990 finden sich im World Economic Outlook des IMF vom April 2005, in dem dieser nach dem Verhältnis zwischen realwirtschaftlicher und finanzieller Globalisierung sowie möglichen Ungleichgewichten der Entwicklung fragt. In den Industrieländern haben sich von 1990 bis 2003 die finanziellen Forderungen gegenüber dem Ausland und die externen Verbindlichkeiten im Vergleich zum BIP verdreifacht (IMF 2005: 109 ff.). Als Ursachen nennt der IWF die radikal gesunkenen Kommunikations- und Transportkosten sowie den Abbau von Restriktionen. Die UNCTAD listet genauer auf: Im Zeitraum von 1991 bis 2003 waren 114 Änderungen der nationalstaatlichen Regulation auswärtiger Direktinvestitionen für die Transnationalen Konzerne ungünstig, aber 15 mal so viele Änderungen der Regulation, nämlich 1.771, waren für sie vorteilhafter (UNCTAD 2004b: 8). Kein Wunder, dass die grenzüberschreitenden Kapitalbewegungen sehr dynamisch zugenommen haben, wie die nachfolgende Tabelle indiziert.

Die Entbettung aus moralischen Schranken und zivilisatorischen Bindungen tendiert in die Richtung eines „wilden Kapitalismus", von dem in vielen Ländern unter diesem Begriff die Rede ist („capitalismo selvaje").[3] Darunter ist auch zu

[3] Helmut Schmidt sprach bekanntlich von einem „Raubtierkapitalismus", der manchmal mit „Sammetpfötchen" daherkommt. Das mussten die Briten in den letzten Jahren in ihrer Welt des Fußballs erfahren, als sich zwei Finanzmagnaten die Mehrheiten an den Aktien der börsennotierten Fußballclubs von Chelsea und Manchester United verschafften. Chelsea „gehört" dem russischen Oligarchen Roman Abramovich, Manchester United seit Mai 2005 dem US-amerikanischen Tycoon Malcolm Glazer. Dies ist ein wunderbares Beispiel dafür, dass der kalte Krieg wirklich vorüber ist und einst feindliche Brüder ihren Schnitt gemeinsam durch Aufteilung des Turfs machen können. Von den Fans, die nach dem Börsengang von „Manu" als „Shareholder United" organisiert sind, wird die Übernahme als eine Art Enteignung empfunden. Mit einer satten Mehrheit von 75% der Aktien ausgestattet, kann nämlich Malcolm Glazer mit seinem Club machen, was er will.

verstehen, dass Institutionen und Personen die Interessen der Shareholder und Anleger gegen alle anderen gesellschaftlichen Interessen durchsetzen. Von den Ratingagenturen, die im Zuge der Globalisierung seit den 1970er Jahren Macht und Einfluss enorm steigern konnten, schreibt Timothy J. Sinclair, dass ihr Wirken nicht rein „technisch", sondern dass es „linked to social and political interests" (Sinclair 2005: 2) erfolge. Entbettung kann also nicht als die Herstellung einer technischen, aseptischen Hayek'schen Welt der „Katallaktik", (des puren Tausches und in einer ungesellschaftlichen und kulturlosen Ökonomie) verstanden werden. Vereinfacht, aber nicht falsch, kann gesagt werden, dass Entbettung bedeutet, dass sich die Kapitalinteressen gegenüber allen anderen Interessen durchsetzen können. Das erklärt zu einem Gutteil die außerordentlich gewachsene Macht der Hedge-Fonds und Private Equity-Fonds, die rücksichtslos das Interesse ihrer Shareholder verfolgen (und ihr eigenes Managerinteresse, weil die Gehälter von der „performance", d.h. von der erzielten Rendite abhängig sind). Diese Rücksichtslosigkeit gegenüber gesellschaftlichen Belangen bei der Verfolgung des Zieles einer möglichst hohen Rendite ist der Kern der vordergründigen „Kapitalismuskritik"[4] der Sozialdemokratie in ihrer Panik angesichts der desaströsen Wahlergebnisse bei den Landtagswahlen in den Jahren 2004 und 2005.

Manchester United ist eine Ware. Diese Art des börsennotierten und vollständig kommodifizierten Fußballs ist aus der Welt des historischen Straßenfußballs der Unterklassen oder aus der Welt des Sports, wo einer inzwischen altmodischen Sportethik zufolge nicht Profit, sondern Fairness herrschen sollte, vollkommen entbettet. Die neue Rolle der Finanzmärkte seit den 1970er Jahren hat es möglich gemacht. Ein Fußballverein von internationaler Bedeutung kann wie ein börsennotiertes Internetportal ein reines Renditeobjekt sein.

4 Dieser Kritik hält die „Börsenzeitung" entgegen: „Die politische Diffamierung solcher Investoren als Heuschrecken ist ökonomisch betrachtet falsch. Betrachtet man die Finanzierung der Hedge-Fonds, so stammt ein wesentlicher Teil von US-Pensionsfonds. Somit finanzieren insbesondere US-Pensionäre die dringend notwendige Restrukturierung in Deutschland! Die Pensionäre tragen somit das Risiko eines Fehlinvestments und verzichten damit gegebenenfalls auf einen Teil ihrer Pension." (Wolfgang Kazmierowski, Vom Segen der Hedge-Fonds, Börsenzeitung, 27.05.2005). Die US-Pensionäre sind natürlich nicht gefragt worden, wie ihre Beiträge zu verwenden sind. Dass Pensionäre sich an der Rettung des „Standorts Deutschland" beteiligen wollen, kommt auch nur einem ahnungslosen Journalisten in den Sinn. Möglicherweise wollen die „gierigen Alten", dass die Hedge-Fonds durch aggressive Beteiligungspolitik Unternehmen zerschlagen und Arbeitsplätze vernichten. Aber man hat sie nicht gefragt. Das alles ist natürlich nicht risikolos für die Hedge-Fonds, die das Risiko gern an die Pensionsfonds weitergeben, die es im Falle eines Falles auf die Pensionäre abwälzen. Auch dazu hat man kein Einverständnis eingeholt. Dies ist ein Beispiel für den Aberwitz, wenn die Altersversorgung auf private Kapitaldeckung umgestellt und die solidarische Umlagefinanzierung aufgegeben werden.

Obendrein zeigen die Finanzkrisen der vergangenen Jahrzehnte, wie instabil das „finanzgetriebene Akkumulationsregime" (Aglietta 2000; Chesnais/Serfati 2003), wie krisenhaft die entbetteten und entfesselten Finanzmärkte sind. Dies liegt nicht zuletzt daran, dass die finanziellen Belastungen der realen Ökonomie und Gesellschaft in vielen Fällen eine Überforderung der Leistungsfähigkeit bei der Produktion des Überschusses bzw. Mehrwerts darstellen. Dieser Druck der Finanzen auf die reale Ökonomie könnte als „financial repression" bezeichnet werden.[5] Das „finanzgetriebene" Akkumulationsregime eröffnet die Möglichkeit, die bislang „gedeckelten" Renditeerwartungen der Finanzmarktakteure so sehr nach oben zu schrauben, dass die Profitraten des realen Kapitals nicht ausreichen, um die monetären Forderungen dauerhaft zu erfüllen. Welches Unternehmen kann Profitraten bieten, die an die Renditen von 20 und mehr Prozent, die auf Finanzmärkten verlangt werden, heranreichen? Es ist nichts Neues, wenn in bestimmten Konjunkturphasen die Zinsen steigen und auf Profite und Lohneinkommen der realen Ökonomie drücken. Doch ist der Tatbestand der die reale Leistungsfähigkeit überfordernden hohen Realzinsen heute kein konjunkturelles, sondern ein strukturelles und zugleich globales Problem. Hohe Renditen von 20% werden auf globalen Finanzmärkten durch Ratingagenturen und Fondsmanager im Interesse ihrer finanzkräftigen Anleger zur *benchmark* erklärt, obwohl die (mikroökonomischen) Profitraten auf Realkapital niemals dauerhaft auf ein vergleichbares Niveau gesteigert werden können und die realen (makroökonomischen) Wachstumsraten des BIP beträchtlich darunter liegen. Auch die Erträge auf langfristige Anlagen (Staatspapiere beispielsweise) sind wesentlich niedriger; sie sind sogar seit der Jahrhundertwende gesunken. Renditen in zweistelliger Größenordnung können niemals zum globalen Gravitationszentrum ökonomischer Aktivitäten werden. Sie sind auch in den Finanzsektoren nur sehr kurzzeitig, und selbst in der kurzen Frist niemals von allen zu erzielen. Dies ist selbst dann nicht der Fall, wenn die von den Finanzmärkten ausgeübte Repression bei der Umverteilung von Einkommensströmen zu Gunsten der Geldvermögensbesitzer und zu Lasten der Unternehmer und vor allem der Lohn- und Gehaltsempfänger erfolgreich ist, wenn also im Verteilungskampf zwischen den Klassen die Bankokraten (Karl Marx) bzw. der Bankenbanditismus (Jean Ziegler) Oberhand gewinnen.

Es wird dabei jene gesellschaftliche Kohärenz, die für die Reproduktion der Gesellschaft und eines „Blocks an der Macht" unabdingbar ist, zerstört. Dies ist

---

[5] Allerdings sprechen die meisten neoklassisch-neoliberalen Ökonomen von „financial repression" nur dann, wenn die Finanzmärkte staatlich reguliert und die Freiräume der privaten Finanzmarktakteure so eingeschränkt werden. Erneut zeigt sich, wie ideologisch behaftet Begriffe sind. Repression kann in dieser Gedankenwelt nämlich nur der Staat ausüben, die Privaten haben in der neoliberal bestimmten Vorstellungswelt keine repressive Macht, da sie ja der Konkurrenz unterliegen.

der deutlichste Ausdruck des „disembedding", das nun aber auch seine kontraproduktiven Seiten - wie der Besen für den Zauberlehrling - herauskehrt. Wirtschaftssoziologen haben daher schon längst auf die Bedeutung einer Einbindung der Ökonomie in gesellschaftliche Strukturen und Prozesse für deren Wettbewerbsfähigkeit verwiesen. Das reine Äquivalenzprinzip trägt nicht, ökonomische Beziehungen basieren als gesellschaftliche Beziehungen auch auf dem Prinzip der Reziprozität (vgl. dazu das achte Kapitel). Darüber hinaus führt die Dominanz des Prinzips des Shareholdervalue, d.h. der Finanzierung von Unternehmen über die Wertpapiermärkte, dazu, dass die Unternehmensleitungen den Interessen der Investmentfonds, Banken und Versicherungen dienen. Dass dies gelingt, ist nicht ausschließlich mit Hilfe der disziplinierenden Marktmechanismen zu erreichen. Im Gegenteil, die Manager von Unternehmen können im Shareholder-Kapitalismus den falschen Schein guter Sicherheiten erzeugen, wenn sich die Unternehmen auf den Wertpapiermärkten durch Anleihen und Aktienemission verschulden. Die Sicherheiten sind so lange unproblematisch, wie die Kurse steigen. Wenn aber eine Spekulationsblase platzt, verringern sich mit den fallenden Kursen auch die Sicherheiten und Unternehmen müssen ihre Wertpapierengagements reduzieren. Daraus ergibt sich eine Kontraktion von Märkten. Im Shareholder- oder Casino-Kapitalismus verstärken sich Tendenzen nach oben in die Gefilde der Spekulationsblasen, aber auch nach unten in die Abgründe der Depression.

Das aus der Literatur wohl bekannte Problem des Auseinanderfallens von Eigentümerinteressen, Leitungsbefugnis und Kontrolle (Berle/Means 1932) und das damit zusammenhängende „principal-agent-problem" haben sich im Shareholder-Kapitalismus zu Skandalen zugespitzt, die das gesamte Finanzsystem erschüttert haben: Enron (2001), Vivendi Universal (2002), WorldCom (2002), Ahold (2003), Parmalat (2003), um nur die größten Finanzskandale um die Jahrhundertwende zu nennen. Die Verluste waren hoch, und sie mussten nicht nur von Aktionären, Gläubigerfonds und -banken getragen werden, sondern zumeist von den Belegschaften oder Pensionären, weil die Manager der Unternehmen in manchen Fällen (besonders eklatant ist der Fall Enron) auch die Pensionskassen verwettet hatten.

Offenbar bedarf es der Einbindung der Unternehmen in das System einer „corporate governance" (vgl. dazu EZB 2005: 93-106), die der finanziellen Repression durch das Wirken der Märkte auch mit einem gesellschaftlichen Regelwerk Unterstützung verleiht. Regeln der *„good governance"* werden eingeführt, um entbetteten Finanzmärkten einen gewissen Halt zu geben. Diese Regeln finden Eingang ins „weiche Recht" von OECD und EU und ins Regelwerk des IWF. Auch für die grauen Eminenzen des Shareholder-Kapitalismus, die Ratingagenturen, ist von der „Internationalen Vereinigung der Wertpapieraufseher" (IOSCO) ein *„Code of Conduct Fundamentals"* erarbeitet worden (EZB 2005: 104 ff.). Die Macht der Ratingagenturen wird durch die „Fundamentals" nicht begrenzt, sondern rationalisiert. Gute corporate und gute staatliche governance werden zur Bedingung bei der Vergabe von Krediten des IWF oder von Mitteln aus der Entwicklungszusammenarbeit. Sie sind sozusagen das äußere Stützkorsett einer durch finanzielle Repression aus den Fugen geratenen Ökonomie und Gesellschaft. Die internationalen Institutionen verlangen die Einhaltung von Regeln des Finanzsystems, denn dessen Stabilität ist „essential for macroeconomic and financial stability in a world of increased capital flows", wie der IWF die Auflagen im „Financial Sector Assessment Program" und in den „Reports on Observance of Standards and Codes (ROSCs)" begründet (http://www.imf.org/external/np/fsap.asp).

Es geht eben um Stabilität nicht nur in Ländern, sondern in den Unternehmen, auf die sich international operierende Anleger verlassen müssen. Dies ist auch bedeutsam für das hegemoniale System der „einzigen Weltmacht", ist also ein Politikum. Die finanzielle Repression transformiert sich also in ein ebenfalls repressives, globales Regelwerk der „guten Politik", deren Qualität sich an den Zielen bemisst, die inzwischen von den internationalen Institutionen, den großen „think tanks", zum Teil auch von Nicht-Regierungsorganisationen mit einem System von Indikatoren konkretisiert worden sind (vgl. die Darstellung von komplexen *„governance indicators"* bei den Weltbank-Autoren Kaufmann/Kraay/Mastruzzi 2003). Das Versprechen der Aufseher über die *„gute Regierungsführung"* lautet, dass mit „ordentlicher" Haushaltsführung, sprich verringerten Haushaltsdefiziten, und dass mit guter *„corporate governance"* das Wachstum beschleunigt werden könne. „Eine gute Corporate Governance", heißt es bei der EZB (2005: 95), „setzt Anreize für den effizienten Einsatz von Ressourcen und fördert damit das Wirtschaftswachstum". Auch in der abgehobenen Welt der Finanzbeziehungen ist Wachstum der realen Ökonomie ein unhinterfragter Fetisch. Dies ist allerdings aus gutem Grund so. Denn ohne Wachstum der realen Ökonomie können die Renditeforderungen des Finanzsektors nicht real befriedigt werden, so dass Abschreibungen von Finanzwerten notwendig werden könnten. Die verlangte Haushaltssanierung sollte allerdings in erster Linie „by cutting subsidies, transfers (such as pensions), and the government wage bill" erreicht werden, und nicht etwa durch „increasing taxes and cutting public investment" (Baldacci/Clements/Gupta 2003). Good governance ist also keineswegs für alle gut: nicht für öffentlich Bedienstete oder Empfänger von Transfereinkommen, wohl aber für die durch öffentliche Investitionsaufträge begünstigten, sehr häufig transnationalen Unternehmen, die daher auch ein großes Interesse einerseits an der weitgehenden Liberalisierung der öffentlichen Auftragsvergabe, andererseits an deren Rationalisierung und Verlässlichkeit durch eine „gute Regierung" anmelden.[6]

---

[6] Susanne Söderberg verweist in diesem Zusammenhang auch auf den „Millennium Challenge Account" der Bush-Regierung vom März 2002, der neben Kriterien zur Bewer-

Auch entbettete Märkte können sich nicht ganz von der Gesellschaft entkoppeln. Sie bleiben wie der gefesselte Prometheus an den Felsen von Politik, Gesellschaft und Kultur geschmiedet. Aber die großen Marktakteure, vor allem diejenigen der Finanzmärkte, zerren daran und wollen sich sowohl die Gesellschaft als auch die Politik einverleiben. Die Auswirkungen sind in einigen Ländern, die von den Finanzkrisen der vergangenen Jahre geschlagen worden sind, verheerend.

6.2 Warum die Realzinsen hoch sind

Ursprünglich sind hohe Zinsen eine direkte Folge des Versuchs, die US-amerikanische Hegemonie auf Weltmärkten und in der Weltpolitik wieder herzustellen und zu sichern. Mit geldpolitischen Mitteln sollte der US-Dollar gestärkt werden, weil der realwirtschaftliche Vorsprung bei der Konkurrenzfähigkeit im Vergleich zu den Konkurrenten aus Europa und Asien geschwunden ist. Die negative Handelsbilanz seit 1971 war ein erstes Warnzeichen. Doch Mitte der 1970er Jahre folgte Alarmstufe „rot", als die Leistungsbilanz defizitär wurde. Als Reaktion darauf sind bereits unter der Präsidentschaft Carters 1979 von der Federal Reserve die Zinsen in den USA angehoben worden, um den Verfall des US-Dollars zu stoppen. Dies war eine politische Maßnahme, die unter dem Namen des damaligen Präsidenten der Federal Reserve als „Volcker-Schock" in die Geschichte eingegangen ist. Unter dem nachfolgenden Präsidenten Reagan ist die Schocktherapie zur Stärkung des US-Dollar mit monetären Mitteln bis Mitte der 1980er Jahre entschieden fortgesetzt worden. Realzinsen und Kurs des US-Dollars schossen tatsächlich in die Höhe. Für alle jene Schuldner, die ihre Verpflichtungen in dieser Währung denominiert hatten, war dies ein Debakel. Mit Susan Strange lässt sich sagen, dass die Hochzinspolitik der USA den Übergang zu einer *„predatory hegemony"*, zu einer ausbeuterischen und finanziell repressiven *„new world order"*, einer Hegemonie auf Kosten anderer markiert. Wie gegenüber verschuldeten Ländern der monetäre Hebel benutzt wird, um ökonomische Anpassung und politisches Wohlverhalten zu erzwingen, wird von Perkins mit vielen Beispielen gezeigt (Perkins 2005).

Obendrein verschiebt sich seit Mitte der 1970er Jahre das Niveau der realen Wachstumsrate des BIP nach unten, nämlich von 3,1% im Durchschnitt aller G7-Länder in den 1980er Jahren auf 2,5% in den 1990er Jahren. Dieser Trend hat sich im ersten Jahrzehnt des 21. Jahrhunderts – natürlich mit konjunkturellen Abwei-

---

tung von Regierungshandeln und der Versorgung der Bevölkerung auch Indikatoren der „economic freedom" im entsprechenden Land als Auswahlkriterium für „Entwicklungshilfe" benutzt. Sie bezeichnet dies als eine Strategie des „pre-emptive development". (Söderberg 2004).

chungen – fortgesetzt. Dafür gibt es viele Gründe, nur zwei sollen kurze Erwähnung finden: *Erstens* müssten mit steigendem Niveau des Sozialprodukts die absoluten (realen) Zuwächse immer größer werden, um die Wachstumsrate auch nur konstant zu halten. Dies bereitet so lange keine Schwierigkeiten, wie die Potenzialgrenzen der Produktionsfaktoren nicht ausgeschöpft sind. Bei der Arbeit gibt es sie angesichts struktureller Arbeitslosigkeit in den Industrieländern (wenn auch in unterschiedlichem Ausmaß) allenfalls auf Teilarbeitsmärkten, und in den Entwicklungsländern ist der große informelle Sektor ein nahezu unerschöpfliches Reservoir, sofern die formelle Akkumulation überhaupt in Gang kommt. Beim Kapital freilich sind Potenzialgrenzen vorhanden; diese bemessen sich an der erzielbaren Rentabilität bzw. Profitrate. Ist diese im Vergleich zu alternativen (Finanz)anlagen nicht hoch genug, unterbleiben Investitionen in die reale Ökonomie, der Akkumulations- und Wachstumsprozess stockt. Die Potenzialgrenze des Kapitals ist also umso enger, je niedriger die Profitrate liegt, vor allem im Vergleich zu Finanzanlagen. Die finanzielle Repression engt also die Wachstumsmöglichkeiten ein, weil sie die Profitrate auf industrielle Anlagen mindert.

Zweitens hat ein mit dem bereits erreichten BIP-Niveau steigender absoluter Zuwachs von Material- und Energieströmen wegen der ökologischen Wirkungen auch negative ökonomische Effekte. Denn jeder Produktionsprozess (für die Konsumtion gilt Entsprechendes) ist Kuppelproduktion. Dies wird in der neoklassischen Ökonomie wenig beachtet, da die Schattenseiten der Stoff- und Energietransformation als „externe Effekte" verbucht werden können. Fern von den Grenzen der Belastung von Ressourcen und Senken muss den ökologischen Folgen wirtschaftlichen Handelns nicht Rechnung getragen werden, an den Grenzen jedoch sehr wohl. Die Degradation der Umwelt steigert sowohl die Arbeits- als auch die Kapitalkosten. Hohe Aufwendungen zur Abhilfe sind notwendig; diese gehören zu den *„general conditions of production"*, deren Gewicht im Akkumulationsprozess auf die erzielbare Profitrate drückt (vgl. O'Connor 1988). Wenn in dieser Lage die Realzinsen sehr hoch sind, kann die Profitrate nur stabilisiert werden, wenn die Verteilung zu Lasten der Lohn- und Gehaltseinkommen verändert wird. In diese Richtung wirken die politischen Maßnahmen in vielen Ländern, in Deutschland besonders ausgeprägt in den rot-grünen „Reformen" des Arbeitsmarktes (Agenda 2010; Hartz-Gesetzgebung).

Wir haben es also mit der paradoxen Lage zu tun, dass die Liberalisierung der Finanzmärkte seit den 1970er Jahren die Konkurrenz der „Finanzplätze" und der Währungen verschärft hat, so dass steigende (nominelle) Renditen und Zinssätze nicht mehr unter-, sondern nur noch überboten werden können. Andernfalls wären Kapitalflucht, und im schlimmsten Falle eine Währungs- und Finanzkrise die Folge. In der globalen Konkurrenz werden zwar in aller Regel die Warenpreise nach unten, das Zins- und Renditeniveau aber nach oben konkurriert. Der gleichzeitig ausgelöste Stabilitätswettlauf führt zu sinkenden Inflationsraten, so dass die Realzinsen durch diesen Mechanismus ebenfalls nach oben gedrückt werden. Investitionen werden verteuert, das Wachstum also negativ beeinflusst. Die Schere zwischen realen Einkommenszuwächsen einerseits und monetären, im Zins verbürgten Ansprüchen von Kapitaleignern an Teile der Einkommensströme andererseits öffnet sich. Die Zinssteigerungen drücken auf Investitionen und daher auf die monetäre Nachfrage. Die Nachfrageschwäche hat eine die Preise dämpfende Wirkung und beeinflusst ebenfalls das Wachstum des BIP negativ. Zinssenkungen könnten Abhilfe schaffen und das Wachstum ankurbeln, weil Investitionen günstiger finanziert werden könnten. Doch wirkt die Währungskonkurrenz auf liberalisierten globalen Finanzmärkten dagegen. Finanzplätze und Währungen sind nur so lange attraktiv, wie die Renditen und daher auch die Zinsen konkurrenzfähig hoch sind. Wenn die deflationäre Spirale erst einmal lange genug gedreht worden ist, können auch Zinssenkungen in Richtung Null keine Investitionen stimulieren, die Wirtschaft gerät in eine Keynesianische „Liquiditätsfalle". So entsteht eine prekäre Lage, da die Basis, auf der die finanzgetriebene Akkumulation allein erfolgreich sein könnte, nämlich eine dynamische reale Ökonomie, durch eben diesen Prozess stranguliert und in die Krise getrieben wird.

Dies ist in Japan in den 1990er Jahren geschehen und es kann sich in anderen Weltregionen wiederholen. Die Weichen sind falsch gestellt. Trotz möglicherweise sogar sinkender Realzinsen, wie nach dem Platzen der New-Economy-Blase, bleiben Investitionen in die reale Ökonomie aus, da deren Profitabilität noch niedriger liegt. Also funktioniert der den Finanzmärkten in den Lehrbüchern regelmäßig zugeschriebene Mechanismus, Ersparnisse effizient in Investitionsprojekte zu lenken, nicht. Die Ersparnisse sind hoch. Sie sorgen für eine Senkung der Realzinsen. Dennoch verbleiben die Investitionen auf niedrigem Niveau. Denn wegen der Globalisierung der Finanzmärkte fließen in Investitionsentscheidungen nicht nur die Daten der Zinsentwicklung, sondern auch die der Entwicklung der realen Wechselkurse ein (vgl. Wolf 2005). Da die realen Ersparnisse nicht real absorbiert und investiert werden, zirkulieren sie ruhelos wie der Fliegende Holländer als „Übermaß an Liquidität" (FAZ, 02.07.2005: Dieter Kuckelkorn, Von Bubble zu Bubble) im globalen Raum der Finanzspekulation.

Wie ist es zu der Steigerung der Realzinsen im Vergleich zu den realen Wachstumsraten des BIP gekommen? So lange das Fixkurs-System von Bretton Woods (bis 1973) einigermaßen funktionierte, lagen die Realzinsen unter der realen Wachstumsrate des BIP. Dies war die Voraussetzung für das keynesianische Positivsummenspiel von kredit-finanzierten Investitionen, die den Kapitalisten positive Renditen (Profitraten) brachten, aus denen die (ebenfalls positiven) Kreditzinsen an die Kreditgeber gezahlt werden konnten. Nur eine solche Konstellation ermöglicht in einer kapitalistischen Ökonomie beides, nämlich Profit und Akkumulation von realem Kapital und mithin positives Wachstum der Einkommen und – *ceteris paribus* – die Schaffung neuer Arbeitsplätze und finanzielle Stabilität.[7] Das ist ein Positivsummenspiel, das nur eine Zeitlang zu spielen war. Öffentliche und private Kreditnehmer, die Anleihen in US-Dollar aufgenommen hatten, als der Realzins niedrig, die Wachstumsraten der Weltwirtschaft hoch und die *terms of trade*, also die Exportpreise von Rohstoffen und die Importpreise von Industriegütern günstig waren, mussten seit Ende der 70er Jahre steigende Realzinsen, abnehmende Nachfrage in den Industrieländern und explodierende Ölpreise verkraften. Dies war vielen Ländern nicht möglich, die daher in die Schuldenkrise gerieten. Mexiko machte 1982 den Anfang, die meisten Länder der damals noch so genannten Dritten Welt folgten. Das Niveau der Realzinsen stieg für die nächsten Jahrzehnte – mit kurzen Unterbrechungen während des New Economy-Booms – über die Zuwachsrate des BIP. Als die New Economy-Blase im Jahre 2000 platzte und auch die realen Wachstumsraten des BIP zurückgingen, waren in den Industrieländern – und erst recht in den Entwicklungs- und Schwellenländern – die Realzinsen erneut höher als die realen Wachstumsraten, obwohl die Realzinsen sanken. Doch die Wachstumsrate des BIP ging noch mehr zurück.

Die Schallgrenze einer Senkung von Nominalzinsen ist die Null-Prozent-Marge; darunter geht es nicht. Denn wer würde schon Geld verleihen und noch etwas zuzahlen?[8] Die Folge: Realzinsen sinken trotz abnehmender Nominalzinsen nicht unter die reale Wachstumsrate des BIP, wenn diese sich in den Industrieländern auf niedrigem Niveau in Richtung Null bewegt. Verstärkt wird diese Tendenz noch dadurch, dass die Inflationsrate in Zeiten einer Deflationskrise niedrig bis negativ ist (vgl. dazu die Beiträge in: PROKLA 134: Die kommende Deflationskrise, 2004). In Entwicklungs- und Schwellenländern liegt das Zinsniveau fast durchgängig wegen des von Ratingagenturen hoch gestuften Länder- und Projektrisikos einige hundert, manchmal sogar einige tausend Basispunkte (ein Basispunkt ist gleich einem Hundertstel Prozent) über den globalen Referenzzinsen der Wall Street („prime rate") oder des Londoner Bankenplatzes (LIBOR) (vgl. World Bank (2003a), Tab. 4.b: 183 ff.; BIS (2003): 37). Die folgende Tabelle gibt einen Überblick über die langfristige Entwicklung des Verhältnisses von Realzinsen und realer Wachstums-

---

7 Die Ursachen sind natürlich komplexer; sie haben mit dem Akkumulationsmodell nach dem Zweiten Weltkrieg, der Phase der sogenannten Wirtschaftswunder zu tun. Darauf kann hier jedoch nicht eingegangen werden. Vgl. aber die methodischen und empirischen Analysen von Altvater/Hoffmann/Semmler 1979; Armstrong/Glyn/Harrison 1991; Brenner 2000 – um nur einige der vielen Schriften zum Kapitalismus in der zweiten Hälfte des 20. Jahrhunderts zu benennen.

8 „Once prices start declining, the risk of adverse dynamics is heightened, particularly in the case of a demand shock. Following such a shock and the onset of deflation, nominal interest rates will likely decline. However, given the zero bound on nominal rates, real interest rates will remain positive, and the greater the deflation, the higher the real rates ..." (IMF 2003: 9).

Tabelle 6.2: Realzinsen auf 10-jährige Staatsanleihen der G7-Staaten abzüglich des realen Wachstums des Bruttoinlandsprodukts

	Kanada	*Frankreich*	*Deutschland*	*Italien*	*Japan*	*UK*	*USA*	*Ø G-7*
1959-71	-2,05	-3,93	-1,99	-3,02	-8,74	-0,38	-1,91	-3,15
1972-81	-3,57	-2,06	0,69	-6,44	-3,82	-2,76	-2,13	-2,87
1982-91	4,20	3,11	1,93	1,75	0,39	1,93	2,80	2,30
1992-01	2,14	2,76	2,61	3,15	2,25	1,38	0,62	2,13
Zum Vergleich								
1919-40								-0,03
1946-58								-0,36

Quelle: Felix, 2002: 3; Enquete-Kommission 2002: 69

rate des Bruttoinlandsprodukts in den Industrieländern. Bis etwa Mitte der 1970er Jahren lagen die Realzinsen unterhalb der realen Wachstumsrate des BIP, danach beträchtlich darüber.

Die Realzinsen waren in den 1960er und 1970er Jahren verhältnismäßig niedrig und zeitweise (in einigen Ländern) sogar negativ - weil die Inflationsrate hoch war. Inzwischen ist es umgekehrt: Bei den Warenpreisen sind deflationäre und bei den „Kapitalpreisen", also bei den Zinsen und Renditen, inflationäre Tendenzen festzustellen. Denn die Konkurrenz wirkt auf Waren- und Arbeitsmärkten einerseits und auf Finanzmärkten andererseits gegenläufig. Der globale Wettbewerb treibt die Preise der Waren und der Löhne der Arbeitskräfte nach unten, jedenfalls in realen Größen. Auf den Finanzmärkten ist die Wirkungsweise der Konkurrenz sehr viel komplizierter. Wenn die Preise der Geldvermögen, also die Renditen von Finanzanlagen oder die Zinsen auf Kredite in einer einzigen Währung ausgedrückt würden oder wenn es die Möglichkeit des Transfers von Vermögen aus einer Währung in andere Währungen nicht gäbe, würden Finanzmärkte in mit den anderen Märkten vergleichbarer Weise reagieren. Bei liberalisierten Finanzmärkten und voller Konvertibilität der Währungen aber konkurrieren diese gegeneinander und zwar mit ihrer Qualität als stabile Anlagewährungen. Die Konkurrenz der Währungen und daher der „Finanzplätze" hat zur Folge, dass die Preise des Kapitals, also Zinsen und Renditen, nach oben tendieren. Diese Richtung wird durch eine Stabilitätspolitik, also durch die Geldpolitik der Zentralbanken und die Fiskal- und Steuerpolitik der Regierungen unterstützt. Jene gehört in der globalisierten Welt zum Kanon der „good governance", ja sie hat in der Europäischen Union sogar Verfassungsrang (wenn der EU-Verfassungsvertrag denn verabschiedet würde). Dass die monetären Institutionen die Souveränität der Geldpolitik verloren haben, weil sie die Zinsen nicht mehr senken können, ohne Kapitalflucht auszulösen, ist seit langem Thema der politisch-ökonomischen Debatte, und diese hat auch Eingang in Veröffentlichungen des IWF gefunden (IMF 2005: 134).

Zugleich hat die Liberalisierung der Finanzmärkte neue Möglichkeiten der externen Finanzierung von Investitionen eröffnet. Dadurch sind die Kosten der Kreditfinanzierung insgesamt gesunken und die externen Verpflichtungen gestiegen (IMF 2005: 117). Hinzuzufügen ist aber, dass in aller Regel nur die großen Unternehmen, die „global players", Zugang zu den globalen Finanzmärkten haben, nicht die kleinen und mittleren Unternehmen, die infolge der Globalisierung der Finanzmärkte zunehmend von billigen Krediten abgeschnitten werden (vgl. Enquete-Kommission 2002: 83 ff.). Also gibt es beides: eine Tendenz der steigenden Realzinsen und mithin eine Verteuerung der Kredite einerseits und die Tendenz der komparativ günstigen Refinanzierungskosten andererseits. In deren Genuss kommen vor allem große Kreditnehmer (die großen transnationalen Unternehmen und „vertrauenswürdige" Regierungen), nicht jedoch kleine und mittlere Unternehmen und die Regierungen schwacher Staaten.

Bei einer Preis- und Lohndeflation einerseits und einer Zins- und Renditeinflation andererseits erklärt sich der Aberwitz, dass Bankmanager Renditen von 20% und mehr auf das Eigenkapital für normal halten und dabei von so genannten Analysten und kapitalfrommen Wirtschaftsjournalisten unterstützt werden, auch wenn die Wirtschaft insgesamt stagniert. Zugleich erwarten sie von den Lohnabhängigen Zustimmung zur Senkung der Arbeitskosten, also Kürzungen von Löhnen, die Verlängerung der Arbeitszeiten, den Abbau von so genannten Lohnnebenkosten. Zugeständnisse dieser Art werden als „patriotisch" interpretiert, weil mit ihnen die Wettbewerbsfähigkeit des „Standorts Deutschland" verbessert werden könne (z.B. FTD, 29.03.2004). Beide Tendenzen ergeben sich in Zeiten der Globalisierung aus der Wirkung der globalen Konkurrenz auf Warenmärkten und auf Finanzmärkten. Dass Renditen weit oberhalb der Wachstumsrate nur gezahlt werden können, wenn eine globale Umverteilung zu Gunsten der Kapitalanleger und der Geldvermögensbesitzer in Gang gesetzt und gehalten wird, wird noch nicht einmal von Regierungen und Parlamenten thematisiert, obwohl die Renditejäger die Bevölkerung ausnehmen und die Staatskassen plündern, also den sozialen Rechtsstaat und die Demokratie unterminieren. Arbeitsplatzverluste, Lohnsenkungen und die Erhöhung des Arbeitsdrucks führen zu Not und manchmal sogar zu Elend, selbst in den Industriestaaten mit wohlfahrtsstaatlicher Tradition.

Bei der Entwicklung der Zinsen und Renditen auf liberalisierten Finanzmärkten kann es sich kein Land leisten, „aus der Reihe zu tanzen", und die Reihe tanzt in Richtung hoher Zinsen. Dafür, dass niemand von der Linie abweicht, sorgen auch Ratingagenturen. Von ihnen hängt das kalkulierte Risiko von Schulden ab, und vom Risiko die Höhe des Zinsaufschlags. Abgewertet zu werden, kann die Schuldner sehr teuer kommen, und dann nicht nur einzelne Unternehmen oder Regierungen, sondern auch die einfachen Bürger, die von Haushaltskürzungen oder Zinssteigerungen betroffen sind. Ein Land, so lautet die monetäre Weisheit, sollte nur so viel ausländisches Kapital aufnehmen, wie es dieses Kapital sinnvoll, d.h. investiv und profitabel, absorbieren kann. Ist es dazu nicht in der Lage, wird irgendwann der Schuldendienst ins Stocken geraten. Die Ratingagenturen, die über die Kreditwürdigkeit wachen, werden zuerst diskret, dann drohend Alarm schlagen.

Der Moment wird kommen, an dem das Kapital fluchtartig und massenhaft das Land wieder verlässt, weil die angelegten Kapitalien den an fernen Gestaden residierenden „Investoren" keine - im globalen Vergleich mit anderen „Standorten" - ausreichende Rendite erbringen. Das ist auf Dauer sogar ausgeschlossen, da die monetären Renditen für die Attraktion ausländischen Kapitals so hoch sind, daß Investitionen in reales Kapital gar nicht mithalten können. Kapitalimport, angelockt durch hohe Zinsen, blockiert also die Absorption in der Form von Investitionen in produktive Anlagen. Die unvermeidliche Folge ist, dass die Wettbewerbsfähigkeit zurückbleibt, weil ja mit dem Kapitalimport die Währung aufgewertet wird. Dies wird spätestens dann offensichtlich, wenn zur Bedienung des importierten Kapitals Defizite im Staatshaushalt und in der Leistungsbilanz entstehen. Dies mögen „die Märkte" nicht, die zu Subjekten erhöhten Fetische, die auf einmal Druck ausüben. Den mächtigen Sachzwängen kann trotz aller Anstrengungen nicht gehorcht werden.[9] Die Bedingungen sind unerfüllbar. Es ist daher kein Wunder, wenn bei Renditen von Finanzanlagen, die weit höher als Realrenditen liegen, vor allem der Finanzsektor floriert und die globalen Finanzmärkte ungestüm wachsen (vgl. Tabelle 6.1 und die Daten der Enquete-Kommission 2002: 63ff.) und gleichzeitig die reale Ökonomie von dem überschießenden Finanzsektor unter Druck gesetzt wird.

Nicht nur die Versuche, finanzielle Stabilität durch attraktive Zins- und Renditeangebote an Investoren in Ländern zurückzugewinnen, die von Finanzkrisen und Kapitalflucht betroffen sind, erklären hohe Realzinsen. Der andere Grund ist die Währungskonkurrenz, die mit hohen Zinsen und niedrigen Inflationsraten ausgetragen wird. Daher gehört auch Deutschland zu den Ländern mit - im Vergleich der Industrieländer - hohen Realzinsen; denn die EZB verfolgt eine Politik hoher Nominalzinsen, um den Euro nach innen stabil zu halten und nach außen gegenüber den konkurrierenden Währungen, vor allem gegenüber dem US-Dollar, zu stärken. Dadurch werden die Realzinsen in Ländern wie Deutschland nach oben getrieben, weil Deutschland im Euroraum eine unterdurchschnittlich niedrige Inflationsrate aufweist.

---

9 In manchen Fällen haben die Fetische Namen. George Soros vom Quantum-Fonds beispielsweise gibt jene Signale, denen die „Herde" der anderen Fonds-Manager folgt („herding-Effekt") und die in ihrer Masse eine Finanzkrise auslösen, wie in Großbritannien 1992, in Mexiko 1994/95, in Asien 1997, in Russland 1998 oder in Argentinien 2001 - um nur die besonders desaströsen Finanzkrisen der 1990er Jahre zu erwähnen.

6.3 Die Folgen hoher Realzinsen

Durch die hohen Realzinsen und finanziellen Renditen wird ein *circulus viciosus* in Gang gesetzt: Der Druck auf die industrielle Profitrate steigt. Also wird mit der Akkumulationsrate auch das Wachstum gebremst. In dieser Konstellation bringen Anlagen auf Wertpapier- und anderen Finanzmärkten höhere Renditen als Anlagen in der „realen Wirtschaft". Hohe Realzinsen kompensieren in der Welt der Entwicklungs- und Schwellenländer das Länderrisiko, das Ratingagenturen für die Akteure auf globalisierten Finanzmärkten einschätzen. Sie gestatten den wirtschaftspolitischen Instanzen, bei „Investoren" mit hohen Renditen um Vertrauen zu buhlen. Oder wie die Weltbank schreibt: „Low returns in the major markets might be expected to promote a flow of funds to higher-yielding developing-country debt, while high returns in the major markets would be an attraction to keep this capital at home ..." (World Bank 2003: 46f.). Die komparative Höhe der Zinsen ist also wesentlicher Faktor für Entscheidungen von Anlegern, und zwar sowohl bei langfristigen Direkt- wie bei kurz- und mittelfristigen Portfolioinvestitionen. Denn „... foreign investors are attracted not only by the higher yields offered by developing country bonds, but also by the prospect of capital gains arising from interest-rate convergence ..." (World Bank 2003: 55). Tatsächlich haben sich die Zinsraten (einschließlich Risikoaufschlag) zwischen Ländergruppen angeglichen. Dies spricht für einen ausgeprägten Arbitragehandel auf den globalen Märkten.

Investitionen werden verteuert, und kleine und mittlere Unternehmen werden vom Zugang zu Kredit abgeschnitten. Die Verteuerung und Verknappung von Krediten trifft den informellen Sektor hart und steigert den Schuldendienst – auch den der öffentlichen Haushalte. Diese müssen sehr häufig die faulen Schulden der Privaten übernehmen. Die hohen Verluste des Bankensektors in Ländern wie Mexiko und Argentinien mussten in den Staatshaushalt eingestellt werden, bevor die Banken schuldenfrei privatisiert worden sind (vgl. dazu Luna Martínez 2002). In Chile mussten Anfang der 1980er Jahre 40%, in Indonesien nach der Krise von 1997 ebenfalls an die 40%, in Mexiko 1995 etwa 20% oder in der Tschechischen Republik 1994 15%, in Russland seit 1994 etwa 40% und in Argentinien von 1994 bis 1997 an die 30% und nach 2001 nochmals ein noch nicht kalkulierter hoher Betrag des Bruttoinlandsprodukts für die Rettung des kollabierenden Bankensystems aufgebracht werden (z.B. World Bank 2000: 8; Luna Martínez 2002: 77).[10]

---

[10] Dass es sich dabei nicht nur um Probleme von Entwicklungs- und Schwellenländern handelt, zeigt die Inanspruchnahme öffentlicher Mittel des Landes Berlin in der Größenordnung von mehr als 20 Mrd. Euro für die Risikoabschirmung der Bankgesellschaft Berlin, um die Bank vor der Pleite zu retten. Das sind auch für ein führendes G7-Land keine „peanuts". Der IWF berechnet die kumulierten Verluste des BIP in Währungs- und Bankenkrisen mit 17,6% in Industrieländern und mit 18,8% in Schwellenländern. (IMF 1998: 79)

Nur die neoliberale Hoffnung, dass sich nach dem Purgatorium hoher Realzinsen und der unausweichlichen Finanzkrise die Investitionsbereitschaft erhöht und dann auch Beschäftigung und Einkommen zunehmen, kann die Stabilitätspolitik rechtfertigen. Doch gibt es buchstäblich kein einziges Beispiel, das diese Hoffnung trägt.

Die Entwicklung des von den Finanzmärkten getriebenen Kapitalismus weist in die Richtung des von David Harvey so genannten Regimes der „accumulation by dispossession" (Harvey 2003). Im „post-modernen" globalen Kapitalismus werden, wie wir bereits im dritten Kapitel gesehen haben, Elemente eines „prämodernen" Plünderungs- und Wucherkapitalismus erneut wirksam (Altvater/Mahnkopf 2002: 168ff.). Werte werden von den Finanzmarktakteuren angeeignet, für deren Produktion sie keinerlei Verantwortung tragen und an der sie nicht beteiligt, manchmal noch nicht einmal anders als mittels Zinsen („interests") interessiert sind. Die Aneignung in Form der Renditeansprüche (monetäre Forderungen, „claims") wird wichtiger als die Produktion der Überschüsse, aus denen die „claims" allein befriedigt werden können. Aneignungs- und Produktionsweise geraten in einen Widerspruch, der plötzlich offenbar wird, wenn Schuldner ihren Verpflichtungen nicht mehr nachkommen können.[11]

Realzinssätze über der BIP-Wachstumsrate sind so lange problemlos, wie der Bestand an Geldvermögen im Verhältnis zum BIP gering ist. Dann kann es sein, dass auf Zinseinkünfte ein geringer Teil des Zuwachses des BIP entfällt und ein entsprechend großer auf Kontrakteinkommen und Unternehmensgewinne. Allerdings darf die Dynamik dieser Konstellation nicht aus den Augen verloren wer-

[11] Im Falle Argentiniens haben Anleger Staatspapiere zu außerordentlich hohen Renditeversprechen von mehr als 20% gezeichnet. Als Argentinien 2001 insolvent wurde und die Anleihen nicht mehr bedienen konnte, haben viele Anleger die Pleite nicht etwa als eine reale Grenze finanzieller Repression begriffen, sondern den Versuch unternommen, mit juristischen Mitteln die finanzielle Repression zu verstärken und den Staat vor Gericht zur Bedienung der Anleiheschulden zu zwingen. Die Lage Argentiniens war allerdings nach der Krise im Dezember 2001 so zugespitzt und hoffnungslos, dass die Regierung die Bedienung der Anleihen einstellen musste. In Umschuldungsverhandlungen hat es Argentinien im April 2005 erreicht, dass immerhin 76% der Inhaber von Staatsanleihen einem Abkommen zustimmten, in dem sie auf durchschnittlich 45% ihrer Forderungen verzichteten und niedrigeren Zinssätzen und längeren Laufzeiten der Papiere zustimmten. Trotz dieser Reduzierung betragen die Staatschulden immer noch 125 Mrd.US$, das sind 2005 72% des BIP. Der Schuldendienst ist ohne neue Kredite nicht zu bewältigen. Diese werden aber vom IWF und anderen Institutionen an Bedingungen geknüpft. Die wichtigste ist ein primärer Haushaltsüberschuss, aus dem der Schuldendienst geleistet werden soll. Die strittige Frage bleibt, wie hoch dieser sein soll, wie viele Mittel Argentinien für Bildungs- und Sozialausgaben etc. bleiben, welche Priorität den finanziellen Ansprüchen also eingeräumt wird (Quelle: Diverse Zeitungsmeldungen).

den. Höhere Realzinsen als die Wachstumsraten des BIP schlagen sich als Zuwachs der Geldvermögen nieder, deren Rendite- oder Zinsansprüche (*ceteris paribus*) an das BIP relativ zunehmen (vgl. dazu auch Enquete-Kommission 2002: 69-73).

Hohe Realzinsen oder Renditen von Geldvermögen - gerade im Vergleich mit anderen Anlagen, immer unter Berücksichtigung von Risikofaktoren - machen deren Anlage besonders attraktiv. Davon ist sicherlich ein ganz entscheidender Impuls zur Liberalisierung der Finanzmärkte, zur Entwicklung innovativer Finanzprodukte und neuer Managementstrategien oder zur Nutzung der durch Deregulierung geschaffenen Spielräume für kleine und große, illegitime, halblegale oder gar kriminelle Geschäfte ausgegangen. Die von Finanzinvestoren bewegten Mittel sind beeindruckend. Die Volumina der Mittel für Unternehmenskäufe durch Hedge-Fonds, Private Equity-Fonds etc. in Europa belaufen sich auf jährlich mehr als 60 Mrd. Euro von 2000 bis 2003 und auf 76,6 Mrd. Euro im Jahre 2004 (nach: Die Zeit, Nr.14, 31.03.2005, S. 24). Dank der rot-grünen Steuer- und Deregulierungspolitik haben auch immer mehr Deutsche „Bekanntschaft“ mit Hedge- und anderen Fonds gemacht („Hedge-Fonds stürmen Deutschland AG“, in: FTD, 03.05. 2005). Hedge-Fonds versprechen den Anlegern hohe Renditen, sind aber sehr risikoreich. Die Risiken sind erstens wegen der Deregulierung nicht transparent und werden daher zumeist erst erkannt, wenn es zu spät ist, also ein Fonds in Schwierigkeiten oder gar in die Pleite gerät. Zweitens sind sie hoch konzentriert, so dass im Krisenfall schlagartig hohe Beträge liquidiert werden müssen. Die deregulierten Finanzmärkte sind vom Virus der „Enronitis“ oder „Parmalactose“ befallen. Auch dagegen wird, wie wir bereits im ersten Abschnitt dieses Kapitels gesehen haben, die Medizin der good governance verabreicht, zumeist aber in „weicher“ Form, als Appell zur freiwilligen Selbstkontrolle der Finanzinstitute oder als allgemeine, letztlich nicht bindende Verhaltensregel. Jedenfalls ist dies die Linie des „Financial Stability Forum“ (vgl. dazu Enquete Kommission 2002: 100 ff.) oder der EZB. Dies wird im Falle von Überspekulation von Fonds jedoch nichts nutzen.

(Neo)Liberale Ökonomen und Politiker sehen in der sich öffnenden Schere zwischen Realzinsentwicklung und Wachstumsraten des BIP alles andere als finanzielle Repression, nämlich den positiven Anreiz, die ökonomischen Verhältnisse in Wirtschaft und Staat rational und effizient zu ordnen, um der disziplinierenden Wirkung der Finanzmärkte Rechnung zu tragen. Die zu zahlenden Zinsen sollen Schuldner zwingen, die zu Investitionszwecken aufgenommenen Beträge effizient zu verwenden. David Felix (2002) kritisiert diese „Effizienzmarkt-Hypothese“ als theoretisch fragwürdig und empirisch nicht gesichert. Denn die durch hohe Realzinsen konditionierte Projektauswahl kann nicht beabsichtigte Wirkungen haben: Langfristige wachstums- und beschäftigungswirksame Investitionen werden zu Gunsten von scheinbar hochrentablen kurzfristigen Engagements unterlassen. Diese haben in den Finanzkrisen des vergangenen Jahrzehnts eine extrem destabilisierende Rolle gespielt (vgl. dazu Stiglitz 2002). Dies ist einer der rationalen Hintergründe der Kritik Franz Münteferings an den Hedge- und Private Equity-Fonds, die wie „Heuschrecken" über Unternehmen herfallen, diese ausnehmen und dann weiterziehen. Tatsächlich haben hohe Realzinsen und hohe Liquidität privater Geldvermögensbesitzer, die durch Steuerpolitik noch politisch begünstigt werden, Kurzfristigkeit der Planung, *„Myopie"* des Managements zur Folge. Die langfristigen Wirkungen von Strategien, die auf kurzfristige und hohe Gewinne zielen, werden ebenso wenig berücksichtigt, wie die Lage und die Interessen von „Stakeholders", also von Arbeitnehmern, Kunden, den Bewohnern eines Territoriums. Produktive Unternehmen, Zentren von Leben und Arbeit in einer Region, werden von Fonds, die auf kurzfristige Renditen aus sind, regelrecht filetiert: Aktien von Anteileignern werden zu einem über dem Börsenkurs liegenden Preis von einem Fonds aufgekauft. Das Unternehmen wird auf diese Weise übernommen. Die Kredite, die für den Kauf (bei „befreundeten" Banken) aufgenommen werden mussten, werden mit dem Vermögen des aufgekauften Unternehmens besichert. Dann werden Anleihen von dem aufgekauften Unternehmen begeben. Die Einnahmen daraus werden benutzt, um die Kredite zurückzuzahlen. Dabei wird so kalkuliert, dass der Fonds die Rendite von 20% und mehr bezieht. Kurzfristig ist das Kalkül aufgegangen. Das Unternehmen freilich, das vor der Übernahme nicht verschuldet gewesen sein mag, ist nun aber hoch verschuldet und daher dem Bankrott nahe (vgl. die Beispiele, die unter Bezug auf die Kommission zur Untersuchung der Geldwäsche des argentinischen Parlaments in Sin Patrón 2004 zusammengetragen worden sind).

Die Liberalisierung der Finanz- und Devisenmärkte hat weder zu stabilen Wechselkursen noch zu weniger volatilen (positiven aber niedrigen) Realzinsen geführt. Ganz zu schweigen von der versprochenen Wachstumsdynamik oder der Schaffung von Arbeitsplätzen. Im Gegenteil, die Volatilität der beiden strategischen Preise des Geldes ist hoch und das Zinsniveau, gemessen an den realen Wachstumsraten des BIP, „damaging", wie sogar die Weltbank schreibt (World Bank 2003: 56) bzw. „predatory", wie Susan Strange, oder „cannibalistic", wie David Harvey urteilen würden. Die Funktionsweise der finanziellen Globalisierung ist nur gut für Geldvermögensbesitzer und schädlich für alle anderen, also für diejenigen, die von Arbeitseinkommen und Arbeitsplätzen abhängig sind.[12] Der Reichtum der einen steigt und hat inzwischen extreme, ja absurde Dimensionen

---

[12] In Brasilien verfolgen Zentralbank und Finanzministerium auch unter der Regierung Lula eine Politik extrem hoher Nominalzinsen von fast 20%, um die Inflationsrate bei 5-6% zu stabilisieren. Das wären Realzinsen von etwa 14%. Kein Wunder, dass die Arbeitslosigkeit hoch ist und die Arbeitseinkommen sinken. Nur der informelle Sektor prekärer Beschäftigung wächst. Das deutet auf eine eindeutige „Verschlechterung der Qualität des Arbeitsmarktes" hin (O Estado de São Paulo, 24.06.2005). Dies ist ein Beleg für unsere

angenommen. Der Mangel an formellen Arbeitsplätzen und die Zunahme prekärer Jobs sind eine Folge der zu teuren und daher unterbleibenden Investitionen. Die Arbeitseinkommen stehen unter dem Druck der Stabilitätspolitik, die gemäß dem „Konsens von Washington" (Williamson 1990; 2003; Altvater/Mahnkopf 2004: 210) in Schwellen- und Entwicklungsländern oder durch die Maastricht-Kriterien in der Europäischen Union exekutiert wird. So entsteht ein schädlicher, mit finanziellem Druckpotential ausgestatteter globaler Rentenkapitalismus. Dieser bedeutet: Umverteilung der produzierten Einkommen mit Hilfe der globalen Finanzmärkte unter tatkräftiger Mithilfe der internationalen Institutionen und nationalstaatlichen Regierungen der Industrieländer zu Gunsten der Finanzanleger. Diese steigern auf diese Weise nicht nur ihr ökonomisches Potenzial, sondern auch ihren politischen und medialen Einfluss. Die hohen Realzinsen sind also nicht nur für die Funktionsweise der Finanzmärkte relevant. Sie verändern auch die Gesellschaft, die Politik und die Kultur.

6.4 Von der Währungskonkurrenz zum Währungskonflikt

Die finanzielle Repression erreicht auch jene Märkte, auf denen Währungen gehandelt werden. Von Währung kann man erst dann sprechen, wenn das Geld des Marktes mit anderen Geldern verglichen wird, seien es verschiedene nationale Gelder oder Gelder mit unterschiedlicher materieller Substanz. Geld ist Wertausdruck von Waren. Diese Funktion haben in der Geschichte alle möglichen Substanzen ausgeübt, angefangen beim Vieh (pecus und daher pecunia) über Sklaven, Muscheln, Kupferplatten bis zu den Edelmetallen Silber und Gold. Erst mit der Entstehung des Weltmarktes werden die Substanzen zum „Standard". Dazu eignen sich aber nicht alle. Nur das Gold wird zum *Goldstandard*. Nun ist das Geld in seiner klingenden Gestalt Wertträger, da Gold selbst wertvoll ist, weil mit viel Arbeitsaufwand aus der Erde geholt und raffiniert. Nur ist die Natursubstanz mit der kapitalistischen Wachstumsdynamik nicht kompatibel. Die Grenzen der Natur werden in der kapitalistischen Produktionsweise generell missachtet; warum sollte dann die natürliche Begrenztheit des Naturstoffes Gold als Geld respektiert werden, zumal Geld doch eine soziale Beziehung ist und ausdrückt? Die Entstehung von Papierwährungen, also eines hinsichtlich des Wertes symbolischen Geldes entspricht der Logik kapitalistischer Entwicklung; Geld ist nahezu grenzen- und kostenlos mit der „Notenpresse" vermehrbar. Dies hat aber eine entscheidende Konsequenz. Für den Wert des Geldes werden Institutionen verant-

---

These, die in den Sozialwissenschaften gröblich vernachlässigt wird, dass die Informalität der Arbeit nur verstanden werden kann, wenn man sich auch mit der Informalität des Geldes und der Politik auseinander setzt (Altvater/Mahnkopf 2002).

wortlich, da dieser nicht in der Natur des Geldmaterials „intrinsisch" enthalten ist. Mit der Abkehr vom Goldstandard entsteht folglich die moderne Zentralbank, die nun den Wert „ihrer" Währung, d.h. die Stabilität des Preisniveaus in der Zeit und des Wechselkurses im Raum, zu gewährleisten hat. Der Wechselkurs aber ist der Preisausdruck der jeweiligen Währung A in einer anderen Währung B und umgekehrt. Die für die Wertsicherung verantwortlichen Institutionen beider Währungen versuchen die Stabilisierung gegenüber der jeweils anderen Währung (bzw. gegenüber allen anderen Währungen), und daraus entsteht die Währungskonkurrenz.

Unter dem Goldstandard kann es keine voll ausgebildete Währungskonkurrenz geben. Diese entsteht dann, wenn viele oder mehrere Währungen existieren und der Wechselkurs auf dem Markt im Tausch mit anderen Währungen gebildet wird. Voraussetzung ist die volle Konvertibilität der Währungen, also die Abwesenheit von Beschränkungen des Kapitalverkehrs. An der Entwicklung des Wechselkurses kann das Schicksal der Nation hängen, sofern diese identisch mit dem Währungsgebiet ist. Für den Export und das damit angekurbelte Wachstum kann ein unterbewerteter Kurs günstig sein. Mit einer „Strategie der Unterbewertung" ist die Bundesrepublik Deutschland in den 1950er und 1960er Jahren zu einer großen Exportnation aufgestiegen. Auch andere Nationen haben diese Linie verfolgt, z.B. Japan. Aber nicht alle Währungen können gleichzeitig unterbewertet sein, einige müssen Überbewertung zulassen und sind daher der Gefahr der Abwertung ausgesetzt. Diese strategischen Optionen sind nur sinnvoll im Hinblick auf die Exporte und Importe von Waren, also in Zeiten eines eindeutigen Vorrangs der Leistungsbilanz. Wenn aber die Finanzmärkte liberalisiert und globalisiert sind, ist die Stabilisierung der Währung eine Notwendigkeit, um Kapitalflucht zu verhindern. Die Kapitalbilanz hat eindeutig Vorrang vor der Leistungsbilanz.

Wie wird die Währungskonkurrenz reguliert? Wechselkurse können durch politische Instanzen festgelegt und dann verteidigt werden. Man kann ihre Bildung aber auch dem „freien Spiel" der Marktkräfte überlassen. Eine der ersten Privatisierungsmaßnahmen im Zuge von Liberalisierung und Deregulierung in den frühen 1970er Jahren war die Übertragung der Bildung der Wechselkurse aus der Verantwortlichkeit von Regierungen und Zentralbanken an die privaten Akteure auf liberalisierten Währungsmärkten. Das Management der Wechselkurse wurde privaten Akteuren auf globalen Finanzmärkten überantwortet, den international operierenden Banken, Unternehmen und Fonds, den Ratingagenturen und den sich selbst so nennenden Analysten. Hinzuzufügen ist allerdings, dass es zwischen den „Ecklösungen" fixierter und durch öffentliche Institutionen garantierten fixen Kursen und völlig frei schwankenden Kursen auf liberalisierten Märkten viele Zwischenlösungen des Managements der Wechselkurse gibt (vgl. dazu Dieter 2005).

Das Währungssystem der Zeit nach dem Zweiten Weltkrieg, das 1944 in Bretton-Woods beschlossen worden ist, sollte der Währungsinstabilität der 30er Jahre und dem Zusammenbruch des Weltmarkts nach der Weltwirtschaftskrise und während des Zweiten Weltkriegs ein Ende bereiten. Der US-Dollar wurde als Welt- oder Leitwährung etabliert. Eine Währung, so sie denn Leitwährung ist oder den Anspruch darauf erhebt, muss mehrere Funktionen erfüllen. Sie muss (1) als *Reserve- und Interventionswährung* der Zentralbanken verwendet werden, sie muss (2) als *Handelswährung* dienen, in der die Kontrakte privater Akteure denominiert werden, sie muss (3) den Kapitalanlegern *Anlagewährung* sein. Sie muss darüber hinaus (4) als *Ölwährung* fungieren, weil mit ihr der strategische Preis des Energie-Inputs der Industriegesellschaften (und auch der „post-industriellen" Gesellschaften) bezahlt wird; die Konflikte, die aus letzterer Funktion resultieren, werden im nachfolgenden siebenten Kapitel beschrieben.

Das Gold wurde in Bretton Woods 1944 als Wertanker des US-Dollar festgelegt. Die Feinunze Gold kostete bis gegen Ende der 1960er Jahre 35 US$. Die meisten anderen Währungen der Welt hatten einen fixierten Wechselkurs zum US-Dollar. Dessen Hegemonie stand schon wegen der ökonomischen, politischen und militärischen Macht der USA außer Frage; der US-Dollar war Handels-, Anlage-, Interventions- und Reservewährung. Das war für die USA sehr günstig, denn sie konnten mit „wertlosen" Papieren überall in der Welt „einkaufen". In den ersten eineinhalb Jahrzehnten nach dem Krieg hatten die USA noch einen hohen Leistungsbilanzüberschuss; die US-Wirtschaft war allen Konkurrenten überlegen. Der Dollarabfluss geschah daher vor allem mit Hilfe von Direktinvestitionen sowie Militär- und Entwicklungshilfe. Erstere setzten die Liberalisierung der Kapitalmärkte voraus, für die sich die USA folglich politisch einsetzten (Helleiner 1994). Letztere ermöglichte die Formierung des westlichen Lagers gegen den Sowjetblock. Ab den 1970er Jahren, als die Leistungsbilanz der USA mehr und mehr ins Defizit geriet, konnten sie dieses finanzieren, weil andere Länder hohe Dollarreserven aufbauten. Indem die USA den Dollar als Weltwährung nach dem Zweiten Weltkrieg etablierten und auch nach der Aufhebung der Goldbindung 1971/73 dessen zentrale Position in der Währungskonkurrenz verteidigten, stellten sie auf der einen Seite ein „globales öffentliches Gut" bereit, nämlich das Weltgeld. Auf der anderen Seite ließen sie sich dieses von den Nutzern teuer bezahlen (Seignorage). Beispielsweise kauften sie US-amerikanische Staatsanleihen mit den Dollars, die infolge der Exportüberschüsse gegenüber den USA hereinkamen, und niedriger verzinst waren als andere Anlagen. Das hat sich bis heute nicht grundlegend geändert. Es ist so, als ob die USA mit Schecks bezahlen, „die als Zahlungsmittel akzeptiert, aber nie eingereicht werden" (The Economist, zitiert nach: Der Spiegel 23/2005: 133). So wurde auch die externe Finanzierung des US-amerikanischen Haushaltsdefizits möglich; die USA importieren fast 70% aller globalen Kapitalflüsse. Das ist die Kehrseite der defizitären US-Handelsbilanz. Die amerikanische Bevölkerung muss daher nicht sparen – die Sparquote liegt unter 1% – und konnte und kann so einen höheren Konsumstandard halten, als er der wirtschaftlichen

Lage angemessen ist. Die USA lassen sich auch einen Krieg finanzieren, zum Teil sogar von jenen, gegen die sie ihn führen. Die Geschichte des Weltwährungssystems seit der zweiten Hälfte des 20. Jahrhunderts ließe sich daher auch als eine Geschichte der Aneignung von Seignorage-Vorteilen der Supermacht schreiben.

Ganz anders sieht dies die „Financial Times". Die Defizite in Leistungsbilanz und Staatshaushalt der USA seien eine Konsequenz der übermäßigen Sparanstrengungen in anderen Weltregionen, vor allem in den Schwellenländern. Tatsächlich haben die erfolgreichen Strategien der Exportsteigerung Exportüberschüsse zur Folge, die als Währungsreserven in US-Staatsanleihen angelegt werden. Konsumverzicht in den Schwellenländern erlaubt also den US-Bürgern ein konsumtives Schwelgen, das aus der eigenen Wirtschaftskraft nicht gerechtfertigt ist. Warum aber die hohen Währungsreserven? Der wichtigste Grund sind die Erfahrungen der Finanzkrisen der 1990er Jahre, die nicht verhindert werden konnten, weil die Reserven der Zentralbanken der betroffenen Länder nicht ausreichten, um die Spekulation abzuwehren.

Das System der Dollar-Seignorage funktionierte so lange gut, wie die US-amerikanische und damit auch die Dollarhegemonie nicht wirklich angefochten und gleichzeitig die Weltkapitalmärkte noch nicht voll dereguliert und liberalisiert waren. Doch die meisten europäischen Währungen wurden bereits Ende der 1950er Jahre konvertibilisiert. In der Folge kam es zu ersten, im Vergleich zu den späteren Krisen harmlos erscheinenden Währungsturbulenzen, die schließlich ein Jahrzehnt später das System der fixen Wechselkurse zum Einsturz brachten. Zuerst wurde der goldene Wertanker des US-Dollar gelichtet, indem die Goldkonvertibilität im August 1971 aufgegeben wurde. In einem zweiten Schritt wurden im Frühjahr 1973 auch die festen Kursrelationen anderer Währungen gegenüber dem US-Dollar beseitigt; es entstand das (von Robert Triffin so genannte) „non-system" flexibler Wechselkurse.

Die Flexibilisierung der Wechselkurse nach 1973 hatte eine Intensivierung der Währungskonkurrenz zur Folge, zumal auch auf Kapitalmärkten öffentliche Kontrollen beseitigt wurden, manchmal nach und nach, manchmal, wie in Großbritannien, mit einem „big bang". Die privaten Akteure hatten gar kein Interesse an einer Stabilisierung der Wechselkurse. In der Konkurrenz der starken Währungen ist die jeweils andere Währung das Maß, an der die eigene Stärke gemessen wird – und das möglichst zu übertrumpfen ist. Die Währungskonkurrenz kommt voll zum Tragen, wenn die globalen Finanzmärkte erst einmal liberalisiert sind. Der Marktpreis der Währungen gerät heftig ins Schwanken. Die so genannte „Volatilität" steigt. An den Wechselkursschwankungen verdienen die Kursspekulanten.[13] Gleich-

[13] Daher werden diejenigen, die wie Oskar Lafontaine den zaghaften Versuch machten, die für kleine und mittlere Unternehmen und für die ärmeren Länder der Welt äußerst schädlichen Wechselkursschwankungen durch Einführung von Zielzonen zu dämpfen,

zeitig werden in den Industrieländern die Erhaltung und Stärkung von innerer und äußerer Geldwertstabilität zu prioritären wirtschaftspolitischen Zielsetzungen erklärt. Das Ziel der Vollbeschäftigung wurde zwar nicht rhetorisch, wohl aber in den wirtschaftspolitischen Konzepten aufgegeben. Pointiert ausgedrückt lag während des Bretton-Woods-Systems fester Wechselkurse das Primat bei der Handelsbilanz, im Post-Bretton-Woods-System hingegen steht die Kapitalbilanz im Zentrum. In der Handelsbilanz kommen die komparativen Wettbewerbsvorteile der „realen Ökonomie", der jeweiligen *„Standorte"*, zur Geltung und das Geld fungiert in erster Linie als Zirkulationsmittel von Waren und Diensten. In der Kapitalbilanz kommen die komparativen Attraktivitäten der jeweiligen *„Finanzplätze"* zum Ausdruck, und das Geld fungiert in erster Linie als Zahlungsmittel, als Kredit. Die „reale Ökonomie" scheint nun weniger wichtig zu sein als die „monetäre Ökonomie". Kein Wunder bei täglichen Umsätzen auf Devisenmärkten von an die 2.000 Mrd. US$, von denen nur ein geringer Teil (ca. 2%) zur Abwicklung des Welthandels oder zur Finanzierung der Direktinvestitionen, also für „realwirtschaftliche" Transaktionen, benötigt würde. Für die Stabilisierung einer Währung ist also die Attraktivität des „Finanzplatzes" für Geldvermögensbesitzer und andere Kapitalanleger, die auf liberalisierten globalen Kapitalmärkten sehr schnell aus einer in eine andere Währung umschichten können und auf diese Weise Währungen unter Druck zu setzen vermögen, mindestens so wichtig, wie die realwirtschaftliche Wettbewerbsfähigkeit des „Standorts".

Die privaten und öffentlichen Akteure in den USA haben bravourös dieses Spiel gespielt und seit Ende der 1970er Jahre, nachdem der Dollar auf einen historischen Tiefpunkt gefallen war, diesen mit ausschließlich monetären Stabilitätsmaßnahmen gerettet: mit einer Steigerung der Zinssätze. Während eine Zinssatzsteigerung durch die Zentralbank bei schwachen Währungen eine zukünftige Abwertung signalisieren kann, weil Anleger von der Erfolglosigkeit monetärer Stabilisierungsmaßnahmen überzeugt sind, hat die Steigerung der Zinssätze in den USA Ende der 1970er, Anfang der 1980er Jahre dazu beigetragen, dass Kapital in großem Umfang in die USA geflossen ist und dass andere Länder gezwungen waren, die Zinserhöhung mitzumachen. Für Gläubiger und Geldvermögensbesitzer war dies wie ein Geschenk des Himmels, für Kreditnehmer allerdings bedeutete dies die Strangulation. Die Schuldenkrise der Dritten Welt in den 1980er Jahren ist dadurch ausgelöst worden. Die Investitionsschwäche wegen der teuren Kredite (und daher die Zunahme der Arbeitslosigkeit) ist eine weitere Folge.[14]

---

wütend bekämpft und von der politischen Bühne verjagt. Sie verderben den internationalen Finanzanlegern nämlich ein schönes Geschäft.

[14] Die Ausmaße einer Zinssteigerung zur Stabilisierung des Geldwertes gegen eine unterstellte Inflationsgefahr können absurd werden. In Brasilien sind die extrem hohen Nominalzinssätze der Zentralbank von 16,25% im September 2004 bis zum Mai 2005 nochmals

In der Umbruchphase der frühen 1970er Jahre schien es zeitweise, als ob der US-Dollar den Thron des Seigneurs räumen müsste. Denn nicht nur der äußere Geldwert des US-Dollar erfuhr eine Abwertung, auch der innere Wert wurde in der Inflation untergraben, die vor allem eine Folge der Aufrüstung im Vietnam-Krieg war. Alle Dollarkontrakte - auch die Dollareinnahmen aus Erdölexporten der Ölförderländer - verloren mit der Dollarinflation an Wert. In dieser Phase nutzten die Erdöl exportierenden Länder die Gelegenheit des arabisch-israelischen „Yom Kippur"-Krieges vom Oktober 1973, um den Ölpreis in kurzer Frist um das Vierfache von 2,89 US$ auf 11,65 US$ je Barrel zu erhöhen. Zu jener Zeit gab es zum US-Dollar keine wirkliche Alternative, und daher blieb nur die Option der Preissteigerung; die Option des Wechsels der „Ölwährung" bestand de facto nicht. Die Preissteigerung des Öls wurde von allen Öl importierenden Ländern als Schock empfunden, denn nun kam die Energieabhängigkeit der industriellen und sich industrialisierenden Gesellschaften plötzlich zu Bewusstsein. Denn sie stellte sich als teuer heraus. Auf der anderen Seite wurden hohe Einnahmen in die Kassen der Öl exportierenden Länder gespült, die nun gezwungen waren, dafür geeignete Anlagen zu finden. Das internationale Bankensystem war dabei behilflich, es konnte ja beim „Recycling der Petrodollars" gute Geschäfte machen. Auch die USA hatten mit den hohen Ölpreisen wenig Probleme, da Ölexporteure wie Saudi Arabien dazu veranlasst werden konnten, die Petrodollars in den USA auszugeben: für Waffensysteme und für Anlagen und Bauaufträge an US-amerikanische Firmen. Wie diese lukrativen Geschäfte des Recyclings eingeleitet und mit welchen Methoden hart am Rande der Legalität diese abgewickelt wurden, schildert eindringlich Perkins, der dabei die Rolle des „economic hit man", eines wirtschaftlichen Zuschlägers spielte (Perkins 2005: 149ff). Regeln, die dabei hinderlich sein konnten, wurden mehr und mehr dereguliert, die Märkte wurden weiter liberalisiert und im Zuge der umfassenden Privatisierungen privaten Akteuren überantwortet. Länder, die noch durch Kapitalverkehrskontrollen geschützt waren, wurden zur Öffnung der Märkte verpflichtet. Die Öffnung der Kapitalmärkte gehört zur „Konditionalität" von Krediten, die internationale Institutionen wie der IWF vergeben. Die Öffnung der Warenmärkte verlangt das Regelwerk der WTO. Die Argumente für die Politik der Öffnung der Märkte liefert die inzwischen herrschende neoliberale Lehre. Diejenigen Länder, die ihr besonders musterhaft gefolgt sind, haben in aller Regel die schlechtesten nur möglichen Erfahrungen gemacht (vgl. zum argentinischen Fall Sin Patrón 2004; Teubal 2004).

erhöht worden, und zwar auf 19,75%, so dass juristische Personen für Kredite 65,7%, natürliche Personen 33,7% zu zahlen hatten (Daten nach: O Globo, 25.06.2005). Die Folge ist eine Kreditkontraktion. Die Stabilisierung des Geldwertes am „Finanzplatz" Brasilien ist zerstörerisch für den „Standort". Oder mit Walter Benjamin: die mit nachgerade religiösem Eifer stabilisierte Geldwirtschaft zertrümmert die kapitalistische Realwirtschaft.

Der Widerspruch zwischen den Funktionen der Leitwährung als Handels-, Anlage-, Reserve-, Interventions- und Ölwährung kommt auch im neuen Jahrhundert zum Tragen. Die Abwertung des US-Dollar gegenüber dem Euro seit dem Frühjahr 2003 hat den für die US-Ökonomie auf den ersten Blick positiven Effekt einer Verbesserung der Wettbewerbsfähigkeit des „Standorts". Das ist günstig für den US-Dollar als Handelswährung, sofern die Abwertung tatsächlich die Exporte anregt und die Importnachfrage bremst - was keineswegs sicher ist. Denn inzwischen ist ein Großteil der Exporte aller Industrieländer Intrakonzernhandel transnationaler Unternehmen, und diese haben ihre Produktionsstätten überall in der Welt. Es ist daher nicht gewährleistet, dass unbedingt die US-Wirtschaft von der Abwertung profitiert. Auch werden importierte Vorprodukte für Unternehmen in den USA teurer. Der Abwertungsgewinn durch Zunahme der Exporte wird dadurch möglicherweise absorbiert. Wenn die US-Exporte in Folge der Abwertung steigen sollten, müssen andere Länder spiegelbildlich Marktanteile abgeben. Das hat nur dann keine Folgen für die absoluten Werte, wenn die Weltökonomie insgesamt dynamisch wächst. Doch nach dem Platzen der New Economy-Blase und wegen der in allen Weltregionen betriebenen Deflationspolitik ist es eher wahrscheinlich, dass es zu Handelsauseinandersetzungen kommt, vor allem zwischen den USA, Westeuropa und den ostasiatischen Ländern. Die Gefahr, dass eine Dollarabwertung dann als Politik des „beggar thy neighbour" interpretiert wird und Abwehrmaßnahmen auslöst, ist nicht gering.

Als Reservewährung hingegen wird der Dollar durch eine Abwertung auf jeden Fall geschwächt und als Anlagewährung weniger interessant für Kapitalanleger sein. Allerdings ist hier die „ceteris paribus"-Klausel besonders angebracht. Denn die USA sind das mächtigste Land, die „einzige Weltmacht" und aus diesem Grund für Kapitalanleger attraktiv. Doch werden Zentralbanken und private Kapitalanleger möglicherweise Kapital aus den USA abziehen, wenn der US-Dollar gegenüber wichtigen konkurrierenden Währungen an Wert verliert. Die USA benötigen aber den Kapitalzufluss aus dem Ausland, um die Defizite der Leistungsbilanz und des Staatshaushalts zu schließen. Auch würde eine beträchtliche Abwertung die globalen Finanzbeziehungen in Turbulenzen stürzen und „wie eine Deglobalisierung wirken" (FTD, 30.05.2003), nämlich die Integration der Weltwirtschaft verlangsamen oder sogar in Teilbereichen rückgängig machen. Dies ist eine desaströse Deglobalisierung, ganz anders als die von Walden Bello (2004) projektierte Deglobalisierung als Alternative zur Korporatokratie und zur „corporate globalization".

Die USA waren trotz der strukturellen Defizite in Leistungsbilanz und Staatshaushalt niemals gezwungen, Strukturanpassungsmaßnahmen durchzuführen, die den verschuldeten Ländern der Dritten Welt vom IWF aufgenötigt worden sind. Der „Konsens von Washington" besagte, dass die von Schulden- und Finanzkrisen betroffenen Gesellschaften rigorose Anpassungen vornehmen müssen, von denen aber die USA als größtes Schuldnerland ausgenommen bleiben. Für Washington sollte der „Konsens von Washington" nicht gelten. Im Unterschied zu Brasilien oder Guinea, Thailand und Argentinien sind die USA nämlich in der eigenen Währung verschuldet. Insofern ist das Wort von der „einzigen Weltmacht", die mit außerordentlichen Privilegien im Vergleich zu allen anderen Ländern dieser Erde ausgestattet ist, nicht falsch. Dies ermöglicht den USA, beide Vorteile zu nutzen: die der Gläubiger und die der Schuldner; während sie deren Nachteile vermeiden können. Als Schuldner nutzen sie die Seignorage-Vorteile, weil die USA im Unterschied zu anderen verschuldeten Ländern mit Defiziten von Staatshaushalt und Leistungsbilanz gut leben können. Die US-Bürger können sich einen hohen Konsumstandard, also den „American way of life" leisten, obwohl sie hoch verschuldet sind - extern, aber auch intern. Die US-Schulden sind obendrein zum großen Teil öffentlich, und für sie bürgt die politisch und militärisch mächtigste Nation auf Erden. Voraussetzung dafür allerdings ist erstens eine hohe Sparquote in anderen Weltregionen, die es den USA und ihren Bürgern erlaubt, über die Stränge zu schlagen. Zweitens müssen die Finanzmärkte so funktionieren, dass die Ersparnis der Welt in die USA geschleust wird. Ein Mechanismus ist das US-Defizit in Handels- und Leistungsbilanz. Ein anderer sind die Anreize zum Kapitalexport in die USA. Diese bestehen aus attraktiven Renditen und Zinsen und der Sicherheit, die die überlegene politische und militärische Macht bietet.

Es geraten also die Funktionen der Handelswährung (mit Hilfe des Wechselkurses Wettbewerbsvorteile zu erreichen) mit jenen der Reserve- und Anlagewährung (Stabilität der Anlage sicher zu stellen) in Konflikt. Alle Zentralbanken, die den Dollar als Reserve halten, werden bei fallendem Dollarkurs entweder hohe Verluste der Devisenreserven hinnehmen müssen, oder aber den Versuch machen, vom Dollar in andere Währungen umzuschichten. Da aber gegenwärtig nur eine Alternativwährung existiert, ist dies gleichbedeutend mit einer Stärkung des Euro. Auch hier ist eine *„ceteris paribus-Klausel"* angebracht. Denn die Stärke des Euro hängt von der Dynamik des europäischen Integrationsprozesses ab. Krisen wie die nach dem gescheiterten Haushaltsgipfel vom Juni 2005 und nach den Referenden zum Verfassungsvertrag in Frankreich und in den Niederlanden wirken sich unmittelbar auf die komparative Stärke des Euro aus.

Offizielle Daten über die Reservewährungen im Portefeuille der Zentralbanken sind nur schwer erhältlich, da aus den Daten Rückschlüsse auf die Fähigkeit der jeweiligen Zentralbank, die nationale Währung im Falle eines Falles verteidigen zu können, gezogen werden könnten. Aber zwei Trends sind aus den vorliegenden Daten herauszulesen. Zum einen die in manchen Fällen drastische Erhöhung der Reserven. Insgesamt haben sie sich von 1990 bis 2004 von 858 Mrd. US$ auf 3.400 Mrd. US$ fast vervierfacht. Ein großer Teil des Anstiegs ist auf die Reservehaltung der Schwellenländer zurückzuführen. Sie versuchen so, sich gegenüber Finanzkrisen zu wappnen. In den hochgetürmten Reserven wird Kapital stillgelegt, das nicht für Investitionen, aber auch nicht für Sozialausgaben oder die Verbesserung der Lebensbedingungen der Menschen verwendet wird. Dies ist nichts anderes als Verzicht auf möglichen Wohlstand, um bei Attacken auf die Währung gewappnet zu sein und den Wechselkurs verteidigen zu können. Für die USA ist diese durch die traumatischen Erfahrungen der Finanzkrisen begründete Haltung ein Geschenk des Himmels. Denn sie können ihre Defizite zu sehr niedrigen Kosten finanzieren und infolge des Konsumverzichts der anderen die eigene Konsumquote hoch halten.

Das „Geschenk des Himmels" kann sich aber als ein „Danaer-Geschenk" herausstellen, wenn Dollarreserven in Euro umgeschichtet werden. Daher ist die Klage des Morgan-Stanley-Chefökonomen Stephen Roach verständlich, dass die USA ihre „Finanzen in ausländische Hände" gegeben hätten (nach: Der Spiegel, 23/2005: 133).

Von den umgerechnet etwa 3,4 Billionen US$ weltweiter Währungsreserven werden 60% in US-Dollar, etwa 20% in Euro gehalten (Struve/Zschäpitz: Die Dollar-Bombe tickt, in: Die Welt, 11.03.2005). Dies ist die Umkehr einer Entwicklung während der 90er Jahre, in denen der Anteil des US-Dollar an den Weltdevisenreserven von 55,3% (1992) auf 68,1% (2000) gestiegen ist (IMF 2002: 97; vgl. auch: FTD 08.05.2003, S. 29; FT 19.03.2005). Insbesondere jene Länder mit hohen Devisenreserven verfolgen eine Strategie der Diversifizierung (FTD, 07.02.2005). Auch die OPEC geht dazu über, Gelder aus US-Dollar-Einlagen abzuziehen und stattdessen Einlagen in Euro und anderen Währungen aufzubauen. Damit ist eine Verlagerung des Importgeschäfts der OPEC von den USA zu Europa

Tabelle 6.3: Weltwährungsreserven in Mrd. US-Dollar

Land	*Ende 2003*	*Ende 2004*	*Veränderung*
Japan	674	845	+171
China	403	610	+207
Taiwan	207	242	+35
Südkorea	155	193	+38
EU-12	188	173	-15
Opec	112	133	+21
Russland	78	125	+47
Hongkong	118	124	+6
Indien	101	116	+15
Singapur	96	113	+17
Malaysia	43	62	+19
Mexiko	58	61	+3

Quelle: WestLB, nach FAZ 23.02.2005

verbunden (EZB, Monatsbericht, Juli 2005: 15). Die Gründe dafür sind erstens ökonomische, weil das wachsende Zwillingsdefizit von Leistungsbilanz und Staatshaushalt der USA irgendwann einmal eine Abwertung des US-Dollar unvermeidlich macht. Zum anderen spielen politische Gründe eine Rolle, nämlich sich aus der Abhängigkeit von den USA zu begeben, in die ein Land unweigerlich gerät, wenn es zu hohe Reserven der US-Währung anhäuft. Daher geben nicht nur die USA die „Finanzen in ausländische Hände". Auch die Länder mit hohen Dollarreserven verbinden ihr ökonomisches Geschick mit dem US-Dollar.

Daher ist es verständlich, wenn die Zentralbanken versuchen, ihre in US-Dollar denominierten Reserven zu reduzieren und stattdessen Euro zu kaufen, also auf „Diversität" der Währungsreserven zu setzen (FT 19.03.2005). Dies kann natürlich nicht mit einem Schlag und im Lichte der Öffentlichkeit geschehen, sondern nur vorsichtig und möglichst ohne Aufsehen. Denn auf den Währungsmärkten warten die Spekulanten, assistiert von Ratingagenturen und Analysten darauf, Trends ausfindig zu machen, die sie für einen schnellen Gewinn ausnutzen können. Wenn man die Devisenreserven einer Zentralbank als öffentliches Gut interpretiert, und dafür sprechen viele Argumente, dann ist deren spekulative Aneignung nichts als die Privatisierung eines öffentlichen Gutes.[15]

Wie realistisch ist eine Umschichtung der Devisenreserven in Euro? In einer Situation der Dollarstärke wurde der Euro, wie in Maastricht 1991 beschlossen, im Jahre 1999 eingeführt. Das war ein gewagtes Manöver und es war kein Wunder, dass der Euro zunächst nur ein schwaches Bild bieten konnte. Allerdings waren die verbreiteten Schwanengesänge auf den Euro Ende der 1990er Jahre ohne Halt (und zum Teil ideologisch mit einem unzeitgemäßen Währungsnationalismus verbrämt), da sie die Dynamik des europäischen Integrationsprojekts systematisch unterschätzten. Sicherlich sprachen die Unterschiede der Lohnstückkosten und der Inflationsraten im „Euroland" als ökonomische Fundamentaldaten gegen einen gemeinsamen Wechselkurs und einen einheitlichen Zinssatz im Eurogebiet. Es war schon 1991 absehbar, dass beim Verlust der Instrumente von Wechselkurs- und Zinspolitik nur noch die Anpassung der Löhne einschließlich der Lohnnebenkosten im Sozialbudget blieb, um die Stabilitätsbedingungen des Maastricht-Vertrags erfüllen zu können.[16] Wie schwierig dies ist und welche sozia-

15 Als der Quantum-Fonds von George Soros 1991 die Bank of England in einem gewaltigen und erfolgreichen Spekulationscoup „knackte", war die Bank um ca. 1 Mrd. Pfund ärmer und die privaten Fonds um eben diesen Betrag reicher. Dass Soros Teile des Angeeigneten für seine Stiftungen in Osteuropa zur Förderung einer „offenen Gesellschaft" eingesetzt hat, ändert an dem Sachverhalt nichts. Die private Aneignung des öffentlichen Gutes Währungsreserven ist gegen eine offene Gesellschaft gerichtet.

16 Darauf haben wir früh hingewiesen (vgl. Altvater/Mahnkopf 1993) und in einer allgemeinen Euro-Begeisterung heftige Kritik, gerade auch von Gewerkschaftsseite geerntet. Es

len Opfer dabei erbracht werden müssen, wird zu Beginn des neuen Jahrhunderts in fast allen europäischen Ländern gespürt. Die Soziallöhne (vor allem die Leistungen des Sozialstaats) werden gekürzt und die Individuallöhne geraten unter Druck.[17] Auch in Europa führt der Vorrang der Stabilitätspolitik zu einer „Verschlechterung des Arbeitsmarktes" mit hoher Arbeitslosigkeit und einer Reduzierung formeller „guter" Arbeitsplätze zu Gunsten prekärer Jobs.

Der Schritt zur europäischen Währungsunion kann nicht mehr rückgängig gemacht werden - und wenn, dann zu einem hohen politischen Preis. Nun existiert der Euro, und er hat es nach anfänglicher Abwertung gegenüber dem US-Dollar inzwischen zu einer Aufwertung (gegenüber dem Tiefststand 2002) von 50% (im Sommer 2005) gebracht. Infolge der Schwäche Japans ist derzeit der Euro die einzige relevante Konkurrenzwährung zum Dollar. Der chinesische Yuan (Renminbi) ist eine Zukunftswährung - schon wegen der Größe und Dynamik der chinesischen Ökonomie. Allerdings muss der Yuan vom Dollar, an den er gekoppelt ist, gelöst und aufgewertet werden, um auch als Anlage- und Reservewährung interessant zu sein. Mit unterbewerteter Währung lassen sich zwar Überschüsse der Handelsbilanz erzielen und Direktinvestitionen anziehen. Doch im Resultat wird dadurch der US-Dollar gestärkt. Denn die Exportüberschüsse und Kapitalimporte Chinas schlagen sich als Anstieg der Devisenreserven nieder, und die bestehen zum größten Teil aus US-Dollar. Wenn China die eigene Währung also als Anlage- und Reservewährung attraktiv machen will, muss der Renminbi vom US-Dollar gelöst werden. Sollte dies einst geschehen, gäbe es entweder ein Triangel von Leitwährungen, und dies wäre, wie aus der Chaostheorie bekannt ist, die am wenigsten stabile Konstellation, es sei denn, damit wäre ein Währungsregionalismus in Nordamerika, Ostasien und Westeuropa verbunden, also eine stärkere Regionalisierung der Weltwirtschaft (vgl. Dieter 2005).

---

war aber ebenso klar, dass das Projekt der Europäischen Währungsunion Ende der 90er Jahre nicht mehr zu stoppen war, und daher haben wir uns ebenso klar von denjenigen distanziert, die die Währungsunion rückgängig machen wollten, als es bereits zu spät war (vgl. Altvater 1998d). Zum Teil waren es die gleichen, die zu Beginn der 1990er Jahre das Projekt der gemeinsamen Währung verteidigt hatten, die dann gegen Einführung des Euro am Ende der 1990er Jahre opponieren wollten. Das Gorbatschow-Diktum „Wer zu spät kommt, den bestraft das Leben" gilt auch in der Währungspolitik. Nur gilt auch: „Wer zu früh warnt, wird von der herrschenden Meinung abgestraft".

[17] Es wäre aber verfehlt, die Einführung des Euro für den Sozialabbau verantwortlich zu machen. Denn vor allem sind es die globalisierten Finanzmärkte, die mit hohen Realzinsen auf Löhne und Sozialstaatsbudget drücken.

6.5 Der Kapitalismus gerät außer Form

Die große Bedeutung der monetären Sphäre in Zeiten der Globalisierung verweist auf eine tiefgreifende und radikale Veränderung der kapitalistischen Reproduktion. Wachstum ist nun vor allem notwendig, um die „monetären Ansprüche“ der Geldvermögensbesitzer - und nicht nur jene der industriellen Kapitalisten - auf eine angemessene Durchschnittsprofitrate zu erfüllen. Ohne Wachstum kann das „finanzgetriebene Akkumulationsmodell“ nicht funktionieren. Renditen von mehr als 20% können an die Aktionäre nur gezahlt werden, wenn nicht nur die aus Wachstum stammenden Überschüsse verteilt werden, sondern wenn ein globaler Prozess der gewaltigen und häufig gewaltsamen Umverteilung zu Gunsten der Shareholder aus der Vermögenssubstanz von Gesellschaften in Gang gesetzt wird. Der globale Kapitalismus ist also räuberisch und kurzsichtig, und die ökonomischen Akteure werden dabei von den Regierungen und internationalen Organisationen unterstützt. Es ist bereits von Rosa Luxemburg hervorgehoben und von Hannah Arendt bestätigt worden (darauf verweist Harvey 2004), dass die extrem hohen Renditen eine Umverteilung zu Lasten der subalternen Schichten und zu Gunsten der ökonomischen und politischen Eliten verlangen, die den ökonomischen Rahmen für einen sozialstaatlich moderierten Klassenkompromiss sprengen. Dies hat zur Folge, dass auch die subalternen Klassen zu ihrer eigenen Entlastung Interesse an der Enteignung anderer, bewirkt durch die globalen Mechanismen der Finanzmärkte, finden. Dies ist die ökonomische Grundlage für die Gleichzeitigkeit von Globalismus und (Neo)nationalismus, von neoliberaler Rhetorik des Freihandels, des freien Kapitalverkehrs und geopolitischen Muskelspielen. So erklärt sich auch die bereits zitierte zynische Aussage Cecil Rhodes, dass der Klassenkampf im Inland durch imperialistische Enteignungspolitik in den Kolonien stillgestellt werden kann (vgl. dazu drittes Kapitel). Gerade in Zeiten der Globalisierung entstehen also nationalistische und neofaschistische Bewegungen, nicht als Antwort auf, sondern als Ausdruck der von den Finanzmärkten forcierten Ökonomie der Enteignung.

Wie sehr der Arbitrage- und Spekulations- bzw. „Desasterkapitalismus“ (Fidler 2005) außer Form geraten ist, zeigt die Ausweitung der organisierten Kriminalität. Im Zusammenhang von Deregulierung, Liberalisierung und Privatisierung einerseits und der Minimierung des Staates andererseits sind die privaten Mächte gegenüber öffentlichen Institutionen und zivilgesellschaftlichen Organisationen in den Vordergrund des Geschehens gerückt. Die Grenzen zwischen legalem Profitstreben, illegalen Überschreitungen des legalen Rahmens und krimineller Ausnutzung der neuen Freiräume werden verwischt. Enron, Worldcom, Parmalat, der Schmuggel von Drogen, Menschen und Waffen, die große Korruption, die politische Erpressung etc. sind keine Marginalien mehr. Auf illegale und kriminelle Weise kommen an die 15% des Welthandels oder an die 5% des Weltsozialprodukts zustande. So werden die inneren moralischen Ressourcen des kapitalistischen Systems zerstört – als Folge der neoliberalen Marktöffnung, der Deregulierung und der Zurückdrängung des Staates aus dem Wirtschaftsgeschehen. Ökonomische Akteure folgen den Marktsignalen. Wenn zweistellige Renditen das Signal geben und daher der Maßstab sind, ist es nur opportun, auch mit kriminellen Methoden den verführerischen Sirenenklängen hoher Renditen zu folgen.

Die Krisentendenzen der globalen Finanzmärkte und die düstere Seite der organisierten Kriminalität, der Geldwäsche, Korruption und Betrügereien sind als Anzeichen für die Zuspitzung der inneren Widersprüche des modernen Kapitalismus zu werten. Sie haben schon infolge der extremen Ungleichheit in einer Welt, die in Gläubiger und Schuldner gespalten ist, die moralischen Ressourcen angegriffen und unterminiert (Pogge 2005), die für das Minimum an Kohärenz in einer globalisierten Welt erforderlich sind. Sie haben auch zur Folge, dass die Dynamik des kapitalistischen Systems gebremst wird. Wenn dazu noch der äußere Anstoß der Destabilisierung kommt, wie Fernand Braudel hervorhebt, kann es schon sein, dass der Kapitalismus, wie wir ihn kennen, an Grenzen gerät.

Siebentes Kapitel
Der externe Schock: Das Ölzeitalter geht zu Ende

7.1 Der Terror kommt nicht von außen, sondern von innen

Wer mit Fernand Braudel nach einem äußeren „Stoß von extremer Heftigkeit" Ausschau hält, wird sogleich die Bilder des World Trade Center am 11.09.2001 erinnern und die Verunsicherung durch terroristische Attacken, wie in Bali, Djerba, Madrid, Istanbul oder London spüren, denen weitere folgen können. Was treibt Menschen zu solchen Wahnsinnstaten, zu mörderischen Verbrechen, bei denen sie auch den eigenen Tod in Kauf nehmen? Man muss versuchen zu verstehen, warum der Terror in die Zentren der westlichen Gewalt getragen wurde, welches der soziale und ökonomische Hintergrund ist und welche politischen Absichten die Terroristen verfolgen. Sehr schnell wird man sehen, dass die Terrortaten im Zusammenhang mit den Kriegen der USA und ihrer Verbündeten gegen den Irak, Jugoslawien und Afghanistan, und dann mit dem vom US-amerikanischen Präsidenten Bush 2001 ausgerufenen „Krieg gegen den Terrorismus" eskalierten. Dieser Krieg wird ja so geführt, dass „Schurkenstaaten" militärisch niedergeworfen und besetzt, nicht genehme Regime beseitigt und durch willige Regierungen ersetzt werden. Bei diesen militärischen Aggressionen wird auch die Zivilbevölkerung drangsaliert und terrorisiert. Im Irak sind nach Ende der Kampfhandlungen im Mai 2003 bis Mitte 2005 zwischen 39.000 und an die 100.000 Iraker getötet worden (nach: FR 13.07.2005); ganze Städte wie Falludja sind vom US-Militär zerstört worden. Der Bombenterror, ausgeübt von „zivilisierten westlichen Mächten" im Kampf gegen den Terror, provoziert neuen Terror.[1] Das ist eine Eskalationsspirale, von der niemand sagen kann, wo sie endet.

Was veranlasst gewählte Regierungen in demokratischen Ländern zu Bombardierungen, zur Anwendung von Folter, zu schweren Menschenrechtsverletzungen, zur Errichtung eines „Imperiums der Barbarei" (vgl. Clark/Foster 2005)? Die Notwendigkeit, einen „Krieg gegen den Terror" führen zu müssen, kann weder eine Antwort noch Rechtfertigung sein. Es muss auch andere, vielleicht wichtigere Ziele des Kriegs gegen den Terror geben. Tatsächlich geht es in diesem Krieg

---

1 Es gibt noch keine international verbindliche Definition von Terrorismus und Staatsterrorismus. Der Generalsekretär der UNO hat einen Vorschlag erarbeitet, wonach „... any action constitutes terrorism if it is intended to cause death or serious bodily harm to civilians or non-combatants with the purpose of intimidating a population or compelling a Government or an international organization to do or obtain from doing any act ..." (Annan 2005, Art. 91).

vor allem um geostrategischen Einfluss in den mittelöstlichen und zentralasiatischen Ölregionen.

Kriege sind immer um Grenzen und Territorien geführt worden. Dieser Krieg scheint zwar als globaler Krieg grenzenlos und auf kein spezifisches Territorium gerichtet zu sein, denn der ganze Planet und der außerplanetarische Raum gehören zum *„theatre"* des Krieges gegen den Terrorismus. Doch ist dies nur die halbe Wahrheit. Denn das Militär braucht Territorien, auf denen Basen errichtet werden, von denen aus der globale „Krieg gegen den Terrorismus" geführt werden kann. Die USA verfügen inzwischen weltweit über mindestens 725 Militärbasen, von denen ein guter Teil erst nach 2001 errichtet worden ist. Sie sind geostrategisch um die Ölterritorien und um die Logistik (Pipelines, Tankerrouten) gruppiert (Johnston 2004: 11ff.). Territorialer Einfluss ist also im Krieg gegen den Terror so wichtig wie in den „traditionellen Kriegen" auch. Doch geht es heute in den Auseinandersetzungen nicht um die Verschiebung von Grenzen der Nationalstaaten (um das von den alten Geopolitikern des frühen 20. Jahrhunderts beschworene „Wachstum" des Staates) wie im „alten Imperialismus", um das beherrschte Territorium auszudehnen. Dennoch sind Grenzen bedeutsam, vor allem die Grenze der Verfügbarkeit von Öl, des Lebenssaftes der modernen Ökonomien. Die Zielsetzung des Ölimperialismus ist die Verschiebung der Verfügbarkeitsgrenze. An dieser entbrennen heftige Konflikte um den Zugriff auf Ressourcen, die das Zeug der militärischen Auseinandersetzung in sich bergen: zwischen mächtigen Verbrauchsländern von Öl und Ölproduzenten und zwischen den Ölverbrauchern. Wenn das Öl nämlich zur Neige geht und gleichzeitig der Verbrauch größer wird, sind Verteilungskämpfe unvermeidlich.

Diese werden *geoökonomisch* auf dem Weltmarkt mit Preisen, Quoten, Mengen und Währungen, aber auch *geopolitisch* mit politischen Druckmitteln - von diplomatischen Einflüssen bis zu Bestechung und Erpressung - und unter Einsatz militärischer Macht ausgetragen. Militär und Wirtschaft werden im Rahmen geopolitischer Energieversorgung miteinander verbunden (Wuppertal Institut 2005: 93). Auf den Markt allein ist kein Verlass, die militärische Sicherung der Energieversorgung kommt hinzu. So werden aber Konflikte zugespitzt. „Die Bombardierung unschuldiger Menschen in Bagdad, Dschenin und Kabul ist genauso barbarisch wie die in New York, Madrid oder London ..." (Tariq Ali in: TAZ, 09.07.2005). Der Terrorismus ist also keineswegs von außen kommender Anstoß fundamentalistisch verblendeter Selbstmordattentäter. Der Terrorismus ist auch eine Reaktion auf die inzwischen jahrzehntelangen Versuche der westlichen Mächte, Einfluss in den großen Ölregionen zu erhalten und auszuweiten, indem diktatorische Regime gestützt und die Bevölkerung unterdrückt werden sowie auf den staatlich verordneten Terror im „Krieg gegen den Terrorismus". Dieser kann gar nicht gewonnen und daher auch nicht beendet werden, weil gar nicht klar ist, welcher Gegner eigentlich zu welchen Konditionen besiegt werden soll.

Dabei muss die historisch neue Lage in Zeiten der Globalisierung berücksichtigt werden. Erst „im 21. Jahrhundert können koloniale und imperiale Vorherrschaftskriege nicht länger auf die Länder beschränkt bleiben, die von den selbsternannten Kolonialherren überrannt und ausgebeutet werden. Das ist ein Faktum des modernen Lebens. Ist der Krieg erst einmal entfesselt, wird das Schlachtfeld global“ (Deirdre Griswold, in: Junge Welt, 09.07.2005). Die Hereros konnten von den deutschen Kolonialtruppen in Namibia noch zu Hunderttausenden massakriert werden, ohne dass in Berlin eine Bombe hochging. Während des Vietnamkrieges war das Schlachtfeld auf Indochina beschränkt und in den USA geschah nichts (von den Protesten und Demonstrationen gegen den Krieg abgesehen). Diese Zeiten sind heute offenbar vorbei. Die Versuche, die Grenze des Ölverbrauchs im weltweiten Verteilungskampf mit militärischen Mitteln hinauszuschieben, um noch einige Jahre länger den Öldurst in den Industrieländern zu stillen, obwohl die Ölvorräte zur Neige gehen und immer mehr Länder an die „Öltränke“ drängen, haben in den Verbrauchsländern Rückwirkungen, nämlich terroristische Attentate. Daher ist nicht der Terrorismus Anstoß von außen. Es sind vielmehr die zur Neige gehenden Ölreserven, die einen neuen, „barbarischen“ Ölimperialismus auslösen, der mitverantwortlich für den modernen Terrorismus ist.

Im Folgenden werde ich mich vor allem mit den Grenzen der Öl- und Gasressourcen befassen, nicht nur weil diese Energieträger heute zentral sind, sondern weil man hier besonders klar zeigen kann, wie groß und wirksam der äußere Anstoß der begrenzten Verfügbarkeit der fossilen Energieträger ist, der den Kapitalismus, wie wir ihn kennen, erschüttert. So, wie die fossil-industrielle Revolution vor etwa 250 Jahren eine Umwälzung aller Lebensbereiche, in Produktion und Konsum, in Politik und Kultur einleitete, wird nach dem Ende des fossilen Energieregimes eine stabile Ordnung nur auf der Grundlage erneuerbarer Energien entstehen können. Zuvor aber, dies ist die schreckliche Botschaft von Terrorismus und Krieg gegen den Terrorismus, kann die Welt in ein globales Chaos gestürzt werden (dieses malen beispielsweise Deffeyes 2005: 8 oder Heinberg 2004: 331ff. aus).

7.2 Diskurse über die Endlichkeit

Dass die Reserven der fossilen Energieträger endlich sind, ist gewiss und wird von niemandem, der bei Troste ist, bestritten. Denn selbst wenn man die „ultimate recoverable resources“ mit 3 Billionen (3.003 Mrd.) Barrel (US Geological Survey von 2000) ansetzt (vgl. auch Jeomans 2004; Deffeyes 2005: 43, der die unerheblich differierende Zahl von 3.012 angibt), sind es bei einem gegenwärtigen Verbrauch von jährlich 25 Mrd. Barrel (täglich wären dies 75 Mio Barrel) nur 120 Jahre bis zum letzten Tropfen - menschheitsgeschichtlich eine kurze Zeitspanne. Sie reicht - in die Vergangenheit projiziert - von 1885 bis in unsere Tage. In diesem Zeitraum sind fast 1.000 Mrd. Barrel Öl verbraucht worden (auch dazu vgl. Deffeyes 2005). Doch die optimistische Rechnung auf der Basis von 3.000 Mrd. Barrels, die uns aufatmen lassen könnte, ist sowieso unrealistisch; die Angaben sind hemmungslos übertrieben. Denn selbst wenn diese Billionen Barrel in der Erdkruste lagern sollten, sind sie mit den heute vorhandenen Techniken zu einem akzeptablen Preis nicht zu fördern. Und ob dies jemals der Fall sein wird, steht in den Sternen. Daher wird die statische Reichweite, d.h. die Zeit, die die gesicherten Vorräte bei derzeitigem Verbrauch noch reichen, in aller Regel mit an die 40 Jahre angegeben: „Proven oil reserves are sufficient to meet world demand at current levels for over 40 years. However, this figure significantly underestimates the volume of oil resources that may be eventually recoverable with improved technology or at higher oil prices ..." (IMF 2005: 161). Ein anderes „Jedoch" mit einem Fragezeichen wäre anzumerken: Was wäre, wenn im Verlauf erfolgreicher Industrialisierung in China, Indien, in Afrika und anderswo die Nachfrage nach Öl über die „current levels" hinaus rapide steigt, vielleicht sogar über die zusätzliche Extraktion aus den „eventually recoverable resources" hinaus? Immerhin rechnet die International Energy Agency in ihrem World Energy Outlook von 2004 mit einem Anstieg der Ölnachfrage von 60% bis zum Jahre 2030. Also ist der Verweis auf die möglicherweise erschließbaren Ressourcen lediglich ein Trostpflaster, das sofort unwirksam wird, wenn wir auch die Nachfrage in die Prognose einbeziehen.

40 Jahre sind nicht viel, wenn man die Generationsfolge der Menschheit ins Auge fasst, auch wenn bei Anwendung von „improved technology" vielleicht noch ein paar Jahre hinzukommen. Schon der kommenden, vielleicht der übernächsten Generation würden nur rostige, aber leere Fässer bleiben, eine verrottende Infrastruktur von Pipelines, die ganze Kontinente durchziehen, und viel klimaschädliches CO_2 in der Atmosphäre. 40 Jahre sind eine sehr lange Frist, wenn Finanzanleger eine Amortisation ihrer Anlagen in wenigen Jahren erwarten und das Management kurzfristig die Rendite von Fonds nach oben treibt. Dann liegt das Ende der Ölreserven weit jenseits des Horizonts, in dem ökonomische Akteure kalkulieren. Es interessiert sie also nicht. Daran liegt es, dass in den vergangenen Jahrzehnten die Erneuerung der Ölinfrastruktur vernachlässigt worden ist. Denn den Shareholders der Ölgesellschaften war und ist die private Rendite auf die Shares heute wichtiger als die Sicherheit der allgemeinen Ölversorgung morgen. Daher muss die Rendite von Ölaktien durch Preissteigerungen auf das Maß der Rendite von Finanzanlagen getrieben werden, bevor die von der IEA für notwendig geschätzten 16.000 Mrd. US$ an Investitionen in Exploration, Transport- oder Raffinerie-Infrastruktur und Leitungsnetze getätigt werden.

Von den Grenzen des britischen Nordseeöls wissen selbstverständlich die politisch Verantwortlichen. Doch im Unterhauswahlkampf in Großbritannien im Mai 2005 wurde das Thema ausgeblendet, weil keine der Parteien weiß, wie sie die

Frage nach den Folgen der Erschöpfung des einstigen Ölreichtums der Nordsee für die britische Ökonomie und Gesellschaft beantworten soll. Der Zeithorizont reicht sowieso nur von Wahl zu Wahl. Die Norweger haben in dieser Hinsicht vorausschauender gehandelt. Sie haben einen Teil der Einnahmen aus den Exporten des Nordseeöls in einem Fonds gespeichert, der dann angezapft werden soll, wenn das Öl nicht mehr sprudelt. Ob dann aber der Fonds die erwartete Rendite bringen kann, wenn infolge der Ölknappheit das reale Wachstum gebremst wird, ist durchaus fraglich.

Die Objektivität der Grenzen von Ressourcen wird also an der Subjektivität der geophysikalischen, ökonomischen und politischen Diskurse relativiert. Daher finden wir in der Debatte alle Positionen: ein Ende des Ölzeitalters drohe noch lange nicht, ein Wasserstoffzeitalter breche an, wenn das Öl zur Neige geht. Die Potenziale der Nuklearenergie seien noch längst nicht ausgeschöpft, heißt es, der Höhepunkt der Ölförderung dürfte sehr bald überschritten sein und dann sei nur noch ein Leben mit radikal reduziertem Energieverbrauch möglich (z.B. Heinberg 2004) und überhaupt komme es nicht auf den Verbrauch des letzten Tropfens Öl an, sondern auf den Zeitpunkt, an dem weltweit die Extraktion pro Jahr größer sei als die neu gefundenen Reserven. Dann nämlich ist unweigerlich der Höhepunkt der Ölförderung („Peakoil") überschritten und zusätzliche Nachfrage im Zuge des Wirtschaftswachstums oder durch neue Verbraucherländer als Folge der Industrialisierung kann nicht oder nur zu steigenden Preisen befriedigt werden. Dieser Höhepunkt sei, so die Vertreter der „Association for the Study of Peakoil" (ASPO), spätestens in der Mitte der kommenden Dekade zu erwarten. Dann kann auf dem globalen Ölmarkt die Angebotskurve auch bei steigenden Preisen nicht nach oben weisen, während die Nachfragekurve wegen der beträchtlichen Inelastizität in Bezug auf den Preis ansteigt. Unter diesen Bedingungen kann der Ölmarkt gar nicht als Konkurrenzmarkt funktionieren. Er ist daher auf der Angebotsseite seit 1960 durch die OPEC kartelliert, auf der Nachfrageseite durch die großen transnationalen Ölfirmen (einstmals die „sieben" Schwestern, die durch Übernahmen weniger geworden sind: BP, Shell, Total Fina Elf, Exxon Mobil, Chevron Texaco). Die Aufgabe der Regulation des Ölpreises angesichts des naturbedingten Marktversagens müssten internationale Institutionen und Organisationen übernehmen.

Ein Tropfen Öl lässt sich nur einmal verbrennen. Das ist ein Naturgesetz. Die in den fossilen Ressourcen gespeicherte Energie wird durch geeignete Mechanismen und Prozesse in Arbeitsenergie umgesetzt, die dazu dient, die Gebrauchswerte zu erzeugen, die wir zur Befriedigung unserer Bedürfnisse haben wollen.[2] Zugleich

---

2 In diesem Text werden die anderen Verwendungsformen des Öls als chemischer Grundstoff für die Chemie- und Pharmaindustrie nicht analysiert, obwohl es immer wieder heißt, Öl sei als Grundstoff viel zu kostbar, als dass es verbrannt werden sollte.

aber werden Verbrennungsprodukte erzeugt, die als Emissionen zumeist in der Atmosphäre abgelagert werden.[3] Nukleare Energieerzeugung hinterlässt neben Abwärme und Abwasser radioaktiven Müll, der eine Halbwertzeit von einigen Jahrtausenden hat. Auf die aus der Beschränktheit der energetischen und mineralischen Ressourcen sich ergebenden Grenzen hat auch der Club of Rome in seinem Bericht von 1972 aufmerksam gemacht (Club of Rome 1973). Das Argument war damals schlecht begründet und die *„Cornucopians"*, also diejenigen, die die Natur der Erde als nahezu unerschöpfliches und grenzenlos belastbares Füllhorn ansehen, hatten mit ihrer manchmal hämischen Kritik leichtes Spiel. Doch sie hatten zutiefst Unrecht. Sie hatten sich zu sehr darauf verlassen, dass es – abgesehen von der Endlichkeit der Erde, die aber nach ihrer Auffassung erst in weiter Ferne zum Problem werden könne – zuvor Grenzen der ökonomischen Rentabilität der Ressourcenausbeutung gibt. Also sind diese relevant und nicht diejenigen der Natur. Die ökonomischen Grenzen sind aber variabel, da sie sensibel auf Preis- und Zinsvariationen reagieren. Auch verändern sich Technologien und wissenschaftliche Explorationsverfahren, so dass trotz Ressourcennutzung immer neue Reserven erschlossen werden können. Wenn die konventionellen Öle ausgehen, gibt es noch die unkonventionellen Öle, also Teersand, Tiefseeöl, Ölschiefer etc. und davon gebe es in Kanada, Venezuela, Australien, Brasilien, China, in den USA und selbst in Estland noch genug (Yeomans 2004: 111). Die Endlichkeit der Erde ist also eine flexible Größe und keine fixierte Schranke. So erklärt es sich, dass Mitte der 1990er Jahre die nachgewiesenen Ölreserven um 55% höher waren als 1980. Die physikalische Unmöglichkeit, dass das Glas Wein, das wir trinken, immer voller wird, ist für manche Ökonomen, wenn sie über die Verfügbarkeit von Öl schreiben, kein Problem. „Im Verlauf der Zeit ist sowohl die Förderung als auch das Volumen der bekannten Reserven gestiegen". Und wird die Exploration „kompetent gemacht, so führt sie auch heute zum Auffinden neuer Lagerstätten" (Weizsäcker, C.Ch. 2004: 8). Neoklassische Ökonomen tun sich schwer zu begreifen, dass ökonomische Prozesse naturgebunden sind. Produktion und Konsumtion sind ja auch Prozesse der Transformation von Stoffen und Energien, und sie finden in Zeit und Raum statt. Sie verstehen die Selbst-

[3] Die Entropie des Systems steigt. Das ist ein anderer Ausdruck dafür, dass die Ordnung abnimmt und daher, auch wenn die Energie des Universums gleich bleibt (1. Hauptsatz der Thermodynamik), die für Arbeitsleistung nutzbare Energie mit abnehmender Qualität (im Hinblick auf Arbeitsleistung) zur Verfügung steht (2. Hauptsatz). Was aber ist das System? Ein System wird durch Grenzen definiert. Wir haben gezeigt, dass mit dem Übergang zur kapitalistisch-industriellen Produktionsweise fossile Energieträger die fast ausschließliche Antriebskraft wurden und deren Nutzung die Erde zu einem energetisch geschlossenen System machen – mit einer „Brandmauer" zwischen der industriell genutzten Antriebsenergie aus den fossilen Beständen und der Flussenergie der Sonne, die das Leben auf dem Planeten Erde erhält (vgl. dazu viertes Kapitel).

verständlichkeit nicht, dass die Erde endlich ist, dass irgendwann die Erdkruste durchlöchert wie ein Schweizer Käse ist und keine neuen Reserven gefunden werden oder dass sie sich nur zu sehr hohen Kosten der Exploration erschließen lassen, wenn doch welche gefunden werden sollten. Für neoklassische oder neoliberale Ökonomen hat die Preisentwicklung am Ölmarkt „wenig bis gar nichts mit der Endlichkeit der Ölreserven zu tun“ (FAZ, 06.07.2005: Folker Dries, Von Öl und Ölhysterie). Doch der unweigerlich und beträchtlich steigende Ölpreis wird, dies besagt die Peakoil-These, Einfluss auf die Nachfrage und Verbrauchsstrukturen des Öls zwischen den Ländern der Welt, zwischen den Branchen und für die Konsummuster haben. Auf jeden Fall werden so gewaltige ökonomische Strukturveränderungen ausgelöst, dass es kaum vorstellbar ist, dass diese durch die „unsichtbare Hand“ des Marktes bewältigt werden können.

Bislang sind weltweit etwa 944 Mrd. Barrels gefördert worden (Guardian, 21.04.2005: John Vidal, The end of oil is closer than You think; Deffeyes 2005: 35ff). Die Ausbeutung der Ölfelder beträgt derzeit ca. 25 Mrd. Barrel pro Jahr, die Kapazitäten neu gefundener Lagerstätten liegen darunter. Die schönen Zeiten, in denen die Funde neuer Lagerstätten größer waren als die Ausbeute und daher die Reichweite der Nutzung trotz wachsenden Verbrauchs des „schwarzen Goldes“ zunehmen konnte, sind vorüber - und sie kommen vermutlich niemals wieder. Zum besseren Verständnis ist zu unterscheiden zwischen Ressourcen und Reserven. Erstere befinden sich noch weitgehend im „Reich der Natur“, während letztere schon der Verfügbarkeit durch Menschen näher gebracht worden sind. Am größten sind (1) die bekannten und vermuteten Ressourcen, und zwar gleichgültig, ob sie förderbar sind oder nicht. Das sind die schon erwähnten „ultimativen“ Ressourcen. Kleiner sind (2) die im Prinzip förderbaren Ressourcen, die noch nicht gefunden wurden, aber von denen angenommen wird, dass sie gefunden werden können (vgl. zur Abgrenzung auch: BBGU 2003: 47 ff.). Eine Teilmenge davon sind (3) die bei gegebener Technik und bei den geltenden Preisen am Markt als förderbar eingeschätzten Reserven, die aus bekannten und belegten Vorkommen (proven reserves) bestehen. Diese werden von der OPEC wie folgt definiert als „an estimated quantity of all hydrocarbons statistically defined as crude oil or natural gas, which geological and engineering data demonstrate with reasonable certainty to be recoverable in future years from known reservoirs under existing economic and operating conditions“ (nach: Shelley 2005: 12). Es gibt also einen „objektiven“ Bestand wegen der Endlichkeit der Erde. Dieser ist aber für die Energiedebatte heute fast unerheblich. Über längere menschheitsgeschichtliche Zeiträume denkt und plant die gegenwärtige Menschheit nicht.

Wenn es schwierig wird, neue Reserven in der Erdkruste zu finden, liegt es nicht fern, Reserven auf dem Papier zu erfinden. Die Höhe der Reserven wird nämlich auch durch die Geschäftspolitik der Unternehmen beeinflusst. Die Angaben der großen Ölkonzerne über ihre Reserven sind ungenau und kommen auf intransparente Weise zustande.[4] Die Wachstumsmöglichkeiten der Produktion hängen davon ab, wie das Verhältnis von Reserven und Ausbeute ist. Je höher die Reserven, desto günstiger die Wachstumsaussichten der Produktion, desto besser für die Kursentwicklung an den Börsen. Der Energiekonzern Royal Dutch/Shell musste 2004 die Angaben über seine Reserven von 19,4 Mrd. Barrel auf 15,9 Mrd. Barrel reduzieren (vgl. FTD 12.01.2004), weil die Reserven viel zu hoch angesetzt worden waren. Das lag nicht daran, dass Irren menschlich ist, sondern an bewusster Irreführung. Denn die Bedingungen der Exploration und Förderung neuer Vorräte sind immer schwieriger geworden. „Neue Ressourcen befinden sich in immer größeren Wassertiefen und schwierigeren Umgebungen", heißt es bei Exxon (vgl. auch: FTD, 12.02.2004; FTD 10.03.2004; FTD 24.03.2004). Mit ähnlicher Begründung reduzierte auch die mexikanische Ölgesellschaft Pemex ihre Angaben über Reserven in den Tiefseefeldern des Golf von Mexiko um 53%. Ursprünglich standen die Reserven mit 54 Mio. Barrel in den Büchern (El Universal, 18.04.2005, S. 1).

Weil von den Reserven einer Ölgesellschaft der Börsenwert abhängt, ist die Versuchung groß, die Schwierigkeiten der Ausbeutung zu unter- und die möglichen Reserven zu überschätzen. Wenn vom Börsenwert des Konzerns noch die Management-Gehälter abhängig sind, wirken sich Fälschungen oder überhöhte Angaben von Reserven in klingender Münze aus. Das ist selbstverständlich gegen die Interessen der Anleger an der Börse gerichtet, die im Rahmen ihrer Anlagestrategien den Unternehmenswert realistisch einschätzen müssen. Daher verlangt die Börsenaufsicht größere Transparenz und die Einhaltung von Bewertungsstandards von Reserven. Die Bewertung wird also „objektiviert", wenn das Öl in der Welt der Ökonomie in einen Kapitalwert verwandelt worden ist; in der Welt der physikalischen Mengen ist die Bewertung in hohem Maße subjektiv.

Die Subjektivität der Reserveschätzung zeigt sich auch dann, wenn die Interessen von Ölförderländern und Ölverbrauchern betrachtet werden. Denn die Reserveangaben werden oftmals als „Mittel der Propaganda" verwendet. Die OPEC-Staaten wollen verhindern, dass die Verbraucherländer nach alternativen Energiequellen suchen oder ihre Suche nach Öl woanders verstärken könnten (Global Challenges Network 2003: 183). Die Nicht-OPEC-Staaten hingegen wollen Glauben machen,

---

[4] Deffeyes macht sich über die Zahl der 3.012 Mrd Barrel Öl, die der U.S. Geological Survey als Reserven geschätzt hat, lustig. „What seems to have happened is illustrated by the story of Shell interviewing as potential employees a geologist, a geophysicist, and a petroleum engineer (the kind that estimates reserves). One question asked was, „What is two times two?" The geologist answered that is was probably more than three and less than five, but the issue could use some more research. The geophysicist punched it into his palmtop computer and announced that it was 3.999999. The petroleum engineer jumped up and locked the door, closed the window blinds, unplugged the phone, and asked quietly, „What do You want it to be?" (Deffeyes 2005: 43f)

es gäbe noch genügend Öl auf der Welt, auf das man zurückgreifen könne, wenn die OPEC die Preisschraube anziehe. Innerhalb der OPEC können Mitgliedsländer eine höhere Quote reklamieren, wenn die Reserven hoch gesetzt werden. Dies war offensichtlich ein Grund, weshalb Nigeria die Falschangaben von Royal Dutch/Shell nicht korrigierte, obwohl die zuständigen Behörden davon wussten (FR 21.04. 2004). Im Übrigen ist dies kein Einzelfall, sondern geradezu üblich in der Geschichte der OPEC. So haben in den 1980er Jahren „six of the 11 OPEC nations increased their reserve figures by colossal amounts, ranging from 42 to 197 percent, they did so only to boost their export quotas" (Campbell/Laherrere 1998). Der Irak meldete 1983 (während des Kriegs gegen den Iran) einen Anstieg seiner Reserven um 11 Mrd. Barrel, obwohl nicht ein einziges neues Ölfeld erschlossen worden war. Daher ist die häufig genannte Zahl von 110 Mrd. Barrel, über die der Irak verfügen soll, fragwürdig. Auch Kuwait meldete einen Reserveanstieg von 50% im Jahre 1985, ohne dafür einen Beweis vorzulegen. Bezeichnenderweise weisen die Ölreserven von Nicht-OPEC-Ländern den Sprung in den Reserveangaben einiger OPEC-Länder nach oben nicht auf.

„Objektive" Daten über die Ölreserven gibt es also nicht. Daher sind die Reserve-Angaben in der „BP Statistical Review of World Energy" mit Vorsicht zu genießen, ebenso wie die der Internationalen Energieagentur, da sie sich auf die Angaben der Ölkonzerne stützt (Kutter 2004). Neoliberale Ökonomen sind fest davon überzeugt, dass „Verknappungserscheinungen" nicht durch natürliche Grenzen, sondern durch mangelnden ökonomischen „Kapazitätsaufbau" entstanden sind (Weizsäcker, C.Ch. 2004: 7). Engpässe der Energieversorgung könnten durch „massive" Investitionen überwunden werden. Die Natur ist in ihrem Verständnis sowieso nur ein Ensemble von „Naturkapital", gebildet durch die Vergabe von Eigentumsrechten an Stücken der Natur. Naturkapital ist Teil des Portfolios von Investoren und kann durch monetäres Kapital substituiert werden – und umgekehrt. Investitionen in die Exploration neuer Lagerstätten oder in die Forschung zur Nutzung unkonventionellen Öls, in die Transportlogistik und in die Raffinerien, in die Leitungsnetze zur Elektrizitätsversorgung oder in die Qualifikation der Ingenieure („Humankapital") etc. liegen dann als artifizielle Lösung eines durch natürliche Grenzen aufgeworfenen Problems auf der Hand. Dies alles in Rechnung stellend spricht die IEA von einem „underinvestment", das durch Investitionen von 16.400 Mrd. US$ bis zum Jahre 2030 in Leitungsnetze (60%) und in die Produktion von Öl und Gas (38%) bzw. Kohle (2%) und in die Qualifikation der Ingenieure kompensiert werden solle (FT 07.05.2005, S. 17).

Ganz leugnen kann die IEA die Naturbedingungen der Ölproduktion allerdings nicht. Der Grund des „underinvestment" wird nämlich nicht nur darin erblickt, dass die Unternehmen im Shareholder-Kapitalismus „cash to shareholders and international companies" auszahlen müssen, wie Fatih Birol, der „chief economist" der IEA mitteilt, sondern auch darin, dass den Ölunternehmen „lack of access" zu ergiebigen neuen Feldern fehlt (FT 06.05.2005). Außerdem wird argumentiert, dass künftige Knappheiten des Rohstoffs Preissteigerungen auslösten, die die notwendigen zusätzlichen Investitionen und die Entwicklung alternativer Energien – darunter wird vor allem die Entwicklung der Nuklearenergie verstanden – rentabel machten. Die Konsumenten müssten nur bereit und in der Lage sein, den entsprechenden Marktpreis zu zahlen und die Risiken in Kauf zu nehmen. Dass bei steigenden Ölpreisen manche Konsumenten in den ärmeren Weltregionen vom Zugang zum globalen Ölangebot ausgeschlossen werden, wird in diesem Diskurs ebenso wenig reflektiert wie die entwicklungs- und energiepolitischen Konsequenzen.

Alle diese Tendenzen können durch hohe Realzinsen konterkariert werden. Denn je höher die Zinsen, desto weniger lohnt es sich angesichts der hohen Lagerkosten, Vorräte anzulegen. Das mag ein Grund dafür sein, dass der Preissteigerung des Rohöls im Jahre 2005 nicht damit begegnet werden konnte, dass Vorräte auf den Markt geworfen oder freie Raffineriekapazitäten ausgenutzt wurden, weil es sie nicht gab. In der OPEC sind beispielsweise die Produktionsreserven von über 10 Mio. Barrel pro Tag (mbd) zu Beginn der 1980er Jahre auf weniger als 2 mbd im Jahre 2004 zurückgegangen (FAZ 02.04.2005, S. 21). Der genannte Investitionsbedarf hat sich infolge der hohen Realzinsen aufgestaut. Wegen der mit der Höhe der Realzinsen korrelierenden Kurzsichtigkeit der Anleger wird eher die heutige als die zukünftige Extraktion begünstigt. Die Extraktion wird also forciert, wenn die Zinsen hoch sind, während Lagerhaltung und Verarbeitung von Öl negativ beeinflusst werden. Denn die Zinsen sind ein bedeutsamer Teil der Lager- und Produktionskosten.

Grenzen der Energieträger sind unerheblich, wenn die neoklassische Annahme von der prinzipiellen Substituierbarkeit von „Naturkapital" durch Finanzkapital stimmen sollte. Ein äußerer Anstoß von besonderer Heftigkeit, wie Braudel ihn als Bedingung für eine Überwindung des Kapitalismus benannte, wird nicht ausgelöst, weil jede Grenze durch Kapitalinvestitionen aufgehoben werden kann. In der Welt privater Güter, privater Nachfrage und Marktsteuerung kann es natürliche Grenzen und daher Endlichkeit nicht geben. Grenzen gibt es nur als Folge von Kapitalmangel. Dem aber kann abgeholfen werden, wenn die Rendite steigt. Und wenn es doch Grenzen geben sollte, dann hilft der Trost, dass diese expandieren. „There are many offshore places that in the fullness of time will get explored. But I don't know (how much oil) is there, and in fact nobody does. That's the kind of frontier you have. It's disorderly" (Morry Adelman, zit. nach Schoen 2004). Doch die „frontier" ist nicht nur das Abenteuer des Entdeckers, sondern auch Auseinandersetzung und Kampf um den Zugriff auf die letzten und knapper werdenden Ressourcen. An der Grenze tauchen immer mehr Konkurrenten auf, die alle Anspruch auf die fossilen Energieressourcen dieser Erde erheben. Die Nachfrage nach Öl steigt, weil alle neu industrialisierenden Länder, z.B. Indien und China, auf den Treibstoff von Wachstum, Produktivitätssteigerung und Mobilität angewiesen sind und die bereits hoch entwickelten Länder ihre Nachfrage kaum zu drosseln in der Lage und bereit sind. China und Indien zusammen haben zwischen 1990 und 2003 mehr als ein Drittel der zusätzlichen Konsumnachfrage ausgeübt (UNCTAD 2004: 52), obwohl die beiden Länder nur 15% des Weltsozialprodukts bereitstellen (IMF 2005: 158). Immer noch konsumieren die OECD-Länder etwa die Hälfte der jährlichen Ölproduktion.

Die Nachfrage nach Öl ist nicht stationär, sie steigt, und zwar umso mehr, je dynamischer die Ökonomien sind. Die ohne Zweifel steigende Energieeffizienz kann den Zuwachs des Verbrauchs nicht wirklich hemmen. Sie kann sogar adverse Konsequenzen zeitigen. Wenn nämlich wegen der gestiegenen Energieeffizienz Produkte billiger werden, steigt die Nachfrage, so dass die Produktmengen und mit ihnen der Energieverbrauch wachsen. Ökonomien verdanken ihre Dynamik den Energien, deren Nutzung für die Steigerung der Produktivität unverzichtbar ist. Die Produktivitätssteigerung ist ein „muss", dem alle Länder (bzw. Standorte) aus Gründen der Wettbewerbsfähigkeit zu folgen haben. Es geht in der gegenwärtigen, von WTO und den Bretton Woods-Institutionen, von OECD und EU regulierten Weltwirtschaft gar nicht anders, als dieser Vorgabe zu folgen und den „Wettlauf der Besessenen" (Paul Krugman) mitzumachen. Das Kriterium für good governance ist, wie wir gesehen haben, hohes Wachstum. So treiben die Institutionen, die über good governance von Regierungen und Unternehmen wachen, die Menschheit in die Energiekrise, aus der es kein Entrinnen gibt, sofern nicht in Richtung der alternativen, erneuerbaren Energieträger umgesteuert wird. Mit anderen Worten: Die Grenze mag zwar hinausgeschoben werden, sie rückt aber paradoxerweise gleichzeitig immer näher, da auf die Ölressourcen der Erde immer mehr Konsumenten zugreifen. Wir müssen uns also mit Angebot und Nachfrage nach Öl, also mit Energiemärkten beschäftigen.

7.3 Grenzen des Ölangebots: Peakoil

Vor dem Höhepunkt der Förderung („Peakoil") ist das Wachstum der gefundenen Reserven größer als die jährliche Produktion. Nach dem Peak ist der Zuwachs der Reserven geringer als die jährliche Entnahme. Mit zunehmender Ausbeute eines Ölfeldes wird die Extraktion schwieriger und mithin teurer. Dies hat vor allem mit dem abnehmenden Druck zu tun, mit dem das Öl an die Oberfläche gepresst wird. Der Druckabfall muss ausgeglichen werden, indem neues Wasser ins Gestein gepresst oder das Öl energieaufwendig an die Oberfläche gepumpt wird. Den Druckabfall auf diese Weise auszugleichen, kann ökonomisch so teuer werden, dass sich die Förderung nicht mehr lohnt und Ölfelder aufgegeben werden. Dies geschieht nicht selten im Offshore-Bereich, wenn die Wassertiefe groß ist (wie vor der Küste Angolas) oder das Meer im Winter zufriert und dadurch das hochgepumpte Öl zähflüssig wird. Hinzu kommen größere Verunreinigungen oder technische Schwierigkeiten, immer tiefer und in der Tiefe horizontal zu bohren. Auch wenn sich die Fördertechnik beträchtlich verbessert hat, geht die Förderung unweigerlich zurück, entweder langsam und kontinuierlich oder mit einem plötzlichen drastischen Abfall.

Die naturgesetzliche Begrenztheit nicht erneuerbarer Ressourcen ist zuerst in den 1950er Jahren von Marion King Hubbert, einem bei Shell arbeitenden Geologen, bei der Prognose der Reichweite von Ölvorräten berücksichtigt worden. Er hat mit seinen Berechnungen erstaunlich genau den Höhepunkt der Ölproduktion in den USA prognostiziert: in den frühen 1970er Jahren. Tatsächlich müssen seitdem die USA zur Stillung ihres Öldurstes vermehrt Öl importieren, da anders als die Ölförderkurve, die einen glockenartigen Verlauf hat, die Nachfrage mit dem Wachstum der Wirtschaft trotz steigender Energieeffizienz linear oder sogar geometrisch zunimmt. Spätestens seitdem ist die Ölversorgung ein Element der nationalen Sicherheitsstrategie, besonders deutlich formuliert im „Cheney-Report" von 2001 (Cheney 2001). Die Grundlage dieser Strategie der Ölversorgung ist die Ausnutzung der Unterschiedlichkeit der Förderlage in verschiedenen Ölregionen: Es gibt Ölregionen, die sich bereits jenseits des Peaks im Niedergang der Ölförderung befinden, Regionen, die auf dem Höhepunkt produzieren und Pre-Peak-Regionen, die die Förderung noch steigern können, insbesondere wenn nichtkonventionelle Öle (Ölsand und -schiefer) einbezogen werden. Da die Förderung der Post-Peak und At-Peak-Regionen tendenziell zurückgeht, müssen die Fördermengen der Pre-Peak-Regionen gesteigert und der Transport in die Verbrauchszentren gesichert werden, um die Verluste auszugleichen (vgl. das Szenario in Global Challenges Network 2003: 83).

Wenn die glockenförmige „Hubbert-Kurve" der Ölproduktion berücksichtigt wird (vgl. die Darstellung bei Deffeyes 2005: 35-51), müssen die Reserven vorsichtiger geschätzt werden, als dies die Ölgesellschaften tun. Daher werden von der Association for the Study of Peak Oil (ASPO) für das Jahr 2003 weltweit 780 Mrd. Barrel Reserven angegeben, von BP hingegen nahezu 1.150 Mrd. Barrel. Die Internationale Energieagentur stützt sich bei ihren Angaben über die Energiereserven auf die Angaben der Konzerne, so dass in den „offiziellen" Daten die Übertreibungen der privaten Daten reproduziert werden. Shelley verwendet die Daten der OPEC, die globale Reserven in der Größenordnung von 1.067,2 Mrd. Barrel angibt. Davon entfallen 847,7 Mrd Barrel auf die OPEC, das sind fast 80% der globalen „proven reserves" (Shelley 2005: 23). Die Unterschiede sind also beträchtlich. Anstatt der von der BP-Studie für Saudi-Arabien angegebenen 262,7 Mrd. Barrel gesicherte Reserven sind allenfalls 130 Mrd. sicher - weniger als die Hälfte (Kutter 2004; www.feasta.org). In manchen Fällen werden von ASPO die Reserven aber höher geschätzt als in den Angaben von BP oder der IEA, so im Fall von Mexiko,

Argentinien, Kasachstan, Norwegen oder des Vereinigten Königreichs. Um etwa den von ASPO niedriger angesetzten Wert reduziert sich auch die Reichweite des Öls – bei konstanter Nachfrage. Doch die ist steigend.

Nach Angaben des IWF konzentrieren sich die belegten Reserven von Rohöl zu mehr als 50% auf den Nahen und Mittleren Osten (Saudi-Arabien, Iran, Irak, Vereinigte Arabische Emirate, Kuwait). Venezuela verfügt über 6%, Russland über 5%, Libyen über 3% Nigeria über 2%, die USA ebenfalls über 2% und Kanada über 13% der Ölreserven, aber nur dann, wenn auch nicht-konventionelles Öl (Ölsande und Ölschiefer) mitgezählt werden. Der Rest der Welt verfügt über 13% der Reserven (IMF 2005: 163).

Vieles spricht dafür, dass der Höhepunkt der weltweiten Ölförderung spätestens im Verlauf des kommenden Jahrzehnts überschritten sein wird, und nicht erst in 40 Jahren oder noch später. Auf der Grundlage von Daten über die Ölproduktion kommt Kenneth Deffeyes, ein Geologe in der Nachfolge von M. King Hubbert, zu dem überraschenden Ergebnis, dass die Welterdölproduktion bereits um den „Erntedanktag 2005" herum den Höhepunkt erreichen wird (Deffeyes 2005: 3ff; Schoen 2004). Jedes einzelne Ölfeld hat einen Peak, einen Höhepunkt der Förderung. Heinberg gibt eine Aufstellung der Förderspitzen in einzelnen Ländern und Weltregionen. Danach ist die Förderspitze (Peakoil) in Nordamerika bereits 1983 (in den USA zu Beginn der 1970er Jahre, in Mexiko 2005), in Süd- und Mittelamerika 2006, in Europa 2006, in der ehemaligen Sowjetunion 1987, im Nahen und Mittleren Osten 2009, in Afrika 2006 und in Asien und im Pazifik 2004 erreicht bzw. zu erwarten. Für die Welt insgesamt kalkuliert Heinberg (2004: 175 f.) die Förderspitze für das Jahr 2006. Diese Zahl weicht nicht wesentlich von der Schätzung Deffeyes ab. Wenn die Angaben über Reserven auch ungewiss sein mögen, so die über die Produktion von Öl nicht. Denn produziertes Öl wird mindestens zwei Mal gezählt: am Bohrloch und bei der Verladung auf Tankschiffe oder an der Pumpstation in die Pipeline und bei der Ankunft in der Raffinerie.

Das Ende des fossilen Zeitalters findet also nicht im kommenden Jahrhundert statt, sondern möglicherweise hier und heute. Auch wenn Peakoil später eintreten sollte, kann daraus kein Argument für dessen Irrelevanz für unser heutiges Tun abgeleitet werden. Es ist nicht erheblich, ob das Ereignis in einem Jahr oder in zehn Jahren eintreten wird, da bislang keinerlei Vorbereitungen für die Zeit danach getroffen werden. Peakoil wird kaum zur Kenntnis genommen und wird daher auch nicht zu einem Element im Diskurs über die Endlichkeit fossiler Ressourcen und über die Konsequenzen für die Zukunft des fossilen Kapitalismus. Korpela schreibt über die Zeit seit der ersten Energiekrise zu Beginn der 1970er Jahre: „When, in the early part of the century just past, discoveries outpaced consumption by a wide margin, only a rare person worried about depletion. Even when the U.S. discovery trend peaked in the 1930's did few take notice. New discoveries around the world were so large that there was little concern even in

Tabelle 7.1: Ölreserven gemäß BP und ASPO in Mrd. Barrel von 2003

Land	*BP 2003 (in Mrd. Barrel)*	*ASPO 2003 (in Mrd. Barrel)*
Saudi-Arabien	262,7	144,0
Iran	130,7	59,9
Irak	115,0	62,2
Abu Dhabi	97,8	48,5
Kuwait	96,5	60,3
Venezuela	78,0	34,6
Russland	69,1	60,0
Libyen	36,0	28,8
Nigeria	36,0	25,0
USA (ohne Alaska und Hawaii)	30,7	25,2
China	23,7	24,3
Kanada	16,9	5,8
Mexiko	16,0	22,4
Katar	15,2	4,1
Algerien	11,3	14,1
Brasilien	10,6	2,0
Norwegen	10,1	13,9
Kasachstan	9,0	36,0
Angola	8,9	3,9
Aserbaidschan	7,0	12,7
Oman	5,6	6,9
Indien	5,6	4,9
Ecuador	4,6	2,2
Großbritannien	4,5	9,3
Indonesien	4,4	9,4
Australien	4,4	4,4
Malaysia	4,0	4,0
Ägypten	3,6	3,4
Argentinien	3,2	5,6
Syrien	2,3	2,5
Kolumbien	1,5	3,4
Welt gesamt	*1.148*	*780*

Quelle: www.peakoil.net

1947 when the United States began importing oil, as its own oil industry could no longer keep up with rising demand. Finally in 1970 oil production in the United States peaked, but even this went unnoticed. It took the oil embargo of 1973 to alert the public and their leaders that oil resources are limited and it was time to move to smaller cars, insulate houses better, and begin other conservation efforts." (Korpela 2002) Doch diese Warnung ist zu Beginn des 21. Jahrhunderts bereits wieder vergessen und Vorbereitungen auf eine Zeit nach dem Ölzeitalter finden nicht statt. Sie sind auch schwierig. Denn die Menschheit ist in zwei Jahrhunderten ins fossile Zeitalter hineingewachsen, und dies war vergleichsweise leicht wegen der im vierten Kapitel dargestellten Kongruenz zwischen kapitalistischen Formen, Rationalität und fossilen Energieträgern. Alternativen müssten in wenigen Jahrzehnten (wenn nicht schneller) gefunden werden und Übergänge wären nur passabel, wenn sie politisch koordiniert erfolgen. Auf den Markt ist bei großen Strukturbrüchen kein Verlass. Daher beschränken sich Szenarien der Zeit nach dem Peakoil auf Effizienzsteigerungen und die Suche nach alternativen fossilen Energiequellen (Nuklearenergie oder unkonventionelle Öle), um der prognostizierten Knappheit des Öls und später auch des Erdgases begegnen zu können (Hirsch-Report 2005). Die erneuerbaren Energien fallen dabei deshalb aus der Betrachtung, weil sie einen umfangreichen und tiefgreifenden Gesellschaftsumbau erfordern, also die politische Machtfrage beim Übergang zu erneuerbaren Energien nicht ausgeblendet werden kann (Scheer 2005). Im Hirsch-Report wird der Übergang zu erneuerbaren Energien mit dem vordergründigen und falschen Argument, sie seien zu teuer, als Alternative abgelehnt.

7.4 Ölnachfrage und Energiemärkte

Nachfrager und Anbieter sind nicht identisch, und daher ergeben sich Konflikte. Unter den Bedingungen des Freihandels könnten diese unerheblich sein, da nach der Freihandelsdoktrin alle Beteiligten vom Austausch profitieren. Doch ist der Handel auf Ölmärkten nicht frei. Denn *erstens* sind die wichtigsten Akteure auf Ölmärkten transnationale Konzerne mit Marktmacht auf beiden Seiten des Marktes, auf der Angebots- wie auf der Nachfrageseite. *Zweitens* können Rohstoffexporteure durch ein Regime des Freihandels in eine Falle der Abhängigkeit geraten. Jedenfalls erhalten die reichen Länder Zugriff auf die Ressourcen der Rohstoffländer und können das Öl als Treibstoff ihrer Industrie verwenden, mit dem sie ihren Vorsprung bei der Industrialisierung ausbauen (so wie von Chan 2002 für die Wirkungen des Freihandels generell dargestellt).

In dem Maße, wie aus Gründen der Wettbewerbsfähigkeit unter dem Regime des Freihandels Wachstum in allen Ländern erzwungen wird, steigt die Nachfrage nach Energie. Der Zwang, die Wettbewerbsfähigkeit zu heben, hat die institutionelle Gestalt des IWF oder der WTO oder er ergibt sich aus den governance-Regeln, die die Industrieländer und ihre Organisationen wie OECD, EU oder die G7/G8 erlassen. Die Anstrengungen zur Verbesserung der Wettbewerbsfähigkeit zielen auf eine Steigerung der Produktivität, also auf Beschleunigung aller Prozesse in Produktion und Zirkulation. Diese kann nur mit fossilen Energien erreicht werden; davon werden umso mehr gebraucht, je höher bereits das erreichte Wirtschaftsniveau ist. Europa soll gemäß „Lissabon-Strategie“ zur wettbewerbsfähigsten Region der Erde gemacht werden. Bei gegebener Produktionsstruktur, den Mobilitätsmustern und Konsumpräferenzen ist diese Strategie selbst bei steigender Energieeffizienz höchst energieintensiv.

Das zeigen schon Projektionen des IWF und der IEA über den Ölverbrauch. Im Jahre 2004 wird ein globaler Verbrauch von 82,4 mbd (million barrels per day) geschätzt, der bis 2030 um etwa 70% auf 138,5 mbd anwachsen soll. Der Verbrauch des Transportsektors beträgt 2003 46,3 mbd. Er soll bis 2030 um etwa 80% auf 82,8 mbd steigen (IWF 2005: 166). Ein großer Teil des zunehmenden Ölverbrauchs im Transportsektor ist der Industrialisierung der Nicht-OECD-Länder geschuldet, insbesondere der Zunahme der Flotte von Automobilen. Nach Berechnungen des IWF erhöht sich die Zahl der Automobile in der Welt insgesamt von 2002 bis 2030 von 751 Mio. auf 1.660 Mio. In der OECD soll die Zahl der Automobile von 625 Mio. (davon in den USA 234 Mio.) auf 920 Mio. (USA 312 Mio.) zunehmen. In China wird die Zahl von 2002 21 Mio. auf 387 Mio. im Jahr 2030 steigen, in der Nicht-OECD-Welt insgesamt von 126 Mio. 2002 auf 741 Mio. im Jahre 2030 (IWF 2005: 182). Das sind dramatische Zahlen. Denn sie bedeuten, dass auch nach 2030, sollte das Szenario Wirklichkeit werden, der Ölverbrauch auf hohem Niveau verharren wird, allein um die Automobilflotte mobil zu halten.[5]

Der steigenden Nachfrage steht im Jahr 2004 eine Angebotsmenge aus Nicht-OPEC-Staaten von 50,4 mbd und geschätzten 64,1 bis 77,2 mbd im Jahr 2030 gegenüber. Die Nicht-OPEC bedient also einen von über 60% auf etwa 50% abnehmenden Teil der um fast 70% steigenden Nachfrage. Nun wird aber unterstellt, dass die OPEC-Länder flexibel ihre Produktion ausdehnen könnten, wenn es denn notwendig ist („*Call on OPEC*“). Im Jahre 2004 betrug die OPEC-Förderung 32,0 mbd. Im Jahre 2030 muss sie mit 61,3 mbd bis 74,4 mbd die Differenz zwischen globaler Nachfrage und Nicht-OPEC-Angebot ausgleichen, also eine

---

5 Das Szenario berücksichtigt keinerlei Nebeneffekte der Steigerung der Automobildichte, also Treibhauseffekt, Versiegelung der Landschaften durch Straßen, Materialverbrauch, Wasserverschmutzung, Lärm, Unfälle sowie die Folgen der automobilgerechten Siedlungsstruktur. Wenn diese Effekte alle in Rechnung gestellt werden, ist dieses ausschließlich auf private und individuelle Mobilität setzende Szenario ein Horror und es ist nur tröstlich, dass es nicht sehr realistisch ist.

Pufferfunktion dadurch wahrnehmen, dass die Förderung mehr als verdoppelt wird (IWF 2005: 170). Dies ist nur möglich, wenn unterstellt wird, dass sich die OPEC-Länder generell noch in einer komfortablen Pre-Peak-Position befinden. Insbesondere von Saudi-Arabien wird angenommen, dass das Ölangebot mit der steigenden Nachfrage durch neue Bohrungen ausgedehnt werden könne. Denn in Saudi-Arabien liegen an die 25% der als gesichert geltenden globalen Reserven (jedenfalls gemäß offizieller Angaben). Saudi-Arabien ist demnach ein *„swing producer"*, der Produktionsausfälle anderswo wettmachen soll. Doch auch Saudi-Arabiens „giant oil fields might already have peaked and could start into rapid decline in as few as three years" (www.petroleumnews.com). Auch wenn dies übertrieben sein mag, spricht vieles dafür, dass die Reserveangaben, die Saudi-Arabien macht, nicht reell sind (vgl. Tabelle 7.1).

Die so genannte „Maximum Sustainable Capacity" (MSC) kann nur gehalten werden, wenn neue Reserven die extrahierten Reserven ersetzen. Saudi Aramco, die weltgrößte Ölfirma, geht davon aus, dass die MSC Saudi-Arabiens, wie die USA und andere westliche Industrieländer es wünschen, bis 2015 von 10 auf 12 mbd gesteigert werden kann, aber nur für den Zeitraum von 18 Jahren bis 2033. Von da an müsste die Förderung bis 2050 auf etwa die Hälfte, nämlich rund 6 mbd zurückgefahren werden, wenn nicht neue Reserven exploriert werden. Aber die Wahrscheinlichkeit, dass neue Reserven dieser Größenordnung zur Erhaltung der MSC bei 12 mbd gefunden werden, ist gering. Ein ähnliches Szenario mit anderen Zahlen, aber identischer Tendenz ließe sich für alle Ölregionen und für die Welt insgesamt entwerfen. Wenn Saudi-Arabien die Rolle des *„swing producers"* nicht mehr wahrnehmen kann oder will und auf den *„call on OPEC"* mit Verweigerung reagiert, soll Irak mit seinen als hoch bewerteten Reserven einspringen. Zu diesem Zweck wird Irak gefügig gehalten. Die Militärbasen der USA in Saudi-Arabien und im Irak sind die militärische Garantie für den positiven Bescheid auf den *„call on OPEC"*.

Weil es Regionen gibt, die den Peak noch nicht ganz erreicht haben, ist es den großen Ölverbrauchsländern (in erster Linie den USA), deren eigene Produktion sich in der Phase des *„Post-Peak Decline"* befindet, möglich, mit Hilfe eines Regimes des Freihandels auf die Ressourcen anderer Länder zurückzugreifen. Das ist vergleichbar der Situation, in der sich Großbritannien im späten 19. Jahrhundert befand. Obwohl der Ölmarkt bei natürlich (also nicht ökonomisch) begrenztem Angebot gar nicht funktionieren kann, wird das Prinzip des Freihandels bemüht. Es erlaubt den großen Nachfrageländern allemal, ihre Interessen gegenüber den Anbietern und vor allem gegenüber schwächeren Nachfragern ökonomisch durchzusetzen. Eine solche „Marktanomalie" mit Angebotsgrenzen bei steigender Nachfrage hat es schon im 19. Jahrhundert gegeben, allerdings auf dem Markt für Kohle. Stanley Jevons hat schon 1865 (in seinem Buch „The Coal Question") „das Schreckgespenst der Erschöpfung der Kohlevorkommen und damit des drohenden Niedergangs eines England, das seine Macht der Kohle verdankte, an die Wand (gemalt)" (Débeir/Deléage/Hémery 1989: 177). Die Befürchtungen waren unbegründet. Denn billige Importkohle überschwemmte damals den britischen Markt und verdrängte mehr und mehr die britischen Kohlenzechen. Es waren also nicht natürliche, sondern ökonomische Grenzen, die den britischen Kohlenzechenbesitzern in der Mitte des 19. Jahrhunderts Kopfschmerzen bereiteten. Die ökonomischen Gesetze von Angebot und Nachfrage setzten sich also durch, aber nur deshalb, weil die natürlichen Grenzen der Kohlevorkommen sehr fern waren. Daher ist das Beispiel der britischen Kohle nicht aus dem 19. ins 21. Jahrhundert übertragbar. Denn die Marktprozesse von Angebot und Nachfrage auf den globalen Ölmärkten laufen kurz vor dem oder bereits auf dem Höhepunkt der Ölförderung ab. Dies hat zur Folge, dass in die Marktprozesse Naturbedingungen als restringierende Variable interferieren.

Wenn das Öl knapp ist, wird es bei hoher Nachfrage entsprechend teuer. Die Preise weisen in einer solchen Situation nach oben und sie sind höchst volatil, d.h. sie machen Sprünge nach oben, können aber genauso gut auch wieder vorübergehend sinken. Auf Dauer wird dies aber aller Voraussicht nach nicht geschehen; die langfristige Tendenz weist nach oben, auf Werte, die weit über 100 US$ je Barrel liegen können. Generelle Preissteigerungen und die Volatilität der Märkte sind ein Anreiz, Kontrakte über die Ware Öl auf Futures-Märkten zu handeln. Die finanzielle Globalisierung hat sämtliche institutionellen Bedingungen und die Finanzinstrumente geschaffen, damit der Doppelcharakter der Ware Öl voll zur Geltung kommt. Als stofflicher Gebrauchswert ist Öl das wichtigste Treibmittel des fossilen Kapitalismus, als Tauschwert ist Öl Handelsgut an den Rohstoffbörsen und auf den Finanzmärkten werden Kontrakte über das Öl als Ware gehandelt. Unter diesen Bedingungen werden die aktuellen Preisbewegungen auf dem Ölmarkt nicht mehr vor allem auf den Rohstoffmärkten bestimmt, sondern mehr und mehr auch auf den Finanzmärkten, so dass die Preise hoch bleiben können, obwohl zusätzliches Angebot auf den Markt gelangt oder die Verbraucher den Ölkonsum einschränken. Das Öl ist Objekt der Spekulation, „nachdem Hedgefonds, aber auch Investmentbanken und selbst bislang konservativ investierende Pensionsfonds Rohstoffe als neue Spielwiese entdeckt haben" (FAZ, 02.07.2005: Dieter Kuckelkorn, Von Bubble zu Bubble). Eine Tankerladung Öl aus Saudi-Arabien wechselt während des Transports nach Rotterdam mehrmals den „Eigentümer" oder besser diejenigen, die per Kontrakt verbriefte Ansprüche auf das Öl besitzen und diese weiterveräußern können. Öl, das noch gar nicht gefördert worden ist, wird schon auf Termin verkauft.

Welche Bedeutung hat der Ölpreis *erstens* für die Industrieländer? Der Ölpreis kann auf nationalstaatlicher Ebene kaum beeinflusst werden, er ist aber ein Schlüsselparameter der Entwicklung. Denn ein Preisanstieg ist zunächst gut für die Ölexporteure und schlecht für die Importländer von Öl. Im Endeffekt kommt es zu einer globalen Vermögensumverteilung zu Gunsten von Ölexporteuren und zu Lasten der Importeure. Dies hat die Europäische Zentralbank in ihrem Monatsbericht vom November 2004 (S. 55-69) bestätigt. Sie hat auch sogleich deutlich gemacht, welche Gruppen in der Gesellschaft die Anpassung an einen gestiegenen Ölpreis vor allem zu tragen haben: die Arbeitnehmer. Denn „der erforderliche sektorale Wandel (infolge der Ölpreissteigerungen - EA) könnte durch gesetzliche Kündigungsschutzbestimmungen oder andere Formen des Kündigungsschutzes, die einen Teil der Arbeitskräfte vor Schocks schützen, behindert werden. Ebenso kann eine unzureichende Lohnspreizung sektor- oder firmenübergreifend die notwendige Umverteilung erschweren." (66 f.). Würden nämlich die Löhne infolge der Steigerung der Lebenshaltungskosten erhöht, so die Bank, dann würde eine „Lohn-Preis-Spirale" in Gang gesetzt. Durch die konstatierte Umverteilung zu Gunsten der Ölexporteure sollen also die Zins- und Gewinneinkommensbezieher nicht belastet werden. Die Anpassungslasten tragen die Lohnabhängigen. Auf höchst vermittelte und wenig transparente Weise wird die Preissteigerung des Öls (die quasi naturbedingt erscheint) als Vehikel benutzt, um eine Umverteilung zu Lasten der Bezieher von Arbeitseinkommen durchzuführen. Die globale imperialistische Auseinandersetzung um das Öl findet also einen Reflex in den traditionellen Klassenkonstellationen zwischen Lohnarbeit und Kapital. Der steigende Ölpreis soll vor allem von den Lohnabhängigen bezahlt werden. Die Schwäche der Gewerkschaften in den Industrieländern wird genutzt, um dieses Ziel zu erreichen.

Zweitens sind auch Öl exportierende Länder nicht wie selbstverständlich in der Lage, den fossilen Reichtum in ökonomischen Wohlstand zu verwandeln. Die „Tankstellen" der Ölverbraucherländer erhalten zwar Royalties und andere Einnahmen. Doch diese werden nicht immer sinnvoll zur sozialen und ökonomischen Entwicklung eines Öllandes verwendet. Daher ist das Wort vom „Fluch des Ressourcenreichtums" nicht falsch. Öl, so der venezolanische Gründer der OPEC, Juan Pablo Perez Alfonzo, „ist ein Exkrement des Teufels" (Karl 2003: 1). Denn der Reichtum wird in die großen Verbraucherländer kanalisiert, um dort in Wohlstand transformiert zu werden, an dem die ressourcenreichen Länder nur bedingt teilhaben. Die Mechanismen, mit denen Ressourcenreichtum in einen Fluch verwandelt wird, sind wohl bekannt und häufig analysiert worden. Grundsätzlich bedeutet die Konzentration auf den monostrukturellen Export einer Ressource, dass eine regional oder national vernetzte und diversifizierte Wirtschaft nicht ausgebildet werden kann. Die „linkages" zwischen den Produktionsstufen und zwischen Produktion und Konsum, Wirtschaft und Staat bleiben aus (Hirschman 1981). Dieses Problem wird noch verschärft, wenn ein Land mit Rohstoffreserven verschuldet ist und Deviseneinahmen benötigt, um den Schuldendienst zu leisten. Dann wird eine Konzentration auf die Extraktion der Devisen bringenden Ressourcen erzwungen und die Ausbildung einer diversifizierten Produktionsökonomie verhindert. Die internationalen Organisationen wie IWF und Weltbank erzwingen mit Strukturanpassungsprogrammen diese Art der Spezialisierung, die noch dazu mit einer höchst einseitigen Interpretation des Ricardianischen Theorems der komparativen Kostenvorteile gerechtfertigt wird. Die Entwicklungschancen einer einseitigen Extraktionsökonomie sind weniger günstig als die einer diversifizierten Produktionsökonomie (dazu vgl. Altvater 1998c) - und fatalerweise ist es schwer, die Entwicklungsbahn von der Extraktion zur diversifizierten Produktion zu wechseln. Dafür sprechen ökonomische, soziale und politische Gründe. Die an der Extraktion interessierten Klassen und Gruppen verhindern eine Entwicklung moderner Sektoren, weil diese sehr häufig bessere Arbeitsbedingungen bieten. Die billige Arbeitskraft der Extraktion wird teurer und die Rohstoffrenten würden sinken. Auch das fast immer korrupte Zusammenspiel zwischen Extraktionssektor, Staatsbürokratie und Transnationalen Unternehmen ist ein bedeutendes Entwicklungshemmnis. Es kommen keine staatlichen Initiativen zur Überwindung der Blockaden zustande. In aller Regel verstärken ökonomische Interessen auf dem Weltmarkt diese Tendenzen, die in der Gesellschaft durch die Herausbildung eines informellen Sektors gestützt werden. Wenn sich dann rivalisierende Kräfte der Rohstoffe bemächtigen wollen, kommt es unweigerlich zum Ressourcenkrieg, der wie ein Bürgerkrieg oder ethnischer Krieg erscheinen mag. Dafür gibt es viele Beispiele, vor allem in Afrika (Elfenbeinküste, Sierra Leone, Kongo, Sudan) und Lateinamerika (Kolumbien). Wenn die Ressourcen aber ausgebeutet sind, bleibt nichts als ein „schwarzes Loch", wie Euclides da Cunha über die Erzausbeutung in Minas Gerais schon zu Beginn des 20. Jahrhunderts geschrieben hat. Eine Zukunft ist verspielt. Die Gewinne auf dem Markt schwinden und die negativen „externen Effekte", die sozialen Kosten kommen als Entwicklungshemmnis voll zur Geltung.

Drittens sind die Auswirkungen der Steigerung des Ölpreises für manche Importländer sehr nachteilig, weil ein großer Teil der Deviseneinnahmen aus Exporten für den Import des Öls aufgewendet werden muss. Der Begriff der „Energiearmut" bezeichnet daher im modernen Kapitalismus nicht nur eine natürliche Benachteiligung, sondern auch ökonomische Zurückgebliebenheit, nämlich die Schwierigkeit, Devisen für den notwendigen Ölimport aufbringen zu können. In vielen Ländern ist der Ölimport einer der größten Posten in der Handelsbilanz. Der Anteil der Energieimporte an den Gesamtimporten beträgt in der Ukraine 36,5%, in Indien 32,0%, in Pakistan 23,5%. Selbst im Erdölland Indonesien beträgt der Anteil 23,5%, ein untrügliches Zeichen für die langsame Erschöpfung der Erdölreserven.

Die Tabelle 7.2 vermittelt nicht mehr als eine Momentaufnahme. Sie zeigt, dass in einigen Ländern der für die Ölimporte aufzubringende Teil der Exporteinnahmen hoch ist. Dann können bei gleich bleibenden Exporteinnahmen andere Importe (Ausrüstungen, auch Konsumartikel) nicht finanziert werden, es sei denn

Tabelle 7.2: Import von Treibstoffen und Exporteinnahmen ausgewählter Länder, 2002 (in Mio. US$)

Land	*Import von Treibstoffen*	*Gesamte Export-einnahmen*	*Anteil der Importe von Treibstoffen an den*	
			gesamten Importen in v.H.	*Exporteinnahmen in v.H.*
Argentinien[a]	798	26.610	3,9	2,9
Brasilien	7.549	60.362	15,2	12,5
Peru	1.034	7.688	13,7	13,4
Mexiko	4.455	160.682	2,3	2,7
Pakistan	3.004	9.913	26,7	30,3
Südafrika	3.269	29.723	13,0	11,0
China	19.285	325.565	6,5	5,9
Indien[a]	15.935	49.251	31,7	32,4
USA	121.927	693.860	10,1	17,6
EU	129.868	939.804	13,9	13,8

[a] 2001

Quelle: WTO, Trade Statistics 2003; eigene Berechnungen

mit Hilfe von externen Krediten. Dies erinnert an die Bewältigung des „ersten Ölpreisschocks" in den 1970er Jahren, als sich viele Ölimportländer aus der „Dritten Welt" extern verschuldeten, um die gestiegene Ölrechnung bezahlen zu können. Möglich wurde dies durch das „Recycling der Petrodollars", d.h. durch den Rückfluss der Erdöleinnahmen der Ölförderländer (nach der Preissteigerung von 1973 von 2,89 US$ je Barrel auf 11,65 US$ je Barrel in kürzester Zeit) ins Bankensystem der westlichen Industrieländer, vor allem der USA. Die Banken hatten großes Interesse daran, die Petrodollars an die Regierungen der Dritten Welt loszuwerden. Das funktionierte auch, weil zunächst die Zinsen niedrig waren. Aber sie stiegen seit Ende der 1970er Jahre an (vgl. sechstes Kapitel). Der Preis der externen Finanzierung der Ölrechnung stellte sich nun als sehr hoch heraus. Sie führte auf den Weg in die Abhängigkeit, der von internationalen Institutionen und Beratungsgesellschaften geebnet wurde (dazu Perkins 2005 mit vielen Beispielen), und in die Schuldenkrise der 1980er Jahre. Die 1980er Jahre waren für die meisten Länder der Dritten Welt ein „verlorenes Jahrzehnt". Es ist kaum zu erwarten, dass zwei Jahrzehnte danach die Lehren beherzigt würden. Denn mächtige Interessen erlauben nur eine sehr flache politische Lernkurve. So kann die Verteuerung des Erdöls doppelt nachteilig wirken: *Erstens* bremst die Verteuerung das wirtschaftliche Wachstum und zwar in den Entwicklungsländern mehr als in den Industrieländern. *Zweitens* kann die Verschuldung zur Finanzierung der Ölrechnung in die Krise führen, in der Investitionen und Konsum zu Gunsten des Schuldendienstes eingeschränkt werden.

Die USA sind in einer Situation steigender Ölpreise im Vergleich zu anderen Ölverbrauchern gut dran. Denn erstens können sie die Ölrechnung in US-Dollar bezahlen, also mit der eigenen Währung. Sie müssen sich also nicht extern verschulden. Zweitens sind von der Preissteigerung auch die Konkurrenten betroffen. Die Wettbewerbsfähigkeit verschlechtert sich also nicht. Allerdings ergäbe sich für die USA sogleich ein gewaltiges Problem, wenn sie das Öl in Fremdwährung bezahlen müssten. Denn die eigene Produktion ist um jährlich ca. 300.000 Barrels rückläufig[6] und der größte Teil des Ölverbrauchs in den USA (an die 60%, Tendenz steigend) wird derzeit für jährlich ca. 130 Mrd. US$ importiert.

Darauf verweist auch der Vizepräsident der USA, Cheney (Ex-Chef von Halliburton), in dem bereits erwähnten Bericht über die Ölsicherheit der USA vom Mai 2001 (also vor dem 11. September). Die heimische Produktion werde bis zum Jahr 2020 von 8,5 auf 7 Mio. Barrel mbd zurückgehen, der Ölverbrauch hingegen von 19,5 auf 25,5 mbd ansteigen. Die Lücke müsse daher durch Importe gedeckt werden, die bis 2020 um 68% von 11 auf 18,5 mbd wachsen. Die Sicherung der Energieversorgung erlangt daher höchste Priorität in der US-Außenpolitik. Für die USA war es ein entscheidendes Privileg, dass die steigenden Ölimporte in US-Dollar bezahlt werden können. Kein anderes Öl-Importland hat einen ähnlichen Vorteil. Bei einem Leistungsbilanzdefizit von 553 Mrd. US$ im Jahre 2003 hätte die Finanzierung der Ölimporte in anderer Währung (vor allem in Euro) gewaltige strukturelle Auswirkungen auf die US-Ökonomie - und auf die Weltwirtschaft insgesamt. Denn die anderen Länder müssten mehr Güter aus den USA importieren und könnten weniger in die USA exportieren. Das wäre das chaotische Ende einer globalen Arbeitsteilung, in der die USA sich einen hohen und wachsenden Importüberschuss von den Exporteuren finanzieren lassen, sich dabei hoch verschulden, aber auch in der Lage sind, die Schulden durch eine Dollarabwertung zu entwerten, den Gläubigern (vor allem Japan, China, Südkorea und anderen asiatischen Ländern) also Schaden zuzufügen.

---

[6] Die USA sind ein Post-Peak-Land, auch wenn sie durch Erschließung neuer Ölfelder versuchen, dieses Schicksal abzuwenden. Dazu sind sie auch bereit, ökologisch wertvolle Naturparks in Alaska zu opfern. Im Cheney-Report von 2001 über die Energiesicherheit der USA wird diese Linie bereits vorgegeben: „The first seven chapters focus on boosting domestic energy output, particularly by removing the regulatory bars to greater exploitation of domestic oil, gas, and coal deposits and by relying more widely on nuclear power" (Klare 2004: 61)

7.5 Konflikte um das Öl: Ölimperialismus

In dem Maße, wie Öl zur Mangelware wird und gleichzeitig alle Welt in vermehrtem Maße und daher auch immer gieriger darauf zurückgreifen muss, weil Alternativen der Energieversorgung viel zu wenig entwickelt worden sind, spitzen sich Konflikte um die Verteilung der Mangelware zu. Dann zeigt es sich, dass die Verbrennung von Öl nicht nur negative Umweltfolgen hat, sondern für das friedliche Zusammenleben der Völker eine Gefahr darstellt. Die neoliberale Ideologie, man könne das Öl mit Investitionen in die Exploration, die Förderanlagen, die Transport- und Leitungsnetze bis in eine weite Zukunft verfügbar halten, wird praktisch durch die neoliberale Realpolitik korrigiert. Diese schließt auch politische Erpressung oder militärischen Druck ein, um gegenwärtig Zugang zum Öl zu erhalten oder zu behalten und nicht erst in der Zukunft, wenn Investitionen ausgereift sein sollten. In der Welt des Marktes wird natürlicher Mangel in ökonomische Knappheit transformiert und dies bedeutet, dass die Preise der knapper werdenden Ware steigen. So weit so gut. Doch der Mangel verwandelt knapper werdendes Öl in ein „positionelles Gut" (Hirsch 1980), das durch den Marktmechanismus nur zugeteilt werden kann, wenn viele von der Nutzung ausgeschlossen werden, die den Preis nicht zahlen können. Positionelle Güter sind also zugleich „oligarchische Güter" (Harrod 1958). Dann kommt alles auf das Budget an, das Erdölverbraucher für den Kauf des „schwarzen Goldes" aufbringen können. Damit haben wir uns bereits beschäftigt. In der Welt der Politik wird der natürliche Mangel, der nicht mehr durch Knappheitspreisbildung auf dem Markt reguliert werden kann, als Sicherheitsrisiko wahrgenommen. Positionelle bzw. oligarchische Güter werden daher auch mit politischer Macht und militärischer Gewalt verteilt.[7] Die Mechanismen des Marktes und der politischen Macht sind keineswegs alternativ. Sie wirken zusammen und verstärken sich wechselseitig, und sie finden eine ideologische Entsprechung in der Kombination von neoliberaler Marktrhetorik und neokonservativem Säbelrasseln.

Wenn die Reichweite nicht mehr wie bislang im „Pre-Peak" steigt, sondern in der Tendenz im „Post Peak Decline" zurückgeht, wird „Energiesicherheit" zur Zielgröße strategischer Außenwirtschaftspolitik. Dies ist vor allem in den Industrieländern so, die – anders als Entwicklungsländer – genügend Machtpotenziale zum Erreichen des strategischen Ziels der Ölversorgung mobilisieren kön-

---

[7] Ein weiteres Prinzip der Verteilung ist das der Solidarität, dem aber nur durch soziale und politische Bewegungen Geltung verschafft werden kann. In den Strategien der Ölsicherheit spielt dieses Prinzip so gut wie keine Rolle. Aber es ist in sozialen Bewegungen präsent. Die vor allem indigenen Proteste gegen die Privatisierung der Kohlenwasserstoffe in Bolivien und die Forderungen, die fossilen Reichtümer nicht für den privaten Profit, sondern für das Volk zu nutzen, folgen dem Prinzip der Solidarität.

nen.[8] Eine globale Hegemonialpolitik wie die der USA, die zwei Kriege in verschiedenen Weltregionen gleichzeitig zu führen beansprucht, der Unterhalt von mehr als 700 Militärbasen auf allen Kontinenten, die globale Vorherrschaft in der Luft und zur See mit der dafür verlangten Logistik sind nur mit fossilen und nicht mit erneuerbaren Energien möglich. Auch der neue Imperialismus hat eindeutig eine fossile Grundlage. Daher gieren die imperialistischen Kräfte nach Öl und sind bereit, dieses unter ihre Kontrolle zu bringen.

Der neue Ölimperialismus enthält auch nicht-militärische Elemente. Dazu gehören die Kontrolle von Angebot und Nachfrage und daher die Beeinflussung des Preises des schwarzen Goldes, die Kontrolle der Transportlogistik und der Routen der Verbringung des Öls aus den Förderländern in die Verbraucherländer mit Pipelines oder mit Tankern und nicht zuletzt die Bestimmung der Währung, in der der Preis des Öls fakturiert wird (vgl. Klare 2003; Altvater 2005). Jene Verbraucherländer des Öls, die über die politische und militärische Macht sowie das ökonomische Potenzial verfügen, können auf ihre Energiesicherheit also Einfluss nehmen. Eine Politik der Energiesicherung ist nichts für arme und wenig mächtige Nationen. Sie ist ein Projekt der Industrieländer, entweder als Allianz oder im Alleingang bzw. einer Kombination von beidem. Daher verstärkt die Politik der Energiesicherung die Ungleichheiten in der Welt. Es handelt sich um einen Ölimperialismus der reichen Länder, die Zugriff auf Ressourcen nehmen, die nicht allen Menschen in gleichem Maße zur Verfügung stehen können. Die imperialistische Aneignung, die im dritten Kapitel systematisch analysiert wurde, findet sehr konkret durch den Zugriff auf Ressourcen, vor allem auf die fossilen Energieträger im 21. Jahrhundert statt.

7.5.1 Petrostrategie

Erdöl kann nur auf den Markt gelangen und dort (also auf Ölmarkt und Futures-Märkten) gehandelt werden, wenn der Naturstoff aus der Erde geholt und angeeignet, wenn also Eigentumsrecht erworben wird. Der Akt der Inwertsetzung des Öls erfordert die Kontrolle der Lagerstätten, die Vergabe durchsetzbarer Eigentumsrechte, also auch den legalen (nicht unbedingt legitimen) Ausschluss von Ansprüchen anderer. Dies ist sehr unterschiedlich geregelt. In einer Reihe von Fällen ist das Öl verstaatlicht worden und erst nach der Förderung wird es von privaten

8 Auch die Schwellenländer verfolgen eine Strategie der Energiesicherheit. Dies gilt für China und Indien, aber auch für Brasilien. Die formell privatisierte, aber sich substanziell in Staatshand befindende Ölgesellschaft Petrobrás versucht, im Iran und in anderen Ländern des Nahen und Mittleren Ostens, aber auch in Afrika, Rechte der Ölausbeutung zu erwerben. Das staatlich kontrollierte Ölunternehmen wird also in die Strategie der nationalen Energiesicherheit einbezogen.

Konzernen übernommen. In manchen Fällen verfügen die Ölkonzerne selbst über die Lagerstätten, für die sie Konzessionen oder sogar Eigentumsrechte besitzen (vgl. dazu Mommer 2002). Dort wo letzteres der Fall ist, etwa in Indonesien, bilden die Ölterritorien eine Art „Staat im Staat". Über die Inwertsetzung von Rohstoffen generell und von fossilen Energieträgern speziell ließen sich lange Geschichten schreiben (vgl. beispielsweise Kleveman 2004). Die politische Einflussnahme der reichen Industrieländer auf Ölländer ist Geschichte. Zu ihr gehört der CIA-gestützte Putsch gegen die iranische Regierung Mossadeq im Jahre 1952 und die Etablierung des diktatorischen Schah-Regimes. Über den Druck auf Saudi-Arabien, den die USA ausgeübt haben, berichtet Perkins (2005: 142ff). In Bolivien haben sich in gemeinsamer Sache mit der bolivianischen Kompradorenbourgeosie transnationale Konzerne den Zugang zu den Erdgas- und Ölvorkommen verschafft (und die Wasservorsorgung in mehreren Städten nach deren Privatisierung übernommen). Unterstützt wurde dieses Projekt der Aneignung durch transnationale Konzerne von den USA (vgl. auch Narr 2003: 590f.). Gegen den mit der Inwertsetzung für den Weltmarkt verbundenen Ausschluss von den Naturreichtümern setzt sich vor allem die indigene Bevölkerung Boliviens zur Wehr. In den heftigen sozialen und politischen Konflikten ist die bolivianische Gesellschaft so gespalten, dass inzwischen von „zwei Bolivien" die Rede ist: das eine Bolivien, das den neoliberalen Kurs der Privatisierung der Naturreichtümer und deren Auslieferung an die transnationalen Konzerne befürwortet, und das andere Bolivien, das für die territoriale Autonomie der indigenen Völker und die Nationalisierung der Kohlenwasserstoffe (Öl und Gas) kämpft. Dies sind lediglich Beispiele, die sich fortsetzen ließen.

Zur Energiepolitik der großen Ölverbraucherländer gehört die Kontrolle von Ölterritorien. Dies ist eine direkte Folge des Peakoil. Man kann nicht mehr in der sicheren Erwartung der Exploration neuer Reserven „aus dem Vollen schöpfen" und sicher sein, dass genügend gefördertes und in Wert gesetztes Öl auf den Weltmärkten zu günstigen Preisen angeboten wird. Freihandelsrhetorik hin und her - wenn das Angebot *natürlich* begrenzt ist und die Nachfrage *ökonomisch* wächst, kann es nicht zu einem gleichgewichtigen Marktpreis kommen. Daher sind die bekannten Fördergebiete, insbesondere jene mit hohen Reserven, nicht nur *geoökonomisch*, sondern vor allem *geostrategisch* von eminenter Bedeutung. Das sind der Mittlere und Nahe Osten, also die arabische Halbinsel, der Golf und der Kaukasus westlich, Zentralasien östlich des Kaspischen Meeres, inzwischen auch afrikanische Gebiete vom Südsudan im Osten bis Nigeria und Mauretanien im Westen. Auf diese Gebiete zielt die Strategie der Ölsicherheit der mächtigen Verbraucherländer. Daneben geraten für die USA Mexiko, Venezuela, Kolumbien, Russland, Aserbeidschan, Kasachstan, Nigeria und Angola (die von Klare so genannten „alternative eight", Klare 2004: 115 ff.) ins Visier, können sie doch bis zu 13,5 mbd zum Ölangebot beisteuern. Die USA versuchen, im Mittleren Osten und in Zentralasien die „predominant outside power" (ebd.: 68) zu werden und diese Position gegen die Europäische Union, gegenüber Russland, China und Indien zu halten. Dem dienen die Militärstützpunkte, die sich in der gesamten Region verteilen und die insbesondere nach dem 11. September 2001 aufgebaut worden sind.

Zu diesem Zweck wird auch die Strategie des „Regime-Wechsels" verfolgt, besonders brutal im Irak, aber mit Sammetpfötchen auch in Kirgisien, Georgien, der Ukraine und anderswo.[9] Zusammen mit freundlichen Regierungen wird die geostrategische Beherrschung der Ölterritorien und des regionalen Umfelds beabsichtigt (Yeomans 2004:121). Es sind eindeutig geopolitische Erwägungen, die die Ölpolitik bestimmen und die schon Mitte der 1990er Jahre Zbigniew Brzezynski die zentrale Rolle Zentralasiens für die globale Hegemonie der USA unterstreichen ließen (Brzezynski 1997).[10] Ein neues *„great game"* um den Zugang zu den Ölressourcen und um deren Verteilung wie am Ausgang des 19. Jahrhunderts ist eröffnet, und wieder in der gleichen Weltregion: in Zentralasien, im Kaukasus und im Nahen und Mittleren Osten. Es wird Druck ausgeübt, um die ja auch in den Daten von IEA und IWF zum Ausdruck kommende *„strategy of maximum extraction"* (Klare 2004: 82 ff.; Klevemann 2004) gegenüber den Ölländern durchsetzen zu können.

Der Irak ist deshalb für die Geopolitiker in Washington interessant, weil er *erstens* über möglicherweise 11% der globalen Ölreserven - noch dazu von hoher Qualität mit geringen Förderkosten - verfügt, weil er *zweitens* den geopolitischen Raum Zentralasiens und des Nahen und Mittleren Ostens verbindet, und weil *drittens* über den Irak die Preispolitik der OPEC durch die Besatzer des Landes beeinflusst werden kann. „Conservatives", so schreibt Yeomans (2004: 135), „in and out of the Bush administration salivate at the idea of using Iraqui oil as a

---

9 In der „postnationalen Konstellation" gilt dies als „Weltinnenpolitik". In der Ukraine sind die „Volksmassen" auf die Straße gegangen, ebenso im Libanon, in Georgien, in Haiti oder anderswo, zumeist mit finanzieller, medialer und logistischer Unterstützung von außen, einschließlich Erpressung und Bestechung seitens der „einzigen Weltmacht" (vgl. Genté/Rouy 2005). Hier ist innenpolitisches Geschehen auf einmal Zielscheibe von Außenpolitik. Die Ausbreitung der Demokratie ist eine Methode der Herrschaftssicherung der imperialistischen Konstellation im Nahen und Mittleren Osten und darüber hinaus.

10 Auch der Krieg gegen Jugoslawien kann als Maßnahme zur Komplettierung der neuen NATO-Zange interpretiert werden, die von den baltischen Staaten im Norden über Polen, die Tschechische Republik, Ungarn bis Griechenland und die Türkei reicht. Russland wird auf diese Weise eingekreist und gleichzeitig entsteht eine Brücke von Westeuropa zum Nahen und Mittleren Osten. In dem neuen NATO-Gürtel einschließlich des ehemaligen Jugoslawien sind bedeutende Militärstützpunkte der USA errichtet worden, die für die globale Strategie der imperialistischen Beherrschung der Ölregionen von Zentralasien über den mittleren und nahe Osten bis nach Afrika entscheidend sind.

weapon to destroy OPEC ... By withdrawing from OPEC Iraq would be free of the production quotas the cartel sets to maintain its 25$ average price per barrel. Iraq, fueled by Western oil company investment, could then ramp up its own production, causing oil prices to drop and undercutting the profit margin of OPEC members." Der im Krieg von 2003 herbeigebombte Regimewechsel war also funktional im Sinne der Energiestrategie; alle anderen vorgeschobenen Kriegsgründe sind demgegenüber unwichtig; das wird von den Protagonisten der Aggression (z.B. von Wolfowitz) unumwunden zugegeben. Die USA haben sich also eine vorzügliche strategische Ausgangsposition bei der Kontrolle von Lagerstätten und Transportrouten von Öl mit Hilfe der Kriege gegen Afghanistan und den Irak verschafft - wenn das Kalkül der US-Ölstrategen aufgeht, was aber keineswegs sicher ist. Konkurrenten sollen von Exploration und Extraktion ausgeschlossen werden. Daher rührte das unappetitliche Geschachere zwischen den Ölfirmen und den sie unterstützenden Regierungen nach dem vorläufigen Kriegsende im Mai 2003 um Bohrlizenzen, Reparaturaufträge, Versorgungseinrichtungen, Lieferungen an die US-army usw.

Die OPEC verliert als politischer Faktor bei der Bestimmung von Angebotsmenge und Preisgestaltung an Gewicht, wenn das größte Öl-Verbrauchsland, die USA, mit Hilfe des Protektorats im Irak mit am Preishebel sitzen; dies ist bereits vermerkt worden. Hinzu kommt, dass die reichen Öl- und Sandstaaten infolge des „Recycling" ihrer Petrodollar starke monetäre Interessen in den Industrieländern (im Immobilienbereich, in der Industrie, in Banken und Fonds) haben, die sie dazu veranlassen, den Ölpreis niedrig zu halten, sofern ein hoher Ölpreis der Rendite ihrer finanziellen Anlagen schaden würde. Ganz andere Interessen haben die bevölkerungsreichen Ölländer wie Indonesien, Nigeria oder Algerien und Venezuela, denen die Exporteinnahmen wegbrechen, wenn der Ölpreis sinkt. Sie können dies nicht durch Kapitaleinkünfte aus den in Industrieländern angelegten Petrodollars kompensieren.

Nicht nur die geologischen Bedingungen einer Lagerstätte bestimmen die Kosten der Extraktion, sondern auch die sozialen und politischen Verhältnisse. Die irakische Guerrilla ist offenbar in der Lage, Transportrouten und Pipelines zu unterbrechen. Das kommt die Ölverbraucher teuer und ein Übereinkommen mit dem Widerstand gegen die Besatzung wird ebenfalls nicht umsonst zu haben sein. Das irakische Öl ist „eigentlich" billig zu fördern, aber wegen der durch Krieg und Besatzung bewirkten Destabilisierung des Landes nur mit hohen Kosten auf den Markt zu bringen. Daher verlassen sich die konservativen, macht-besessenen Neoliberalen des US-amerikanischen Establishments nicht auf die geoökonomischen Mechanismen von Angebot und Nachfrage. Sie predigen zwar Markt, betreiben aber zugleich eine rigorose, auch militärische Aktionen nicht scheuende Geopolitik. Marktradikaler Neoliberalismus, machtpolitischer Neokonservatismus und neuer Militarismus gehen eine Verbindung ein, aus der Bush und seine Leute hervorgegangen sind. Der Unilateralismus der Bush-Administration ist aggressiv und er verfolgt die Herstellung exklusiver Sicherheit für jene in der „Heimat" unter der Obhut des „Heimatschutz-Ministeriums" gegen die anderen aus anderen Ländern.[11] Das ist die Wirklichkeit des macht- und marktbesessenen „Empire", von dem Hardt und Negri (2002) das eher kitschige Bild eines netten Netzwerkkapitalismus präsentieren.

7.5.2 Achillesferse Transportlogistik

Der Krieg gegen das Taliban-Regime in Afghanistan bot den USA die Gelegenheit, militärisch auch in den zentralasiatischen Ländern Fuß zu fassen, nahe an den neuen Öl- und Gasquellen der Kaspischen Region und in jenen Ländern, durch die Pipelines verlaufen werden. Zentralasien ist so zu einer Art „Pipelineistan" im Rahmen der US-amerikanischen Petrostrategie gemacht worden, ebenso wie die Kaukasus-Region westlich des Kaspischen Meeres (Asia Times online, 25.01.2002). Die Regierungen betreiben Politik weniger zur Verbesserung der Lebenslage der Bevölkerung als zum Schutz von Ölfeldern und Pipelines. Dazu bedarf es eines prowestlichen Regimewechsels. In der Asia Times heißt es: „It's enlightening to note that all countries or regions which happen to be an impediment to Pipelineistan routes towards the West have been subjected either to a direct interference or to all-out war ..." (ebd.).

Dies zeigt sich besonders krass bei der Trassierung der Pipelines. Die Pipeline von Baku (Aserbaidschan) über Tbilissi (Georgien) zum türkischen Hafen Ceyhan umgeht russisches Gebiet, obwohl sie wegen der größeren Entfernung sehr teuer wurde und gefährdet ist. Zum einen ist das so wegen der ca. 60.000 Schweißnähte, die nicht hundertprozentig sicher sein können, so dass umweltzerstörerische Leckagen nicht auszuschließen sind, zum anderen aber auch wegen der Möglichkeit von Anschlägen im unwegsamen und nur kostspielig zu überwachenden Gebiet. Die internen Konflikte in Georgien und die Auseinandersetzung in der Osttürkei wirken sich auf die Rentabilität der Pipeline aus.

Das Pipeline-System östlich des Kaspischen Meeres soll über Afghanistan und Pakistan zum Indischen Ozean und nicht auf kürzestem Weg durch den Iran zum Persischen Golf führen. Hier kommt der Widerspruch zum Tragen, dass das, was geographisch nahe liegend und ökonomisch sinnvoll wäre, politisch inakzep-

---

[11] Der US-amerikanische Unilateralismus kommt freilich mit universalistischen Zielen daher (Demokratie, Freiheit, Wohlstand, Menschenrechte, zusammengefasst als good governance) und kann deshalb auf die schrecklichsten Methoden (kriegerische Aggression, Menschenrechtsverletzungen wie in Abu Ghraib oder Guantanamo) zurückgreifen, weil das Ziel die Mittel heiligt. Die Komplementarität des eigentlich gegensätzlichen Unilateralismus und Universalismus analysiert Chantal Mouffe 2005 unter Rückgriff auf Carl Schmitt.

tabel ist und daher nicht realisiert wird; und dass ein Projekt, das politisch gewollt wird, zu ökonomischen Konditionen realisiert werden muss, die es eigentlich sinnlos machen. Doch im Kaukasus, in Zentralasien und Südasien sind inzwischen nicht nur die USA geopolitisch aktiv, auch Russland und China versuchen, ihre Interessen an sicherer Ölversorgung umzusetzen, von der Europäischen Union ganz abgesehen, die über Bündnisse mit Russland und der Türkei als regionaler Akteur ebenfalls im *„new great game"* mitmischt.

Das geostrategische Pipelineistan-Syndrom ist nicht auf den zentralasiatischen Raum beschränkt. Wir begegnen ihm auch in afrikanischen Ländern (Sudan, Tschad, Kamerun, Nigeria etc.) und in Lateinamerika (Kolumbien,[12] Ekuador). Dass zur geostrategischen Sicherung der Ölversorgung auch die Kontrolle der Tankerrouten gehört, belegen unter anderem die Einsätze der deutschen Bundesmarine am Horn von Afrika und am Eingang zum Roten Meer. Dort geht es zwar vordergründig um „Terroristenjagd", aber der eigentliche Grund ist der Schutz der Tankerrouten in Richtung Suez-Kanal. Auf der „Geberkonferenz" für den Irak im Oktober 2003 in Madrid wurden von Weltbank und US-Besatzung des Irak die größten Beträge für die Wiederherstellung der Anlagen zur Ölförderung und die polizeiliche und militärische Sicherung ausgewiesen (FTD 25.10.2003). Die militärische Supermacht kann also das Territorium eines Ölstaates erobern, doch treibt dann die militärische und politische Sicherung der Ölausbeute auf dem Territorium und des Transports zu den Verbraucherländern die Kosten in die Höhe. So ist es erklärlich, dass das Pentagon mit Kosten für die militärische Sicherung von Extraktion und Transport in Höhe von etwa 20 US$ je Barrel rechnet. Dieser Betrag müsste dem Ölpreis hinzugerechnet werden, gerade angesichts der immer wieder vorgebrachten Behauptung, die erneuerbaren Energieträger seien im Vergleich zum Öl überteuert.

Wenn die USA an das irakische Öl nach der Besetzung des Landes billiger und mit größerer Versorgungssicherheit herankommen wollten, so kann sich dies wegen der hohen Kosten militärischer Sicherung der Ölfelder, Pipelines und Transportrouten als Illusion herausstellen. Die Petrostrategie der imperialistischen Aneignung von Ressourcen kann ein „teurer Spaß" werden, weil ein Territorium gegen konkurrierende Ansprüche besetzt und die Routen der Tanker und die Pipelines militärisch gesichert werden müssen. Da kann selbst eine imperiale Supermacht wie die USA überfordert werden.

---

[12] Im Rahmen des „Plan Colombia" sind im Februar 2003 vom US-Kongress insgesamt 532 Mio. $ Militärhilfe genehmigt worden, darunter 92 Mio. US$ für die „Brigade XVII, deren alleinige Aufgabe darin besteht, eine Ölpipeline der Oxidental Petroleum zu sichern" (TAZ, 17.02.2003).

7.5.3 Ölwährung

Die USA wären das einzige Land, für das die Verteuerung des Öls nicht unbedingt nachteilig wäre. Denn teures Öl würde *erstens* auch China und Japan und andere tatsächliche oder potenzielle Konkurrenten der USA treffen. Auch das „alte" ebenso wie das „neue" Europa würden die Nachteile des teuren Treibstoffs der industriellen und post-industriellen Gesellschaft spüren. Dies wird *zweitens* so lange so sein, wie das Öl in US-Dollar fakturiert wird. Die Kontrolle eines großen Teils des Angebots auf den globalen Ölmärkten durch die USA würde dafür sorgen, dass die Ölrechnungen auch in Zukunft in US-Dollar ausgestellt werden.

Die US-amerikanischen Eliten versprechen sich auch in Zukunft, die Ölrechnung in Dollar begleichen zu können, obwohl der Dollar wegen der wachsenden Defizite im Staatshaushalt und in der Leistungsbilanz abwertungsverdächtig ist und daher eine Tendenz der Abwendung vom US-Dollar und der Hinwendung zum Euro festzustellen ist (FAZ, 07.07.2003, S. 13). Die OPEC hat im Mai 2003 unter dem Eindruck des „Siegs" der USA im Irak beschlossen, weiterhin den Ölpreis trotz Dollarschwäche und Eurostärke in US-Dollar zu fakturieren. Doch ist es angesichts des wachsenden Zwillingsdefizits nicht unwahrscheinlich, dass Ölexporteure dazu übergehen, den Ölpreis in Euro zu kassieren, zumal dann, wenn die Zentralbanken (wie im sechsten Kapitel erwähnt) dazu übergehen, die Währungsreserven aus dem US-Dollar in den Euro umzuschichten. Der Krieg gegen den Irak hat auch den Nebeneffekt gehabt, dass Tendenzen in diese Richtung (in Venezuela, Irak, Lybien) zunächst gestoppt worden sind. Aber sie kommen wieder, wenn die USA ihr Zwillingsdefizit nicht reduzieren und sich nicht aus dem irakischen Sumpf durch Rückzug befreien können. Die EZB kann daher in ihrem Monatsbericht von Juli 2005 (15) darüber berichten, dass OPEC-Länder aus dem US$ in den Euro gewechselt sind (vgl. auch sechstes Kapitel).

Die USA bekämen ein riesiges Problem,[13] wenn sie die steigenden Ölimporte nicht mehr in US-Dollar begleichen könnten, sondern in Euro bezahlen müssten. Wenn die jährlichen Ölimporte, wie der Cheney-Bericht ausführt, von 4 Mrd. auf etwa 7 Mrd. Barrel im Jahr 2020 steigen, sind bei einem Preis von ca. 50 US$ pro Barrel derzeit 200 Mrd. US$ für die Bezahlung der Ölrechnung nötig, 2020 wären es schon an die 350 Mrd. US$. Das sind nach dem Wechselkurs Anfang 2005 etwa 260 Mrd. Euro.

---

[13] Wegen der immensen Rolle der USA in der Weltwirtschaft sind die Konsequenzen nicht auf die USA beschränkt. Sie betreffen die Weltwirtschaft insgesamt. Wenn die USA das Defizit ihrer Handelsbilanz abbauen müssen, hat dies Auswirkungen auf den Wechselkurs und daher auf alle Länder, die hohe Dollar-Reserven halten und auf jene Länder mit hohen Exporten in die USA. Dies kann hier nur angedeutet werden.

Der Auseinandersetzung um das Erdöl, um die Herrschaft über Reserven, Mengenangebot und die Preisbildung, folgt die Auseinandersetzung um die Währung, in der das Öl bezahlt wird. Die Währungskonkurrenz zwischen Dollar und Euro (und in Zukunft evtl. Yuan) könnte eskalieren, weil ja die Versorgung der Weltwirtschaft mit der eigenen Währung Seignorage-Vorteile bringt, insbesondere, wenn in der eigenen Währung der Ölpreis fakturiert wird. Seitdem die Endlichkeit der Ölressourcen nicht nur Ökologen interessiert, sondern als Faktum in die strategischen Überlegungen der zukünftigen Energieversorgung eingeht, ist die Bedeutung der Funktion einer Leitwährung als Ölwährung erkannt. Solange es zum US-Dollar keine Alternative gab, war dieses Problem eher nachrangig, wie die Ölkrise von 1973 sehr deutlich gezeigt hatte. Damals hatten die Öllländer nur die Option, den Ölpreis in US-Dollar zu steigern. Das gelang ihnen mit einer Vervierfachung des Ölpreises im Oktober 1973. Mit dem Euro ist aber zu Beginn des neuen Jahrhunderts eine Alternative entstanden, und daher wird der Konflikt um die Fakturierung des Öls unvermeidlich immer wieder aufbrechen.

7.6 Konflikte im Treibhaus

Die Konfliktträchtigkeit des fossilen Regimes zeigt sich aber auch beim Umgang mit den Emissionen, vor allem mit den Treibhausgasen und deren Konsequenzen für Natur und Gesellschaft. Auch hier geht es, wie auf der „Angebotsseite" der Erdölvorräte, nicht um objektive Sachverhalte, sondern um Diskurse. Auch die härtesten Naturwissenschaftler haben „Meinungen", von denen sie glauben, sie seien härter als die „weichen" Feststellungen der Sozialwissenschaft. Doch dem ist nicht so. Nicht nur auf der Input-Seite der Energieversorgung werden Daten über die Ölreserven „korrigiert". Auf der Output-Seite der klimaschädlichen Gase geschieht dasselbe. So hat der Chef des Umweltrates des Weißen Hauses, Philip A. Cooney, die Ergebnisse einer Analyse von Klimaforschern über Erderwärmung, Gletscherschmelze und Anstieg des Meeresspiegels verfälscht. Der Zusammenhang zwischen Energieverbrauch, Treibhausgasen und Erderwärmung wurde heruntergespielt.[14] Auch „harte" Naturwissenschaftler pflegen ihre Vorurteile und benutzen nicht verlässliche Daten, folgen abstrusen Argumentationen, wenn sie denn ins Vorurteil passen und nutzen ihre Positionen in der wissenschaftlichen Gemeinschaft, um sie durchzusetzen.[15]

---

[14] Cooney hatte vor seiner Position im Weißen Haus im American Petroleum Institute gearbeitet, das die Interessen der Ölindustrie vertritt (Andrew C. Revkin „Bush Aide Softened Greenhouse Gas Links to Global Warming, New York Times, 08.06.2005)

[15] Das muss nicht immer so absurd sein wie im Fall des renommierten Biologen David Bellamy, der mit Daten, die aus dem Internet von der rechten LaRouche-Sekte ohne Quellen-

Wegen der Schädlichkeit der Treibhausgasemissionen ist ja das Kyoto-Protokoll erarbeitet worden, das nach der Unterzeichnung durch Russland (Oktober 2004) im Februar 2005 in bindendes internationales Recht verwandelt worden ist. Die USA haben diese multilaterale Übereinkunft nicht unterzeichnet. Der Versuch, die USA zur Unterzeichnung zu veranlassen, hat aber zu einer Verwässerung geführt, die die Wirkung des Protokolls mindert. Eine Reduktion der Treibhausgasemissionen um 5,2% in den Industrieländern bis 2012 ist viel zu gering, und die „flexiblen Mechanismen", die das Protokoll vorsieht (Emissionshandel und Anrechnung von Reduktionen in anderen Ländern auf dem eigenen Emissionskonto), sind nicht geeignet, die Emission der Treibhausgase zu verringern (vgl. Scheer 2005; 181 ff.). Von den Kyoto-Verpflichtungen lässt sich die Klimaentwicklung nicht beeindrucken. Der Treibhauseffekt bedroht die Umweltsicherheit, Nahrungssicherheit, Sicherheit der Behausung, die Gesundheit der Menschen in aller Welt. Darüber hinaus hat er heute bereits kalkulierbare ökonomische Kosten. Denn die Zahl der ungewöhnlichen Wetterbedingungen und -ereignisse und der Unwetter, die hohe Schäden verursachen, nimmt in aller Welt zu; seit den 1960er Jahren hat sie sich verdreifacht. In der Mitte des 21. Jahrhunderts werden jährlich Kosten in der Größenordnung von 2.000 Mrd. US$ erwartet. Davon dürften auf Asien 840 Mrd. US$, auf die USA 325 Mrd. US$, auf Europa 280 Mrd. US$ entfallen (Kemfert 2004). Die jahresdurchschnittlichen Kosten haben sich von 54 Mrd. US$ in den 1960er Jahren auf 432,2 Mrd. US$ in den 1990er Jahren verachtfacht.[16]

Daran kann auch das Kyoto-Protokoll nichts ändern. Denn es verlangt *erstens* eine viel zu niedrige Reduktion der CO_2-Emissionen, als dass damit der zukünftige Klimaeffekt gemildert werden könnte. *Zweitens* bezieht es sich nur auf zukünftige Emissionen in die Atmosphäre und sieht keine Regelung für die bereits in der Atmosphäre deponierten Treibhausgase vor. Wegen der Trägheit des Systems verbleiben sie bis zu 100 Jahre dort, ohne dass die langfristige Dynamik der

prüfung übernommen worden sind, beweisen wollte, dass die Dicke und Zahl der Gletscher nicht abgenommen, sondern zugenommen habe. Besonders hübsch und gleichzeitig triste ist die von Monbiot erklärte Divergenz von Daten. Im Bericht der Sekte war von 55% der weltweit beobachteten 625 Gletscher die Rede, die gewachsen und nicht geschrumpft seien. Im Bellamy-Bericht wurde aus den 55% die Ziffer von 555, offensichtlich, weil er die Shift-Taste der PC-Tastatur bei der Prozenteingabe nicht gedrückt hatte und daher eine zusätzliche „5" anstatt des „%"-Zeichens herauskam; „5" und „%" befinden sich nämlich auf der gleichen Taste. (Monbiot 2005). Dies ist ein besonders krasses Beispiel für die Subjektivität von Diskursen über objektive Sachverhalte

16 Dies sind Angaben der Versicherungsgruppe „Münchner Rückversicherung", die sich mit ihrer Prämienkalkulation für den Treibhauseffekt und seine Konsequenzen zu wappnen versucht. In ihren Angaben sind nur die versicherten Schäden enthalten, nicht alle Schäden, die weltweit entstehen. (http://www.munichre.com/default_d.asp).

Betroffenheit der verschiedenen Schichten der Atmosphäre mit ihren komplexen Wechselwirkungen hinlänglich bekannt wäre. Selbst eine Reduktion des Ausstoßes an Treibhausgasen von heute an würde daher den Treibhauseffekt nicht sofort, sondern erst in Jahrzehnten stoppen. *Drittens* bezieht das Kyoto-Protokoll die „Entwicklungsländer" nicht in die Reduktionsstrategie ein, obwohl doch die Entwicklungsländer durch IWF, Weltbank und die Institutionen der Entwicklungshilfe auf die Regeln der good governance und daher zur Industrialisierung, folglich auch bei gleich bleibenden Umständen zur Steigerung der Treibhausgasemissionen gezwungen werden. *Viertens* sind die Mechanismen des Kyoto-Protokolls marktkonform und bieten daher viele Möglichkeiten, sich den Konsequenzen zu entziehen, indem neue Geschäftsfelder aufgetan werden. Dies ist insbesondere im Emissionshandel sowie bei den Schlupflöchern der *Joint Implementation* und des Clean *Development Mechanism* der Fall (vgl. Scheer 2005: 181 ff.). *Fünftens* gilt das Kyoto-Protokoll nur bis 2012, und was danach geschieht, ist völlig offen.

Daher kommt es darauf an, doppelgleisig vorzugehen, nämlich den zukünftigen Treibhausgasausstoß mehr zu reduzieren als im derzeitigen Kyoto-Protokoll vorgesehen und darüber hinaus Schutz gegen die schon heute absehbaren Folgen der Klimaerwärmung zu organisieren. Der Berater der Blair-Regierung in Großbritannien, David King, hat diese Herausforderung als „the biggest danger humanity has faced in 5000 years of civilization" bezeichnet (nach Hertsgaard 2005). Inzwischen geht es also nicht mehr in erster Linie um den Schutz der Natur vor der Überlastung durch menschliche, vor allem ökonomische Aktivitäten, sondern um den Schutz der Menschen vor einer gestörten oder zerstörten und daher katastrophisch reagierenden Natur. Gegen Sturmfluten und den absehbaren Anstieg des Meeresspiegels werden Deiche gebaut, gegen die zunehmenden Orkane wappnen sich Stadtplanung und Architektur. Die Möglichkeiten, sich vor der Natur zu schützen, hängen von den materiellen Ressourcen ab und daher sind jene Gesellschaften besser dran, die reich sind und Zugang zu den energetischen Ressourcen haben, als andere, die davon abgeschnitten sind. Den Menschen in ärmeren Ländern bleibt möglicherweise nur die Exit-Option, also die Flucht. Die ökologisch bedingte globale Ungleichheit wird in Modellen vernachlässigt, die lediglich Kosten und Nutzen von Treibhauseffekt und Klimakatastrophen berechnen und mit Hilfe der Monetarisierung des gar nicht Monetarisierbaren zu scheinbar rationalen Entscheidungsalternativen und Prioritäten gelangen (vgl. Cline 2004 und die Diskussion seines Textes in Lomberg 2004: 44 ff.). Die thermodynamisch bedingte Irreversibilität aller Stoff- und Energietransformationen ist den ökonomischen Modell-Konstrukteuren fremd. Sie erzeugen zwar konkrete Zahlen, die aber das natürliche Geschehen ignorant ausblenden (vgl. zur thermodynamischen Ökonomie und zur Kritik der ökonomietheoretischen Grundannahmen Georgescu-Roegen 1971) und daher in falscher Weise abstrakt bleiben (vgl. zur Kritik Heinberg 2004; Scheer 2005).

Wie auf der Seite der Versorgung mit fossiler Energie wachsen auch auf der Seite der Emissionen des Energieverbrauchs Gefahren für den Frieden. Auf die Folgen des möglichen Klimakollapses wegen eines Temperaturanstiegs richtet sich inzwischen auch das Pentagon mit unilateralen Präventionsmaßnahmen ein. Nicht vorbeugender Klimaschutz zur Vermeidung einer abrupten Klimaänderung ist die politische Linie der Bush-Administration, sondern die militärische Abwehr gegen die Folgen der klimatischen Änderungen. Insbesondere die zu erwartenden Migrationsströme sollen rechtzeitig mit militärischen Mitteln abgefangen werden. Dabei werden nicht nur die schon heute beträchtlichen Ströme von Umweltflüchtlingen aus ärmeren Regionen kalkuliert, sondern auch zu erwartende Flüchtlingsströme aus den reichen Regionen des Mittleren und nördlichen Europa.

Die Autoren einer vom Pentagon in Auftrag gegebenen Studie, Peter Schwartz und Doug Randall vom Global Business Network, unterstellen (mit den Daten des IPCC), dass bis zum Ende des 21. Jahrhunderts die durchschnittliche Erdtemperatur um bis zu 5,8 °C steigt. Wenn infolge des Temperaturanstiegs die Eiskappe Grönlands teilweise schmilzt, verringern sich Dichte und Salzgehalt der Gewässer des Nordatlantik. Dies kann dazu führen, dass der Golfstrom abreißt; Anzeichen dafür gibt es bereits heute. Denn die Vertikalströmung in der Arktis, wo salzhaltiges Wasser wegen des höheren spezifischen Gewichts in die Tiefe unter das polare Eis absinkt und nach Süden driftet, könnte dadurch unterbrochen werden, dass der Salzgehalt des Wassers durch die Eisschmelze der Arktis abnimmt. Die Verringerung der vertikalen kalten Tiefseeströmung wäre auch das Ende der horizontalen warmen Oberflächenströmung aus dem Golf nach Norden und daher das Ende der milden Temperaturen in West-und Nordeuropa.[17] Paradoxerweise kann also die globale Erwärmung zu einer regionalen klimatischen Abkühlung, z.B. in Europa (aber auch im Nordpazifik) führen. Die Auswirkungen auf die Versorgung mit Nahrungsmitteln oder den Wasser- und Energieverbrauch können katastrophische Ausmaße haben, gewaltsame Konflikte werden befürchtet. Dieses Szenario wird vom Pentagon bei seinen Planungen berücksichtigt (Schwartz/Randall 2004). Die USA müssen sich gegen „das Böse“, das als Massenmigration kommen kann, rechtzeitig schützen.

Es ist freilich fraglich, ob Schutz gegen die Reaktionen der natürlichen Systeme (Atmosphäre, Ozeane, Biosphäre etc.) dauerhaft möglich ist, zumal dann, wenn

---

[17] Dieses Szenario halten auch Ozeanographen für möglich. Forschungen von Peter Wadhams von der Cambridge University über die Tiefenströmungen im Nordatlantik haben gezeigt, dass das absinkende kalte Wasser geringer wird und dass die Eisdecke am Nordpol in den vergangenen 20 Jahren um 46% dünner geworden ist. Der Golfstrom transportiert 27.000-mal mehr Wärme nach Großbritannien als alle Kraftwerke des Landes bereitstellen könnten (vgl. Jonathan Leake, Britain faces big chill as ocean current slows, in: The Sunday Times. 08.05.2005).

der Schutz in der Abschottung gegen andere besteht, die möglicherweise gar militärisch bekämpft werden müssen. Der Kapitalismus gelangt nicht an das Ende, indem er implodiert und im Verlauf einer „samtenen Revolution" verschwindet wie der einstmals real existierende Sozialismus. Wahrscheinlicher ist eine soziale Explosion, weil Vorbereitungen auf die Zeit nach dem Höhepunkt der Ölförderung und gegen die drohende Klimakatastrophe viel zu kleinmütig ausfallen. Der Anstoß, den Braudel meinte, kommt von außen. Aber er gewinnt seine dramatische Zuspitzung wegen der Unfähigkeit der kapitalistischen Gesellschaften, angemessene Vorbereitungen auf eine Zeit nach dem Öl zu treffen, obwohl der Ölkonzern British Petroleum (BP) gern mit dem Markenzeichen „Beyond Petroleum" wirbt. Es gibt keine „Schockabsorber" in den Ökonomien und Gesellschaften des modernen Kapitalismus, um auf den externen Schock der Ölknappheit intern angemessen zu reagieren. Der Schock von außen stört die Kapitalakkumulation, die seit der fossil-industriellen Revolution auf der reibungslosen Zufuhr von fossilen Energieträgern (zuerst Kohle, später Öl und Gas) beruhte. Gegenüber erneuerbaren Energieträgern ist eine Art undurchdringlicher Brandmauer errichtet worden. Daher steht nach dem Peakoil und angesichts der Klimakatastrophe keine wirkliche Alternative zur Verfügung. Der Ölpreis wird steigen, jedoch nicht aus ökologischen Gründen, um alternative Energieträger zum Zuge kommen zu lassen. Denn wenn der globale Ölverbrauch nicht sinkt, werden nicht-konventionelle Ölreserven, vom Ölsand und Ölschiefer bis zum Öl aus der Tiefsee und zu Gaskondensaten nachgefragt, und deren Förderung und Raffinade sind kostspielig. Die „nicht-konventionellen" fossilen Energieträger sind ökologisch noch schädlicher als Förderung und Verbrauch des konventionellen Öls. Die Kollateralschäden der Förderung an der Natur sind enorm und die Freisetzung von klimaschädlichen Gasen ist sehr hoch.

Auch die Nuklearenergie ist keine Alternative. Denn auch das Uran ist ein begrenzter Rohstoff, für den daher im Prinzip das Gleiche gilt wie für Öl oder Gas. Nur für Fusionsreaktoren würde die Begrenztheit des Treibstoffs keine Bedeutung haben, da dieser immer wieder selbst „gebrütet" werden kann. Doch ist die Technologie auch heute nicht so entwickelt, dass Fusionsreaktioren eingesetzt werden könnten. Ihre Gefahren für Umwelt, Gesundheit und Zusammenleben der Menschen sind unüberschätzbar hoch. Darüber hinaus gibt es gravierende Nachteile, die alle dazu beigetragen haben, dass nach der Atomeuphorie der 1950er Jahre seit den 1970er Jahren der Widerstand gegen die Atomenergie gewachsen ist. Die Sicherheit der Kraftwerke ist nicht gewährleistet, zumal ein Unfall gewaltige Langzeitzeitfolgen haben kann. Dies ist eine der vielen Lehren aus dem Desaster von Tschernobyl, die aber verdrängt werden. Obendrein werden Abfälle erzeugt, die Jahrtausende von allen natürlichen Kreisläufen isoliert gehalten werden müssen. Ob dies möglich ist, muss bezweifelt werden. Hinzu kommt noch die große Gefahr der Proliferation, wenn Atomkraft die Kohlenwasserstoffe auch nur teilweise ersetzen soll. Die Auseinandersetzungen um die Uran-Anreicherung im Iran verweisen auf die Gefahren; diese werden im Fall des Iran als Hebel eines beabsichtigten Regimewechsels instrumentalisiert, wodurch sie nicht geringer werden. Die Anzahl von notwendigen Atomkraftwerken, um die Kraftwerke auf fossiler Basis zu ersetzen, macht deren Kontrolle nachgerade unmöglich, so dass die Produktion der Bombe erleichtert würde. Atomkraft ist das Horrorszenario eines alternativen Entwicklungsweges, der von den fossilen Energieträgern fortführen soll.

Allein die Reduzierung und die Umstellung einer Automobilflotte von einigen hundert Millionen Fahrzeugen auf nicht-fossile Kraftstoffe dauern, wenn sie denn graduell erfolgen soll, viele Jahre. Darauf hat der Hirsch-Report (2005) auch mit dem Verweis auf die enormen Kosten aufmerksam gemacht. Noch schwieriger ist die Umstellung von industrieller Technik und Organisation und von urbaner Infrastruktur und Wohn- und Lebensbedingungen. Auf die Grundfrage gibt es daher keine Antwort. Was tritt an die Stelle der historisch so einmaligen trinitarischen Kongruenz von kapitalistischen Formen, fossilen Energien und einer im Industriesystem inkorporierten europäischen Rationalität? So lange es keine Antwort gibt, herrscht die Politik der Verdrängung. Peakoil wird nicht zur Kenntnis genommen, und der bedrohliche Treibhauseffekt wird mit Mitteln bearbeitet, die unwirksam sind.

Doch wird eine Antwort gefunden werden müssen. Daher lautet die Frage, der wir uns im folgenden achten Kapitel zuwenden: Gibt es „im Innern der Gesellschaft" die von Fernand Braudel erwarteten überzeugenden und „glaubwürdigen Alternativen", die den Übergang zu einem nicht-fossilen und daher nachhaltigen Energieregime beinhalten? Kann eine selbstzerstörerische Explosion verhindert werden, weil überzeugende Wege aus dem an Grenzen geratenden fossilen Energieregime gewiesen werden? Sind eine solidarische Ökonomie und daher auch ein solidarischer Umgang mit den natürlichen Ressourcen möglich und gibt es praktische Diskurse, an die im Rahmen des Projekts der „kollektiven Forschung" angeknüpft werden kann?

Achtes Kapitel
Glaubwürdige Alternativen im Innern der Gesellschaft: Solidarität und Nachhaltigkeit

Eine Gesellschaft kann nur in einem revolutionären Prozess die den Kapitalismus charakterisierenden sozialen Formen überwinden. Auch der Kapitalismus ist historisch entstanden, indem er (zumindest in Europa) aus den feudalen Formen herausgewachsen ist. In aller Regel stellen sich die vielen Aktionen von Menschen im historischen Prozess erst im Nachhinein als eine Revolution heraus. Sie handeln in sozialen Zusammenhängen und verändern dabei ihre gesellschaftlichen Verhältnisse, manchmal im Kleinen und auf lokaler Ebene, manchmal mit großer, weltgesellschaftlicher Wirkung, manchmal im Stillen und manchmal in heftigen sozialen Kämpfen. Sehr häufig wissen die Zeitgenossen gar nicht, dass sie mit ihrem Alltagsleben und mit ihren sozialen Experimenten einer revolutionären Veränderung der sozialen Formen von Produktion und Konsumtion den Weg ebnen. Eine soziale Revolution kommt also nicht auf Anordnung einer wissenden Partei- oder Bewegungselite zustande. Viele Menschen müssen sowohl in der Analyse als auch mit ihren Hoffnungen und Utopien und den sich daraus ergebenen politischen Zielsetzungen zu dem gelangen, was (mit Marx) als *„general intellect“*, als gemeinsames Wissen sozialer und politischer Bewegungen bezeichnet worden ist. Es braucht viel Zeit für Debatten, um die Richtung von Aktionen zu bestimmen. Eine soziale Revolution ist kein Putsch, sondern ein über lange Zeitstrecken iterativer Prozess vieler sozialer Experimente.

Hermann Scheer lehnt den Begriff der Revolution explizit ab. Seine Argumente sind freilich nicht stichhaltig. Er reserviert *erstens* den Revolutionsbegriff für „einen Umsturz der herrschenden Verhältnisse in einem kurzen Zeitraum“ (Scheer 2005: 237). Dabei ist es erstens nie sicher, dass nicht der Revolution die Konterrevolution folgt, also der Umsturz scheitert. Um nicht die Kurzfristigkeit und Abruptheit historischer Prozesse zum Maßstab der Begriffsbildung zu erheben, könnte *zweitens* die Umwälzung von Produktions- und Konsumverhältnissen beim Übergang zu erneuerbaren Energien als Revolution verstanden werden, als eine radikalere soziale Veränderung als die, die der „Sturm auf die Bastille“ ausgelöst hatte. Im Vergleich der französischen Revolution mit der industriellen Revolution schreibt Friedrich Engels: „Während in Frankreich der Orkan der Revolution das Land ausfegte, ging in England eine stillere, aber darum nicht minder gewaltige Umwälzung vor sich. Der Dampf und die neue Werkzeugmaschinerie verwandelten die Manufaktur in die moderne große Industrie und revolutionierten damit die ganze Grundlage der bürgerlichen Gesellschaft ...“ (MEW 19: 197). Hier wird also auf die zwei Gesichter der Revolution verwiesen: auf den politischen Umsturz einerseits und auf die Veränderung der sozialen Formation andererseits.

Beides kann sich je nach den besonderen Umständen parallel, zeitlich nacheinander, synchron in verschiedenen Ländern (wie in England und Frankreich) entwickeln. Die Tempi sind verschieden.

Es ist schon bemerkt worden, dass Adam Smith, der während der fossil-industriellen Revolution im ausgehenden 18. Jahrhundert lebte und schrieb, diese selbst nicht erfasste und daher auch keinen Begriff davon hatte, in welch revolutionärem Ausmaß die Kohle als Energiequelle zum Antrieb von industriellen Maschinen dienen würde. Dies konnte ihm passieren, obwohl James Watt, der die Dampfmaschine perfektionierte, an der gleichen Universität wie er lehrte. Die Arbeitszerlegung und deren die Produktivität steigernde Wirkung sah Smith wohl. Dass sich hier im Kleinen das System der von Marx später so genannten „großen Industrie" ankündigte, blieb ihm verborgen. Schon oft in der Geschichte, und nicht nur während der industriellen Revolution, befinden sich die Menschen inmitten eines revolutionären Prozesses, ohne dies in der ganzen Tragweite erkennen zu können. Eine Revolution darf man sich also nicht als einen strategisch angeordneten und geplanten „Sturm auf das Winterpalais" vorstellen. Sie findet nur statt, wenn die Verhältnisse dafür reif sind.

Dies entspricht der oben zitierten Auffassung von Fernand Braudel, dass der Kapitalismus nur unter sehr heftigen Anstößen von außen in Verbindung mit überzeugenden Alternativen sozialer und politischer Akteure „im Innern" des Systems ans Ende kommen würde. Einer dieser äußeren Anstöße sind die Grenzen des fossilen Energieregimes, die der Kongruenz von Kapitalismus, Fossilismus und Rationalismus (die im vierten und siebenten Kapitel analysiert wurden), ein Ende bereiten. Es sind allerdings nicht nur äußere Anstöße denkbar, sondern auch solche, die sich aus den im Innern wirkenden Marktprozessen und den zugespitzten Widersprüchen ergeben. Die desaströsen Wirkungen der Finanzkrisen sind im sechsten Kapitel untersucht worden. Nun stellt sich die Frage, welche überzeugenden Alternativen im Innern heranreifen. Gibt es sie überhaupt?

Politische Alternativen werden nicht in akademischen oder politischen Zirkeln erfunden. Sie entstehen in und aus der politischen, sozialen, ökonomischen Praxis der Menschen in sozialen Bewegungen. Diese sind eine Ideenwerkstatt, ein politisch kreatives „intellectual messy center". Vielfältige Konzepte zur Zukunft der Arbeit, zur Arbeitszeitverkürzung, zur Umgestaltung des Sozialstaats, zu einem Bürgereinkommen, zu genossenschaftlicher Produktion und Konsumtion, zu alternativen Formen des Geldes und Kredits, zur Regulierung der globalen Finanzmärkte usw. werden entwickelt und in den politischen Prozess eingebracht. Praktische Anwendungen alternativer Energien, Pläne ihrer gesellschaftlichen Umsetzung, Programme der politischen Förderung werden auf die Tagesordnung gesetzt. Die Umsetzung von Alternativen ist immer strittig, und daher gibt es keine gesellschaftlichen Veränderungen ohne politische Konflikte. Die unvermeidlichen Konflikte um Konzepte und Interessen werden nur zum Teil mit den besseren Argumenten entschieden. Wer die ökonomische und politische Macht hat, ist auf gute und überzeugende Argumente nicht unbedingt angewiesen.

Kann man „die Welt verändern, ohne die Macht zu übernehmen", wie John Holloway (2002), die Bewegung der Zapatistas interpretierend, suggeriert? Schön wäre es, doch wahrscheinlich ist es nicht. Da hilft auch die Unterscheidung von instrumenteller und kreativer Macht nicht weiter (ebd.: 40ff.). Die zapatistische Bewegung war vergleichsweise erfolgreich bei der Veränderung der Machtverhältnisse in Chiapas und dabei, sich nicht auf die Staatsmacht und die Regeln einer parlamentarischen Demokratie einzulassen. Doch irgendwann bedarf es auch der Gegenmacht, der Bildung von Koalitionen, um die Herren des Status quo, die mit Macht das System verteidigen, zurückzudrängen. Auch wenn der Kapitalismus am Ende sein sollte, bricht er, anders als der real existierende Sozialismus, nicht in einer historischen Implosion in sich zusammen. *Erstens* wirken die verbreiteten Bewusstseinsformen stabilisierend, die die in sozialen Beziehungen enthaltene Macht als externen Sachzwang deuten, gegen den einzelne (und sogar viele) hilflos sind. Die Macht hat also zwei Seiten. Sie wird aktiv ausgeübt und passiv ertragen. Die Dispositionen der Beherrschten für die Akzeptanz der Herrschaft sind entscheidend für die *gouvernementalité* (Foucault 1993) und daher für herrschaftliche Stabilität.

Zweitens bekommen die Sachzwänge des Marktes institutionelle und daher politische Gestalt. Gegen alternative Ansätze einer solidarischen und nachhaltigen Ökonomie wirken sämtliche Institutionen des globalisierten Kapitalismus mit Strukturanpassungsmaßnahmen, der Konditionalität bei der Vergabe von Krediten im Verein mit den Sachzwängen der liberalisierten Märkte. Gegen ein nachhaltiges Energieregime und die breite Einführung erneuerbarer Energien mobilisiert die fossile und nukleare Lobby alle Kräfte in Wirtschaft, Politik, Wissenschaft und Gesellschaft. Diese kreativ auflaufen zu lassen, ist eine Möglichkeit, aber man wird auch Gegenmacht mobilisieren müssen, um die Programmatik von Solidarität und Nachhaltigkeit in die Wirklichkeit umzusetzen. Dabei spielen nicht nur soziale Bewegungen eine wichtige Rolle, sondern auch Parteien, Parlamente und Regierungen. Auch wenn die gesellschaftlichen Veränderungen banal sein mögen - ohne machtpolitische Auseinandersetzungen werden Alternativen von der kapitalistischen Gesellschaft wie von einem aus der Chaostheorie bekannten „seltsamen Attraktor", also in nicht vorhersagbarer Weise absorbiert und transformistisch, d.h. Macht und Herrschaft stabilisierend integriert. Die Integration wird zumeist durch die Wächter des status quo, durch Polizei und manchmal auch durch das Militär erzwungen.

Wer die Welt verändern will, muss die Wirtschaft solidarisch gestalten und mit der Natur nachhaltig umgehen. Daher der vielleicht programmatische Titel dieses Kapitels: Solidarität und Nachhaltigkeit. Der Zusammenhang ist normativ gut zu begründen. Er spiegelt auch die Erfahrungen sozialer und politischer Bewegungen. Viele der Aktivitäten sozialer Bewegungen zielen in der Epoche der Globalisierung auf die Wiederaneignung des Territoriums. Die Privatisierung der Wasserversorgung soll rückgängig gemacht werden, denn Wasser ist Lebensmittel und keine Ware. Es geht auch um die Eroberung und Gestaltung von urbanen öffentlichen Räumen. Fabriken werden gegen deren Schließung durch die Eigner besetzt. Dies sind nur wenige Beispiele. Sind diese Kämpfe revolutionär, indem sie über den Kapitalismus hinausführen? Niemand weiß es. Aber möglich ist es.

8.1 Handlungslogiken: Äquivalenz, Reziprozität, Redistribution und Solidarität

Soziale Bewegungen, die auf Alternativen zur kapitalistischen Marktgesellschaft zielen, müssen sich aus den Handlungslogiken emanzipieren, die vom Markt vorgegeben werden. Gibt es mehrere Handlungslogiken, dann ist dies bereits ein Hinweis darauf, dass der historische Pessimismus vom Ende der Geschichte, wenn sich die Prinzipien von Markt und Demokratie durchgesetzt haben, nicht gerechtfertigt ist. Tatsächlich erhellt bereits der Blick zurück in die Geschichte des Wirtschaftens, wie unterschiedlich in verschiedenen Kulturen und Geschichtsepochen Ökonomie und Gesellschaft koordiniert wurden, wie unterschiedlich die Denk- und Handlungsmuster sind, die sich in den immer wiederkehrenden, zur Routine gewordenen Handlungen herausbilden. Dies hat kaum jemand mehr zum Thema der Forschung gemacht als Karl Polanyi (1979).[1] Erst im modernen Kapitalismus mit seinen globalen Institutionen und in Folge der globalen Vereinheitlichung wird die Diversität von Handlungslogiken auf ein dominantes Muster, nämlich dasjenige der *Äquivalenz,* reduziert, theoretisch begründet innerhalb der *„pensée unique“* des Neoliberalismus und praktisch durchgesetzt innerhalb des Systems der Marktbeziehungen.

8.1.1 Äquivalenz

Die kapitalistische Ordnung gründet in erster Linie auf dem Austausch von *Äquivalenten* auf dem Markt. Es werden gleichwertige Waren auf dem Markt getauscht und auch das Geld stellt ein Äquivalent des Warenwerts der gekauften oder verkauften Ware dar. Ausbeutung und Aneignung eines Überschusses finden in aller Regel nicht durch Übervorteilung in der Zirkulationssphäre, also auf dem Markt

[1] Um sich einen Überblick über die Entwicklung von Handel und Märkten in vorkapitalistischen Gesellschaften und über die angemessenen Kategorien zu ihrer Interpretation zu verschaffen, lohnt die Lektüre der Einführung zu Polanyis Aufsatzsammlung in „Ökonomie und Gesellschaft“ von S.C. Humphreys (1979: 7-59).

statt, auch wenn dies alle Marktteilnehmer auf der „Schnäppchenjagd" versuchen. Es gibt den „ungleichen Tausch"; er hat in der kapitalistischen Geschichte eine große Rolle gespielt und ist auch heute eine verbreitete Tatsache. Doch besteht die Einzigartigkeit der kapitalistischen Produktionsweise darin, dass Äquivalente getauscht werden und dennoch die einen mit einem „surplus" auf ihre „avances", mit einem Mehrwert auf ihre Kapitalvorschüsse, mit mehr Geld (G) als zu Beginn aus dem Prozess herauskommen. Dies begründet Max Weber als „Kapitalrechnung". Das ist das von Marx so bezeichnete G' (das ist das große G + dem kleinen g) am Ende des Prozesses im Vergleich zum G zu Beginn. Auch die Arbeitskraft erhält in aller Regel das Äquivalent ihres Werts im Lohn gezahlt. Arbeit ist daher im Kapitalismus Lohnarbeit. Aber dieser Äquivalententausch geht dem Produktionsprozess voraus, in dem Arbeiterinnen und Arbeiter länger arbeiten, als sie zu ihrer Reproduktion arbeiten müssten. Auf dem Arbeitsmarkt hat er (oder sie) sich verpflichtet, eine bestimmte Zeit zu festgelegten Bedingungen zu arbeiten, und diese Zeit schließt die notwendige Zeit zur Reproduktion ebenso wie die Mehrarbeitszeit zur Erzeugung des Mehrwerts ein. Im Lohn freilich ist dieser Unterschied zwischen notwendiger und Mehrarbeitszeit verhüllt. Jede Minute scheint bezahlt zu sein. Dieser Schein stabilisiert das System. Denn jeder geht mit seinem „gerechten" Anteil nach Hause und hat eigentlich keinen Grund zur Klage. Fühlt er sich dennoch unzufrieden, ist dies Folge eigener Fehler. Wer auf dem Arbeitsmarkt keinen Arbeitsplatz findet, ist selber schuld. Der Marktprozess legitimiert sich selbst durch die Sachlichkeit und die darin enthaltene „Gerechtigkeit" der Marktresultate, die niemand berechtigt in Frage stellen kann.

Daher kann Marx sagen, dass die Verwandlung von Geld in Kapital (und daher die Überschuss- bzw. Mehrwertproduktion) ihre Voraussetzungen ebenso gut in der Zirkulationssphäre wie in der Produktionssphäre hat. Die Tauschpartner im Allgemeinen, also auch die besonderen auf dem Arbeitsmarkt, „kontrahieren als freie, rechtlich ebenbürtige Personen. Der Kontrakt ist das Endresultat, worin sich ihre Willen einen gemeinsamen Rechtsausdruck geben. Gleichheit! Denn sie beziehen sich nur als Warenbesitzer aufeinander und tauschen Äquivalent für Äquivalent. Eigentum! Denn jeder verfügt nur über das Seine. Bentham! Denn jedem von den beiden ist es nur um sich zu tun. Die einzige Macht, die sie zusammen und in ein Verhältnis bringt, ist die ihres Eigennutzes, ihres Sondervorteils, ihrer Privatinteressen. Und eben weil so jeder nur für sich und keiner für den andren kehrt, vollbringen alle infolge einer prästabilierten Harmonie der Dinge oder unter den Auspizien einer allpfiffigen Vorsehung, nur das Werk ihres wechselseitigen Vorteils, des Gemeinnutzens, des Gesamtinteresses." (MEW 23: 190) Marx paraphrasiert hier das Mantra der klassischen politischen Ökonomie, das bis heute aus den Gebetsmühlen der Ökonomen leiert.

Kein Wunder, dass das Äquivalenzprinzip jeder Wettbewerbsordnung zugrunde gelegt wird. Es ist alles andere als ein Hinderungsgrund der Aneignung aus dem privaten Eigentum. Ungleichheit folgt unter kapitalistischen Bedingungen aus Gleichheit. Der Wettbewerb selbst wirkt als „stummer Zwang der ökonomischen Verhältnisse" (ebd.: 765). Die Individuen handeln nach den Regeln der ökonomischen Rationalität und nicht wegen gesellschaftlicher Kollektivbelange. Unter dem Äquivalenzprinzip handelt jedes Individuum für sich; es trifft sich daher mit der ökonomisch dominanten Tendenz der Privatisierung und Individualisierung, die auch politisch gestützt wird, etwa durch die Bildung von „Ich-AGs". Wir finden es in den Rechtfertigungen der neoliberalen Ordnung als Ausdruck von Gleichheit, Freiheit und letztlich auch von Gerechtigkeit wieder. Das Äquivalenzprinzip folgt einer schlichten Logik, deren Erkenntnis und Praktizierung freilich die gesellschaftliche Verankerung des europäischen Rationalismus voraussetzt. Ein komplexer historischer Prozess muss zum Abschluss gekommen sein und diese grandiose Vereinfachung hervorgebracht haben. Gesellschaftliche Komplexität wird also auf die *„logique unique"* des Äquivalenzprinzips reduziert.

Äquivalenz ist freilich immanent begrenzt. Manche Güter sind „oligarchisch", d.h. je breiter, allgemeiner (und daher demokratischer) der Zugriff, desto schlechter der Gebrauchswert (Harrod 1958). Wenn zu viele Menschen das Automobil nutzen, verwandelt es sich in ein Auto-Immobil; wenn zu viele Touristen einen „Traumstrand" aufsuchen, ist der Traum aus; wenn zu viele Besucher ins Museum strömen, wird der Kunstgenuss zum Stress. Die Äquivalenz kann sich also nur auf den Tauschwert und dessen Tausch beziehen, nicht auf den „Träger des Tauschwerts", den Gebrauchswert. Der Nutzen, der daraus gezogen werden kann, ist ungleich. Diese Verwandlung passiert nicht nur mit einzelnen Gütern und Diensten, sondern auch mit Güterbündeln, z.B. jenen, die den „American way of life" ausmachen. Dieses oligarchische Gut verlangt zu seiner Herstellung einen hohen Einsatz fossiler Energieträger. Da diese begrenzt sind, kann dieses Gut einigen Völkern, aber nicht allen Menschen auf Erden in gleicher Qualität zur Verfügung stehen. Die sozialen und kulturellen Dimensionen des westlichen Modells von Produktion und Konsumtion können nicht globalisiert werden. Globalisierung ist eine mächtige Tendenz, Globalität jedoch ist nicht erreichbar, und zwar vor allem wegen der ökologischen Grenzen des Planeten Erde. Das Äquivalenz- und das ihm homologe Knappheitsprinzip fordern Überfluss, also das Gegenteil von Mangel. Der aber stellt sich unvermeidlich an den „Grenzen des Umweltraums" ein (ausführlicher Altvater/Mahnkopf 2004).

Wie können oligarchische Güter verteilt werden? Man könnte (1) mit der paradoxen Wirkung des Äquivalenzprinzips die Ungleichheit in Kauf nehmen, um für privilegierte Nationen und für privilegierte Schichten den westlichen Lebensstandard in die Zukunft zu verlängern. Dass andere Nationen arm bleiben, ergibt sich aus der Funktionsweise globaler Finanzmärkte, die die Schuldner bestrafen. Allerdings verwandelt sich die dunkle Ahnung immer mehr in Gewissheit, dass letztlich ökonomische Mechanismen der Aufrechterhaltung der Ungleichheit nicht ausreichen und dass sie daher (2) durch politischen und möglicherweise militärischen Zwang ergänzt werden müssen. Die reichen Nationen sind dabei, sich auf diesen Sachverhalt mit neuen Militärstrategien und „erweiterten" Konzepten von Sicherheit vorzubereiten. Eine Welt der Ungleichheit und der Übernutzung der Ressourcen durch die Privilegierten, so dass den weniger Privilegierten der Weg der versprochenen Modernisierung versperrt bleibt, kann auf Dauer keine friedliche Welt bleiben. Man könnte (3) aber die Verteilung solidarisch gestalten, also die oligarchischen Zustände demokratisieren. Freilich wäre dies nur bei Abkehr vom westlichen Modell des Wachstums und des Konsumierens, also bei einer Zähmung der kapitalistischen Prinzipien von Äquivalenz und Aneignung und durch Umsteuern auf ein anderes, solares Energieregime und in Richtung einer solidarischen Ökonomie möglich. Das Äquivalenzprinzip ist also gar nicht zu verallgemeinern.

8.1.2 Reziprozität

Vom Äquivalenzprinzip ist das *Reziprozitätsprinzip* zu unterscheiden. Hier werden weder in Quantität und Qualität noch in erkennbarem zeitlichem Zusammenhang Äquivalente getauscht. Aber das Tauschprinzip als solches bleibt: Aus einer Gabe folgt eine Verpflichtung. Wie Reziprozität reguliert wird, ist in unterschiedlichen Kulturen, zu verschiedenen Zeiten, in den Klassen einer Gesellschaft nicht selbstverständlich und gleichartig. Die Tauschenden lassen also im aktuellen Tausch ihr Gedächtnis wirken. Daher hat er für Klassen, Geschlechter, Ethnien nicht nur *eine* Bedeutung, sondern möglicherweise *viele*. Das Reziprozitätsprinzip umschließt viele Handlungslogiken, nicht nur die des Tausches. Es ist ein kulturell verankertes Muster, also nicht gänzlich aus der Gesellschaft entbettet und daher komplexer als das Äquivalenzprinzip. Achtung, Anerkennung, ethnische und andere Bindungen, Sühne, spontane Freude usw. bestimmen mit, was eine reziproke Leistung oder Gegenleistung ist.

Auch wenn es einen erheblichen Abstand zum Äquivalenzprinzip gibt, widerspricht Reziprozität ihm nicht. Die beiden Prinzipien können sich ergänzen, und dies ist in aller Regel der Fall. Denn auch wenn der Markt sich aus der Gesellschaft entbettet, regelt sich das ökonomische Leben zumeist nicht auf Äquivalenzbasis, sondern gemäß Reziprozität (Mahnkopf 1994). Das fängt trivial an, wenn die Rechnung eines gemeinsamen Essens im Restaurant pro Kopf umgelegt wird, obwohl die einen mehr, die anderen weniger, die einen teurer, die anderen billiger gespeist haben. Das geht weiter, wenn einige Schüler mehr Hilfe benötigen als andere und sich die Lehrerin daher stärker um erstere als um letztere kümmert, obwohl doch alle einen gleichen Anspruch auf die Leistungen der Lehrerin haben. Und das hört nicht auf bei Zugaben von Unternehmen zu äquivalenten Tauschgeschäften mit Auftraggebern. Reziprozitätsbeziehungen sind weit von der

Hayek'schen durch Tausch zustande kommenden „kosmischen" Ordnung entfernt. Nur deshalb aber ist es möglich, dass produktive Cluster von Unternehmen, die nicht nur mit reinen Tauschbeziehungen verknüpft sind, entstehen können.

Dabei werden die Grenzen zum großen Bereich der Korruption häufig überschritten. Dies ist dann der Fall, wenn „anvertraute Macht" genutzt wird, um private Vorteile zu erreichen, und zwar auf Kosten Dritter. Dies kann, wenn es um schlichte Äquivalenz geht, gar nicht passieren. Reziprozität freilich ist für korruptive Beziehungen offen. Es kommen dann sozusagen zwei sich überschneidende oder verdoppelnde Äquivalenzbeziehungen zustande. Die eine mit den Marktgrößen eines formellen Geschäfts, die andere in Gestalt des *do ut des*, einer Zahlung für eine Leistung, durch die das erste Marktgeschäft überhaupt ermöglicht worden ist. Dieses aber wird durch die reziproken Beziehungen beeinflusst. Denn die Kosten des *do ut des* werden in die marktmäßigen, formellen Transfers eingepreist und enthalten dann alle Elemente des ungleichen Tausches. Kommunale Aufträge für irgendwelche Infrastrukturleistungen, beispielsweise für eine Müllverbrennungsanlage, werden entsprechend teurer. Die Öffentlichkeit, also die Steuerzahler sind der dumme Dritte, der die Lasten der Korruption zu tragen hat.

Weil Reziprozität nicht im Gegensatz zur Äquivalenz steht, sind die verschiedensten Kombinationen denkbar. In modernen Gesellschaften, in denen Markt, Konkurrenz und Tausch dominieren, wird Reziprozität den Marktmechanismus und das Äquivalenzprinzip eher absichern als eine eigenständige Bedeutung im Vergleich zu ihnen erlangen. Auch wenn in der Hartz-Gesetzgebung in der BRD das Prinzip der Individualisierung gilt, wird doch auf das Reziprozitätsprinzip zurückgegriffen, wenn etwa die Einkünfte des Lebenspartners auf das Arbeitslosengeld angerechnet werden. Auch in der „Standortpolitik" wird auf Reziprozität gesetzt. Denn „produktive Cluster" der lokalen Wettbewerbsfähigkeit in der globalen Konkurrenz kommen in aller Regel nicht allein durch Marktbeziehungen zustande, sondern durch reziproke soziale Beziehungen. In dem Netz reziproker Beziehungen ist das Personal privater Unternehmen, öffentlicher Administrationen, gesellschaftlicher Vereine „verbandelt". Dies ist ein deutlicher Hinweis auf die Paradoxie, dass Produktivität und Wettbewerbsfähigkeit nicht allein durch die Wirkung des aus der Gesellschaft entbetteten Marktes gesteigert werden, sondern der gesellschaftlichen Einbettung in Beziehungen der Reziprozität bedürfen. Dabei sind die Grenzen zur Korruption durchlässig. Beispiele gibt es überall. Colonia corrupta (Rügemer 2002), das System Leuna (Kleine-Brockhoff/Schirra 2001), das italienische Tangentopoli (Magatti 2003), Halliburton und die US-Regierung im Irak, Volkswagen oder Infineon im Korruptionssommer 2005 in Deutschland. Die Liste ließe sich endlos verlängern.

8.1.3 Redistribution

Das Prinzip der *Redistribution* begründet eine zumeist, aber nicht immer hierarchisch organisierte Verteilung von Ressourcen in einer Gesellschaft. Es lag der zentralen Planung im real existierenden Sozialismus zugrunde, auch wenn es dort viele formelle und vor allem informelle Marktbeziehungen gab. Redistribution verlangt eine einigermaßen überschaubare Gesellschaft mit nicht zu komplexen sozialen und ökonomischen Beziehungen. Sonst hat F.A. von Hayek Recht mit seiner Kritik an der sozialistischen Planwirtschaft, dass sie nicht in der Lage sei, das Informationsproblem zu lösen. Märkte, so seine These, seien Informationsbeschaffungs- und -verarbeitungssysteme und der Wettbewerb sei vor allem ein Entdeckungsverfahren. Das gilt in besonderer Weise auf globaler Ebene, auf der ein redistributives System schwer vorstellbar ist.

Ganz anderer Auffassung ist Alex Callinicos. Aus seiner Kritik am gegenwärtigen Kapitalismus folgert er, dass sozialistische Planung, also ein System der Redistribution notwendig sei, und er fügt hinzu: „Unter sozialistischer Planung verstehe ich ein Wirtschaftssystem, in dem die Zuteilung und der Gebrauch von Ressourcen kollektiv, auf der Grundlage demokratischer Entscheidungsfindung ... bestimmt werden ..." (Callinicos 2004: 130). Im Satz darauf erklärt er aber dieses redistributive, sozialistisch geplante Wirtschaftssystem für „hypothetisch", das sich von vorkapitalistischen Klassengesellschaften abhebe, „in denen die Zuteilung ebenfalls kollektiv durch die von Polanyi aufgelisteten Mechanismen - Wechselseitigkeit, Umverteilung und Hauswirtschaft - reguliert wurde, in denen aber diese Mechanismen im Großen und Ganzen undemokratisch waren ..." (ebd.). Es stellt sich auch die Frage nach den Grenzen der Gesellschaft (hinsichtlich des Territoriums, der Dazugehörigen und der Ausgeschlossenen). Diese Frage wird von Callinicos in Zeiten der Globalisierung konsequent beantwortet: „Um effektiv zu sein, müsste eine sozialistische Planung im internationalen Maßstab stattfinden." (ebd.: 131) Die Planung soll nicht wie in der ehemaligen Sowjetunion nationalstaatlich oder in einer Art neuem Comecon organisiert werden, sondern in „Form eines politischen Prozesses ausgehandelter Koordination ..., wobei Entscheidungen direkt oder indirekt von den Betroffenen selbst gefällt werden." (ebd.: 134) Das ist zu apodiktisch einfach: direkt oder indirekt von den Betroffenen? Und wie kann ein demokratischer Prozess gestaltet sein, der die Betroffenheit der Menschen in der argentinischen Pampa, im russischen Sibirien, im Irak oder im Ruhrgebiet und in Florida koordiniert und der sowohl den Interessen von Fondsmanagern auf globalen Märkten als auch denen der Straßenhändler von Bombay gerecht werden soll? Es bleibt dabei, das Prinzip der Redistribution mag für kleine und überschaubare, auf identischen Werten bauende Gesellschaften geeignet gewesen sein. Es kann nicht in einer globalisierten Welt funktionieren. Eine Planwirtschaft ist also keine Lösung, selbst wenn sie erstrebenswert wäre.

8.1.4 Solidarität

Es bleibt das *Prinzip der Solidarität und Fairness*. Es ist den Prinzipien von Äquivalenz und Reziprozität entgegen gerichtet. Denn es geht vom Kollektiv und nicht von Individuen und ihren marktvermittelten Beziehungen aus und kann nur in organisierter Form zur Geltung kommen. Es widerspricht auch dem Prinzip der Redistribution, da seine Anwendung keine hierarchische Regulation von Ökonomie und Gesellschaft von oben verlangt, im Gegenteil. Solidarität entsteht nur mit breiter Beteiligung von unten. Gemeinsame Anstrengungen zur Lösung eines gemeinsamen Problems sind gefragt. Jeder leistet seinen solidarischen Beitrag nach seinen Möglichkeiten, d.h. unter Bedingungen der Fairness. Solidarität setzt daher ein Bewusstsein von Gemeinsamkeit und innerer Verbundenheit in einer Gesellschaft voraus, die in einer Kultur, Ethnizität, Lokalität, Klasse oder einer die Klassen übergreifenden Lebenserfahrung begründet sein kann, um ein großes Problem, z.B. Arbeitslosigkeit, Armut oder Rechtlosigkeit gemeinsam zu bewältigen (vgl. Zoll 2000).

So entstehen in „organischer Solidarität", wie Emile Durkheim darlegt, „Kollektivbewusstsein" und soziale Kohäsion gegen die mit der zunehmenden Arbeitsteilung und Vereinzelung verbundene Tendenz der Anomie (Durkheim 1983, zweites und drittes Buch). Bei der Untersuchung von Solidarität kann man also den sozialen Kontext der Marktbeziehungen nicht außer Acht lassen. Der „Entbettung des Marktes aus der Gesellschaft", die eine Bedingung von Äquivalenz, in geringerem Maße auch für Reziprozität ist, wird in solidarischen und fairen Beziehungen entgegengewirkt. Moralisch ist, so Durkheim, all das, was eine Quelle von Solidarität gegen die „Triebe des Egoismus" und die Entfremdungstendenzen der „mechanischen" Arbeitsteilung werden kann. Darauf baut letztlich auch die „internationale Solidarität" der Arbeiterbewegung. Ihr Kampf für bessere Arbeits- und Lebensbedingungen ist ein gemeinsamer Kampf über alle (auch nationalstaatlichen) Grenzen hinweg. Dass diese Solidarität freilich nicht sehr belastbar gewesen ist, hat die Geschichte des 20. Jahrhunderts tragisch bewiesen.[2]

Bedürfnisse und die Art und Weise ihrer Befriedigung sind die Grundlage der Arbeitsteilung. Diese erfordert die wechselseitige Anerkennung von Individuen als gesellschaftliche Individuen. In diesem Sinne spricht Marx in den „Grundris-

---

[2] In der Internationalen Arbeiterassoziation hat Johann Ph. Becker formuliert, dass sich „Solidarität, Brüderlichkeit und Friede unter den Menschen nicht durch Moralpredigten ins Leben rufen, sondern nur durch Gemeinbesitz, gemeinschaftliche Produktion, Bewirtschaftung und Nutznießung lebendig machen" lassen (nach Schieder 1972: 579). Der Begriff der Solidarität eignet sich als Allerweltsbegriff für freundliche Absichtserklärungen von Parteien und Organisationen. Er wird so seines Sinnes entleert und aus dem Zusammenhang seiner Tradition gerissen. Dies hat Ulrich von Alemann polemisch kritisiert (Alemann 1996). Solidarität ist also kein idealistisches Programm, sondern bedarf der materiellen Basis. Dies zeigt sich auch anhand der Erfahrungen einer modernen solidarischen Ökonomie.

sen" von dem „System der Bedürfnisse und dem System der Arbeit" (Marx 1953: 427). Wegen der gesellschaftlichen Wechselseitigkeit von Bedürfnissen müssen diese deutlich von Gier unterschieden werden. Gier ist auch Bedürfnis, aber Bedürfnis ohne Gegenseitigkeit, Bedürfnisbefriedigung auf Kosten der Gesellschaft, ohne selbst bereit zu sein, die Bedürfnisse von anderen durch eigene Arbeit befriedigen zu wollen. Für Marx ist das Privateigentum die materielle Basis der Gier, weil es Menschen in der Art und Weise vereinseitigt, dass etwas nur als Eigenes verstanden werden kann, wenn man es angeeignet hat. Dies ist asozial, und daher kommt Moral ins Spiel, ein Verständnis von der Gesellschaftlichkeit der Bedürfnisse und ihrer Befriedigung durch gesellschaftliche Arbeit.

Daher verwendet E.P. Thompson den Begriff der „moralischen Ökonomie" für alle jene ökonomischen Aktivitäten, die der formellen Marktökonomie entgegen gesetzt wurden oder außerhalb der Marktökonomie durch gemeinschaftliches solidarisches Handeln das Überleben sichern sollen. Die moralische Ökonomie hat ihre eigenen Kriterien für das, was als legitim und sozial gerecht beurteilt wird, die sich nicht auf das Äquivalenzprinzip zurückführen lassen. Dazu schreibt E.P. Thompson: „Doch diese Proteste bewegen sich im Rahmen eines volkstümlichen Konsens darüber, was auf dem Markt, in der Mühle, in der Backstube usf. legitim und was illegitim sei. Dieser Konsens wiederum beruhte auf einer in sich geschlossenen, traditionsbestimmten Auffassung von sozialen Normen und Verpflichtungen und von den angemessenen wirtschaftlichen Funktionen mehrerer Glieder innerhalb des Gemeinwesens. Zusammengenommen bildete sie das, was man die 'moralische Ökonomie' der Armen ... nennen könnte." (Thompson 1980: 69) Die Solidarität geht also von der Gemeinschaft aus, und diese ruht auf einem gemeinsamen Wertesystem und auf einem gemeinsamen Erfahrungshintergrund, also auch auf einem gemeinsamen, kollektiven Gedächtnis. Dieses vermittelt ein gemeinsames Vorverständnis in politischen Auseinandersetzungen, ohne dass dieses z.B. mit Hilfe von Schulungskursen erst hergestellt werden müsste. Äquivalenz- und Reziprozitätsbeziehungen sind nicht ausgeschlossen, doch sie entbetten sich nicht mit dem Markt aus der Gesellschaft, sondern bleiben in der Gesellschaft „eingebettet". Die moralische Ökonomie ist eine praktische Abwehr gegen die „Entbettung" des Marktes aus der Gesellschaft, also gegen die ökonomischen Sachzwänge. Daraus entwickeln sich die Konflikte mit den Mächten des Marktes, des Weltmarktes zumal. Diese Konflikte haben immer eine politische Dimension. Denn in den meisten Fällen sind *„community movements"* gezwungen, sich gegen Regierungen zu richten und in ihren Kämpfen Gegenmacht aufzubauen, indem Territorien besetzt und verwaltet und gleichzeitig Bündnisse mit zivilgesellschaftlichen Organisationen und manchmal auch mit Teilen des Staatsapparats geschmiedet werden.

Im globalen System sind durch die beschriebenen Mechanismen von Wachstum und finanzieller Globalisierung extrem ungleiche Lagen entstanden, in denen Menschen ihr Leben und Überleben zu organisieren haben. Fast jeder zweite

Mensch hat weniger als die 2 US$ täglich zur Verfügung, die von der Weltbank als Armutsgrenze definiert werden (für Lateinamerika, in Afrika wird sie bei 1 US$ angesetzt). Gleichzeitig ist der Reichtum hoch konzentriert (UNDP 2003; Kovel 2002). Die extreme Ungleichheit in der globalisierten Welt, in der die Armen vom Reichtum wissen und die Reichen mit der Armut konfrontiert sind, wirft moralische Probleme auf, die von den Reichen der Welt gern ignoriert werden. Pogge hofft in idealistischer Manier auf ein „more powerful country", auf einen „...moral leader who will make us realize our responsibilities and represent them forcefully along with our interests" (Pogge 2005: 25). Das ist eine wenig realistische Hoffnung, denn sie lässt sich nicht durch *sekundäre* monetäre Umverteilung, durch (Entwicklungs)Hilfe an die Armen erfüllen. Es müssten vielmehr die Funktionsmodi des Weltmarkts geändert werden, die die *Primärverteilung* bestimmen und für die beklagte extreme Ungleichheit und daher auch Ungerechtigkeit in der Welt verantwortlich sind. Dies in Rechnung gestellt, sind die Initiativen von unten, etwa die Fair Trade-Bewegung oder die Ansätze einer genossenschaftlichen solidarischen Ökonomie, eine realistischere Lösung als das Warten auf die „moral leadership" eines „more powerful country".

Es gibt viele Beispiele der solidarischen Ökonomie in der Geschichte. Dazu gehören die Genossenschaften des 19. Jahrhunderts in England oder Kontinentaleuropa, die Genossenschaften in Brasilien und in anderen lateinamerikanischen Ländern in der zweiten Hälfte des 20. Jahrhunderts, die kollektiven Wirtschaften und die Tontine in Afrika oder auch die Arbeiterselbstverwaltung in Jugoslawien, die seit den 1970er Jahren ihren Niedergang nach fast zwei Jahrzehnten einer Erfolgsgeschichte erlebte. Doch sind Äquivalenz- und Reziprozitätsprinzip dominant. Die Bindungskräfte des Marktes sind so groß, dass selbst diejenigen, die aus der formellen kapitalistischen Marktwirtschaft ausgeschlossen werden, von ihren Prinzipien „eingefangen" werden und den Denkmustern und Handlungslogiken von Äquivalenz und Reziprozität verhaftet bleiben. Die Ansätze einer alternativen solidarischen Ökonomie entwickeln sich gegen die dominanten (neoliberalen) Tendenzen der Unterwerfung der Gesellschaften unter die Gesetze des globalen Marktes. Wir müssen daher, bevor wir uns der solidarischen Ökonomie und ihren Entwicklungstendenzen zuwenden, mit der Dominanz von Äquivalenz und Konkurrenz auch in der gesellschaftlichen Krise mit weit verbreiteter existenzieller Unsicherheit der Menschen auseinandersetzen.

8.2 Der „Neoliberalismus von unten"

Dabei lassen sich Informalisierung und Prekarisierung der Arbeit als graduell abgestufte Ausdrucksformen der „Globalisierung von Unsicherheit" (vgl. Altvater/Mahnkopf 2002) entschlüsseln. Gegen diese Erscheinung hat es zunächst sehr laut vernehmliche „voices“ von Seiten der Gewerkschaften, aber auch von spontanen sozialen Bewegungen und aus politischen Parteien gegeben: Proteste, Demonstrationen, Betriebsbesetzungen. Aber die „voices“ verhallten häufig ungehört. Stattdessen haben die Menschen in den Industrieländern ähnlich reagiert wie in den Entwicklungsländern: mit der „Exit-Option“. Sie bewegen sich aus der formellen Arbeitslosigkeit in prekäre Jobs in der Schattenwirtschaft, meistens nicht freiwillig, sondern der Not gehorchend. Inzwischen ist die Prekarisierung der Arbeit sogar ein politisches Ziel, das in Deutschland mit der Agenda 2010 und den Hartz-Gesetzen aktiv verfolgt wird: Absenkung der sozialen Transferleistungen, der individuellen Löhne, die Erschwerung des gewerkschaftlichen Schutzes durch Änderungen des Kündigungsrechts, der Mitbestimmungs- und Zumutbarkeitsregeln etc. Das deklarierte Ziel ist die Absenkung der Arbeitskosten; Arbeit soll in der globalen Konkurrenz so billig wie ein Schnäppchenangebot beim Discounter um die Ecke werden, um auf der anderen Seite Renditen steigen zulassen.

Die „Arbeitsmarktreformen“ in Deutschland (Agenda 2010 und Hartz I-IV) und anderswo zwingen allen Betroffenen die individualistische Logik des Äquivalenzprinzips auf. Jeder sucht individuell Arbeit, und die Firmen bieten ebenso individuell auf dem Markt Arbeitsplätze an. Das funktioniert nur, wenn ein ausreichendes Angebot zur Verfügung gestellt wird und wenn das Informations- und Vermittlungssystem effizient funktioniert. Letzteres kann man noch relativ leicht verbessern. Ersteres ist schwierig, auch wenn nicht nur an Unternehmergeist appelliert, sondern gleich „Ich-AGs“ gegründet und gefördert werden. Viele, wenn nicht die meisten der „Ich-AGs“ sind schnell gescheitert, wie andere Maßnahmen auf dem Arbeitsmarkt auch, die dem individualistischen Prinzip folgen und nicht auf Solidarität setzen. Ohne Erfahrungen und ohne ausreichendes Kapital ist individuelle Selbständigkeit mit hoher sozialer und menschlicher Unsicherheit verbunden und daher sehr risikoreich. Das Risiko wird durch die Arbeitsmarktagenturen nicht gemindert. Dies könnte nur durch die Bereitstellung der sozialen Sicherheit als öffentliches Gut geschehen. Doch dieses ist ja gerade durch die neoliberalen „Arbeitsmarktreformen“ zum Teil privatisiert worden. So ist eine „Zwischenwelt“ entstanden, mit Hoffnungen auf einen förmlichen Arbeitsplatz, allen Merkmalen der Privatisierung von Risiken, die weder durch eine private Versicherung noch mit dem öffentlichen Gut der sozialstaatlichen Sicherung gemindert werden. Der soziale und politische Zwang, sich auf einem Arbeitsmarkt vermarkten zu müssen, dessen Absorptionskraft für das Arbeitsangebot gering ist, ist die hässliche Kehrseite der neoliberalen Freiheiten der Finanzspekulanten auf Finanzmärkten und der kaufkräftigen Konsumenten auf Gütermärkten.

Informeller Arbeit fehlen die Eigenschaften formeller Normalarbeitsverhältnisse. Das sind vor allem ordentliche und gerichtlich einklagbare Verträge, Kündigungsschutz, Sozialversicherung, gewerkschaftliche Vertretung, Mitsprache- und Mitbestimmungsrechte, Löhne und Arbeitszeiten, die ein würdiges Leben ermöglichen.

Zwar müssen Daten über informelle Arbeit, die informelle Wirtschaft oder die Schattenwirtschaft - die Begriffe bezeichnen nur zum Teil identische Sachverhalte - mit Vorsicht interpretiert werden. Doch gleichgültig wie gemessen und geschätzt wird: die Bedeutung der Informalität, also die Zahl derjenigen, die aus der formellen Wirtschaft exkludiert worden sind, nimmt zu. Dies gilt vor allem für die Länder der so genannten Dritten Welt und seit dem Kollaps des real existierenden Sozialismus auch in den Transformationsländern Mittel- und Osteuropas. In vielen Weltregionen, in Lateinamerika, Afrika und Asien zumal, sind mehr Menschen informell als formell beschäftigt. Auch in den entwickelten Industrieländern Nordamerikas und Europas verliert seit den 1970er Jahren das arbeits- und sozialrechtlich regulierte „Normalarbeitsverhältnis" seine empirische Dominanz und die normative Funktion als Leitbild (so neuerdings auch die Deutsche Bundesbank, Monatsbericht Juli 2005). Sozioökonomische Sicherheit wie sie von der ILO (2000; 2001) definiert wird, scheint zu Beginn des 21. Jahrhunderts in den meisten Ländern der Welt zum Privileg einer sozialen Minderheit geworden zu sein.[3]

Warum wächst unter den Bedingungen der Globalisierung der informelle Sektor auf Kosten der formellen Arbeitsbeziehungen, insbesondere in den städtischen Agglomerationsgebieten? Grundsätzlich sorgt die Dynamik des Freihandels dafür, dass die durch intensivierte Arbeitsteilung und vertiefte Spezialisierung erzielte höhere Produktivität zur Freisetzung von Arbeitskräften führt. Einerseits gibt es mehr, bessere und billigere Güter für die kaufkräftigen Konsumenten in den „alten" und „neuen" Verbraucherländern mit mehr als 7.000 US$ jährlichem Pro-Kopf-Einkommen (vgl. Wuppertal Institut 2005: 82ff.). Das sind immerhin etwa 1,7 Mrd. Menschen weltweit, denen es in der globalen Marktwirtschaft besser geht. Das sind die Globalisierungsgewinner. Andererseits nimmt mit dem verringerten Arbeitsaufwand je Produktionseinheit die *redundant population* zu, weil diese nicht durch kompensatorisches Wachstum in den Wirtschaftskreislauf zurückgeschleust werden kann. Arbeitslosigkeit ist die eine Folge. Es vergrößern sich darüber hinaus auch jene Bereiche der Ökonomie, in denen die Standards des Weltmarktes nicht erfüllt werden. Dies hat zur Folge, dass die Vergesellschaftung durch Arbeit und Geld ganz oder zumindest teilweise außerhalb der formellen Strukturen erfolgt. So gesehen ist Informalisierung das Resultat eines Scheiterns an von Menschen geschaffenen Sachzwängen der Globalisierung, denen informell ausgewichen wird. Dabei handelt es sich zumeist um die Globalisierungsverlierer.

Der informelle Sektor erfüllt die Funktion einer Art „Schwamm" für all jene Arbeitskräfte, die in der Folge des globalen Standortwettbewerbs „überflüssig"

---

[3] Die Literatur zur informellen und prekären Arbeit ist inzwischen kaum überschaubar. Das Thema ist, nachdem es jahrzehntelang an den Rand gedrängt war, ins Zentrum der Aufmerksamkeit geraten. Selbst die Weltbank hat es entdeckt und 2005 eine „Online Discussion" zum Thema „How to tackle the Problem of Rising Informality?" eröffnet.

geworden sind. *Erstens* dient der informelle Sektor der Subsistenzsicherung der urbanen Haushalte. Dies ist gleichbedeutend mit einer „Feminisierung der Überlebenssicherung". Denn die Verantwortung für die Subsistenz der Familien obliegt zumeist den Frauen. *Zweitens* trägt der informelle Sektor zu einer faktischen Lösung der Arbeitsmarktkrise bei. Denn er weist - trotz erheblicher Diskriminierungen durch den Staat - eine große Beschäftigungswirkung auf. Der Marktzutritt ist hier relativ leicht, der Kapitaleinsatz niedrig, die verwendete Technik einfach, die Arbeitsintensität ist daher hoch und die Löhne sind niedrig. Die hohe Beschäftigungswirkung des informellen Sektors gründet *drittens* darauf, dass kleine (lokale) Unternehmen, die bei Beachtung von sozialen und ökologischen Standards nicht wettbewerbsfähig wären und eigentlich vom Markt verschwinden müssten, ihre mangelnde Wettbewerbsfähigkeit durch die Überausbeutung der Arbeitskräfte, sei es bei den Löhnen oder bei den Schutzvorkehrungen und Arbeitszeiten, kompensieren. Derselbe Mechanismus, der in dem Fall der kleinen Unternehmen zur Missachtung von Normen und Standards zwingt, erweist sich im Fall großer transnationaler Unternehmen, mit denen die Mikrounternehmen des informellen Sektors in globalen Produktions- und Zulieferketten eng verwoben sind, als ein Mittel der Steigerung von Wettbewerbsfähigkeit. Daher ist der informelle Sektor *viertens* für transnationale Unternehmen mit ihren ausländischen Niederlassungen ein nahezu unerschöpfliches Reservoir billiger Arbeitskräfte. Der Rückgriff auf Subunternehmer ermöglicht den transnationalen Konzernen eine Senkung der Kosten und eine Steigerung der Flexibilität, weil viele Risiken auf die abhängigen Zulieferer abgewälzt werden können. Zugleich ist das *subcontracting* ein geeignetes Mittel, um sich rechtlicher Verpflichtungen und der Verantwortung für Arbeitskräfte zu entledigen, die zwar ökonomisch von den transnationalen Unternehmen abhängig, rechtlich aber unabhängig sind.

Der informelle Sektor ist also eine Art Schockabsorber der Globalisierung[4] und in dieser Funktion in das neoliberale Projekt der Herrschaft von oben eingebunden. Doch ist Informalisierung auch das Resultat der Praxis der Menschen, die von den Folgen der Globalisierung betroffen sind. Mangels überzeugender und praktikabler Alternativen folgen sie einer Strategie des „Neoliberalismus von unten" (Wilpert 2003). Sie entwickeln jene „Techniken des Selbst", der Anpas-

[4] Weil der informelle Sektor die „äußeren Anstöße" der Globalisierung wie ein Schockabsorber abfangen kann, wird daraus ein politisches Projekt der Sicherung von Herrschaft. Dies hat kaum jemand so deutlich zum Ausdruck gebracht wie der ehemalige brasilianische Staatspräsident Fernando Henrique Cardoso. Der globale Wettbewerb erzwingt eine Steigerung der Wettbewerbsfähigkeit. Dies ist nur möglich, wenn in den für den Weltmarkt produzierenden Branchen die Kosten gesenkt, also die Produktivität gesteigert wird. Dies hat unvermeidlich Freisetzungen von Arbeitskraft zur Folge. Doch diese werden durch Beschäftigung im informellen Sektor zumindest teilweise aufgefangen (*Folha de Sao Paulo,* 28. Januar 1996).

sung an von außen vorgegebene Bedingungen, also eine subalterne Mentalität, die das Regieren im Sinne von Foucaults Konzept der *„gouvernementalité“* erleichtert (Foucault 1993; vgl. auch Opitz 2004). Die Kombination von Überwachen, Strafen und Selbstdisziplinierung ist für die Einbindung der Prekarisierten und Informellen in das neoliberale Marktprojekt eine solide Grundlage. Denn die Menschen müssen ihr Leben und Überleben sichern, indem sie die kleinsten Marktchancen ergreifen und so der gleichen Handlungslogik folgen wie im großen Stil die Manager großer transnationaler Unternehmen und die politisch Herrschenden. Die Kongruenz der Handlungsmuster ist ein wesentlicher Faktor der Integration von sozial gespaltenen Gesellschaften. Die Exklusion der marginalisierten, informell und zu prekären Bedingungen beschäftigten Bevölkerung scheint aufgehoben.

Schon Rudolf Bahro (1976) hat darauf hingewiesen, dass emanzipatorische Bedürfnisse und daher gesellschaftsveränderndes Handeln sich nur entwickeln können, wenn eine Mindestsicherung des Lebens gewährleistet ist. Wer für das Überleben kämpft, kann sich nicht gleichzeitig für die emanzipatorische Verwirklichung einer anderen Gesellschaft engagieren. Er bleibt im Marktsystem und seinen Gesetzmäßigkeiten eingeschlossen.

Aus diesem Grund sind Bücher wie das von Hernando de Soto (2000) über die „Mysteries of Capitalism“ (Titel der deutschen Ausgabe 2002: „Freiheit für das Kapital!“) so erfolgreich, nicht nur in Lateinamerika, sondern weltweit. Einfache und auf den ersten Blick überzeugende Lösungen werden vorgeschlagen, um die Informellen und Exkludierten wieder als vollwertige Mitglieder der Eigentümergesellschaft zu reintegrieren. Zu diesem Zweck sollen private Eigentumsrechte vergeben werden, Wettbewerb und Leistungsprinzip sollen gelten. Nun befinden sich die Informellen als kleine Kapitalisten in einer Welt, in der die Logik der Aneignung herrscht. Der kleine Kapitalstock, über den sie verfügen, kann als Sicherheit für Kredite dienen, mit denen sie Investitionen finanzieren können. Die Informellen, ja eigentlich alle Menschen, sind geborene Unternehmertypen, sie müssen nur über die Rechte verfügen, um den Unternehmergeist austoben zu können.

Diese zur Propaganda umgeformte Auffassung ist gefährlich simpel. Menschen sind nämlich keine geborenen Unternehmertypen, und außerdem ist es unmöglich, dass alle Menschen als Kapitalisten geboren werden. Kapitalisten sind ja zur Profitproduktion auf verfügbare Lohnarbeit angewiesen. Also müsste es auch geborene Lohnabhängige und einen „Geist der Lohnarbeit“ geben. Davon spricht aber niemand, weil dies von peinlicher Absurdität wäre. Hinzu kommt, dass in modernen Gesellschaften in aller Regel die Eigentumstitel an Land bereits vergeben sind, also Eigentumsrechte kollidieren. Selbst das von de Soto positiv präsentierte Beispiel des US-amerikanischen „wilden Westens“ liegt schief. Denn die Eigentumstitel der squatters, die so beispielhaft unbürokratisch vergeben worden sein sollen, bedeuteten Vertreibung und Tod der indigenen Bevölkerung.

Auch das Geld spielt in de Sotos Schrift nur eine eher randständige Rolle. „Geld setzt Eigentum voraus", heißt es lapidar (de Soto 2002: 79). Dabei ist die Bewertung des Eigentums ohne Geld gar nicht möglich. Man weiß aus der Kapitalrechnung, dass Eigentum so viel wert ist, wie es Ertrag bringt. 5.000 US$ pro Jahr bei einem Zinssatz von 5% sind der Ertrag bzw. Überschuss eines kalkulierten Kapitalwerts von 100.000 US$. Mit anderen Worten, der Wert des Eigentums ist keine fixe Größe, sondern abhängig von den Erträgen und dem Zinssatz. Letzterer wird auf globalen Finanzmärkten gebildet. Ob die Kredite, die die neuen Eigentümer aufnehmen, ihnen helfen, hängt von der Höhe der Zinsen und dem Gang der Geschäfte ab. Diese abstrakten, von Keynes in den 1930er Jahren analysierten Zusammenhänge mussten viele Menschen im Laufe der jüngsten Finanzkrisen sehr konkret erfahren. Diejenigen, die es schon zu einem kleinen Eigentum gebracht und auch Bankkredite aufgenommen hatten, mussten lernen, dass die Erträge ausbleiben können und gleichzeitig die gestiegenen Refinanzierungskosten der Banken in Form erhöhter Zinsen weitergewälzt werden. Die Folge war, dass die Schuldner massenhaft in Bankrott gingen. Eigentum allein ist also keineswegs der Prinzenkuss, der Dornröschen erweckt.

Jedoch kann de Sotos Argument auch umgekehrt werden. Es kann als Rechtfertigung der Landbesetzungen durch die Bewegungen der Landlosen, z.B. des *Movimento Sem Terra* (MST) in Brasilien, oder der Fabrikbesetzungen in Ländern wie Argentinien dienen. Hier geht es nicht um de Sotos Prinzip der Eigentumsrechte, sondern um die soziale und solidarische Nutzung brach liegenden Landes und still stehender Fabriken. Es handelt sich dabei um die Wiederaneignung von Räumen, die den Menschen zuvor genommen, von denen sie enteignet worden sind. Vielleicht bedient sich die Hegel'sche List der Geschichte der Argumente, die de Soto zu Gunsten des „Neoliberalismus von unten" vorträgt, um etwas ganz anderes, nämlich eine solidarische Ökonomie zu begründen ...

8.3 Menschliche Sicherheiten gegen den Markt

Im neoliberalen Verständnis sind Unsicherheiten aus einer Reihe von Gründen eher von Vorteil als von Nachteil. Sie verhindern die Versuche einer Realisierung emanzipatorischer Bedürfnisse, da Unsicherheiten immer wieder in den Wettbewerb zurückzwingen und Solidarität nicht aufkommen lassen. Darüber hinaus üben sie, so die neoliberale Annahme, einen Anreiz zu Innovationen aus. Doch muss eine wettbewerbsfreundliche Marktordnung auch Verlässlichkeit für Unternehmens- und Konsumentenentscheidungen bieten. Nur in staatlich geschaffener innerer und äußerer Sicherheit können Kapitalisten ihren Geschäften nachgehen und ihren „ruhigen Leidenschaften" (Hirschman 1984) folgen. Allerdings ist es nicht gewährleistet, dass die „corporate security" immer mit „human security" oder „socio-economic security" kongruent ist und nicht in Widerspruch zu den Menschenrechten gerät. Der Begriff der Sicherheit ist also keineswegs eindeutig.

Dies lässt sich schon bei Adam Smith beobachten. Er sieht den Sinn von „public works and public institutions" (Smith 1776/1976: 244-282) darin, dass sie den „Handel und Wandel der Gesellschaft ... erleichtern" (245), im Inland durch infrastrukturelle Einrichtungen, im Ausland durch diplomatische Vertretung und militärischen Schutz des britischen Außenhandels und von britischen Handelskompanien. Sicherheit für die einen kann also durchaus Unsicherheit für andere einschließen; die Sicherheit des „british commerce" ist nicht gleichbedeutend mit verbesserter Sicherheit für Arbeiter und Bauern in den Kolonien. Auch die Strukturanpassungsmaßnahmen von Internationalem Währungsfonds und Weltbank zielen auf ökonomische Sicherheit für ökonomische Akteure. Die Politik der Öffnung von nationalen Ökonomien für Warenhandel, Direktinvestitionen und Finanzanlagen hat zwar die Chancen für gute Geschäfte transnationaler Konzerne verbessert und deren ökonomische Sicherheit im Sinne eines wirtschaftsfreundlichen politischen und sozialen Umfeldes erhöht. Aber sozioökonomische Sicherheit, in dem umfassenden Sinne, den die ILO entwickelt hat, bleibt dabei auf der Stecke.[5]

Das Entwicklungsprogramm der Vereinten Nationen (UNDP) definiert das Dreieck von *human development - human security - human rights* als das Feld, auf dem Globalisierung im Interesse der Menschen gestaltet werden kann (explizit dazu Commission on Human Security 2003) und zwar durch die Bereitstellung von öffentlichen Gütern (vgl. dazu auch Mahnkopf 2003). Dieses Dreieck durchschneidet verschiedene Bedeutungsebenen. Die Menschenrechte sind universal und weder revozierbar noch relativierbar. Menschliche Sicherheit dagegen kann unter verschiedenen historischen, kulturellen und ökonomischen Bedingun-

---

5 Sozioökonomische Sicherheit ist der umfassende Begriff für: (1) die *Arbeitsmarktsicherheit* - also ausreichende Beschäftigungsmöglichkeiten auf dem formellen Arbeitsmarkt; (2) die *Beschäftigungssicherheit* - durch einen wirksamen Kündigungsschutz; (3) die *Qualifikationssicherheit* - durch ein Bildungs- und Ausbildungssystem, das den Erwerb und den Erhalt von Fähigkeiten und Kenntnissen erlaubt; (4) die *Arbeitsplatzsicherheit* - in der konkreten Tätigkeit, die durch die Berufsförmigkeit der Arbeit gewährleistet wird; (5) die *Sicherheit in der Arbeit* - durch einen ausgebauten Arbeits- und Unfallschutz; (6) die *Einkommenssicherheit* - durch Mindestlohnregelungen, Lohnindexierung, ein umfassendes System sozialer Sicherung im Falle von Krankheit, Alter, Arbeitslosigkeit, Invalidität und die progressive Besteuerung der Einkommen und schließlich (7) die *Vertretungssicherheit* - also die Gewährleistung kollektiver Interessenvertretung am Arbeitsmarkt durch unabhängige Gewerkschaften und Arbeitgeberverbände, die Tarifautonomie, Streikrechte etc. (vgl. dazu ausführlicher: Altvater/Mahnkopf 2002). Diese Elemente sozioökonomischer Sicherheit werden auch in formellen Arbeitsverhältnissen nur selten realisiert. Es handelt sich also um ein normatives Konzept, nicht um einen analytischen Begriff.

gen auf verschiedene Weise hergestellt werden. Auch wenn die Menschenrechte soziale Rechte einschließen („zweite" und „dritte" Generation von Menschenrechten), erfassen sie nicht alle Dimensionen von menschlicher Sicherheit, die durch Unsicherheiten im Zuge globaler Transformationen gefährdet sind. Das Konzept der menschlichen Sicherheit ist also dem der Menschenrechte gewissermaßen „vorgelagert"; der Verlust menschlicher Sicherheit nämlich kann zur Verletzung von Menschenrechten führen, weil diesen die materielle Basis abhanden kommt. Erst wenn menschliche Sicherheit die Wahrnehmung der Menschenrechte unterstützt, erhält Entwicklung ein „menschliches Antlitz". Erst wenn die Nahrungssicherheit gewährleistet ist (vgl. dazu Friedmann 2004), ist das Menschenrecht auf würdiges Leben keine leere Proklamation.

Menschliche Sicherheit hängt wesentlich von der Bereitstellung öffentlicher Güter ab. Diese umfassen (1) verlässliche Regeln in einer Gesellschaft, (2) die Vermeidung von Instabilitäten und die Wiederherstellung stabiler Verhältnisse, wenn sie denn - wie in finanziellen Krisen - destabilisiert worden sind, (3) die „Daseinsvorsorge" in jenen Passagen des menschlichen Lebens, in denen Individuen oder Familien nicht in der Lage sind, aus eigenen Ressourcen für Bildung und Ausbildung, für Erhaltung oder Wiederherstellung der Gesundheit, für die Alterssicherung oder auch für Nahrung und Unterkunft, für Wasserangebot und Abwasserbeseitigung Sorge zu tragen, (4) der Zugang zu all jenen Gütern und Diensten, die für die menschliche Existenz wesentlich sind, (5) die materielle und immaterielle Infrastruktur der Gesellschaft. Kurz: Menschliche Sicherheit wird durch die Bereitstellung öffentlicher Güter gewährleistet.[6]

Wenn menschliche Sicherheit in so zentraler Weise auf der Bereitstellung öffentlicher Güter beruht, dann stellen die starken ökonomischen und politischen Kräfte, die auf die Privatisierung öffentlicher Güter drängen, eine Gefährdung der menschlichen Sicherheit dar. Dann wird es geschehen, dass die Versorgung der Menschen mit öffentlichen Gütern zum Angebot wird, das nur zustande kommt, wenn nicht nur Bedürfnisse da sind, sondern diese sich in kaufkräftige Nachfrage übersetzen lassen. Dann dominiert das marktmäßige Äquivalenzprinzip und für Solidarität bleibt wenig Raum. Menschen können nun ihre Sicherheitsbedürfnisse nicht mehr als Bürgerinnen und Bürger eines (Sozial)Staats unter Gleichen beanspruchen, sondern müssen Sicherheit von Sicherheitsfirmen als Konsumenten auf dem Markt kaufen. Menschliche Sicherheit wird zu einer Ware, und daher eine Frage des Geldbeutels. Da bei Unsicherheit die Nachfrage nach Sicherheit steigt, haben die Anbieter der Ware Sicherheit sogar Interesse an unsicheren Verhältnissen. Dann kann Sicherheit auch von Mauern, Gittern und Toren oder von Wach-

[6] Es wird folglich notwendig sein, die Diskurse von menschlicher Sicherheit (das sind die Bedürfnisse) mit den Diskursen über öffentliche Güter (der Versorgung) zu verbinden. Dies kann hier aber nicht geleistet werden (vgl. aber Altvater 2003b).

personal, Kontrolleuren, Polizisten oder anderen bewaffneten Ordnungskräften erwartet werden - oder sie ist die Konsequenz von sozialer Ignoranz.[7] Sicherheit wäre in der inkludierten „gated community" zu haben, gegen die Exkludierten, denen ein hoher Grad von Unsicherheit und Schutzlosigkeit zugemutet wird. Unter Bedingungen der Unsicherheit wird sich das Handlungsmuster der Solidarität nicht ausbilden können. Stattdessen erwarten viele Menschen Sicherheit von autoritären Regierungen. In einer Umfrage des UNDP in Lateinamerika haben 44,9% der befragten 18.643 Personen aus 18 Ländern geantwortet, dass sie ein autoritäres Regime akzeptieren würden, wenn ihnen dieses ökonomische Sicherheit garantieren würde (UNDP 2004). Die Suche nach Sicherheit in einer durch Unsicherheit gekennzeichneten Situation kann also für die Demokratie gefährlich werden. Eine solidarische Organisation des Wirtschaftens ist ebenfalls gefährdet, weil die Sicherheit ja „von oben" erhofft wird. Obendrein geraten Menschen leicht in das Schattenreich informeller Aktivitäten oder in die Illegalität und Kriminalität oder sie verlassen ihre Heimat und schlagen sich als Flüchtlinge und Migranten durchs Leben.

Hardt und Negri (2002: 224) erblicken im massenhaften Nomadismus von Arbeitern nicht etwa den Ausdruck von existenzieller Unsicherheit, sondern den der Verweigerung und der Suche nach Befreiung sowie neuen, besseren Lebensbedingungen. Holloway interpretiert ebenfalls Migration als „eine Form der Flucht, voller Hoffnung, von dem Kapital zu fliehen", als „Kampf um die Autonomie", als das „NEIN, das in der einen oder anderen Form nicht nur auf den Arbeitsplätzen, sondern in der gesamten Gesellschaft widerhallt" (Holloway 2002: 216 f.). Leider ist es allenfalls in vereinzelten Fällen so. Die Regel der Migration ist es nicht. Die Flucht führt nicht vom Kapital fort, sondern zumeist in die Arme von Menschenhändlern und finsteren Ausbeutern. Migration ist eine Form des „exit", und zu fragen ist doch, warum Migrantinnen und Migranten nicht die „voice" erheben. Diese von Alfred Hirschman (1970) schon zu Beginn der 1970er Jahre entwickelte Unterscheidung hat er später für seine Interpretation der Flucht aus der DDR („exit") und der Montagsdemonstrationen („voice") des Jahres 1989 angewendet. Aber der von Holloway in seiner existenzialistischen Geschichts-

[7] Vgl. dazu die Beispiele bei Pogge (2005), der sich die Frage vorlegt, warum es gelingen kann, dass in den reichen Industrieländern von der extremen Armut und vom Elend von 2,8 Mrd. Menschen keine Kenntnis genommen wird. Welche moralischen Defizite müssen gepflegt werden, damit dies möglich ist und bleibt? Umgekehrt: welche Vorkehrungen sind zu treffen, damit die globalen Ungleichheiten reduziert werden? Pogge selbst betont gegen Sen (1999) und andere, die eher nationale Lösungen im Auge haben, die Bedeutung globaler Institutionen zur Regulation von Märkten, freilich ohne die ökonomischen Mechanismen der Waren-, Finanz- und Arbeitsmärkte, auf denen Ungleichheit erzeugt und verstärkt wird, in den analytischen Horizont mit einzubeziehen.

interpretation immer wieder vermerkte „Schrei" der Menschen ist nicht „voice", sondern unartikulierter Ausdruck tiefer Hilflosigkeit.

Menschliche Sicherheit ist ein Element der solidarischen und fairen Ökonomie, und umgekehrt ist solidarisches Wirtschaften eine Bedingung für die Verbesserung sozioökonomischer und menschlicher Sicherheit. Zur Wettbewerbsordnung und der Wirkung des Leistungsprinzips gehört Unsicherheit als permanente Lebenserfahrung. Eine solidarische Ökonomie ist nur vorstellbar, wenn das Territorium, wo sie praktiziert wird, gesichert ist. Landbesetzer und Fabrikbesetzer brauchen ein Minimum menschlicher Sicherheit, um das Land zu bebauen und um die Fabriken zum Produzieren zu bringen. Diese Sicherheit kann in aller Regel nicht durch das Wirken des Marktmechanismus gemäß dem Äquivalenzprinzip entstehen. Auch populistische und autoritäre Führer können Sicherheit zwar versprechen, diese aber nicht gewährleisten. Das wollen sie auch gar nicht, da ja ihre Macht auf der Verbreitung von Unsicherheit gründet. Zur Herstellung von Sicherheit bedarf es der Bereitstellung öffentlicher Güter durch lokale, nationale oder auch global wirkende politische Institutionen. Dies wird nur geschehen, wenn soziale Bewegungen entsprechenden Druck ausüben und sich für Alternativen einer solidarischen und nachhaltigen Ökonomie stark machen.

8.4 Die Wiederaneignung von Raum und Zeit durch soziale Bewegungen

Die solidarische Ökonomie ist das Werk von sozialen Bewegungen bei ihrem Bemühen der Wiederaneignung von Raum und Zeit. Diese Bewegungen lassen sich daher auch als „sozioterritoriale Bewegungen" bezeichnen (Mançano Fernandes 2005). Die Landlosen eignen sich Land an, das ihnen einst genommen oder vorenthalten worden ist. Arbeiter, die ihren Arbeitsplatz in der Krise verloren haben, besetzen die still stehenden Fabriken (*„fabrica recuperada"*, die zurückgewonnene Fabrik). Bewegungen in den Stadtvierteln (community movements) verteidigen öffentliche Räume und Einrichtungen gegen die Versuche der Privatisierung und gegen die Repression zur Durchsetzung der neoliberalen Privatisierungsstrategien. Die Wiederaneignung von territorialen Räumen kommt nicht von ungefähr. In vielen Ländern Lateinamerikas, Afrikas und Asiens sind die Staaten durch Finanzkrisen und nachfolgende Strukturanpassung geschwächt, so dass es wenig aussichtsreich ist, soziale Forderungen an die Regierung zu richten. Sie werden sich selbst den legitimen Forderungen mit dem Verweis auf Sachzwänge des Marktes entwinden und häufig Polizei und Militär als Bewahrer des status quo einsetzen. Viele nationale Unternehmen sind nach der Öffnung der nationalen Märkte und der durchgängigen Privatisierung (häufig eine Konditionalität in den Strukturanpassungsprogrammen des IWF) von transnationalen Konzernen übernommen worden. Diese haben viele strategische Optionen und können sich sehr leicht den Ansprüchen der sozialen Bewegungen durch Kapitalflucht, Produktionsverlagerung verweigern oder die Ordnungsmächte durch Korruption auf ihre Seite ziehen.

Die neoliberale Politik der vergangenen Jahrzehnte hat also in vielen Ländern die politisch-ökonomische Konstellation grundlegend verändert. Die Staaten sind geschwächt und das Kapital hat den globalen Raum besetzt. Daher bleibt für neue soziale Bewegungen häufig nur die territoriale Besetzung vor Ort, um die eigenen Forderungen nach der Verbesserung von Lebensbedingungen erfüllen zu können. Dies kann nur in Selbstverwaltung geschehen, wenn der nationale Staat schwach ist oder die Regierung sich durch „schlechte Regierungsführung" (als „mal gobierno" bezeichnet die zapatistische Bewegung das mexikanische Regierungssystem) auszeichnet und auf dem Markt mangels Kaufkraft die sozialen Dienste und Güter nicht erworben werden können, die für ein gutes Leben notwendig sind. In den sozioterritiorialen Auseinandersetzungen entstehen öffentliche Räume, die zuvor nicht existierten. Private Eigentumsansprüche werden gewissermaßen sozialisiert, aber nicht im Sinne der traditionellen Arbeiterbewegung, die dabei auf den Staat gesetzt hat und Sozialisierung in erster Linie als Verstaatlichung verstand. Die Sozialisierung ist das Ergebnis von vernetzten gesellschaftlichen Aktivitäten im territorialen Raum.

Es entstehen autonome Bereiche, die von Bewegungen selbst verwaltet werden. Dabei handelt es sich keineswegs um Neuentdeckungen. Lucio Gambi erinnert daran, dass die italienische Widerstandsbewegung, die resistenza, die von ihr eroberten, besetzten und verteidigten Territorien autonom verwaltete und so alternative Strukturen der Staatlichkeit schufen, bevor der italienische Staat nach dem Zweiten Weltkrieg neu entstand (Gambi 1994: 89ff). Er zeigt am Beispiel der alpinen Täler, dass die territoriale Autonomie durch das Relief und die ökonomischen Voraussetzungen der jeweiligen Region beeinflusst wird. Sozioterritoriale Bewegungen werden also nicht nur von der Geschichte und Kultur, von den politischen Verhältnissen und ökonomischen Entwicklungen beeinflusst, sondern auch von der geographischen Charakteristik des Territoriums. Im Zuge der Errichtung autonomer Räume wandeln sich das Territorium, die sozialen Beziehungen und die politischen Machtverhältnisse.

Autonomie hat nicht nur eine territoriale, räumliche Dimension, sondern auch eine zeitliche. Auch die Autonomie von Zeit ist ein Ziel sozialer Bewegungen, die daher auch soziotemporal genannt werden könnten. Die Aneignung von „verlorener" Zeit als „disponible Zeit" ist eine Reaktion auf die Ansprüche des Kapitals, die Arbeitszeit über alle Maße hinaus zu verlängern[8]. In Zeiten von Massen-

---

[8] Marx bemerkt in den „Grundrissen": „Die Arbeitszeit als Maß des Reichtums setzt den Reichtum selbst als auf der Armut begründet und die disposable time als existierend im und durch den Gegensatz zur Surplusarbeitszeit oder Setzen der ganzen zeit eines Indivi-

arbeitslosigkeit ist der Druck, die Arbeitszeit zu verlängern, besonders stark, weil die Gewerkschaften geschwächt sind. Zugleich wird infolge der Arbeitszeitverlängerung der Beschäftigten die „Reservearmee" der Arbeitslosen größer. Weder die einen noch die anderen verfügen über Zeitautonomie. Diejenigen mit überlangen Arbeitszeiten leiden darunter, dass sie weder über ausreichend Zeit zur physischen und psychischen Rekreation verfügen, noch die kulturellen und sozialen Angebote wahrnehmen können. Den Arbeitslosen wiederum fehlt die Kaufkraft („money is time"), um diese Angebote nachfragen zu können, ganz abgesehen von den Auswirkungen der mangelnden Anerkennung von Arbeitslosen in einer Arbeitsgesellschaft. Wegen dieser Gegensätze entstehen immer wieder Bewegungen, die das Problem zusammen mit den Gewerkschaften durch eine Verkürzung der Arbeitszeit zu lösen versuchen. „Die Ersparung von Arbeitszeit gleich Vermehren der freien Zeit, d.h. Zeit für die volle Entwicklung des Individuums, die selbst wieder als die größte Produktivkraft zurückwirkt auf die Produktivkraft der Arbeit ..." (Marx 1953: 599). Auch in der Reproduktion ist Zeitautonomie ein zentraler Gegenstand von Auseinandersetzungen, insbesondere von der Frauenbewegung auf die Tagesordnung gesetzt. Ein Aspekt dieser rekreativen Zeitautonomie ist auch die Autonomie der Ernährung (Vinz 2005). Zeitautonomie muss also nicht nur gegenüber dem Kapital durchgesetzt werden. Sie erfordert Veränderungen in den Geschlechterbeziehungen, eine Neugestaltung der Lebensräume, ganz praktisch vom Wohnzimmer bis zur Küche. Auch können tief verwurzelte soziale Regeln ein Hindernis sein, wenn sie eine Unterordnung unter Zeitrhythmen verlangen, die in Konflikt mit Eigenzeiten geraten. Die materielle Infrastruktur, Verkehrssysteme und deren Fahrpläne beispielsweise, schränken Zeitautonomie ein. Deren Erweiterung erfordert also beträchtliche strukturelle Anpassungen.

Neue soziale Bewegungen sind vielfältiger als die „alten sozialen Bewegungen". Die Arbeiterbewegung hatte einen eindeutig identifizierbaren Gegner, das Kapital. Doch die Klassenkonflikte waren wesentlich auf nationalstaatlich umschriebenem Terrain institutionalisiert, sie fanden in sozialen Räumen statt, in denen es um monetäre Größen (vor allem um die Höhe der Löhne), Arbeitsbedingungen und -zeiten, Möglichkeiten der Partizipation in Betrieben und in der Gesellschaft und im politischen System ging. Das Konfliktfeld war also einigermaßen übersichtlich, jedenfalls im Vergleich zu den sozialen Auseinandersetzungen heute. Es war das Dreieck von Organisationen der Arbeiterbewegung und des Kapitals und des Nationalstaats. Die Form der Auseinandersetzungen war durch die Organisation, durch Partei und Gewerkschaft bestimmt. Die Machtfrage reduzierte sich

---

duums als Arbeitszeit und Degradation desselben daher zum bloßen Arbeiter, Subsumtion unter die Arbeit. Die entwickeltste Maschinerie zwingt den Arbeiter daher jetzt länger zu arbeiten als der Wilde tut oder als er selbst mit den einfachsten, rohsten Werkzeugen tat." (Marx 1953: 596)

häufig auf die Auseinandersetzung um die Besetzung der „Schaltstellen" innerhalb des erweiterten Staatsapparats. Vorübergehend in einer Übergangsperiode war eine Art „Doppelherrschaft" möglich, die aber irgendwann eindeutig zu Gunsten der Machtübernahme beendet werden sollte. So jedenfalls argumentierte man im „revolutionären" Flügel der Arbeiterbewegung; im „reformistischen" Flügel richtete man sich in dem Dreiecksfeld ein und befolgte die dort geltenden korporatistischen Spielregeln.

Das ist in den sozioterritorialen Auseinandersetzungen anders. Dies liegt *erstens* an den Themen, die nicht mehr vorwiegend auf den Nationalstaat bezogen sind. In Zeiten der Globalisierung reichen sie von der Regulation globaler Finanz- und Gütermärkte und der Umgestaltung der globalen Institutionen, der Verhinderung des Klimakollapses des Planeten Erde, der Bekämpfung moderner Seuchen wie Aids bis zur Organisation des koordinierten Widerstands gegen die US-Besetzung des Irak, bis zur lokalen Verteidigung von Biotopen gegen die automobile Infrastruktur oder bis zur Verhinderung der Umleitung von Flüssen zur Bewässerung der für den Export produzierenden Landwirtschaft. Die Globalisierung und die dargestellten Krisentendenzen des Kapitalismus, wie wir ihn kennen, sind neue Herausforderungen, die die „alten sozialen Bewegungen" nicht kannten und vielleicht nicht kennen mussten. Daher sind auch die Akteure verschieden, und sie haben nicht die gleiche Klassenbasis wie die traditionelle Arbeiterbewegung. Darin kommen die historischen Strukturveränderungen des Kapitalismus und der sozialen Lage der Akteure zum Ausdruck. Die sozialen Konflikte haben also viele Dimensionen und müssen in vielen Räumen von den globalen Märkten bis zur lokalen Gemeinde geführt werden.

Zweitens finden die Auseinandersetzungen mehr und mehr auch außerhalb des „formellen" Klassenverhältnisses, im größer werdenden Bereich der Informalität statt. Denn mehr und mehr Menschen werden aus den formellen Produktions- und Verteilungssystemen ausgeschlossen. Dagegen bilden sich jene Bewegungen, die sich für Solidarität und Nachhaltigkeit einsetzen: Genossenschaftsbewegungen, Land- und Fabrikbesetzer, Organisationen der Stadtviertel, Umweltgruppen und diejenigen, die sich für die Einführung erneuerbarer Energien stark machen. Die Logik des Handelns wird nicht mehr hauptsächlich von monetären Verteilungsprinzipien vorgegeben, sie ist auch nicht mehr in allererster Linie von der „Zentralität der Arbeit" bestimmt, sondern von den vielfältigen sozialen und kulturellen Interessen, die sich im Territorium kreuzen.

Daraus ergibt sich *drittens* eine neue Form der Auseinandersetzungen. Die zentral geführten Organisationen sind durch die gleichen Entwicklungen geschwächt, die auch Staat und Kapital verändert haben. Die heute daher angemessene Form der Auseinandersetzung ist die vielfältige Vernetzung von Gruppen, Initiativen, Organisationen, die sich regelmäßig zu Ratschlägen oder Foren auf verschiedenen Ebenen – lokal, national, global – treffen, Erfahrungen austauschen, theoretische Reflexionen anstrengen und gemeinsame Aktionen und Kampagnen beschließen. Das ist ein offener politischer Prozess, in dem auf ein verbindliches Programm verzichtet werden kann. An die Stelle der Programminhalte tritt die Methode der Erarbeitung von strategischen Zielen und Schritten, sie zu erreichen. Das entspricht etwa dem, was Lelio Basso mit dem Konzept der kollektiven Forschung (*ricerca colletiva*) intendierte.

Diese Vernetzung sozialer Bewegungen im Raum ist etwas anderes als die von Hardt und Negri (2002; 2004) imaginierten Netzwerke. Der ins „Empire" mutierte globalisierte Kapitalismus sei eher als Netzwerk immaterieller Arbeiten abzubilden, und die Macht des Kapitals sei in „globaler Demokratie" in die Hand der „multitude" gelangt. „Wenn dies geschieht, würde die kapitalistische Herrschaft über die Produktion, über die Zirkulation und die Kommunikation gestürzt" (Hardt/Negri 2002: 352). Ist dies mehr als eine Hoffnung, die auch trügen kann? Ist der moderne Kapitalismus als „Empire", basierend auf Netzwerken immaterieller Tätigkeiten und alle Lebenssphären integrierender „Biopolitik" richtig verstanden? Ist eine „multitude ... biopolitischer Gestalten" (Industriearbeiter, immaterielle Arbeiter, Landwirte, Arbeitslose, Migranten) (Hardt/Negri 2004: 10, 179) im Entstehen? Es muss daran gezweifelt werden. Denn wenn sich die „biopolitischen Gestalten" bewegen, dann in sozialen Räumen mit territorialer Dimension, wo Auseinandersetzungen „face to face" ausgetragen werden.

Die amorphe Verschiedenheit von Ethnien, Nationalitäten, Kulturen, Erfahrungen mag den Eindruck der Menge, der „multitude" erwecken. Doch diese wird zum Subjekt erst durch Entwicklung einer Identität in der Verschiedenheit. Die Voraussetzungen dafür sind vorhanden. Denn die Anliegen sind sehr ähnlich, und dies ist ein starker Grund für die Bedeutung einer Institution wie der des Weltsozialforums und der vielen regionalen Sozialforen, die regelmäßig seit der Jahrhundertwende stattfinden. Das ist Identitätssuche in akzeptierter Verschiedenheit im globalen Raum. Kann eine „Zuspitzung" überhaupt vorgestellt werden, wenn die Subjekte als eine „multitude" gedacht werden, ohne den von Hobbes vorgesehenen Schritt zu vollziehen, die Menge nämlich durch Prozesse der Repräsentation und des Konsenses zu vereinheitlichen? „A multitude of men are made one person when they are by one man, or one person, represented; so that it be done with the consent of every one of that multitude in particular" (Hobbes, Leviathan, chapter XVI: Of Persons, Authors, and Things Personated"). In der Repräsentation darf nicht die Verschiedenheit verschwinden. Doch eine Vereinheitlichung von Zielen und Formen der Auseinandersetzungen ist notwendig, und diese kann im Prozess der kollektiven Forschung erreicht werden, die gerade nicht zu einem programmatischen Abschluss, zu einer formellen Vereinheitlichung führen soll, ganz im Gegenteil.

Auch die neuen sozialen Subjekte unterliegen *viertens* der von Rosa Luxemburg herausgearbeiteten Dialektik von Reform und Revolution. Manche NGOs lassen sich - bestenfalls reformistisch - die Funktionen von „failing" oder „collapsing" states übertragen oder sie lassen sich von der Weltbank kooptieren, um Entwicklungsprojekte effizienter durchführen zu können. Sie werden subaltern in den globalen Funktionsmodus der kapitalistischen Herrschaft (in die Institutionen der „global governance") integriert, häufig im Rahmen von UNO-Missionen oder anderen internationalen Friedens- und Hilfsprojekten. Sie helfen dabei in aller Regel, die Not von unmittelbar betroffenen Menschen zu lindern. Das ist nicht wenig. Aber sie sorgen zugleich dafür, dass das System, das für das Elend, das sie lindern helfen, verantwortlich ist, auf diese Weise stabilisiert und perpetuiert wird. Reformistische NGOs versuchen, Ordnung in das Chaos der Restauration zu bringen in der Erwartung, dass aus dem System selbst die Einsicht in die Notwendigkeit einer ganz anderen, alternativen Entwicklung emergieren könnte. Der Glaube an eine Vernunft, die ökologische und soziale Grenzen zur Kenntnis nimmt, herrscht über die analytische Einsicht, dass auch die vernünftigsten, ökologisch und sozial bewusstesten Akteure den Systemzwängen gehorchen. Daher geht es um eine Radikalisierung der Fragestellung, die schon Rosa Luxemburg aufgeworfen hatte: „Sozialismus oder Barbarei", bzw. in den Worten der Zapatistas „Solidarität oder Barbarei". Nur darf man sich den Sozialismus nicht so denken, wie er im „kurzen 20. Jahrhundert" real existierte. Die Barbarei ist nur zu verhindern durch den Übergang zu einer nachhaltigen Gesellschaft (in einer „solaren Weltwirtschaft" /Scheer 2002/ durch eine „solare Revolution" / Altvater 1992/). Das ist kein einmaliges Ereignis der Machtergreifung, sondern eine langfristig angelegte Veränderung aller Arbeits- und Lebensformen im Zusammenhang mit der Nutzung erneuerbarer Energien gegen die Übermacht der scheinbar objektiven Sachzwänge und subjektiven Vertreter des konventionellen fossilen Energieregimes.

Immer also geht es *fünftens* darum, autonome Räume des Neuen und neue Zeitrhythmen gegen die Verteidiger des status quo zu erobern, zu besetzen. Das geschah auch in der Aufstandsbewegung in Chiapas, als die EZLN eine neue Form der Volkssouveränität gegen die staatliche Souveränität setzte, also nicht die Staatsmacht erobern, sondern neue Machtverhältnisse etablieren wollte. Das kann nur mit Hilfe von Strukturen der Selbstverwaltung gegen und außerhalb der Staatsverwaltung gelingen, also mittels Parallelstrukturen des Bildungs- und Gesundheitswesens, der öffentlichen Sicherheit und der sozialen Fürsorge. Dabei waren die Zapatistas erfolgreich und dies hat Autoren wie John Holloway verleitet, die Relevanz der Frage der Macht zu bestreiten. Doch war die EZLN seit der Errichtung autonomer Gemeinden nach 1994 immer gezwungen, sich gegen Polizei und Militär sowie gegen paramilitärische Gruppen zu verteidigen, und zwar mit bewaffneter Gewalt. Das volkssouveräne Gemeinwesen war seit der Entstehung in einen Krieg niedriger Intensität verwickelt. Die Zapatistas haben daher versucht, die mexikanische Zivilgesellschaft in den Städten und die internationale Öffentlichkeit für ihre Sache zu mobilisieren. Dies ist trotz spektakulärer Solidaritätstreffen nur zum Teil gelungen. Eine Lehre, die zu ziehen ist, lautet daher: In Zeiten der Globalisierung und eines schwachen Nationalstaats haben lokale Bewegungen mehr Spielraum als in Zeiten der starken Nationalstaatlichkeit. Dennoch bleibt das Dilemma, dass nur einige der Staatsfunktionen im volkssouveränen Gemeinwesen legitim übernommen werden können, nicht aber alle (z.B. nicht die Funktion der Besteuerung), und dass daher die Doppelherrschaft sehr fragil ist. Sie wird entweder zu einer Art „Kohabitation" oder vor die Alternative gestellt, in Richtung der (revolutionären) Machtveränderung im Staatswesen oder der (konterrevolutionären) Liquidierung der zapatistischen Volkssouveränität aufgelöst zu werden.

In diesem Zusammenhang kann es *sechstens* auch sinnvoll sein, über „Kommunismus", über eine „Gesellschaft jenseits von Ware, Geld und Staat" (Heinrich 2004: 216-221) nachzudenken. Aber das reicht nicht aus, weil die gesellschaftlichen Veränderungen innerhalb der kapitalistischen Gesellschaft ihren Anfang nehmen, provoziert durch soziale Bewegungen, die ihre Wurzeln im Hier und Heute haben. Sie mögen daher über „Kommunismus" nachdenken, aber sie handeln in kapitalistischem Umfeld. Die Frage stellt sich aber, ob und inwiefern die ökonomische und politische Praxis über kapitalistische Formen hinausweist. Was ist das transzendierende Potenzial von solidarischer Ökonomie und nachhaltiger Gesellschaft?

8.5 Die Antwort auf den „Neoliberalismus von unten": die solidarische Ökonomie

In Europa und auf anderen Kontinenten gibt es schon lange Erfahrungen mit einem *dritten*, einem *Non-Profit-Sektor* von Genossenschaften, Selbsthilfegruppen, gemeinnützigen Stiftungen, Tauschringen, Einrichtungen des Mikrokredits etc., die sich nicht vom individualistischen Äquivalenz- sondern vom kollektiven Solidaritätsprinzip, von einer „deliberativen Horizontalität" aller Beteiligten, wie Elgue (2005: 43) es nennt, leiten lassen. Das ist ein Prozess einer ökonomischen und sozialen Demokratisierung, in der die Träger einer solidarischen Ökonomie zu „selbstbewussten Subjekten" werden. Hier können die in der Zwischenwelt der Informalität sozial verschwundenen Menschen wieder auftauchen, indem sie soziale Räume und Territorien besetzen und nach eigenen Interessen selbst verwalten.

Die OECD schätzt, dass „nearly 39,5 million people in FTE (full-time employment) jobs are employed in the non-profit sector (excluding traditional co-operatives) in the 35 countries studied by the Johns Hopkins comparative non-profit sector project. The non-profit sector employs 3.6% of the working age population representing 7.3% of non-agricultural employment and 45% of public sector employment. Taken as a separate economy it would be the sixth largest economy in the world ... In the countries for which comparative data was available the non-profit sector has also recently shown signs of rapid growth between 1990 and 1995, non-profit employment increased by 23% compared to 6% for the economy as a whole" (OECD 2003: 11). Die folgende Tabelle vermittelt einen Eindruck von den Größenordnungen einer Ökonomie, die bereits Elemente von Solidarität enthält.

Tabelle 8.1: Arbeitskräfte in der Non-Profit-Ökonomie in OECD-Ländern

Land	*Zahl der Arbeitskräfte in Vollzeitäquivalenz*	*In Prozent der gesamten zivilen Beschäftigung*
Österreich	233.662	6.91
Belgien	206.127	5.85
Dänemark	289.482	12.56
Finnland	138.580	6.92
Frankreich	1.214.827	5.93
Deutschland	1.860.861	12.56
Griechenland	68.770	1.81
Irland	151.682	12.57
Italien	1.146.968	5.88
Luxemburg	6.740	4.16
Niederlande	769.000	14.69
Portugal	110.684	2.51
Spanien	878.408	7.45
Schweden	180.793	5.15
Vereinigtes Königreich	1.622.962	7.32

Quelle: OECD 2003, based on data compiled by CIRIEC, 1999, pp. 17-18

In Deutschland arbeiten etwa 1,9 Mio. Arbeitskräfte in genossenschaftlichen und gemeinnützigen Unternehmen (Birkhölzer 2005). Generell ist es schwierig, genaue quantitative Angaben zu machen, da zur sozialen und solidarischen Ökonomie sehr viele, sehr unterschiedliche Einrichtungen zählen: Die Apparate von Nicht-Regierungsorganisationen, Genossenschaften, Hilfseinrichtungen, Forschungs- und Beratungseinrichtungen, die zum Teil aber zum öffentlichen Sektor (Universitätsinstitute) oder zum privaten Sektor (Rechtsberatung) gehören (Birkhölzer/Kistler/Mutz 2004; Elgue 2005: 44ff.). Die Genossenschaften sind zum Teil in den Weltmarkt integriert. Die land- und viehwirtschaftlichen Genossenschaften in Argentinien tragen wesentlich zum Export des Landes bei. Das ist in Brasilien nicht anders.

In vielen Fällen ist die solidarische Ökonomie, sind die neuen Genossenschaften ein Kind der Not (Altvater/Mahnkopf 2002: 187ff.). Wenn, wie in Argentinien 2001, das formelle Geld verschwindet, entstehen Tauschbörsen, werden Kooperativen zur Versorgung der armen Bevölkerung gebildet, werden Betriebe von den Belegschaften übernommen (vgl. die Berichte in Sin Patrón 2004). Die Zahl der Tauschringe in Argentinien ist von nur zwei im Jahre 1995 auf etwa 400 im Jahr 2000 und auf 5.000 im Jahr 2002 nach der großen Krise von 2001 gestiegen (Hintze 2003: 20). Die Rolle der Tauschringe darf nicht überbewertet werden. Das gilt auch für die Ersatzwährungen, als das „currency board", also die fixe Bindung des Peso an den US-Dollar, in Argentinien aufgehoben wurde. Sie verschwinden zum Teil wieder, wenn die größte Not überwunden ist. Auch in Chile haben die Menschen in den Armenvierteln auf genossenschaftliche Weise das Überleben während der bitteren Jahre der Pinochet-Diktatur gesichert.

In Brasilien sind ebenfalls Kollektive und Kooperativen entstanden, die eine praktische Kritik des neoliberal forcierten Individualismus und zugleich eine gesellschaftliche und politische Kraft darstellen. Schon vor mehr als zehn Jahren ist die Vereinigung der Arbeitenden in selbstverwalteten Betrieben (ANTEAG) gegründet worden, die traditionelle Bildungsaufgaben, Beratung und die Interessenvertretung gegenüber der Regierung, den Gewerkschaften, in der Öffentlichkeit übernommen hat. Brasiliens Staatspräsident Lula da Silva hat auf diese neue Herausforderung reagiert und einen Beauftragten für die solidarische Ökonomie (Paul Singer) eingesetzt. So kann ein Beitrag zur Integration der Informellen und Exkludierten geleistet werden; der souveräne Nationalstaat erkennt die volkssouveränen Sektoren als Alternativen an und bekämpft sie nicht. Diese Initiative ist das Gegenteil der eher zynischen Instrumentalisierung des informellen Sektors als „shock absorber" der negativen Effekte der Globalisierung durch den Vorgänger Lulas, Fernando Henrique Cardoso. Der informelle Sektor ist keine Notlösung, er ist erst recht keine Lösung der Krise der formellen Ökonomie, wie Vargas Llosa oder Hernando de Soto in neoliberalem Überschwang nicht müde werden zu erläutern.

Alte Erfahrungen der Genossenschaften werden also wiederentdeckt, eine „moralische" oder „solidarische" Ökonomie entsteht. Zusammen mit entsprechenden Bildungsanstrengungen zum „capacity building" und „empowerment" wird ein Beitrag zur „ökonomischen Alphabetisierung" (Pierre Bourdieu) geleistet. Sicherlich funktioniert dies alles nur, wenn formelle Institutionen Hilfe leisten, also nicht als Blockaden des Neuen und daher der Bewegungen auftreten, wenn Nicht-Regierungsorganisationen mit ihren Erfahrungen dabei sind, wenn Intellektuelle diese Tendenzen unterstützen, Universitäten Bildungsarbeit leisten und den Genossenschaften, Fabrik- und Landbesetzern und anderen genossenschaftlichen Unternehmen und Zusammenschlüssen Rat erteilen. Dieser ist notwendig. Technische Unterstützung oder Rechtsberatung werden benötigt. Dies gilt auch für die Beantwortung von Finanzierungsfragen oder bei der Beratung der Volksküchen in Ernährungsfragen durch ernährungswissenschaftliche Institute von Universitäten. In Brasilien werden diese Einrichtungen der Unterstützung einer solidarischen Ökonomie „Brutkästen" (*Incubadoras*) genannt. Es handelt sich um Hilfestellung bei der Sicherung des Überlebens und bei der ökonomischen Gestaltung der Produktion, des Einkaufs und Verkaufs. In gewissem Sinn handelt es sich um Unternehmensberatung für genossenschaftliche Klein- und Mittelbetriebe. Auch das Internet spielt eine wichtige Rolle, etwa für Tauschringe oder für die Beratung von Genossenschaften und von anderen Initiativen.

Dem Bildungswesen kommt also bei der „ökonomischen Alphabetisierung" eine besondere Bedeutung zu. Elgue (2005: 52-57) stellt einen ganzen Katalog von Forderungen und Grundsätzen auf. Diese reichen von der Vermittlung der Prinzipien von Solidarität und Genossenschaftlichkeit auf allen Stufen des formellen Bildungssystems über die Vermittlung von Mikrokrediten für lokale Entwicklung, die Ausbildung eines sozialen Gleichgewichts und die Übernahme sozialer Verantwortung, bis zur Aus- und Weiterbildung für Akteure der solidarischen Ökonomie, zur Unterstützung der landwirtschaftlichen Vereinigungen, der Förderung von Unternehmen für Jugendliche, von Hilfsfonds für sanierte Unternehmen, der Bildung eines Forums von Lehrern und Forschern auf dem Gebiet der solidarischen Ökonomie, schließlich bis zur supranationalen Kooperation der Einrichtungen der solidarischen Ökonomie in den Ländern, die dem Mercosur angehören, dem gemeinsamen „Markt des Südens", den Brasilien, Argentinien, Uruguay und Paraguay zu Beginn der 1990er Jahre gebildet haben.

Darüber hinaus geht es auch um die Unterstützung bei Aktionen der Fabrik- und Landbesetzung. *Erstens* stellt sich immer die Frage der Legalisierung und daher ist der Staat involviert. Denn die Regierungen sind zuständig für die Entscheidungen, die die Besetzungen legalisieren oder nicht. Ohne politische Unterstützung von Arbeitern, die Betriebe, die pleite sind, unter eigener Regie weiterführen (in Argentinien *empresas recuperadas* genannt), sind die Projekte langfristig in aller Regel zum Scheitern verurteilt. Das gilt erst recht für die Verteidigung gegen die oftmals extrem gewalttätigen Großgrundbesitzer und deren Helfer, wenn Landlose nicht produktiv genutztes Land okkupieren. Auch Paramilitärs spielen eine makabre Rolle bei der Verhinderung von Alternativen der solidarischen Kooperation. Häufig lässt sie die Staatsgewalt gewähren. Die Morde an Kleinbauern und Landbesetzern sowie an deren Unterstützern (Kirchenleute, Vertreter von Nicht-Regierungsorganisationen oder einzelne Medienvertreter) in Brasilien haben internationale Proteste provoziert. Die Gewalt gegen diejenigen, die das ihnen genommene Territorium wieder aneignen, kann nur verhindert werden, wenn Gegenmacht und Druck auf die Regierenden ausgeübt wird.

Die eher lokalen Initiativen einer solidarischen Ökonomie bedürfen also der Ergänzung und Förderung auf nationaler und globaler Ebene. Wie die solidarische Ökonomie funktionieren kann und wie sie sich entwickelt, ist nicht nur von den Initiativen der aktiven Mitglieder und Unterstützer abhängig, sondern auch von der Politik der Regierungen. Von einer neoliberal eingestellten Regierung ist diese nicht zu erwarten. Gegen den Markt werden keine politischen und sozialen Projekte der zivilen Solidarität unterstützt. Es wird keine Alternative zum individualistischen Äquivalenz- und Wettbewerbsprinzip geduldet. Anders ist dies bei Regierungen mit einem Mindestmaß an sozialer Verantwortung. Die Krise der Staatsfinanzen engt den Handlungsspielraum von Regierungen und Kommunen zwar ein. Doch gibt es viele Möglichkeiten der Unterstützung alternativer Projekte. Die Regierungen Kirchner in Argentinien, Lula da Silva in Brasilien oder Chavez in Venezuela - um nur Beispiele zu erwähnen - haben dies gezeigt. Überdies haben Regierungen auch Möglichkeiten, makroökonomisch in die Ökonomie zu intervenieren und auf diese Weise Rahmenbedingungen für Arbeitsplätze zu verbessern. Im Territorium wirken und verschränken sich also verschiedene Handlungslogiken. Die von Bewegungen und die von Regierungen, die von politischen Parteien und von zivilgesellschaftlichen Organisationen.

Doch nicht nur Regierungen und die nationalstaatliche Ebene sind von Belang. Die Krise des formellen Arbeitsmarktes ist auch eine Folge der Globalisierung, vor allem (aber nicht nur) der Krisenhaftigkeit globaler Finanzmärkte. Ohne deren Regulierung werden viele Maßnahmen auf lokaler oder nationaler Ebene ins Leere laufen. Daher war es instinktiv richtig, dass ATTAC bei seiner Gründung in Frankreich 1998 die Einführung einer Devisentransaktionssteuer ins Zentrum der Forderungen nach einer Reform der Weltwirtschaft rückte. Doch ist dies nur ein Element von Regulierung unter vielen anderen. In der internationalen Debatte um eine Reform von Finanzarchitektur und Welthandelsordnung bewegen sich die Reformideen zwischen dem neoliberalen Mainstream einer Entmachtung von Institutionen und einer Stärkung der Marktmechanismen (des Äquivalenzprinzips) und zentralistischen Vorstellungen eines globalen Marshall-Plans im Sinne des oben dargelegten Prinzips der Redistribution. Also finden wir auch hier wieder die Prinzipien der Äquivalenz, der Redistribution und der Solidarität, wenn eine neue Ordnung auf globaler Ebene aus der Taufe gehoben werden soll, und eine Entscheidung zwischen den Prinzipien ist notwendig. Viele bewegen sich bei ihren Alternativen innerhalb der herrschenden wissenschaftlichen und wirtschaftspolitischen Paradigmen und verheddern sich in inkompatiblen Vorschlägen. Dies kritisiert Walden Bello an der Debatte über Reformen der globalen institutionellen Ordnung (vgl. Bello 2004: 91-104), um für einen paradigmatischen Umschwung zu plädieren, der die *Dekonstruktion* von bestehenden globalisierenden Institutionen, vor allem WTO, IMF und Weltbank ebenso einschließt wie die *Rekonstruktion* einer „de-globalisierten", auf regionalen und lokalen Kreisläufen basierenden Wirtschaft. Dies bleibt jedoch im Konzeptionellen einer globalen Bewegung und trägt den Auseinandersetzungen um das Territorium und die darin entstehenden neuen Identitäten zu wenig Rechnung. Auf globaler Ebene ist daher ein paradigmatischer Wandel notwendig.

Im Prinzip geht es um eine neue Form der Artikulation von lokaler, regionaler, nationaler Ökonomie und den Institutionen des Weltmarktes. Die Artikulation zwischen informeller und formeller Ökonomie, zwischen kleinen und großen Unternehmen, zwischen lokaler und globaler Wirtschaft kann anders als in subalterner Unterwerfung unter die Sachzwänge des Weltmarkts gestaltet werden. Nicht die Konkurrenz ist dominant, sondern das Prinzip der Solidarität. Dieser Ansatz, so Walden Bello (2004: 114), „... consciously subordinates the logic of the market, the pursuit of cost efficiency, to the values of security, equity and social solidarity ...“[9] Entscheidend in einem neuen Paradigma der solidarischen Ökonomie sind also die Verknüpfung zwischen den verschiedenen Ebenen und die Herausbildung von kollektiven Organisationsformen und Handlungsstrategien. Gesellschaft braucht das Territorium und soziale Bewegungen müssen sich dieses immer wieder gegen die durch den Neoliberalismus geförderten Strategien der Enteignung aneignen. Eine Gesellschaft ist immer die Totalität der lokalen, nationalen, globalen Zusammenhänge, die sich im Territorium durchkreuzen. Daher ist Solidarität immer auf diese vielen Schichten bezogen, wie Kößler/Melber (2002) herausarbeiten. Sie reicht also vom lokalen Territorium bis in den globalen Raum.

In Venezuela ist der Zusammenhang von ökonomischen Alternativen in den Barrios (Stadtvierteln) vor Ort und den Weltmarktunternehmen offensichtlich, schon wegen der Bedeutung der staatlichen Ölgesellschaft (Petróleo de Venezuela S.A., PDVSA) für Exporterlöse, Wechselkursentwicklung, Staatseinnahmen und daher auch Staatsausgaben, einschließlich der für soziale Zwecke. Das transnationale Unternehmen PDVSA unterstützt kleine soziale Projekte in den Stadtvierteln. Das ist also nicht nur Shareholder-Kapitalismus, sondern ein Kapitalismus, der auch den *Stakeholders* etwas zukommen lässt (vgl. den Bericht in Folha de São Paulo, 26.06. 2005). Das ökonomische Gewicht der PDVSA ist beträchtlich, von der symbolischen Bedeutung der Ölgesellschaft im politischen Leben Venezuelas ganz zu schweigen. Neoliberale bezeichnen die Verwendung der Erdöleinnahmen für soziale Zwecke, für „empowerment“ der solidarischen Ökonomie, als einen ökonomischen Fehler (vgl. The Economist, 19/2005), der sich rächen werde. Für Neoliberale ist jeder Ansatz, der den Marktkräften entgegen gerichtet ist, ein Fehler, und daher ist die solidarische Ökonomie nichts als ein Fehler. Nur hilft gegen diese destruktive Betrachtungsweise der Blick in die Geschichte, in der Karl Polanyi, wie schon erwähnt worden ist, eine ganze Reihe von Prinzipien des wirtschaftli-

---

[9] Dafür kann Fair Trade ein Beispiel sein. Der Umsatz legt in Deutschland zu (TAZ, 27. 4.2005), ist aber immer noch erstens gering (knapp 60 Mio. Euro) und zweitens hoch konzentriert. Zwei Drittel des Fair Trade in Deutschland entfallen auf nur ein Produkt, nämlich Kaffee.

chen Handelns identifiziert hat. Dass menschliches Schicksal den Marktkräften überantwortet wird, ist eine neue Entwicklung; vor allem seit der industriellen Revolution im Zusammenhang mit der Entbettung des Marktes aus der Gesellschaft.

Paul Singer schreibt dazu, dass die solidarische Ökonomie eine Entscheidung für eine bestimmte Arbeit und einen bestimmten Lebensstil jenseits der ökonomischen Sachzwänge darstellt. Kooperation und Solidarität werden dem Konkurrenzkampf im „survival of the fittest" eines jeden mit jedem vorgezogen. Die solidarische Ökonomie ist in diesem Sinne eine Art „Weltanschauung", eine radikale, weil auch praktische Kritik des Kapitalismus, so, wie er in Brasilien und anderswo real existiert. Somit, so schlussfolgert Singer, antworten die Menschen mit der solidarischen Ökonomie nicht nur auf Notwendigkeiten, die sich im Verlauf der Krise ergeben, sondern es handelt sich auch um eine Perspektivwahl von linken Parteien, Gewerkschaften und anderen Bewegungen, von indigenen Gruppen, Kleinbauern auf dem Lande und Kirchenleuten, die mit ihrer Kombination von individueller Freiheit, sozio-ökonomischer und menschlicher Sicherheit, Gleichheit und Gerechtigkeit über den Kapitalismus hinausweisen kann. (Singer 2003). Die Alternative der solidarischen Ökonomie ist so stark und attraktiv, weil das neoliberale politische Projekt – mag es von oben aufgeherrscht oder von unten praktiziert werden – für eine Mehrheit der Menschen keine Aussichten auf ein würdiges Leben in Frieden, Freiheit und Sicherheit bietet.[10] Am Ende der Geschichte herrscht Hoffnungslosigkeit; die inneren Widersprüche und deren krisenhafte Zuspitzung sowie die externen Schocks, die sich innerhalb der Gesellschaften als Steigerungen der Energiepreise und als Vehikel der Umverteilung zu Lasten der ärmeren Bevölkerungsteile auswirken, hinterlassen politische Spuren. Und dagegen verbreitet die solidarische Ökonomie Hoffnung schon deshalb, weil darin Arbeit wieder einen sozialen Sinn erhält.

---

[10] Der Begriff der „Würde" ist zweischneidig, und daher wurde er hier nicht verwendet. Von den Zapatistas ist er in die politische Debatte der Linken gebracht worden. Er wurde sehr schnell aufgegriffen, etwa von Holloway (2002). Auch das Movimiento de Trabajadores Desocupados in Argentinien folgt dem Motto „Arbeit, Würde, gesellschaftlicher Wandel (Dinerstein 2003). Der Begriff wird aber auch von Rechten benutzt, z.B. um einen „patriotischen" Krieg gegen alle zu führen, die die Würde des „serbischen Volkes" verletzen. Der Begriff der Würde ist nur akzeptabel, wenn er sich auf alle Menschen bezieht, nicht auf eine Gruppe von Menschen, handele es sich dabei um Ethnien, Religionen oder Klassen.

8.6 Nachhaltigkeit: Die solare Gesellschaft

Die solidarische Ökonomie ist auch ein Schritt in die Richtung einer solaren Gesellschaft, in der die fossilen Energieträger immer weniger das Leben und Arbeiten bestimmen und in der der Raubbau an Ressourcen beendet wird. Denn Solidarität im Raum verlangt einen schonenden Umgang mit der Natur. Solidarität in der Zeit ist die Berücksichtigung der Interessen künftiger Generationen, denen der Planet Erde nicht in jämmerlichem Zustand überlassen werden darf. Die generelle Richtung von Nachhaltigkeit ist eindeutig zu bezeichnen und sie ist gut begründet. Die fossilen Energien müssen sehr schnell durch erneuerbare Energien ersetzt werden (Global Challenges Network 2003; Scheer 2005; Wuppertal Institut 2005). Denn das Zeitfenster ist wegen des Scheitelpunkts der Ölförderung (der sehr bald erreicht ist) nicht mehr lange offen. Der Ressourcenverbrauch muss auch wegen der möglichen Bedrohung der Evolution des Lebens infolge des Verlusts an Biodiversität eingeschränkt werden. Kössler und Melber (2002: 147) schreiben daher: „Vor diesem Hintergrund erscheint Solidarität nicht so sehr als ein moralisches Postulat, sondern vielmehr als eine... langfristige Lebensbedingung der Menschheit. Sie ist im Prinzip gefordert durch den objektiv vorgegebenen Weltzusammenhang ..."

Die Schwierigkeit besteht darin, dass erneuerbare Energien und weniger Ressourcenverbrauch höchst wahrscheinlich nicht die im vierten Kapitel dargestellten Vorteile der Kongruenz mit dem Kapitalismus aufweisen, wie wir ihn seit der industriellen Revolution kennen: als ein System der Aneignung der mit dem Produktivitätsfortschritt steigenden Überschüsse. Erneuerbare Energien sind langsamer als die fossilen Energien, sie haben nicht deren Beschleunigungspotenziale, es sei denn, sie werden in die gleichen Sekundärenergien verwandelt (Treibstoff, Elektrizität), in die auch fossile Primärenergie umgewandelt wird. Es ist auch schwieriger, sie unabhängig vom Ort ihrer Erzeugung einzusetzen. Denn die Transportlogistik ist nicht so einfach wie im Falle der fossilen Energieträger zu organisieren. Erneuerbare Energien verlangen folglich dezentrale Strukturen der Energieerzeugung und des Energieverbrauchs.

Im neoliberalen Diskurs kondensieren sich diese „Nachteile" erneuerbarer Energien unter kapitalistischen Rahmenbedingungen zu hohen Kosten. Daher werden nach neoliberaler Auffassung erneuerbare Energien auf „absehbare Zeit" preislich nicht konkurrenzfähig sein. Selbst die Atomenergie wäre günstiger zu haben, wenn man die hohen externen Kosten wegen der kaum kalkulierbaren Risiken unbeachtet lässt. Der Übergang zu erneuerbaren Ressourcen wäre in diesem Diskurs nichts als eine „Verschwendung volkswirtschaftlicher Ressourcen" (von Weizsäcker 2002: 15). In einem großangelegten Projekt haben Lomborg u.a. den Versuch angestellt, „Prioritäten" zu setzen. Mit Hilfe einer Kosten-Nutzen-Analyse über lange Zeiträume versuchen sie zu begründen, dass der Übergang zu erneuerbaren Energien die Menschheit im Vergleich zu anderen Aufgaben zu teuer käme (Lomberg 2004; kritisch dazu Heinberg 2004: 177ff.; Scheer 2005: 220ff.). Die Rationale dieses Arguments ist die Alltagsweisheit: Das Hemd ist mir näher als der Rock. Wo der Stoff von Hemd und Rock herkommen, wie sie gewebt und genäht werden, ist jenseits des kalkulatorischen Horizonts.

In diesem Diskurs hat eine Vertauschung stattgefunden, auf die bereits kursorisch hingewiesen wurde. Es geht nicht mehr darum, die Natur vor den Überlastungen durch ökonomische Aktivitäten der Menschen zu schützen, sondern die Menschen vor den negativen Folgen der Naturzerstörung zu bewahren. Daher kann auf eine Strategie des Übergangs zu erneuerbaren Energien verzichtet werden, wenn diese für die Industrieländer teurer kommt als der Bau höherer Deiche gegen den Anstieg des Meeresspiegels oder die Konstruktion von Häusern, die gegen Hitze gedämmt sind. Freilich wird hier außer Acht gelassen, dass die finanziellen Möglichkeiten, den Schutz der Menschen gegen die Unbilden einer von eben diesen Menschen aus dem Gleichgewicht gebrachten Natur zu gewährleisten, ungleich verteilt sind. Arme Länder haben weniger Möglichkeiten der Abwehr als reiche Länder. Obendrein sind die chaotischen Folgen der Naturzerstörung gar nicht rational kalkulierbar, so dass schon vom Ansatz her der Versuch, die Kosten der Naturzerstörung gegen die Kosten des Schutzes gegen deren Folgen aufzurechnen, zum Scheitern verurteilt ist.

Beim Übergang zu einem Regime erneuerbarer Energien kann man im Prinzip drei Wege beschreiten: den der „Effizienzrevolution", den der „Suffizienzrevolution" und den einer neuen Allianz von Natur und Gesellschaft, also den einer grundlegenden Veränderung des gesellschaftlichen Naturverhältnisses („Konsistenz" genannt - Wuppertal Institut 2005: 165 ff.). Der erste Weg ist der einfachste, und daher wird auf ihn in allen ökologischen Umbauprogrammen gern verwiesen (Weizsäcker, E.U./Lovins, A.B./Lovins, L.H. 1997; Bode 2005). Er führt nicht aus dem fossilen Energieregime heraus, sondern verlängert seine Zeit im Sinne der Kongruenz von Kapitalismus, Industrialismus und Fossilismus. Kaum eines der ökologischen Probleme kann auf diesem Wege gelöst werden. Weniger Energie- und Naturverbrauch je Produkteinheit wird durch steigende Mengen nach aller Erfahrung und in aller Regel überkompensiert. Denn die Kosten- und daher auch Preissenkung (natürlich unter Beachtung der *ceteris paribus-Klausel*) der Produkte bewirkt eine Erhöhung der Nachfrage und mithin eine höhere Produktion. Die „Effizienzrevolution" ist mit den Marktbedingungen und Herrschaftsstrukturen der kapitalistischen Gesellschaft konform. Höhere ökologische Effizienz ermöglicht den Unternehmen auch, Kosten zu sparen und so, - wie Marx schreibt - „konstantes Kapital zu ökonomisieren" (MEW 235: 5. Kapitel, insbes. 110ff.)[11] und mithin die Profitrate zu erhöhen. Wenn so die Akkumulation angeregt wird,

[11] Daher findet sich der Verweis auf eine „Effizienzrevolution" in nahezu allen Parteiprogrammen; er kostet nichts, noch nicht einmal die Anstrengung des Nachdenkens. Es

steigt der Ressourcenverbrauch, der durch höhere Effizienz eigentlich eingespart werden sollte. Der US-amerikanische Präsident Bush fordert China und Indien zu „größerer Energieeffizienz“ auf; nicht etwa, um eine ökologische Wende in Richtung globaler Nachhaltigkeit herbeizuführen, sondern um den Druck von den Ölpreisen zu nehmen, damit US-amerikanische Verbraucher nicht unter den hohen Energiepreisen leiden und möglicherweise ihren Ölverbrauch mindern müssen („Bush urges greater energy efficiency in China and India to ease oil prices“, FT 17.05.2005). Daher ist Thilo Bodes Vorschlag eines effizienten Wachstums (Bode 2005) kontraproduktiv im Hinblick auf die ökologischen Folgen. Die Strategie der Effizienzsteigerung wird dann gefährlich, wenn sie genutzt wird, um mit den notwendigen Maßnahmen des Ausstiegs aus dem fossilen Energieregime zu warten. Diese sind, wie im vorangegangenen Kapitel gezeigt wurde, umfassend und müssten daher bald eingeleitet werden, um wirksam zu sein, wenn der Höhepunkt der Ölförderung erreicht und vielleicht überschritten ist.

Auf dem Weg der Suffizienz (vgl. dazu Wuppertal Institut 2005: 167) gerät man zumindest an die Grenzen des fossilistischen Kapitalismus, da Konsum- und Produktionsmuster zur Disposition gestellt werden, weil dem Gebrauchswert gegenüber dem Tauschwert in der Gestaltung von Arbeit und Leben größere Bedeutung beigemessen wird. Es ist eine Strategie, die sich an der Aristotelischen *oikonomia*, also an den Maßen der begrenzten Bedürfnisse einer Hauswirtschaft und nicht an der Grenzenlosigkeit der *chrematistischen* Bereicherungskunst orientiert. Doch das Maßhalten wird nur gelingen, wenn der Weg die Grenzen des Kapitalismus überquert und in eine post-kapitalistische Galaxis führt. Denn in der kapitalistischen Produktionsweise kommt es nicht auf die Befriedigung von Bedürfnissen in den Grenzen an, die durch die Menschennatur, die kleine Gemeinschaft (und den natürlichen Stoffwechsel im Allgemeinen) gegeben sind, sondern auf Profit – daher Akkumulation und Wachstum – und mithin auch auf eine nur an der monetären Kaufkraft begrenzte Nachfrage. Das Prinzip der Suffizienz wird demnach innerhalb des Kapitalismus wirkungslos bleiben, weil sich die kapitalistische, selbstreferentielle Grenzenlosigkeit gegen die Grenzen der Suffizienz durchsetzen wird. Konsum fördernde Werbemaßnahmen und der Sachzwang der Wettbewerbsfähigkeit in der Produktion werden dafür sorgen, dass der Verbrauch und die Belastung von Ressourcen nicht an den Grenzen der Suffizi-

---

ist, als ob der liebe Gott uns eine win-win-Konstellation geschenkt habe, in der alle ökonomischen, sozialen und ökologischen Probleme mit einem Schwabenstreich gelöst werden könnten. In den Materialien zum neuen Grundsatzprogramm der Sozialdemokratie heißt es kess: „Die für den Ressourcenverbrauch erforderliche ‘Effizienzrevolution’ verbindet Arbeit und Umwelt. Sie verbessert die Wettbewerbsfähigkeit von Unternehmen, senkt Kosten für Ressourcenimporte ...“ etc. Wenn es doch so einfach wäre ... (Willy-Brandt-Haus-Materialien „Eine neue Politik der Arbeit“, SPD Programmkommission, AG 5, Januar 2005)

enz Halt machen. Die Möglichkeiten, die Produktion und Nachfrage eröffnen, werden ausgeschöpft, da Selbstbindungen, die eher appellativen Charakter haben, nicht wirken. Dies hat Günther Anders bereits in seinem Werk „Die Antiquiertheit des Menschen" pessimistisch herausgearbeitet (Anders 1980): Was möglich ist, wird auch gemacht. Selbstbeschränkungen helfen allenfalls vorübergehend. Das edle Individuum, das sich den sozialen Zwängen der Verwirklichung des Möglichen und zugleich der Erweiterung der Grenzen der Möglichkeiten verweigert, existiert allenfalls im Kloster, und Klöster haben in der Moderne ihre sozial prägende Relevanz verloren.

Der dritte Weg einer neuen Allianz von Ökonomie, Ökologie, Gesellschaft, von Produktion, Konsum und Natur (Konsistenz) wird häufig nur als eine intelligente technische Lösung diskutiert. Die Wirtschaft ist Kreislaufwirtschaft und es entstehen jenseits des unvermeidlichen Entropieanstiegs keine Abfälle, da diese intelligent verwertet werden können. Der Weg der Allianz beginnt dort, wo die Suffizienzstrategie sich als Sackgasse herausstellt: Auf ihm wird nicht das Maßhalten zum Lebensprinzip erhoben. Es werden vielmehr die Möglichkeiten der Steigerung von Produktion und Nachfrage beschränkt. Das Mittel dazu ist die Störung der oben (im vierten Kapitel) dargestellten Kongruenz von kapitalistischer Gesellschaftsformation, fossilen Energieträgern und industrieller Rationalität der Weltbeherrschung, indem erneuerbare Energieträger an Stelle der fossilen Energieträger eingesetzt werden. Die Brandmauer, von der oben die Rede war, wird also eingerissen. Die breite Förderung der erneuerbaren Energien ist das Mittel zu diesem Zweck, die Erde aus der Zwangsjacke des geschlossenen fossilen Energiesystems zu befreien und wieder zu einem offenen Energiesystem zu machen, das vor allem die Strahlenenergie der Sonne verarbeitet. Produktion und Konsumtion, also die Wirtschaft, müssen so organisiert werden wie die natürlichen Wandlungssysteme der Sonnenenergie, die das Leben auf Erden ermöglichen. Etwas anderes bleibt der Menschheit nicht übrig, weil die Verfügbarkeit der fossilen Energieträger auf der Input-Seite und die Tragfähigkeit der Natur für Emissionen auf der Output-Seite begrenzt sind. Freilich wird die „Brandmauer" mit Macht durch die Wächter des status quo und ihre Helfershelfer gegen ein neues Regime, das auf erneuerbaren Energien gründet, verteidigt. Einige der Gründe hat Herrmann Scheer eingehend erörtert und sich vor allem mit der Blockadepolitik der großen Energiekonzerne in Deutschland auseinander gesetzt (Scheer 2005: 123ff.). Aber die Verteidigung des status quo des fossilen Energieregimes wird auch, wie wir im siebenten Kapitel gesehen haben, mit militärischen Mitteln und den Mitteln der Subversion, der Einschüchterung, Erpressung, Bestechung und Sabotage geführt (vgl. Perkins 2005).

Alternative Energiequellen stehen zur Verfügung: die Windenenergie, die Photovoltaik, die Wasserkraft, die thermische Energie, die Gezeiten, die Biomasse. Keine dieser Energien kann die Bedingung der Kongruenz von Energiesystem und

Kapitalismus erfüllen, die in den vergangenen zwei bis drei Jahrhunderten die menschheitsgeschichtlich einmalige Wachstumsdynamik ermöglicht hat. Das gilt auch für die Wasserstofftechnologie, die als neue Energiequelle propagiert wird, obwohl sie nur sekundärer Energieträger ist und die Bedingungen ihrer Speicherung in der Zeit und ihres Transports im Raum heute noch nicht zufrieden stellend geklärt sind; doch das kann sich vielleicht ändern. Viele meinen, man könne die so vorteilhafte und praktische Kongruenz auch mit erneuerbaren Energien erhalten. Doch dies dürfte sich als Illusion herausstellen. Zwar wäre es im Prinzip möglich, mit den erneuerbaren Energieträgern bei der Elektrizitätserzeugung die fossilen und nuklearen Energieträger zu ersetzen. Doch schon heute ist dies schwierig. In Deutschland wurden 2004 gut 607 Mrd. Kwh erzeugt, davon 27,5% durch Einsatz von Kernenergie, 26,1% mit Braunkohle, 22,8% mit Steinkohle, 10,2% mit Erdgas. Also verdanken sich 60% der Elektrizitätserzeugung den fossilen und weitere fast 30% den nuklearen Energien. In diesen Zahlen kommt nicht nur die erdrückende Vorherrschaft der fossilen und nuklearen Industrien und der sie beherrschenden Konzerne zum Ausdruck. Sie verweisen auch auf die Stärke der Interessen, die auf die Energiepolitik Einfluss nehmen. Nur an die 10% der Erzeugung von Strom stammt aus dem Einsatz erneuerbarer Energieträger. Das Verhältnis lässt sich ohne Zweifel zu Gunsten der erneuerbaren Energieträger verschieben. Dies zeigen die Daten aus den Ländern der EU. Im Schnitt beträgt im Europa der 15 der Anteil der erneuerbaren Energien an der Stromerzeugung fast 15% und er soll bis 2010 auf 22,0% angehoben werden (Diekmann/Kemfert 2005: 442). Doch schon bei den Treibstoffen für die Automobilflotte stoßen wir auf Grenzen der Substituierbarkeit fossiler durch erneuerbare Energieträger. Die Automobilflotte vom Verbrauch der fossilen Kraftstoffe (Benzin, Diesel, Kerosin) auf Bio-Kraftstoffe umzustellen, ist kaum möglich ohne grundlegende Wandlung der Verkehrssysteme, neue Konzepte von Mobilität und eine neue Rolle, die der Landwirtschaft als Energiewirtschaft zukommt. Die Änderung des Energieregimes verlangt Änderungen von Produktions- und Lebensweise. Dabei geht es auch um die Verringerung des Energieverbrauchs (durch Energiesparen) insgesamt, also um die Reduzierung der Zahl unserer „Energiesklaven“.

Eine neue Kongruenz von Energie und Produktion kann niemals erreicht werden, wenn die Produktions- und Konsumstrukturen die alten bleiben, die in Gänze auf das fossile Energieregime zugeschnitten sind. Dies ist ein wichtiger Grund, warum die solare Gesellschaft nur mit und in einer solidarischen Ökonomie verwirklicht werden kann. Dies ist eine Leitlinie, der schon viele praktische Versuche in aller Welt folgen. Es handelt sich um eine Herkulesaufgabe, deren Erfüllung nicht in kurzer Zeit zu leisten ist. Es gibt sie also, die überzeugenden und glaubwürdigen Alternativen im „Innern der Gesellschaft“, die auch ethisch gut zu begründen sind (vgl. z.B. Sachs 2005). Es ist für die Zukunft der Menschheit entscheidend, das Überschreiten des Höhepunkts der Ölförderung (Peakoil) als Chance des Umsteuerns zu nutzen. Wenn dies nicht im gegenwärtigen historischen Zeitfenster geschieht, könnte es zu spät werden.

Haben diese Alternativen die den Kapitalismus, wie wir ihn kennen, transzendierende Kraft? Leiten sie einen Paradigmenwechsel ein oder verbleiben sie letzten Endes doch im „Gehäuse kapitalistischer Hörigkeit"? Die Frage ist vom Autor nicht zu beantworten. Die Antwort gibt die Geschichte, und die ist das Werk der Praxis selbstbewusster Menschen heute in einem durch die Globalisierung hervorgebrachten „Weltzusammenhang" (Kößler/Melber 2002: 147; 153). Aber Alternativen innerhalb des Kapitalismus in Richtung einer deglobalisierten, solidarischen und solaren Gesellschaft aufgezeigt und die sozialen, politischen, ökonomischen, ökologischen Restriktionen benannt zu haben, ist für soziale und politische Praxis wesentlich und kann sie beeinflussen. Das ist nicht viel. Immerhin aber lässt sich auf diese Weise begründen, dass eine andere Welt, deren Konturen wir (noch) nicht genau kennen, jenseits des Kapitalismus, wie wir ihn kennen, möglich ist.

Neuntes Kapitel
Mögliche Welten. Von der Wissenschaft zur Utopie

„Wo bleibt das Positive?“, fragt Erich Kästner. Die Frage ist nach einer ausführlichen Analyse des Kapitalismus, wie wir ihn kennen, berechtigt. „Es genügt nicht, das Bestehende darzustellen, notwendig ist es, an das Erwünschte und an das Mögliche zu denken“ (Gorki nach Bloch 1973: 1602). Denn der Kapitalismus gerät nicht nur an sein Ende, so als ob danach nichts wäre. Es gibt nicht nur die wirkliche Welt, so wie sie sich uns darbietet, sondern auch mögliche Welten, die geschaffen werden können. Wie eine solidarische und nachhaltige Ökonomie und Gesellschaft aus den Krisen der kapitalistischen Gesellschaft erwachsen kann, ist im achten Kapitel vorgestellt worden. Unterscheiden sie sich positiv von der gegenwärtigen Welt oder eher nicht? Sind sie also eine mögliche Antwort auf die Kästner-Frage? Diese Ungeklärtheit hat Leibniz beunruhigt und er hat dann nach dem zureichenden Grund gefragt, warum gerade die wirkliche Welt aus unendlich vielen Möglichkeiten als „beste aller möglichen Welten“ entstanden ist. Er hatte die Antwort parat: Es ist der Ratschluss Gottes, der die beste Wahl getroffen hat. Dies war Thema im ersten Kapitel dieser Schrift; die Verkörperung des Positiven ist die jeweils gegebene historische Wirklichkeit. Im letzten Kapitel soll es hingegen darum gehen, ob und wie sich andere Welten jenseits des Kapitalismus perspektivisch auftun. Wir können nicht die gegebene Wirklichkeit rechtfertigen, wir müssen uns mit Utopien beschäftigen.

Auch für Robert Musil sind die Möglichkeiten nicht weniger wirklich als die Wirklichkeit. Im „Mann ohne Eigenschaften“ führt er aus: Die Möglichkeiten haben „etwas sehr Göttliches in sich, ein Feuer, einen Flug, einen Bauwillen und bewußten Utopismus, der die Wirklichkeit nicht scheut, wohl aber als Aufgabe und Erfindung behandelt ... Es ist die Wirklichkeit, welche die Möglichkeiten weckt, und nichts wäre so verkehrt, wie dies zu leugnen ...“ (Musil 1978: 16f.). Die wissenschaftliche Analyse der wirklich gewordenen Welt wäre demnach unvollkommen, wenn nicht auch die Potenzialitäten, die in ihr enthalten sind, erkundet und durch Praxis verwirklicht würden. „Das wirklich Mögliche beginnt mit dem Keim, worin das Kommende angelegt ist“, formuliert Ernst Bloch (1973: 274). Dieses kommt nicht von außen über uns. Es wird als wirklich werdende Möglichkeit praktisch entfaltet, nach einem utopischen Bauplan. Daran wirken viele mit, die Friedensbewegung, die Frauenbewegung, Genossenschaften und viele andere.

Mit der globalisierungskritischen Bewegung zu sagen, dass „eine andere Welt möglich“ sei, ist daher eher eine Verkürzung, weil es die mögliche Welt nur im Plural gibt und weil aus den vielen Möglichkeiten durch soziale Praxis die historische Wirklichkeit gestaltet wird. Naturwissenschaftler würden mit dem Begriff der Wahrscheinlichkeit argumentieren. Nur die wahrscheinlichste unter den vielen möglichen Welten hat die Chance, real zu werden. Wovon hängt die Wahrscheinlichkeit ab? Einmal von der beharrenden „normativen Kraft des Faktischen", also von den Sachzwängen, denen sich die konservativen „Realisten" beugen und die sie mit ihren politischen Praxen exekutieren. Doch ist es auch die Kraft der Utopien, der gesellschaftlichen Alternativentwürfe derjenigen, die die Wirklichkeit nicht für bare Münze nehmen, sondern daran gehen, sie zu verändern, wodurch die Wahrscheinlichkeit der Verwirklichung einer anderen Welt größer wird. Die Zukunft ist offen, und sie wird gemacht. Die Rahmenbedingungen können beeinflusst werden, die die Wahrscheinlichkeiten für die Realisierbarkeit der einen Welt unter den vielen Möglichkeiten bestimmen. Zum Teil werden die Rahmenbedingungen aus der Vergangenheit mitgeschleppt, zumal dann, wenn sie als Infrastruktur in Beton gegossen und in Stein gehauen sind. Zum Teil werden sie immer wieder neu extern aufgebaut, z.B. durch Strukturanpassungsprogramme der internationalen Finanzinstitutionen, die keine Alternativen zum „Konsens von Washington" zulassen. Das kann den Flug der Utopie belasten, so dass sie nicht von der Stelle kommt, und der Praxis ihre verändernde Kraft nehmen. Die Fortsetzung des Gegebenen, „the same procedure as every year", wird zur dominanten Handlungsmaxime.

Die konkrete Utopie im Sinne von Ernst Bloch ist etwas anderes als die abstrakte Utopie jener Utopisten, die der schlechten Realität nur das Bild des Schönen und Besseren vorhalten, ohne zu zeigen, wie sich die Utopie konkret aus den sozialen Bedingungen entfalten kann und welche Subjekte mit welchen Praxen für die Entfaltung sorgen. Die Versuche, die Gesellschaft nach dem abstrakten Bild einer anderen Welt zu formen, werden an den Schreibtischen von „Sozialingenieuren (aus reiner Vernunft)" ausgedacht (Bloch 1973: 676). Sie können nur scheitern. Allerdings besteht die Alternative nicht darin, dass nun wissenschaftliche Analyse und Extrapolation an die Stelle der utopischen Antizipation mit ungeeigneten Mitteln gesetzt werden. Das Pochen auf wissenschaftlicher Objektivität und die Überzeugung, dass Geschichte gemäß „eherner" Gesetze ablaufen würde, schwächt den Willen zur Praxis erst recht (Bloch 1973: 677). Die Utopie darf also nicht abstrakt der schlechten Wirklichkeit ein goldenes Zeitalter entgegensetzen und die Wissenschaft darf sich nicht darauf beschränken, „Bewegungsgesetze" der Gesellschaft, in der wir leben, herauszuarbeiten. Hier setzt auch feministische Kritik der politischen Ökonomie an. „The End of Capitalism (As We Knew It)" wird vor allem als Diskurs verstanden, als Dekonstruktion der marxistischen politischen Ökonomie, die alternativen Interpretationen und Bewegungen wenig Raum lässt (Gibson-Graham 1996). Dies ist wichtig, ersetzt aber nicht eine Analyse der wirklichen Grenzen kapitalistischer Akkumulation (innere Widersprüche und natürliche Grenzen der Energieversorgung) und die konkrete Utopie, die sich der Potenzialitäten versichert.

Die konkrete Utopie umschließt Begriff und Vorgriff gleichermaßen oder: „Marxismus ... ist nur dann eine Anweisung zum Handeln, wenn er in seinem

Griff zugleich ein Vorgriff ist: das konkret-antizipierte Ziel regiert den konkreten Weg" (Bloch 1973: 678). Das ist von Marx in den „Thesen über Feuerbach", in der berühmten 11. These, vorweggenommen: „Die Philosophen haben die Welt nur verschieden interpretiert, es kömmt drauf an, sie zu verändern." (vgl. Marx, MEW Bd. 3, S. 7)

Doch die konkrete Utopie ist mit schweren Ankern im realen Grund der kapitalistischen Gesellschaft festgemacht und kann sich daher nicht einfach auf große Fahrt begeben. Die Kästner-Frage ruft nämlich unbedingt eine Mahnung Antonio Gramscis in Erinnerung: In den fortgeschrittenen Staaten ist die bürgerliche Gesellschaft „zu einer sehr komplexen, den katastrophenhaften 'Einbrüchen' des unmittelbar ökonomischen Elements (Krisen, Depressionen etc.) gegenüber widerstandsfähigen Struktur geworden ..." (Gramsci 1967: 345f). Wie richtig das ist, zeigt die Erfahrung. Auf diese bezieht sich auch Georg Fülberth (2005), um seiner Skepsis hinsichtlich eines möglichen Zusammenbruchs des Systems Ausdruck zu verleihen. Aus seinen großen Krisen ist das kapitalistische System im „Zeitalter der Extreme" (Hobsbawm 1995) letztlich gestärkt hervorgegangen. Die gesellschaftlichen und politischen Transformationen im Gefolge der großen Krisen des 20. Jahrhunderts haben unendlich viele Opfer unter den Diktaturen und in den Kriegen gekostet, und es könnte sein, dass sich das 21. Jahrhundert davon nicht positiv unterscheiden wird. Die in bestimmten historischen Situationen enthaltenen Möglichkeiten sind dann mit brutaler Gewalt durch die Verteidiger des Staus quo zunichte gemacht worden. Dies wiederholt sich auch heute, wie wir im achten Kapitel gesehen haben. Die möglichen Welten befinden sich also nicht auf einer Angebotspalette zur freien Auswahl. Es regieren auch nicht abstrakt-neutral die Wahrscheinlichkeitsrechnung oder der Ratschluss Gottes. Die wirkliche Welt ist das Resultat von Auseinandersetzungen, von sozialen Kämpfen.

Gramsci hat nicht nur die Festigkeit der bürgerlichen Gesellschaft trotz oder sogar wegen ihrer Krisen hervorgehoben, sondern auch die Frage nach den Bedingungen aufgeworfen, unter denen die Hegemonie des Bürgertums unterminiert und durch die Hegemonie der subalternen Klassen bzw. der politischen Linken ersetzt werden kann. Er hat dabei nationalstaatlich verfasste Gesellschaften mit ihrer jeweiligen Kultur und Geschichte vor Augen gehabt und diese waren entscheidend für die Resistenz der Strukturen der zivilen Gesellschaft gegenüber den Schocks der ökonomischen Krise. Er hat die Komplexität der hegemonialen Auseinandersetzungen als einen „Stellungskrieg" beschrieben, weil angesichts der Kasematten der zivilgesellschaftlichen Institutionen der frontale Bewegungs- und Angriffskrieg in den vielen Verteidigungsringen stecken bleibt. Die Darstellung in der Begrifflichkeit des Militärs ist ein Problem, aber die Botschaft ist deutlich. Heute ist die von Gramsci beschriebene Lage ungleich schwieriger, weil die Strukturen der Zivilgesellschaft von globalen ökonomischen Prozessen, politischen Konflikten und Klassenverhältnissen beeinflusst sind. Wie die Macht im globalen

Raum, in Ökonomie, Politik, Gesellschaft verteilt ist, so auch die schützenden Kasematten der Institutionen der global governance. Diese sind durch die Bastionen mächtiger Nationalstaaten geschützt, die möglichen Herausforderern keinen toten Winkel bieten, aus dem sie agieren könnten. Es kommt hinzu, dass auch die konkreten Utopien in der Welt je nach Erfahrungen, Kulturkreis, ökonomischer Entwicklung und Nationalität verschieden sind und die Pluralität der Möglichkeiten in Zeiten der Globalisierung eine geographische Dimension besitzt.

Gramsci hat eine andere wesentliche Entwicklung nicht bedenken können, die in dieser Schrift im Zentrum steht: Dass der Kapitalismus und die ihm angemessenen Strukturen der Zivilgesellschaft nicht wegen der inneren Widersprüche und Krisen, sondern vor allem wegen der äußeren Grenzen der Natur an Schranken stößt. Die zur Neige gehenden Ölreserven können den Reproduktionsmodus des Kapitalismus destabilisieren. Gegenüber gesellschaftlichen Konflikten und gegenüber ökonomischen Krisentendenzen können Gesellschaft und Politik, wie Gramsci ausführt, stabilisierende Abwehrmechanismen entwickeln. Gegenüber den Grenzen der Natur auf der Seite der Ressourcen (vor allem Peakoil) und der Senken (Klimakollaps) ist dies ungleich schwieriger und vielleicht sogar (ich drücke mich vorsichtig aus) hoffnungslos. Die geforderte Veränderung des gesellschaftlichen Naturverhältnisses ist so radikal, dass die tradierten Reproduktionsformen des Kapitalismus, wie wir ihn kennen, und mit ihm die Hegemonie des Bürgertums in Frage gestellt sind. Es wird an den Grenzen des fossilen Energieregimes erst so recht deutlich, wie zentral das gesellschaftliche Naturverhältnis für die ökonomische Reproduktion des Systems, für politische Herrschaft, für die Hegemonie der Herrschenden ist. Auch wird klar, wie mangelhaft der Großteil der sozialwissenschaftlichen Literatur ist, weil das gesellschaftliche Naturverhältnis in aller Regel jenseits des Horizonts der Erkenntnis und zumeist auch der theoretischen Neugier platziert ist. Die Grenze der Natur erscheint als eine Entwicklungsblockade, durch die viele Möglichkeiten ausgeschlossen werden. Dies gilt insbesondere für alle jene Utopien, die von den planetaren Ressourcen als einem Füllhorn ausgehen, aus dem in alle Ewigkeit geschöpft werden könne. Utopien auf dieser Basis stellen sich als abstrakt dar, weil sie durch konkrete Praxis und in den daraus folgenden Entwicklungen gar nicht erreichbar sind. Sie können sich nicht aus der wirklichen Welt entfalten, dazu fehlt die Potenzialität. Zugleich sind die Grenzen der Naturressourcen aber eine Wegscheide, an der sich neue Möglichkeiten öffnen, über die zu räsonnieren auf der Grundlage des fossilen Energiesystems unangemessen und unmöglich war. Die Entwicklungsbahn wird also gewechselt. Dies geschieht nicht von selbst, und auch nicht von heute auf morgen. Doch wie lang kann die Übergangsperiode überhaupt sein?

Eine andere Welt ist möglich, wie von der globalisierungskritischen Bewegung optimistisch postuliert wird. Eine andere Welt ist notwendig, sagen diejenigen, die sich der Dramatik von Peakoil bewusst sind und davon ausgehen, dass in historisch kurzer Zeit, innerhalb von wenigen Jahren oder Jahrzehnten eine grundlegende Veränderung der Lebens- und Arbeitsverhältnisse herbeigeführt werden muss: weg von den fossilen Energieträgern und hin zu erneuerbaren Energien. Das ist keine technische Frage, obwohl die energiepolitischen Alternativen zumeist darauf reduziert werden, die Effizienz von Förderung, Transport und Verbrennung fossiler Energien zu erhöhen (vgl. beispielsweise den Hirsch-Report 2005). Die Frage löst vielmehr hegemoniale Auseinandersetzungen aus, Konflikte mit den Vertretern der fossilen Energiehändler, den großen Versorgungsunternehmen und vor allem den Atomkraftbetreibern, die die nukleare Energie als Alternative zu dem zur Neige gehenden Öl ausgeben.

Die Alternativen der solidarischen Ökonomie und der nachhaltigen Gesellschaft sind im achten Kapitel diskutiert worden. Die solidarische und nachhaltige Ökonomie ist nichts weniger als die Parteiergreifung für die „Utopisten" mit Möglichkeitssinn. Es werden die Chancen ergriffen, die die heutige Entwicklung bietet, und zur Verwirklichung der möglichen Welt genutzt. Dies geschieht immer in einer globalen politischen Auseinandersetzung mit den „Realisten", die den Sachzwängen des fossilen Regimes gehorchen, obwohl dieses zu Ende geht. In dieser Auseinandersetzung können neue Spielräume für heute noch gar nicht absehbare Alternativen gewonnen werden. Wie sind die vielen kleinen lokalen Initiativen in Richtung einer solidarischen und solaren Gesellschaft in den globalen Kontext einzuordnen? Und wie ist das Verhältnis zu makroökonomischen Politikalternativen? Was treibt die Bewegungen an, sich für Alternativen, für eine solidarische Ökonomie, für eine solare Gesellschaft einzusetzen?

Bei der Beantwortung dieser Fragen müssen wir die Zeit berücksichtigen. Auf der Zeitstrecke von der Vergangenheit in die Gegenwart fühlen wir uns einigermaßen zu Hause und daher sicher auf bekanntem Grund. Man kann über Interpretationen von Statistiken, Berichten, Analysen streiten. Aber was geschehen ist, kann nicht rückgängig gemacht oder verändert werden. Für die Analyse der Gegenwart als Geschichte gibt es Regeln, die auf wissenschaftlichen Methoden basieren, an die sich „der kälteste Detektiv" (Bloch 1973: 1621) zu halten hat. Dennoch ist sie nicht „objektiv", sie ist umstritten. Man kann sich ja seine eigene Geschichte im Nachhinein zusammenreimen oder zusammenfälschen. Man kann so eine falsche Identität erzeugen, aber man kann das Falsche nicht wahr machen und der Zukunft auf diese Weise ein Fundament geben. Irgendwann wird das Gefälschte als solches erkannt. Man muss also um die Interpretation der Geschichte kämpfen, und je näher sie an der Gegenwart liegt, umso heftiger.

Die Sicherheit der Analyse als „nachträglicher Prognose" gibt es auf der Zeitstrecke von der Gegenwart in die Zukunft nicht. Wir haben keine Analysen des noch nicht Geschehenen, und Prognosen sind ein in aller Regel jämmerlicher Ersatz. Wissenschaftler beanspruchen nämlich, die Resultate von Handlungen vieler Menschen vorhersehen und die Wechselbeziehungen der Zukunft kalkulieren zu können, ein aberwitziges Unterfangen. Meistens wird die Gegenwart verlängert, als Gegenwart plus, Zukunft genannt. Wo Alternativen fehlen, geht die Hoffnung verloren. Der Optimismus, der aus Gottfried Wilhelm Leibniz' philosophischer Ableitung zu entnehmen ist, dass die jeweils gegenwärtige Welt auch die beste aller möglichen Welten sei, kann heute mit noch mehr Berechtigung als in Voltaires „Candide" vor dreihundert Jahren mit Hohn und Sarkasmus bedacht werden. Wenn die „beste aller möglichen Welten" überhaupt zustandekommt, dann durch reflexive Praxis der Menschen selbst, durch einen diskursiven Prozess „kollektiver Forschung", wie der italienische Linkssozialist Lelio Basso in den 60er und 70er Jahren schrieb. Das ist die Verbindung von wissenschaftlicher Analyse und Utopie.

Die vielen praktischen Initiativen in der Welt sind Anlass genug, um aus der Fatalität der Alternativlosigkeit herauszukommen. Es gibt eine Art Curriculum für die Zeitstrecke von der Gegenwart in die Zukunft. Dieses ist aber kein „Abbild" der real gewordenen Welt, das nur die Klarheit der Faktizität vermissen lässt. Vorhersehen, so Antonio Gramsci, bedeutet, „Gegenwärtiges und Vergangenes als in Bewegung befindlich gut zu beobachten. Gut beobachten heißt, die fundamentalen und permanenten Elemente des Prozesses genau zu identifizieren. Es ist aber absurd, an eine rein 'objektive' Voraussage zu denken ..." (Gramsci 1967: 319). Die Zukunft ist kein aus Vergangenheit und Gegenwart zu verlängerndes Faktum, sie wird gemacht. Sie ist „nicht etwa aus dem Kopfe zu erfinden, sondern vermittelst des Kopfes in den vorliegenden materiellen Tatsachen der Produktion zu entdecken." (Engels: MEW Bd. 19, S. 210). Also geht es um die Potenzialität in den gegenwärtigen Verhältnissen. Aber diese enthalten nicht nur eine Zukunft, sondern viele mögliche Zukünfte. Daher kann es gar nicht nur um die Entdeckung der „vorliegenden materiellen Tatsachen der Produktion" gehen, sondern um die Konkretisierung von Utopien und die Auseinandersetzung um deren praktische Umsetzung. Denn „die materiellen Tatsachen der Produktion" in die Zukunft projizieren zu wollen, ist sinnlos, wenn die energetische Basis der Produktion, wenn die Kongruenz von Kapitalismus, Rationalität, Industriesystem und fossilen Energien Risse bekommt und nicht gewährleistet ist. Das Überschreiten des Höhepunktes der Ölförderung ist also auch ein Bruchpunkt für gesellschaftliche Alternativentwürfe. Manche Utopien, die ein funktionierendes fossiles Energieregime voraussetzen, das es nach Peakoil nicht mehr gibt, werden unkonkret und im schlechten Sinne abstrakt und müssen aus der Vielfalt der möglichen Welten ausgesondert werden. Dies gilt für die technischen Zukunftsentwürfe auf der Basis der „materiellen Tatsachen der Produktion" mit Automatisierung von Betrieben und Haushalten, unbegrenzter Mobilität und einem Konsumgüterangebot, das keine Wünsche offen lässt. Andere Utopien werden nach Peakoil konkret, die es zuvor nicht gewesen sind, so lange das Öl reichlich zur Verfügung stand. Die Regionalisierung der Weltwirtschaft, die Verlangsamung von Produktion und Transport („Entschleunigung"), die „Dekompression" von Zeit und Raum, die

„Deglobalisierung" also, werden nicht nur Idee bleiben. Sie sind Möglichkeiten, die notwendigerweise in Realität umgesetzt werden müssen. Dabei sind viele Variationen möglich. Wie Freiheit, Gerechtigkeit, gutes Leben realisiert werden, ist nicht vorgegeben. Nur das Terrain wird bestimmt und benannt, auf dem die konkrete Utopie zur Wirklichkeit wird.

Viel hängt also von der Einschätzung der weiteren Verfügbarkeit des Öls ab. Dass das Öl und andere fossile Energieträger zu Ende gehen, bestreitet niemand. Denn an der Endlichkeit der Ressourcen kann kein irdisches Wesen etwas ändern. Umstritten ist der Zeitrahmen. Wird der Höhepunkt der Ölförderung (Peakoil) in wenigen Jahren überschritten oder erst in einigen Jahrzehnten? Eine Antwort ist schwierig wie die Analyse im siebenten Kapitel gezeigt hat. Nur eines ist sicher. An Alternativen zum fossilen Energieregime muss gearbeitet werden, bereits heute oder allerspätestens morgen. Doch wird die Alternative sich in die Zwangsjacke der Infrastrukturen des fossilen Energieregimes stecken lassen oder als konkrete Utopie eine mögliche andere Welt imaginieren, die auf erneuerbaren Energien gründet? Auch wenn Peakoil noch Jahrzehnte entfernt sein mag, findet die Auseinandersetzung um diese Kernfrage schon heute statt. Die konservativen Statthalter des status quo spielen auf Zeit, auch in der neoliberal erzeugten Hoffnung, dass schon eine technische Lösung des Energieproblems gefunden werden kann, wenn nur die Preise der Energieträger steigen und Investitionen in die Förderung von unkonventionellem Öl (Ölsand und -schiefer, Teeröl, Tiefseeöl) und in Nukleartechnik, vor allem in Fusionsreaktoren rentabel werden. Dann könnten auch alle materiellen Infrastrukturen (etwa für Automobile) weitergeführt werden, das Herrschaftssystem könnte weiterhin so funktionieren wie seit Beginn des fossilen Zeitalters. Auch die Lebensweisen, die Konsum- und Produktionsmuster und mit ihnen die fossilen Deutungsmuster der politischen Kultur könnten weitergeführt und fortgeschrieben werden. Und der Kapitalismus wäre nicht am Ende, wenn die Grenzen der Natur sich als nicht existent herausstellen. Er würde möglicherweise weniger rationell und effizient funktionieren, wenn nicht mehr das arabische Leichtöl zur Befriedigung der steigenden globalen Nachfrage nach Öl in die Raffinerien gepumpt werden könnte, sondern die unkonventionellen Öle mit hohem Energieaufwand gefördert und raffiniert werden müssten. Aber die höheren Kosten könnten ja durch Umverteilung zu Lasten der Arbeiter und durch weitere Schädigung der Natur vom Kapital abgewälzt werden. Konflikte würden dann auf jeden Fall zunehmen. Aber sie würden nicht um ein alternatives Energieregime geführt. Sie passen in die traditionelle Logik von Verteilungskonflikten, mit deren Austragung die herrschenden Klassen im Verlauf der Jahrhunderte viele Erfahrungen haben sammeln können. Der Ausbau der Nukleartechnik hätte eine in den Bereich des Unkontrollierbaren wachsende Gefahr der Weiterverbreitung atomarer Waffen zur Folge. Das wäre die schwärzeste aller Utopien, ein zukünftiger atomarer Konflikt, der der Erde die Hölle auf Erden brächte.

Dies ist anders, wenn Nachhaltigkeit und Solidarität zu Leitbildern einer konkreten Utopie werden. Dann stehen nicht nur die Energiequellen zur Disposition, sondern auch die Verwendungsweisen. Die Infrastruktur müsste angepasst werden, wenn beispielsweise Mobilitätserfordernisse und -bedürfnisse nicht mehr mit dem Automobil im Individualverkehr befriedigt werden, wenn die Stadtplanung nicht mehr Wohnen, Arbeiten, Erholung auseinanderreißt, sondern auf Nähe der Lebensbereiche achten muss, wenn die Häuser so gebaut werden, dass sie nicht im Winter beheizt und im Sommer gekühlt werden müssen. Das sind dann gesamtgesellschaftliche Aufgaben, die nicht allein auf lokaler Ebene bewältigt werden können. Daher kommt es auf die Einbettung in ein alternatives Projekt an, das eine Veränderung der Zeitstrukturen zwischen Arbeit und Reproduktion ebenso einschließt wie die Entkoppelung von monetären Einkommen von der Leistung. Das ist mehr als die in jedem Alternativprogramm geforderte Arbeitszeitverkürzung, da die Veränderung der Zeitstrukturen angepeilt wird. Diese ist nämlich keine selbstverständliche Folge der Verkürzung von Arbeitszeit. Das läuft auf eine Abkehr vom Produktivismus hinaus, der mit der industriell-fossilen Revolution entstand und das Leben der Menschen unterworfen hat und den Bedingungen der Verwertung und Akkumulation von Kapital so fantastisch entsprochen hat, dass der Kapitalismus (wie wir im fünften Kapitel gesehen haben) in den vergangenen etwa zweihundert Jahren wahre Triumphe bei der Produktion des Wohlstands feiern konnte. Die Kehrseiten sind die bereits (im sechsten Kapitel) diskutierten vernichtenden ökonomischen und sozialen Krisen, die sozialen Ungerechtigkeiten bis zur Ausgrenzung großer Teile der Menschheit von der Nutzung des produzierten Wohlstands, manches Mal mit einer Gewalt, die nicht nur für Exklusion sorgt, sondern die soziale und manchmal sogar physische *Extinction* von Menschen zur Folge hat. Auch die Zerstörungen der Natur können nur angehalten werden, wenn die für den Produktivismus nützliche Ressourcenplünderung und die Überlastung der Sphären der Natur aufhören. Die Ausführungen im achten Kapitel über die Rolle des Staates in diesem Prozess der Verwirklichung von Möglichem können nur unterstrichen werden. Es ist kaum vorstellbar, dass so grandiose Aufgaben wie die Realisierung einer nachhaltigen und solidarischen Gesellschaft bewältigt werden können ohne die Bereitstellung einer Vielfalt von öffentlichen Gütern auf lokaler, nationaler und globaler Ebene und ohne eine Wirtschafts-, Sozial- und Energiepolitik, die nicht die konservativen Statthalter des status quo unterstützt, sondern sich den Alternativen von Nachhaltigkeit und Solidarität öffnet.

Beim Nachdenken über Alternativen, bei der genauen Beobachtung der Transaktionen innerhalb des gesellschaftlichen Naturverhältnisses, wird man auf die nützlichen Instrumente der politischen Ökonomie und der thermodynamischen Ökonomie nicht verzichten können. Letztere besagt nämlich, dass die Förderung der unkonventionellen fossilen und nuklearen Energien möglicherweise einen höheren Energieaufwand benötigt, als Energie geerntet werden kann. Diese Irrationalität wird sich ökonomisch ausdrücken. Sie besagt auch, dass der gesamte Energie- und Stoffkreislauf einschließlich seiner „externen Effekte“ zu berücksichtigen ist, wenn Bilanz gezogen wird. Und dann kann es so sein (die Wahrscheinlichkeit ist sehr hoch, dass es so ist), dass das fossile Energieregime immer mehr Energie benötigt, um die fossile (und nukleare) Energie verfügbar zu machen und dass die stofflichen, liquiden und gasförmigen Emissionen die Reproduktionsfähigkeit natürlicher Systeme und daher die Evolution der Arten gefährden. Diese „genaue Beobachtung“ ist die starke analytische Grundlage für die konkrete Utopie einer nachhaltigen und solidarischen Gesellschaft. Die politische Ökonomie und deren Kritik wiederum können zeigen, dass und wie Markt und Macht die Kräfte des Beharrens stützen, wie diese aber immer wieder jene, manchmal katastrophalen Krisen erzeugen, die Millionen Menschen aus der Bahn werfen und sie zur praktischen Suche veranlassen: nach den konkreten Utopien von Solidarität und Nachhaltigkeit gegen Profit, Sozialabbau und Umweltzerstörung. Die Verhältnisse sind es zumeist und die zündenden Ideen, die zur Verwirklichung der konkreten Utopie anfeuern – in aller Welt, in verschiedener Weise. Das ist das Positive, Herr Kästner.

Abkürzungen

ASPO	Association for the Study of Peakoil/ Vereinigung zum Studium des Höhepunkts der Ölförderung
ATTAC	Association pour une Taxation des Transactions financières pour l'Aide aux Citoyens - Internationale globalisierungskritische Bewegung
BIP	Bruttoinlandsprodukt
BIT	Bilateral Investemnt Treaty/ Bilaterales Investitionsabkommen
BP	British Petroleum
CIA	Central Intelligence Agency
EU	Europäische Union
EZB	Europäische Zentralbank
FAZ	Frankfurter Allgemeine Zeitung
FR	Frankfurter Rundschau
FTD/ FT	Financial Times Deutschland/ Financial Times
G7	Gruppe der 7 (Industrieländer USA, Kanada, Großbritannien, Frankreich, Italien, Deutschland, Japan
G77	Gruppe der 77 (Schwellen- und Entwicklungsländer)
G8	Gruppe der 8 (G7 plus Russland)
IEA	International Energy Agency/ Internationale Energie-Agentur
ILO	International Labour Organization/ Internationale Arbeitsorganisation
IMF/ IWF	Interational Monetary Fund/ Internationaler Währungsfonds
IPCC	Intergovernmental Panel on Climate Change/ Intergouvernementales Gremium zum Klimawandel
LIBOR	London Interbank Offer Rate/ Der Angebotszins im Londoner Interbankenhandel
mbd	Million barrels per day/ Millionen Fässer (je 159 Liter) pro Tag
MEW	Marx - Engels Werke
MSC	Maximum Sustainable Capacity (der Erdölförderung)
NAFTA	North American Free Trade Agreement/ Nordamerikanisches Freihandelsabkommen
NSS	National Security Straegy/ Nationale Sicherheitsstrategie der USA von 2002
OECD	Organisation for Economic Cooperation and Development/ Organisation für wirtschaftliche Zusammenarbeit und Entwicklung
OPEC	Organization of the Petroleum Exporting Countries/ Organisation Erdöl exportierender Länder
PDVSA	Petróleo de Venezuela S.A. (Staatliches Erdölunternehmen Venezuelas)
TAZ	Die Tageszeitung
UNCTAD	United Nations Conference on Trade and Development/ Konferenz der Vereinten Nationen zu Handel und Entwicklung
UNDP	United Nations Development Program/ Entwicklungsprogramm der UNO
WestLB	Westdeutsche Landesbank
WTO	World Trade Organisation/ Welthandelsorganisation

Literatur

Acosta, Alberto (2004): Erdöl in Ecuador, in: PROKLA 135 - Zeitschrift für kritische Sozialwissenschaft, 34. Jahrg., Heft 2, Juni 2004: 199-222

Aglietta, Michel (1979): A Theory of Capitalist Regulation: the US Experience, (New Left Books) London

Aglietta, Michel (2000): Ein neues Akkumulationsregime. Die Regulationstheorie auf dem Prüfstand, (VSA) Hamburg

Akapinger, Michael/Cibola, Marco (2005): Fair Shares?, in: FTmagazine, June 11 2005, Isue No. 109: 18-24

Albert, Michel (1991): Capitalisme contre Capitalisme, (Éditions du Seuil) Paris.

Alemann, Ulrich von (1996): Solidarier aller Parteien - verschont uns! Eine Polemik, in: Gewerkschaftliche Monatshefte, 11-12/1996

Altvater, Elmar (1992): Der Preis des Wohlstands oder Umweltplünderung und neue Welt(un)ordnung, (Westfälisches Dampfboot) Münster

Altvater, Elmar (1992): Die Zukunft des Marktes. Ein Essay über die Regulation von Geld und Natur nach dem Scheitern des 'real existierenden Sozialismus', (Westfälisches Dampfboot) Münster

Altvater, Elmar/Mahnkopf, Birgit (1993): Gewerkschaften vor der europäischen Herausforderung. Tarifpolitik nach Mauer und Maastricht, (Westfälisches Dampfboot) Münster

Altvater, Elmar (1998a): Die prästabilierte Harmonie, die unsichtbare Hand und die moderne Globalisierung, in: Sitzungsberichte der Leibniz-Sozietät, Band 23, Jg. 1998, Heft 4: 5-38

Altvater, Elmar (1998b): Masse und Macht im Zeitalter der Globalisierung, in: Leviathan Zeitschrift für Sozialwissenschaft, Jahrgang 26, Heft 1/1998, S. 133-151; leicht geändert auch in: Pattillo-Hess, John/Mario R. Smole (Hrsg.): Canettis Masse und Macht, oder wie man das Jahrhundert an der Gurgel packt, (Löcker Verlag) Wien: 9-25

Altvater, Elmar (1998c): Theoretical Deliberations on Time and Space in Post-Socialist Transformation, in: Regional Studies, Vol. 32.7, 1998: 591-605

Altvater, Elmar (2002): The Growth Obsession, in: Panitch, Leo/Colin Leys (Hrsg.): Socialist Register 2002: A World of Contradictions, (Merlin Press/Fernwood Publishing/Monthly Review Press) London: 73-92

Altvater, Elmar (2003a): Monetäre Krisen und internationale Finanzarchitektur, in: Stiftung Entwicklung und Frieden (Hrsg.): Globale Trends. Fakten, Analysen, Prognosen 2004/05, Frankfurt a.M.: 137-156

Altvater, Elmar (2003b): Was passiert, wenn öffentliche Güter privatisiert werden? in: Peripherie, Zeitschrift für Politik und Ökonomie in der Dritten Welt, Nr. 90/91, 23. Jahrg., August 2003: 171-201

Altvater, Elmar (2004a): Inflationäre Deflation oder die Dominanz der globalen Finanzmärkte, in: Prokla - Zeitschrift für kritische Sozialwissenschaft, No 134, März 2004

Altvater, Elmar (2004b): Eine andere Welt mit welchem Geld?, in: Wissenschaftlicher Beirat von Attac Deutschland, Reader Nr. 3: Globalisierungskritik und Antisemitismus, Frankfurt a.M. 2004: 24-34

Altvater, Elmar (2005): Öl-Empire, in: Blätter für deutsche und internationale Politik, Januar 2005: 65-74

Altvater, Elmar/Hoffmann, Jürgen/Semmler, Willi (1979): Vom Wirtschaftswunder zur Wirtschaftskrise, (Olle & Wolter) Berlin

Altvater, Elmar/Mahnkopf, Birgit (2002): Globalisierung der Unsicherheit - Arbeit im Schatten, schmutziges Geld und informelle Politik, (Westfälisches Dampfboot) Münster

Altvater, Elmar/Mahnkopf, Birgit (2003): Die Informalisierung des urbanen Raums, in: Neue Gesellschaft für Bildende Kunst: Learning from - Städte von Welt, Phantasmen der Zivilgesellschaft, informelle Organisation, Berlin: 17-30

Altvater, Elmar/Mahnkopf, Birgit (2004, 6. Aufl.): Grenzen der Globalisierung. Ökonomie, Politik, Ökologie in der Weltgesellschaft, (Westfälisches Dampfboot) Münster

Anders, Günther (1956/1992): Die Antiquiertheit des Menschen, 2 Bände, (H.C. Beck) München

Anders, Günther (1972): Endzeit und Zeitenende. Gedanken über die atomare Situation, (H.C. Beck) München

Anderson, Perry (/1992): A Zone of Engagement, (Verso) London, New York

Armstrong, Philip/Glyn, Andrew/Harrison, John (1991): Capitalism since World War II, (Basil Blackwell) London

Atzler, Elisabeth/Schieritz, Mark (2005):Hedge-Fonds geraten ins Schlingern, Financial Times Deutschland, 12.05.2005

Bahro, Rudolf (1976): Die Alternative, (Europäische Verlagsanstalt) Köln

Baldacci, Emanuele/Clemets, Benedict/Gupta, Sanjeev (2003): Using Fiscal Policy to Spur Growth, in: Finance & Development, December 2003: 28-31

Bello, Walden (2004): Deglobalization. Ideas for a new World Economy, (Zed Books) London, New York et al.

Benjamin, Walter (1978): Monadologie, in: Gesammelte Schriften, Bd. I.1, (Suhrkamp) Frankfurt a.M.: 227 f.

Benjamin, Walter (1985): Kapitalismus als Religion, in: Gesammelte Schriften, Bd. 6, (Suhrkamp) Frankurt a.M.: 100-103

Berle, Adolf/Means, Gardiner (1932): The Modern Corporation and Private Property, (Macmillan) New York

Bialakowski, Alberto L. (2004): Procesos sociales de exclusión-extención, in: Mota Dáz/ Cattani, Hrsg.: Desigualdad, pobreza, exclusión y vulnerabilidad en América Latina, (Cigome) Mexico: 101-142

Birkhölzer, Karl (2005): Formen und Reichweite lokaler Ökonomien, http://www. stadtteilarbeit.de/Seiten/Theorie/birkhoelzer/formen_lokaler_oekonomien.htm# beschreibung (download Mai 2005)

Birkhölzer, Karl/Kistler, Ernst/Mutz, Gerd (2004): Der Dritte Sektor - Partner für Wirtschaft und Arbeitsmarkt, (Verlag für Sozialwissenschaften) Wiesbaden

BIS (2003): Bank for international Settlement, 73th Annual Report, 30 June 2003, Basel

Bloch, Ernst (1973): Das Prinzip Hoffnung, 3 Bände, (Suhrkamp) Frankfurt a.M.

Bode, Thilo (2005): Welches Wachstum hat Vorfahrt?, in: Blätter für deutsche und internationale Politik, August 2005: 939-947

Bohrer, Karl-Heinz/Scheel, Kurt (2003): Geleitwort (ohne Titel), in: Merkur, Sonderheft, September/Oktober 2003: 745-46

Brand, Ulrich/Brunnengräber, Achim/Schrader, Lutz/Stock, Christian/Wahl, Peter (2000): Global Governance. Alternative zur neoliberalen Globalisierung, (Westfälisches Dampfboot) Münster

Braudel, Fernand (1986a): Sozialgeschichte des 15. bis 18. Jahrhunderts. Der Handel, (Büchergilde Gutenberg) Frankfurt a.M., Olten, Wien

Braudel, Fernand (1986b): Sozialgeschichte des 15. bis 18. Jahrhunderts. Aufbruch zur Weltwirtschaft, (Büchergilde Gutenberg) Frankfurt a.M., Olten, Wien

Brenner, Robert (2002): The Boom and the Bubble - The U.S. in the World Economy, (Verso) London

Brockhaus (1981): Brockhaus Nachschlagewerk Geologie, (VEB F.A. Brockhaus Verlag), Leipzig

Brzezinski, Zbigniew (1997): Die einzige Weltmacht, (Beltz Quadriga) Weinheim und Berlin

Callinicos, Alex (2004): Ein antikapitalistisches Manifest, (VSA) Hamburg

Cameron, Rondo (1997): A Concise Economic History of the World. From the Paleolithuc Times to the Present, 3rd edition, (Oxford University Press) Oxford, New York

Campbell, Colin/Laherrère, Jean H. (1998): The Ende of Cheap Oil, in: Scientific American, March 1998 (http://dieoff.org/page140.htm)

Canetti, Elias (1980): Masse und Macht, (Fischer Taschenbuch, Lizenzausgabe) Frankfurt a.M.

Cardoso, Fernando E./Faletto, Enzo (1977): Abhängigkeit und Entwicklung in Lateinamerika, (Suhrkamp) Frankfurt a.M.

Chan, Ha-Joon (2002): Kicking away the Ladder. Development Strategies in Historical Perspective, (Anthem Press) London

Chandler, Alfred D. Jr. (1977): The Visible Hand, (Harvard University Press) Cambridge, London

Chase-Dunn, Christopher /Podobnik, Bruce (1999): The Next World War: World-System Cycles and Trends, in: Bornschier, Volker /Chase-Dunn, Christopher (Hrsg.): The Future of Global Conflict, London, 40-65

Cheney-Report (2001): National Energy Policy - Reliable, Affordable, and Environmentally Sound Energy for America's Future. Report of the National Energy Development Group, The Vice President, Washington D.C. (http://www.whitehouse.gov/energy/National-Energy-Policy.pdf)

Chesnais, François und Serfati, Claude (2003): Les conditions physiques de la reproduction sociale, in: Harribey, J.-M./Löwy, Michael (Hrsg.): Capital contre nature; Collection Actuel Marx Confrontation, Presse universitaires de France, Paris: 69-105.

Cline, William R. (2004): Climate Change, in: Lomborg, Bjorn (Hrsg.): Global Crises, Global Solutions, (Cambridge University Press) Cambridge/Mass.: 13-43

Club of Rome (Meadows, Dennis/Meadows, Donella/Zahn, Erich/Millinger, Peter) (1973): Die Grenzen des Wachstums. Bericht des Club of Rome zur Lage der Menschheit, (Rowohlt) Reinbek bei Hamburg

Commission for Africa (2005): Our common interest - Report of the Commission for Africa, 11.03. 2005. Internet: http://www.commissionforafrica.org/english/report/thereport/english/11-03-05_cr_report.pdf

Commission on Human Security (2003): Human Security Now, New York 2003. Internet: http://www.humansecurity-chs.org/finalreport/index.html

Crafts, Nicholas (2000): Globalization and Growth in the Twentieth Century, IMF Working Paper WP/00/44, Washington D.C.

Crosby, Alfred (1991): Die Früchte des weißen Mannes. Ökologischer Imperialismus 900-1900, (Wissenschaftliche Buchgesellschaft) Darmstadt

Davis, Mike (2004): Planet of Slums, in New Left Review 26, March-April 2004: 5-34

De Angelis, Massimo (2004): Separating the Doing and the Deed: Capital and the Continuous Character of Enclosures, in: Historical Materialism. Research in Critical Marxist Theory, Vol. 12, Issue 2, 2004: 57-88

de Soto, Hernando (2002): Freiheit für das Kapital, (Rowohlt Berlin Verlag) Berlin

Debeir, Jean-Claude/Deléage, Jean-Paul/Hémery, Daniel (1989): Prometheus auf der Titanic. Geschichte der Energiesysteme, (Campus) Frankfurt a.M., New York

Deffeyes, Kenneth S. (2005): Beyond Oil. The View from Hubbert's Peak, (Hill and Wang) New York

Diekmann, Jochen/Kemfert, Claudia (2005): Erneuerbare Energien: Weitere Förderung aus Klimaschutzgründen unverzichtbar, in: DIW Berlin, Wochenbericht, Nr. 29/2005, 72. Jahrg./20.7.2005

Dieter, Heribert (2005): Welche Zukunft hat die Globalisierung? Die Weltwirtschaft im Angesicht von Finanzkrisen, Protektionismus und regionalen Handelsblöcken, Habilitationsschrift, Fachbereich Politik- und Sozialwissenschaften der Freien Universität Berlin 2005

Dinerstein, Ana C. (2003): Power or Counter Power? The dilemma of the Piquetero movement in Argentina post-crisis, in: Capital & Class, 81, Autumn 2003: 1-8

Dollar, David/Kraay, Aart (2001): Trade, Growth and Poverty. Development Research Group, The World Bank. Internet: http://www.econ.worldbank.org/file/2207_wps2615.pdf

Dryzek, John S. (1997): The Politics of the Earth. Environmental Discourses, (Oxford University Press) Oxford

Durkheim, Emile (1983): Der Selbstmord, (Suhrkamp Taschenbuch) Frankfurt a.M. (ursprüngl. 1897)

Dürr, Hans-Peter (1998): Struktur, Wertschöpfung und Nachhaltigkeit, in: Heinrich, Michael/Messner, Dirk, Hrsg.: Globalisierung und Perspektiven linker Politik, (Westfälisches Dampfboot) Münster

Easterlin, Richard A. (1998): Growth Triumphant. The Twenty-first Century in Historical perspective, Ann Arbor

Ebeling, Werner (1995): Selbstorganisation und Entropie in ökologischen und ökonomischen Prozessen, in: F. Beckenbach/H. Diefenbacher (Hg.): *Zwischen Entropie und Selbstorganisation*, Marburg (Metropolis): 29-46

Eisenblätter, Peter/Martens, Jens/Oesterheld, Werner (2004): Foreword, in: Martens, Jens/ Schürkes, Jonna, eds.: Human Security and Transnational Corporations. DGB-Bildungswerk, terre des hommes, WEED

Elgue, Mario César (2005): La economia social fundacional como incubadora de la nueva economía solidaria, in: realidad economica, 210, Febr./Marzo 2005: 42-59

Elliott, Lorraine (2004): The Global Politics of the Environment, (Palgrave) Houndmills, Basingstoke

Enquete-Kommission (2002): Deutscher Bundestag, Hrsg: Schlussbericht der Enquete-Kommission Globalisierung der Weltwirtschaft, (Leske +Budrich) Opladen

ERP 2003: Economic Report of the President together with The Annual Report of the Council of Economic Advisors, (United States Government Printing Office) Washington D.C.

Eucken, Walter (1959): Grundsätze der Wirtschaftspolitik, (Rowohlt) Reinbek bei Hamburg.

EurEnDel (2004): Technology and Social Visions for Europe's Energy Future - a Europe-wide Delphi Study, Final Report (November 2004). Internet: http://www.izt.de/pdfs/eurendel/results/eurendel_final.pdf (download Mai 2005)

EZB (2005): Europäische Zentralbank: Entwicklung des Regelungsrahmens für die Unternehmensführung und -kontrolle (Corporate Governance), in Monatsbericht, Mai 2005: 93-106

Fanon, Frantz (1962): Les damnés de la terre. Paris, Cahiers libres, 2. éd.

Feldman, G.A. (1965): On the Theory of Growth Rates of National Income, in: Spulber, Nicholas, ed.: Foundations of Soviet Strategy for Economic Growth - Selected Essays, 1924-1930, (Indiana University Press) Bloomington

Felix, David (2002): The Rise of Real Long-term Interest Rates since the 1970s. Comparative Trends, Causes and Consequences. Enquete-Kommission „Globalisierung der Weltwirtschaft“, Deutscher Bundestag.

Fidler, Stephen (2005): „OpeRating in a troubling legal and regulatory vacuum“, in: FT 09.05.2005

Foster, John Bellamy/Clark, Brett (2005): Das Imperium der Barbarei, in: Utopie kreativ. Diskussion sozialistischer Alternativen, Juni 2005: 491-503

Foucault, Michel (1993): Technologien des Selbst, in: Foucault, Michel/Martin u.a., (Hrsg.): Technologien des Selbst (Fischer) Frankfurt a.M.

Frank, André Gunder (1998a): ReOrient: global economy in the Asian age. Berkeley Univ. of California

Frank, André Gunder (1998b): Aber die Welt ist doch rund, in: Heinrich, Michael/Messner, Dirk, Hrsg.: Globalisierung und Perspektiven linker Politik, (Westfälisches Dampfboot) Münster

Frank, André Gunder/Gills, B.K., eds. (1993): The World System: Five Hundred Years or Five Thousand?, (Routledge) London, New York

Friedman, Milton (1962): Capitalism and Freedom. University of Chicago Press

Friedmann, Harriet (2004): Feeding the Empire. The Pathologies of Globalized Agriculture, in: Socialist Register 2005, ed. Panitch, Leo/Leys, Colin: The Empire Reloaded, (Merlin Press) London

Fukuyama, Francis (1992): The End of History and the Last Man, (Free Press) New York

Fukuyama, Francis (1992): The End of History and the Last Man, Einleitung, Internet: http://www.marxists.org/reference/subject/philosophy/works/us/fukuyama.htm

Gambi, Lucio (1994): Autonomia e territorio/Autonomia e regione, in: Parolechiave, Nr. 4, 1994: 89-95

Genté, Régis/Rouy, Laurent (2005): Demokratische Umstürze in Serbien, Georgien und der Ukraine - Spontan und gründlich geplant, in: Le Monde Diplomatique (deutsche Ausgabe), Januar 2005: 9

Gibson-Graham, J.K. (1996): The End of Capitalism (As We Knew It), (Basil Blackwell) London

Global Challenges Network, ed. (2003): Ölwechsel! - Das Ende des Erdölzeitalters und die Weichenstellung für die Zukunft, (dtv) München

Gorgescu-Roegen, Nicholas (1971): The Entropy Law and the Economic Process, (Harvard University Press) Cambridge/Mass., London.

Gramsci, Antonio (1967): Philosophie der Praxis, Frankfurt a.M.

Gramsci, Antonio (1994): Gefängnishefte 6, 10. und 11. Heft, (Argument) Hamburg

Gramsci, Antonio (1999): Gefängnishefte 9, 22. bis 29. Heft, (Argument) Hamburg

Groh, Dieter (1982) „Imperialismus“ in: Geschichtliche Grundbegriffe, Historisches Lexikon zur politisch-sozialen Sprache in Deutschland, Band 3, (Klett-Cotta) Stuttgart

Grossman, Henryk (1967, repr.): Das Akkumulations- und Zusammenbruchsgesetz des kapitalistischen Systems, (EVA) Frankfurt a.M.

Hall, Peter A. /Soskice, David (2001): Varieties of Capitalism: The Institutional Foundations of Comparative Advantage, New York

Hardt, Michael/Negri, Antonio (2002): Empire. Die neue Weltordnung, (Campus) Frankfurt a.M., New York

Hardt, Michael/Negri, Antonio (2004): Multitude, (Campus) Frankfurt a.M., New York

Harrod, Roy (1958): The Possibility of Economic Satiety - Use of Economic Growth for Improving the Quality of Education and Leisure, in: Problems of United States Economic Development (Committee for Economic Development, Vol. I), New York: 207-213

Harvey, David (1989): The Urban Experience, Oxford

Harvey, David (1996): Justice, Nature & the Geography of Difference, (Blackwell) Cambridge/Mass., Oxford

Harvey, David (2003): The New Imperialism, (Oxford University Press) Oxford

Harvey, David (2004): The 'New' Imperialism: Accumulation by Dispossession, in: Panitch, Leo/Colin Leys (Hrsg.): The New Imperial Challenge, Socialist Register 2004, London: 63-87

Hayek, Friedrich A., von (1944/2003): Der Weg zur Knechtschaft, (Olzog) München

Hayek, Friedrich A., von (1968) Der Wettbewerb als Entdeckungsverfahren, Vortrag im Institut für Weltwirtschaft an der Universität Kiel, Kieler Vorträge, Folge 56, Kiel

Heinberg, Richard (2004): The party's over. Das Ende der Ölvorräte und die Zukunft der industrialisierten Welt, (Riemann, One Earth Spirit) München

Heine, Heinrich (1824): Reisebilder I - Memoiren, (Verlag von Otto Hendel) Halle

Heinrich, Michael (1999): Die Wissenschaft vom Wert, (Westfälisches Dampfboot) Münster

Heinrich, Michael (2004): Kritik der politischen Ökonomie. Eine Einführung, (Schmetterling Verlag) Stuttgart

Helleiner, Eric (1994): States and the Reemergence of Global Finance. From Bretton Woods to the 1990s, (Cornell University Press) Ithaca, London

Herr, Hansjörg/Priewe, Jan (2005): The Macroeconomics of Development and Poverty Reduction. Strategies Beyond the Washington Consensus, (Nomos) Baden-Baden

Hertsgaard, Mark (2005): Too little, too late?, in: The Nation, 2005

Hilferding, Rudolf (1927): *Organisierter Kapitalismus - Die Aufgaben der Sozialdemokratie in der Republik*, Sozialdemokratischer Parteitag in Kiel

Hilferding, Rudolf (1968): *Das Finanzkapital*, (Europäische Verlagsanstalt/Europaverlag) Frankfurt a.M., Wien

Hilger, Marie-Elisabeth (1982): „Kapitalismus", in: Geschichtliche Grundbegriffe, Historisches Lexikon zur politisch-sozialen Sprache in Deutschland, Band 3, (Klett-Cotta) Stuttgart

Hintze, Suzana (2003): Trueque y Economia Solidaria, (Prometeo) Buenos Aires

Hirsch, Fred (1980): Die sozialen Grenzen des Wachstums, (Rowohlt) Reinbek bei Hamburg

Hirsch, Joachim (2004): Was bedeutet Imperialismus heute?, in: Das Argument, 46. Jahrg., Heft 5/2004: 669-689

Hirsch-Report (2005): Hirsch, Robert L./Bezdek, Roger/Wending, Robert: Peaking of World Oil Production: Impacts, Mitigation, & Risk Management, February 2005: http://www.projectcensored.org/newsflash/The_Hirsch_Report_Proj_Cens.pdf

Hirschman, Albert (1970): Exit, Voice and Loyalty, (Harvard University Press) Cambridge/Mass.

Hirschman, Albert (1981): A Generalized Linkage Approach to Development, With Special Reference to Staples, in: *Essays in Transpassing*, Cambridge/London/New York (Cambridge University Press): 59-97

Hirschman, Albert O. (1984): *Leidenschaften und Interessen*, Frankfurt a.M. (Suhrkamp)

Hobbes, Thomas (1959): Leviathan. London Dent, Everyman's library (Reprint. [der Ausg.] 1914)

Hobsbawm, Eric (1968/1999): Industry and Empire, (Penguin) Harmondsworth

Hobsbawm, Eric (1995): Das Zeitalter der Extreme. Weltgeschichte des 20. Jahrhunderts, Wien, München.

Holloway, John (2002): Die Welt verändern ohne die Macht zu übernehmen, (Westfälisches Dampfboot) Münster

Huffschmid, Jörg (1999): Politische Ökonomie der Finanzmärkte, (VSA) Hamburg

Huffschmid, Jörg (2004), Koord.: Die Privatisierung der Welt. Hintergründe, Folgen, Gegenstrategien, Reader des wissenschaftlichen Beirtas von Attac, (VSA) Hamburg

Hui, Wang (2005): Der absolute Osten, in: Le Monde Diplomatique, (deutsche Ausgabe), Februar 2005: 16f

Humphreys, S.C. (1979): Geschichte, Volkswirtschaft und Anthropologie: das Werk Karl Polanyis, in: Polanyi, Karl (1979): Ökonomie und Gesellschaft, (Suhrkamp) Frankfurt a.M.

Huntington, Samuel (2004): Who are We? Die Krise der amerikanischen Identität, (Europaverlag) Hamburg

ILO (2000): InFocus Programme on Socio-Economic Security; Internet: http://www.ilo.org/public/english/protection/ses/about/index.html

ILO (2001): Report of the Director-General: Reducing the Decent Work Deficit - a Global Challenge, Report 1 (A), Geneva, June 2001; Internet: http://www.ilo.org/public/english/standards/relm/ilc/ilc89/rep-i-a.htm

IMF (1998): World Economic Outlook May 1998, (International Monetary Fund) Washington D.C.

IMF (2003): Deflation: Determinants, Risks, and Policy Options - Findings of an International Task Force, Washington D.C. http://www.imf.org/external/pubs/ft/def/2003/eng/043003.pdf

IMF (2005): World Economic Outlook April 2005 - Globalization and External Imbalances, (International Monetary Fund) Washington D.C.

Johnston, Chalmers (2004): Der Selbstmord der amerikanischen Demokratie, (Goldmann) München

Kaldor, Mary (1999): Neue und alte Kriege. Organisierte Gewalt im Zeitalter der Globalisierung, (Suhrkamp) Frankfurt a.M.

Kant, Immanuel (1795): Zum ewigen Frieden, (Reclam) Stuttgart

Karl, Terry Lynn (2003): The oil trap, in: Transparency International's Quarterly Newsletter, September 2003

Kaufmann, Daniel/Kraay, Aart/Mastruzzi, Massimo (2003): Governance Matters III: Governance Indicators for 1996-2002, Draft for Comment, June 30, 2003. Internet: http://www.worldbank.org/wbi/governance/pdf/govmatters3.pdf

Kazmierowski, Wolfgang (2005): Vom Segen der Hedge-Fonds, in: Börsenzeitung, 27.05.2005

Kebir, Sabine (1991): Gramsci's Zivilgesellschaft, (VSA) Hamburg

Kemfert, Claudia (2004): Die ökonomischen Kosten des Klimawandels, in: DIW-Wochenbericht, 42/2004

Kenwood/Loughheed (2004): The growth of the international economy 1820-2000, fourth edition. An introductory text, (Routledge) London, New York

Keynes, John M. (1936/1964): The General Theory of Employment, Interest and Money, London, Melbourne, Toronto.

Klare, Michael (2003): Blood for Oil: The Bush-Cheney Energy Strategy, in: Panitch, Leo/Leys, Colin (Hrsg.): The New Imperial Challenge, Socialist Register 2004, (Merlin Press) London: 166-185

Klare, Michael (2004): Blood and Oil. The Dangers and Consequences of America's Growing Dependency on Imported Petroleum, (Metropolitan Books) New York

Kleine-Brockhoff, Thomas/Schirra, Bruno (2001): Das System Leuna. Wie Politiker gekauft werden, warum die Justiz wegschaut, (Rowohlt Taschenbuch) Reinbek bei Hamburg

Kleveman, Lutz (2004): The New Great Game. Blood and Oil in Central Asia, (Atlantic Books) London

Koch, Claus (1995): Die Gier des Marktes, (Hanser) München

Korpela, Seppo A.: Oil Depletion in the United States and the World, A working paper for a talk to Ohio Petroleum Marketers Association at their annual meeting in Columbus, Ohio, May 1, 2002. Internet: http://www.Peakoil/ov-korpela,US_and_world_depletion.htm

Kößler, Reinhart/Melber, Henning (2002): Globale Solidarität? Eine Streitschrift, (Brandes & Apsel) Frankfurt a.M.

Kovel, Joel (2002): The enemy of nature: The end of Capitalism or the end of the world? (Zed books) London

Krauthammer, Charles (1991): The Unipolar Moment, in: Foreign Affairs, 1991, Vol. 70, 1: 23-33

Kutter, Karin (2004): Ölreserven und Ölinteressen. Wie glaubwürdig sind die Angaben zu den weltweiten Ölreserven?, in: PROKLA 137 - Zeitschrift für kritische Sozialwissenschaft, 34. Jahrg., Heft 4, Dezember 2004: 643-649

Leadbeater (2003): Up the Down Escalator. Why the Global Pessimists are Worng, (Penguin Books) London, New York etc.

Leggewie, Claus (2005): Hässliche Feindbilder gesucht, in: Internationale Politik, Juli 2005, Nr. 7, 60. Jahr: 96-104

Lehmann, Harry (2004): Von der Eiszeit zur Solarzeit, in: politische Ökologie, 87-88, März 2004

Leibniz, Gottfried Wilhelm (Nachdr. 1948): Monadologie, neu übersetzt, eingeleitet und erläutert von Herrmann Glockner, (Reclam) Stuttgart

Levey, David H./Brown, Stuart S. (2005). The Overstretch Myth, in: Foreign Affairs, March/April 2005, Vol.84, No 2: 2-7

Lipietz, Alain (1986): Mirages and Mircales, (Verso) London

Lieven, Anatol (2004): Liberal Hawk Down - Wider die linken Falken, in: Blätter für Deutsche und Internationale Politik, 12/2004: 1447-1457

Lind, Michael (2004): „Es gibt keine Neocons" - Die fingierte Selbstauflösung der Ideologieschmiede, in: Blätter für Deutsche und Internationale Politik, 2/2004: 427-438

List, Friedrich (1841): Das nationale System der Politischen Ökonomie, Stuttgart,Tübingen, Nachdruck 1982 (Akademie-Verlag) Berlin

Lomborg, Bjorn (2004), Hrsg.: Global Crises, Global Solutions, (Cambridge University Press) Cambridge Mass.

Luks, Fred (2001): Die Zukunft des Wachstums. Theoriegeschichte. Nachhaltigkeit und die Perspektiven einer neuen Wirtschaft, (Metropolis) Marburg

Luna Martinez, José de (2002): Die Herausforderungen der Globalisierung für die Schwellenländer: Lehren aus den Finanzkrisen von Mexiko und Südkorea, (Logos Verlag) Berlin

Luxemburg, Rosa (1966, repr.): Die Akkumulation des Kapitals, (Neue Kritik) Frankfurt a.M.

Maddison, Angus (2001): The World Economy: A Millennial Perspective, (OECD) Paris

Magatti, Mauro (2003): Märkte als konkrete Handlungssysteme. Einige Überlegungen zur Korruption in Italien, in: PROKLA 131 - Zeitschrift für kritische Sozialwissenschaft, 33. Jahrg., Heft 2, Juni 2003: 297-312

Mahnkopf, Birgit (1994): Markt, Hierarchie und soziale Beziehungen, Zur Bedeutung reziproker Beziehungsnetzwerke in modernen Marktgesellschaften, in: Soziale Welt/ Sonderband, (Schwarz) Göttingen: 65-84

Mahnkopf, Birgit (2003): Zum Konzept der human security und zur Bedeutung globaler öffentlicher Güter für einen gerechten Frieden, in Mahnkopf, Birgit, Hrsg.: Globale öffentliche Güter - für menschliche Sicherheit und Frieden, (Berliner Wissenschafts-Verlag) Berlin: 11-34

Malthus, Thomas Robert (1970): An essay on the principle of population and A summary view of the principle of population, (Penguin Books), repr. Harmondsworth

Mançano Fernandes, Bernardo (2005): Movimentos socioterritoriais e movimentos socioespaciais. Contribuição teórica para uma leitura geográfica dos movimentos sociais, (Manuskript)

Mandel, Ernest (1970): Marxistische Wirtschaftstheorie, (Suhrkamp) Frankfurt a.M.

Mandel, Ernest (1972): Der Spätkapitalismus, (Suhrkamp) Frankfurt a.M.

Mandeville, Bernard de (1703/1957): Die Bienenfabel, (Akademie-Verlag) Berlin

Martinez-Alier, Joan (1987): Ecological Economics, (Basil Blackwell) Oxford

Marx, Karl (1953): Grundrisse der Kritik der Politischen Ökonomie (Rohentwurf 1857/ 58), Berlin

McNally, D. (1988): Political Economy and the Rise of Capitalism. A Reinterpretation, (University of California Press) Berkeley, Los Angeles, London

McNeill, John (2003): Blue Planet. Die Geschichte der Umwelt im 20. Jahrhundert, (Campus) Frankfurt a.M., New York

McNeill, John (2005): Modern Global Environmental History, in: IHDP Update (Newsletter of the International Human Dimensions Programme on Global Environmental Change), 02/2005: 1-3

MEW 18: Engels, Friedrich (1969): Nachwort (1894) zu „Soziales aus Russland", MEW Bd. 18, (Dietz-Verlag) Berlin: 661-674.

MEW 19: Engels, Friedrich (1969): Die Entwicklung des Sozialismus von der Utopie zur Wissenschaft, MEW Bd. 19: 177-228

MEW 23, 24, 25: Marx, Karl (1970): Das Kapital, 3 Bände, Marx-Engels-Werke, Bd. 23, 24, 25 (Dietz Verlag) Berlin

MEW Bd 4: Marx, Karl/Engels, Friedrich: Manifest der kommunistischen Partei, in: MEW Bd. 4: 461-493

Mill, John St. (1871): Principals of Political Economy, (Longman) London

Mises, Ludwig von (1922): Die Gemeinwirtschaft. Untersuchungen über den Sozialismus, (Fischer) Jena

Mishan, E.J. (1980): Die Wachstumsdebatte. Wachstum zwischen Wirtschaft und Ökologie, (Klett-Cotta) Stuttgart

Mommer, Bernard (2002): Global Oil and the Nation State, (Oxford University Press) Oxford

Monbiot, George (2005): Junk Science, in: The Guardian, may 10, 2005

Montalban, Manuel Vasquez (2000): Marcos. Herr der Spiegel, (Wagenbach) Berlin

Mouffe, Chantal (2005): Towards a multipolar world order, in: Chaloupek, Günther u.a., Hrsg.: Sysiphus als Optimist. Versuche zur zeitgenössischen politischen Ökonomie. In memoriam Egon Matzner, (VSA) Hamburg: 404-411

Müller-Plantenberg, Urs (1998): Zukunftsverbrauch. Probleme internationaler Verteilung und sozialer Gerechtigkeit, in: Heinrich, Michael/Dirk Messner, Hrsg.: Globalisierung und Perspektiven linker Politik, (Westfälisches Dampfboot) Münster: 321-340

Musil, Robert (1978): Gesammelte Werke 1. Der Mann ohne Eigenschaften, (Rowohlt) Reinbek bei Hamburg

Narr, Wolf-Dieter (2003): Introvertierte Imperialismen und ein angstgeplagter Hegemon. Für eine utopische Transzendenz der Globalisierungskritik, in: PROKLA 133 – Zeitschrift für kritische Sozialwissenschaften, 33. Jahrg. 2003, Nr. 4: 575-598

Neusüss, Christel (1972): Imperialismus und Weltmarktbewegung des Kapitals, (Politladen) Erlangen

NSS (2002): The National Security Strategy of the United States of America, September 2002 (http://www.whitehouse.gov/nsc/nss.pdf)

O'Connor, James (1988): Capitalism, Nature, Socialism: A theoretical Introduction, in: Capitalism, Nature, Socialism, A Journal of Socialist Ecology, Nr. 1, 1988, S. 11-45

Opitz, Sven (2004): Gouvernementalität im Postfordismus, (Argument) Hamburg

Panitch, Leo/Gindin, Sam (2004): Finance and American Empire, in: Panitch, Leo/Leys, Colin (Hrsg.): Socialist Register 2005: The Empire Reloaded, (Merklin Press, Monthly Review Press, Fernwood Publishing) London: 46-81

Partnoy, Frank (1998): F.I.A.S.C.O., Blut an den weißen Westen der Wall Street Broker, (Heyne Verlag) München

Perkins, John (2005): Bekenntnis eines Economic Hit Man, (Riemann) München

Pogge, Thomas W. (2005): World Poverty and Human Rights. Cosmopolitan Responsabilities and Reforms, (Polity Press) Cambridge

Polanyi, Karl (1978): The Great Transformation, (Suhrkamp) Frankfurt a.M.

Polanyi, Karl (1979): Ökonomie und Gesellschaft, (Suhrkamp) Frankfurt a.M.

Ponting, Clive (1991): A Green History of the World – The Environment and the Collapse of Great Civilisations. Harmondsworth

Priewe, Jan/Herr, Hansjörg (2005): The Macroeconomics of Development and Poverty Reduaction. Strategies Beyond the Washington Consensus, (Nomos) Baden-Baden

Prigogine, Ilya/Stenger, Isabelle (1986): Dialog mit der Natur, (Piper) München und Zürich

PROKLA 134 (2004): Die kommende Deflationskrise, Zeitschrift für kritische Sozialwissenschaften, 34. Jahrg., Nr.1, März 2004

Ricardo, David (1817/1959): Über die Grundsätze der Politischen Ökonomie und der Beteuerung, übers. und mit einer Einleitung versehen von G. Bondi, (Akademie Verlag) Berlin

Rifkin, Jeremy (2005): Europa, wir brauchen Dich, in: Die Zeit, Nr. 24, 09.06.2005, 49 f.

Rigaux, François (1999): Multinationale Unternehmen, Staat und Recht, in: PROKLA 117 - Zeitschrift für kritische Sozialwissenschaften, 29. Jahrg. 1999, Nr. 4: 647-660

Rosanvallon, Pierre (1989): Le libéralisme économique. Histoire de l'idée de marché, (éditions du Seuil) Paris

Rosdolsky, Roman (1968): Zur Entstehungsgeschichte des Marxschen 'Kapital', (Europäische Verlagsanstalt) Frankfurt a.M., Wien

Rousseau, Jean-Jaques (1977): *Politische Schriften*, Band 1 (UTB Schöningh) Paderborn

Rude, Christopher (2004): The Role of Financial Discipline in Imperial Strategy, in: Panitch, Leo/Leys, Colin, (Hrsg.): The Empire Reloaded, Socialist Register 2005, (The Merlin Press) London

Rügemer, Werner (2002): Colonia Corrupta. Globalisierung, Privatisierung und Korruption im Schatten des Kölner Klüngels, (Westfälisches Dampfboot) Münster

Rügemer, Werner (2005): Gebt uns Tünche, und wir sind erbötig, in: Freitag 23/2005, 10.06.2005: 4

Sachs, Wolfgang (2005): Ressourcengerechtigkeit. Vier Leitbilder für die aufsteigende Weltwirtschaft, in: Global Marshall Plan Initiative: Impulse für eine Welt in Balance, (Global Marshall Plan Foundation) Hamburg

Sawin, Janet (2003): Eine neue Energiezukunft gestalten, in: Worldwatch Institute (Hrsg.): Zur Lage der Welt 2003, (Westfälisches Dampfboot) Münster: 177-220

Scheer, Herrmann (1999): Solare Weltwirtschaft. Strategien für die ökologische Moderne, (Kunstmann) München

Scheer, Herrmann (2005): Energieautonomie, (Kunstmann) München

Schieder, Wolfgang (1972): Brüderlichkeit, in: Brunner, Otto/Conze, Werner/Koselleck, Reinhart, Hrsg.: Geschichtliche Grundbegriffe. Historisches Lexikon zur politisch-sozialen Sprache in Deutschland, (Klett-Cotta) Stuttgart: 552-582

Schoen, John W. (2004): How long will the world's oil last?, Internet: http://msnbc.msn.com/id/5945678/

Schumpeter, Josef A. (1908): *Das Wesen und der Hauptinhalt der theoretischen Nationalökonomie*, Leipzig

Schumpeter, Josef A. (1950): Kapitalismus, Sozialismus und Demokratie. (Franke) Bern

Schwarz, Peter /Randall, Doug (2003): An Abrupt Climate Change Scenario and Its Implications for United States Security, Pentagon. Internet: www.ems.org/climate/pentagon_climatechange.pdf

Sen, Amartya (1999): Development as Freedom, (Random House) New York

Sguiglia, Eduardo (2002): Fordlandia. Die abenteuerliche Geschichte von Henry Fords Kampf um den Kautschuk und seine Stadt am Amazonas, (Europa Verlag) Hamburg, Wien

Shelley, Toby (2005): Oil. Politics, Poverty & the Planet, (Zed Books) London, New York

Sieferle, Rolf Peter (1982): Der unterirdische Wald. Energiekrise und industrielle Revolution, (Beck) München

Sieferle, Rolf Peter (1982): *Der unterirdische* Wald. Energiekrise und industrielle Revolution, (Beck) München

Sin Patrón 2004: Acuña, Claudia/Gociol, Judith/Rosemberg, Diego/Ciancaglini, Sergio: Sin Patron, (Lavaca) Buenos Aires

Sinclair, Timothy J. (2005): The New Masters of Capital.American Bond Rating Agencies and the Politics of Creditworthisness, (Cornell University Press) Ithaca, London

Smith, Adam (1976): An Inquiry into the Nature and Causes of the Wealth of Nations, edited by E.- Cannan. Reprint, (The University of Chicago Press) Ann Arbor

Söderberg, Susanne (2004): Das amerikanische Empire und die „ausgeschlossenen Staaten". Das Millenium Challenge Account - eine „preemptive" Entwicklungspolitik, in: PROKLA 135 - Zeitschrift für kritische Sozialwissenschaft, 34. Jahrg., Nr. 2, Juni 2004: 299-320

Sohn-Rethel, Alfred (1970): Geistige und körperliche Arbeit. Zur Theorie der gesellschaftlichen Synthesis, (Suhrkamp) Frankfurt a.M.

Solans, Eugenio Domingo (2004): The international role of the Euro. Its impact on economic relations between Asia and Europe, in: Asia Europe Journal, Vol. 2, No. 1, January 2004: 7-14

Sombart, Werner (1922/1996): Liebe, Luxus und Kapitalismus. Über die Entstehung der modernen Welt aus dem Geist der Verschwendung, (Wagenbach) Berlin (Titel der Ausgabe von 1922: Luxus und Kapitalismus)

Sombart, Werner (1927/1969): Der moderne Kapitalismus, 6 Halbbände, (Duncker und Humblot) Berlin

Soto, Hernando de (2002): Freiheit für das Kapital! - Warum der Kapitalismus nicht weltweit funktioniert, (Rowohlt) Berlin

Stiglitz, Joseph (2002): Die Schatten der Globalisierung, (Siedler) Berlin

Struve/Zschäpitz (2005): Die Dollar-Bombe tickt, in: Die Welt, 11.03.2005

Teubal, Miguel (2004): Rise and Collapse of Neoliberalism in Argentina. The Role of Economic Groups, in: Journal of Developing Societies, 20 (3-4), 2004: 173-188

Thiele, Ulrich (2004): Der Pate. Carl Schmitt und die Sicherheitsstrategie der USA, in: Blätter für deutsche und internationale Politik, August 2004: 991-1000

Thompson, Edward P. (1968): The Making of the British Working Class, (Penguin Books) Harmondsworth

Thompson, Edward P. (1980): Plebeische Kultur und moralische Ökonomie, in: Groh, Dieter, Hrsg: Aufsätze zur englischen Sozialgeschichte des 18. und 19. Jahrhunderts, (Ullstein), Frankfurt a.M., Berlin, Wien

UNCTAD (2004a): Trade and Development Report 2004, Geneva

UNCTAD (2004b): World Investment Report 2004, Geneva

UNDP (1994): Human Development Report, (Oxford University Press) Oxford

UNDP (2003): Human Development Report, (Oxford University Press) Oxford

UNDP (2004): The Report on the Development of Democracy in Latin America - Brief to the Secretary General of the United Nations, February 2004. Internet: (http://www.undp.org/democracy_report_latin_america/BriefSG.pdf)

UNO (2004): Report of the High-level Panel on Threats, Challenges and Change. A more secure world: Our shared responsibility, United Nations, New York 2004. Internet: (http://www.un.org/secureworld/report3.pdf)

Varga, Eugen (1969): Die Krise des Kapitalismus und ihre politischen Folgen, hrsg. und eingel. von Altvater, Elmar, (Europäische Verlagsanstalt) Frankfurt a.M., Wien

Vinz, Dagmar (2005): Zeiten der Nachhaltigkeit. Perspektiven für eine ökologische und geschlechtergerechte Zeitpolitik, (Westfälisches Dampfboot) Münster

Voltaire (1759/1989): Candide oder der Optimismus, (Büchergilde Gutenberg) Frankfurt a.M., Wien

Wade, Robert H. (2005): Über die Gründe global zunehmender Armut und Ungleichheit, in: PROKLA 139 - Zeitschrift für kritische Sozialwissenschaft, 35. Jahrg., Nr. 2, Juni 2005: 179-201

Wallerstein, Immanuel (1979): The Capitalist World System, New York, Cambridge

Wallerstein, Immanuel (2003): Auftakt zur globalen Anarchie, in: PROKLA 133 - Zeitschrift für kritische Sozialwissenschaft, 33. Jahrg., Heft 4, 2003: 565-574

Wallerstein, Immanuel (2004): Absturz oder Sinkflug des Adlers?: Der Niedergang der amerikanischen Macht, (VSA) Hamburg

WBGU (2003): Wissenschaftlicher Beirat der Bundesregierung Globale Umweltveränderungen: Welt im Wandel. Energiewende zur Nachhaltigkeit, (Springer) Berlin, Heidelberg, New York etc.

Weber, Max (1921/1976): Wirtschaft und Gesellschaft, Studienausgabe, (J.C.B. Mohr) Tübingen

Weede, Erich (2005): Frieden durch Kapitalismus, in: Internationale Politik, Juli 2005, Nr. 7, 60. Jahr: 65-73

Weizsäcker, Carl Christian von (2003): Der Grundgedanke heißt Freiheit. Über Kapitalismus und Demokratie, in: Merkur, Sonderheft, September/Oktober 2003: 807-814

Weizsäcker, Carl Christian von (2004): Der teure Heiligenschein erneuerbarer Energien, in: Internationale Politik, August 2004: 7-15

Weizsäcker, Ernst Ulrich von/Lovins, Armory B./Lovins, L. Hunter (1997): Faktor 4. Doppelter Wohlstand - halbierter Naturverbrauch, (Droemer Knaur) München

Williamson, John (1990): What Washington Means by Policy Reform, in Williamson, John (ed.): Latin American Adjustment: How much has happened?, (Institute for International Economics) Washington

Williamson, John (2003): From Reform Agenda to Damaged Brand Name, in: Finance & Development, September 2003: 10-13

Wilpert, Gregory (2003): Land Reform in Venezuela, in: New Left Review, 21, May/June 2003

Windolf, Paul (1997): Eigentum und Herrschaft - Elitenetzwerke in Deutschland und Großbritannien. Leviathan 25 (1), (Verlag für Sozialwissenschaften) Wiesbaden: 76-106

Wissenschaftlicher Beirat von Attac (2004): Globalisierungskritik und Antisemitismus - Zur Antisemitismusdiskussion in Attac, Attac Reader Nr. 3

Wolf, Martin (2005): The paradox of thrift: excess savings are storing up trouble for the world economy, in: Financial Times, 13.06.2005: 11

World Bank (2000): Poverty in an Age of Globalization, Washinton D.C.

World Bank (2003), Global Development Finance 2003, Washington D.C. http://www.worldbank.org/prospects/gdf2003/GDF_vol_1_web.pdf

World Commission (2004): World Commission on the Social Dimension of Globalization: A Fair Globalization. Creating opportunities for all, (ILO) Geneva

Wuppertal Institut (2005): Fair Future. Begrenzte Ressourcen und globale Gerechtigkeit, ein Report, herausgegeben vom Wuppertal Institut für Klima, Umwelt, Energie (C.H. Beck) München

Wuppertal Institut für Klima, Umwelt, Energie (1996): Zukunftsfähiges Deutschland. Ein Beitrag zu einer global nachhaltigen Entwicklung, hg. von BUND und Misereor, (Birkhäuser) Basel/Boston/Berlin

Yeomans, Matthew (2004): Oil. Anatomy of an Industry, (The New Press) New York and London

Zeller, Christian Hrsg. (2004): Die globale Enteignungsökonomie, (Westfälisches Dampfboot) Münster

Zoll, Rainer (2000): Was ist Solidarität heute? (Suhrkamp) Frankfurt a.M.